国际贸易实务与案例

主　编　　周敏倩　竺杏月
副主编　　邹　静　黄友军

东南大学出版社
·南京·

内 容 提 要

本书按照四篇十五章的构架全面阐述和介绍了国际贸易实务的主要内容，各章均以先导案例引出本章内容，突出了国际贸易实务内容实践性强的特点。书中以国际货物贸易的交易条件为核心，国际货物贸易标的、商品价格、货物交付、货物结算、争议的预防与解决、合同的商订与履行以及国际贸易方式等均有通俗易懂的阐述，各项内容的阐述均注意了与实例的结合。全书教学资源丰富、数据资料新、结构完整。

本书不仅对相关业务中所涉及的国际惯例及国际商法进行了系统全面的介绍，还很好地体现了国际贸易的新动态，收录并分析了在 2007 年 7 月 1 日生效的《跟单信用证统一惯例(UCP 600)》。

. 本书主要可作为普通高校及大专院校国际贸易专业学生作为教材或参考书，也可供国际贸易、金融等企业相关业务人员使用，并可作为企业国际贸易业务技能培训的参考书。

图书在版编目(CIP)数据

国际贸易实务与案例 / 周敏倩，竺杏月主编. —南京：东南大学出版社，2013.8

ISBN 978-7-5641-4454-8

Ⅰ.①国… Ⅱ.①周… ②竺… Ⅲ.①国际贸易—贸易实务 Ⅳ.①F740.4

中国版本图书馆 CIP 数据核字(2013)第 196986 号

国际贸易实务与案例

出版发行：东南大学出版社
社　　址：南京市四牌楼 2 号　邮编：210096
出 版 人：江建中
责任编辑：史建农
网　　址：http://www.seupress.com
电子邮箱：press@seupress.com
经　　销：全国各地新华书店
印　　刷：南京工大印务有限公司
开　　本：787mm×1092mm　1/16
印　　张：24
字　　数：611 千字
版　　次：2013 年 8 月第 1 版
印　　次：2013 年 8 月第 1 次印刷
书　　号：ISBN 978-7-5641-4454-8
印　　数：1～3000 册
定　　价：49.00 元

本社图书若有印装质量问题，请直接与营销部联系。电话：025－83791830

目　录

第三篇 国际货物买卖合同的商订与履行

第四篇 国际贸易方式

导论

学习目标

○ 了解国际贸易实务的基本内容，掌握全书的体系结构及内容线索。
○ 掌握国际货物买卖的特点。
○ 明确国际货物买卖合同的法律适用。
○ 掌握进出口贸易的基本业务程序。

国际贸易实务是涉外经济与贸易各专业必修的一门专业基础课程，随着我国社会主义市场经济的完善与发展，我国的涉外经济与贸易活动更加活跃，只有掌握了国际贸易的实务知识，才能在进出口业务活动中，正确贯彻我国对外贸易的方针政策和经营意图，确保最佳经济效益，并且能按国际规范办事，使我们的基本做法能为国际社会普遍接受。

在我国加入"WTO"后，随着我国外贸经营权的进一步开放，我国对外贸人才的需求量越来越大，学好国际贸易理论和实务课程是从事或志向各种国际贸易实际工作的人员的当务之急。由于进出口贸易具有国际性的特点，业务内容及程序复杂、难度大、风险高，因此，从事国际贸易的企业必须有全球眼光和迅速准确的信息、雄厚的资金和良好的信誉、完备的贸易组织机构，并拥有各方面专门知识的人才。国际贸易的业务人员要正派、真诚、谦逊礼貌、宽容大度、吃苦耐劳、事业心强、意志坚定、观察力敏锐，此外，还要有良好的交际能力和正确的思维方式，理论联系实际的运用技巧，以及过硬的业务本领。

一、国际贸易的特点

国际贸易具有不同于国内贸易的特点，其交易过程、交易条件、贸易做法及所涉及的问题，都远比国内贸易复杂。国际贸易具有线长、面广、中间环节多等特点，具体表现在：

(1) 交易双方处在不同国家和地区，在洽商交易和履约过程中，涉及各自不同的制度、政策措施、法律、惯例和习惯做法，情况错综复杂，稍有疏忽，就可能影响经济利益的顺利实现。

(2) 国际贸易的中间环节多，涉及面广，除交易双方当事人外，还涉及商检、运输、保险、金融、车站、港口和海关等部门以及各种中间商和代理商。哪个环节出了问题，就会影响整笔交易的正常进行，并有可能引起法律上的纠纷。另外，在国际贸易中，交易双方的成交量通常都比较大，而且交易的商品在运输过程中可能遭到各种自然灾害、意外事故和其他外来风险。所以通常还需要办理各种保险，以避免或减少经济损失。

(3) 国际市场广阔,交易双方相距遥远,加之国际贸易界的从业机构和人员情况复杂,故易产生欺诈活动,稍有不慎,就可能受骗上当,货款两空,蒙受严重的经济损失。

(4) 国际贸易易受政策、经济形势和其他客观条件变化的影响,尤其在当前国际局势动荡不定、国际市场竞争和贸易摩擦愈演愈烈以及国际市场汇率经常浮动和货价瞬息万变的情况下,国际贸易的不稳定性更为明显,从事国际贸易的难度也更大。

可见,国际贸易具有线长、面广、环节多、难度大、变化快的特点。因此,凡从事国际贸易的人员,不仅必须掌握国际贸易的基本原理、知识和技能与方法,而且还应学会分析和处理实际业务问题的能力,以确保社会经济效益的顺利实现。这样就要求任课教师必须采用合理的教学方法讲授专业知识,培养合格、优秀的外贸专业人才。

二、国际货物买卖合同的法律适用

在国际贸易活动中,合同(Contract)起着十分重要的作用,在业务活动的各个具体环节上,几乎都是通过合同这个形式将有关的当事人联系起来。他们各自按照规定的义务(Obligation)去履行合同,从而使整部国际贸易活动的大机器有秩序、有节奏地运行。例如,在买卖这个环节中,为什么卖方(Sellers)自愿地按时间、品质、数量交付(Deliver)货物,而买方(Buyers)又自愿地按时间、地点接受(Accept)货物,并支付(Pay)价金(Price)。这是因为他们之间已存在一个贸易合同关系(Contractual Relation),买卖双方都要受这个贸易合同的约束。各国的商法一般都承认:一个依法成立的合同,在当事人之间具有法律效力。因此,合同对买卖双方均具有一种无形的约束力(Binding Force),使双方当事人各自履行义务,否则就要承担相应的法律责任。

合同中有关当事人双方的权利、义务是受到法律保护的,但国际货物买卖合同的双方当事人分处不同国家,各国法律又有所不同,一旦发生争议,究竟采用哪个国家法律裁决就成了双方当事人所关心的问题。因此,在合同中订明有关法律适用条款是解决国际贸易中"法律冲突"的唯一办法。

国际货物买卖合同适用的法律与国际惯例有以下三种:

1. 国际公约

国际公约是两个或两个以上主权国家为确定彼此的政治、经济、贸易、文化、军事等方面的权利和义务而缔结的诸如公约、协定、议定书等各种协议的总称。进出口合同的订立、履行和合同争议的处理必须符合合同当事人所在国缔结或参加的有关国际货物买卖、国际货物运输、货款支付、商标、专利、知识产权和仲裁等方面的协定、条约或公约。目前,国际上常用的相关贸易条约和协定主要包括以下几类:

(1) 关于国际货物买卖的公约,即《国际货物买卖统一法公约》(海牙,1964)、《联合国国际货物销售合同公约》(维也纳,1980)、《联合国国际货物买卖时效期限公约》(纽约,1974)。

(2) 关于国际货物运输的公约,即《统一提单的若干法律规则的国际公约》(简称海牙规则,1924)、《有关修改统一提单的若干法律规则的国际公约的议定书》(简称维斯比规则,1968)、《联合国海上货物运输公约》(简称汉堡规则,1978)、《统一国际航空运输某些规则的公约》(简称华沙公约,1929)、《修改华沙公约议定书》(简称海牙议定书,1955)、《国际铁路货物联运协定》(简称国际货协,1951)、《关于铁路货物运输的国际公约》(简称国际货约,1961)、《联合国国际货物多式联运公约》(1980)。

(3) 关于国际支付的公约，即《汇票、本票统一法公约》(日内瓦，1930)、《解决汇票本票法律冲突公约》(日内瓦，1930)、《统一支票法公约》(日内瓦，1931)、《解决支票法律冲突公约》(日内瓦，1933)、《联合国国际汇票、国际本票公约》(日内瓦，1988)。

(4) 关于贸易争端解决的公约，即《承认与执行外国仲裁裁决公约》(纽约，1958)、《关于争端解决规则和程序的谅解》(马拉喀什，1994)。

(5) 关于知识产权的公约，即《保护工业产权巴黎公约》(斯德哥尔摩，1979)、《伯尔尼保护文学和艺术作品公约》(伯尔尼，1979)、《商标国际注册马德里协定》(马德里，1995)、《世界版权公约》(日内瓦，1971)。

其中，《联合国国际货物销售合同公约》(以下简称《公约》)是与我国货物进出口关系最为密切也是最重要的一项国际公约。我国是最早的《公约》的缔约国之一，在核准《公约》时曾对其适用范围提出了保留，认为《公约》仅适用于营业地处于不同缔约国的有关当事人之间签订的贸易合同，即我国不同意扩大《公约》的适用范围。《承认与执行外国仲裁裁决公约》又称为《1958 年纽约公约》，目前共有 140 多个缔约国，是各缔约国处理外国仲裁裁决的承认和仲裁条款的执行问题的依据。1986 年 12 月，我国加入了该公约，因此，我们应该切实了解该公约的内容，以正确执行仲裁裁决和维护自身的合法权益。

2. 国内法

国内法是指由国家制定或认可并在本国主权管辖范围内生效的法律。世界许多国家都制定了调整与管理对外贸易的法律法规，国际货物买卖合同必须符合国内法。目前，我国涉及国际贸易的相关国内法主要有以下几种：

(1) 适用于国际货物买卖的国内立法，即《中华人民共和国合同法》(1999 年 3 月 15 日通过，1999 年 10 月 1 日生效)。

(2) 适用于国际货物运输与保险的国内立法，即《中华人民共和国海商法》(1992 年 11 月 7 日通过，1993 年 7 月 1 日生效)。

(3) 适用于国际货款收付的国内立法，即《中华人民共和国票据法》(1995 年 5 月 10 日通过，1996 年 1 月 1 日生效，2004 年 8 月 28 日修订生效)。

(4) 适用于对外贸易管理的国内立法，即《中华人民共和国对外贸易法》、《中华人民共和国海关法》、《中华人民共和国进出口商品检验法》。

(5) 适用于国际商事仲裁的国内立法，即《中华人民共和国仲裁法》(1994 年 8 月 31 日通过，1995 年 9 月 1 日生效，2009 年 8 月 27 日修订生效)。

其中，2004 年 4 月 6 日修订通过并于同年 7 月 1 日起施行的《中华人民共和国对外贸易法》是我国外贸领域中一项最根本、最重要的法律，它涉及对外贸易经营权、贸易壁垒调查、贸易救济措施等，无论出口或进口合同的当事人，都应了解其内容，并严格遵守其中的相关规定。又比如，《中华人民共和国合同法》第 7 条规定："当事人订立履行合同，应遵守法律、行政法规，尊重社会公德，不得扰乱社会经济秩序，损害社会公共利益。"第 8 条规定："依法成立的合同，对当事人具有法律约束力，当事人应按照约定履行自己的义务，不得擅自变更或解除合同。依法成立的合同，受法律保护。"我国《合同法》的这些规定，不仅适用于国内货物买卖合同，也适用于我国订立的进出口合同。

但是，由于国际货物买卖合同的当事人所在的国家不同，他们各自都要遵守所在国的国内法，而不同国家对同一问题的法律规定可能不一致，因而一旦出现争议并引起诉讼时，就会产生以何国法律处理有关争议的问题。为了解决这种法律冲突，各国国内法中一般都规定了冲突规范的方法。如我国《合同法》第126条中作了原则规定：“涉外合同的当事人可以选择处理合同争议所适用的法律，但法律另有规定的除外。涉外合同的当事人没有选择的，适用与合同有最密切联系的国家的法律。”根据这项法律规定，在我国对外贸易中，只要与国外当事人取得一致意见，既可以选择适用买方或卖方所在国的法律，也可以选择适用双方同意的第三国法律或有关的国际条约来处理合同争议；如果与国外当事人未能达成一致意见，则由受理合同争议的法院或仲裁机构视交易具体情况认定的与合同有最密切联系的国家的法律进行处理。

【案例1】 某年7月29日，中国甲公司与美国乙公司签订一份出口货物合同。甲公司向美国丙船公司订舱发货后，丙船公司签发了一式三份记名提单。提单记载：承运人为丙船公司，收货人为乙公司，装货港上海，卸货港纽约，运费预付。提单背面印有“货物的收受、保管、运输和提单所证明的运输合同条款调整，适用美国《1936年海上货物运输法》”条款。货物运抵纽约后，乙公司用提单副本要求丙船公司将收货人为乙公司的货物交给他，丙船公司将货物放给了乙公司。乙公司未依合同规定向甲公司付款。甲公司将丙船公司告到某海事法院，请求法院判令美国丙船公司赔偿因无提单放货而对其造成的经济损失共16万多美元及利息。

【分析】 美国《统一商法典》规定：承运人将货物交给记名提单的收货人即完成交货义务，无须收货人出示正本提单。

《中华人民共和国海商法》规定：实际承运人应当凭承运人签发的正本提单向正本提单持有人交付货物。

某海事法院经审理认为，处理本案应依照提单背面条款确定适用法律，并由于双方争议发生在交货地美国，依最密切联系原则也应适用美国法律，故适用美国法律为准据法。因此，依照美国《统一商法典》的相关规定，判决被告不承担赔偿责任。

3. 国际贸易惯例

(1) 国际贸易惯例的含义

国际贸易惯例(International Trade Practice)，或称国际商业惯例(International Commercial Practice)，是指在国际贸易长期实践中形成的具有明确和固定内容的一些贸易习惯性做法和解释。国际贸易惯例通常是由国际性的组织或商业团体制定的有关国际贸易的成文的通则、准则和规则，是人们从事国际货物买卖活动应当遵循的重要准则，也是国际贸易法的主要渊源之一。一般而言，构成国际贸易惯例须具备以下三个条件：

① 国际贸易惯例是在国际贸易习惯做法的基础上产生但其层次高于贸易习惯做法，因此，不能将国际贸易中的贸易习惯做法与国际贸易惯例等同起来。

② 国际贸易惯例的内容必须是明确肯定的，是国际组织编撰成文的规则。

③ 国际贸易惯例必须是为国际上普遍接受和广泛使用的规则。

(2) 国际贸易惯例的性质和适用

不同于国际公约，也不是某一国的法律，除非另有规定，否则国际贸易惯例对买卖双方无强制性。有关国际贸易惯例的约束力问题有以下几种情况：

① 国际贸易惯例只有在一定条件下才产生法律约束力，具有强制性。例如，通过国内立法，将国际贸易惯例引入国内法中，或者在国内法明文规定适用国际惯例，我国《民法通

则》规定:"中华人民共和国法律和中华人民共和国缔结或者参加的国际条约没有规定的,可以适用国际惯例。"又如,通过国际立法,将国际贸易惯例引入公约或条约中,《公约》规定,凡合同没有排除的惯例,人们经常使用和反复遵守的惯例,人们已经知道和应当知道的惯例,都适用于合同。

② 如果合同中作出了与惯例相反的约定,只要这些约定是合法的,就将得到有关国家法律的承认和保护。

③ 如果合同明确表示采用某种惯例,则此惯例对双方有约束力。当双方在合同中对某些问题没有作出明确规定,尽管在合同中也未规定采用某些惯例,但事后双方又在该问题上发生争议而提交仲裁,各国法庭或仲裁机构往往会引用某些公认的或影响较大的惯例作为判决或仲裁案件的依据。因此,国际贸易惯例的适用是以当事人的意思自治为基础的,只有在当事人承认或在实践中采用时才对当事人有法律约束力。

(3) 国际贸易惯例的作用

国际贸易惯例虽然不具有强制性,但它对国际贸易实践的作用却不容忽视。

① 国际贸易惯例有利于买卖合同的顺利磋商和订立。使用国际贸易惯例,可以简化进出口交易的相关手续,节省费用支出,缩短商务时间。

② 国际贸易惯例有利于解决合同履行中的争议与纠纷。订立国际货物买卖合同时,有时会出现措辞不严谨、法律适用不明确等问题,一旦出现贸易争端,当事人可以援引国际贸易惯例来解决。

③ 通过运用国际贸易惯例,有利于国际贸易中各个环节的相互衔接。有效解决银行、船公司、保险公司、海关、商检机构等在处理进出口业务中所遇到的各种问题。

④ 国际贸易惯例是国际贸易法律的重要渊源之一,在国际经济与贸易领域,不仅可以弥补国际公约、国内法的不足,而且一旦当事人在合同中援引国际贸易惯例,则该惯例即拥有法律的效力。

(4) 常用的国际贸易惯例

① 有关贸易术语的国际贸易惯例

贸易术语是货物单价的重要组成部分,不同的贸易术语代表了交易双方不同的责任、风险和费用的划分。目前,在国际贸易中影响较大的有关贸易术语的国际贸易惯例有三个,分别是国际商会制定的 INCOTERMS® 2010、国际法协会制定的《1932 年华沙-牛津规则》、美国全国对外贸易协会制定的《1990 年美国对外贸易定义修订本》。

② 有关国际货款收付的国际贸易惯例

主要有国际商会制定的《跟单信用证统一惯例》(UCP 600,2007)、《托收统一规则》(URC 522,1995)、《见索即付保函统一规则》(URDG 758,2010)。

③ 有关运输与保险的国际贸易惯例

英国伦敦保险协会制定的《伦敦保险协会保险条款》(2009)、中国人民保险集团公司制定的《国际货物运输保险条款》、国际海事委员会制定的《约克-安特卫普规则》。

④ 有关国际仲裁的国际贸易惯例

联合国国际贸易法委员会制定的《联合国国际贸易法委员会仲裁规则》。

三、国际贸易的基本业务程序

国际贸易流程的环节很多，各个环节之间往往都有着密切联系。在实际工作中，还经常出现先后交叉进行的情况。总的来说，国际贸易进出口业务程序大体可分为交易前准备、磋商和签订合同以及履行合同三个阶段（图1和图2）。这既是国际贸易进出口业务的实际程序，也是本书的框架体系，即以合同要素为线索形成的核心业务内容和以业务程序为线索形成的操作内容。

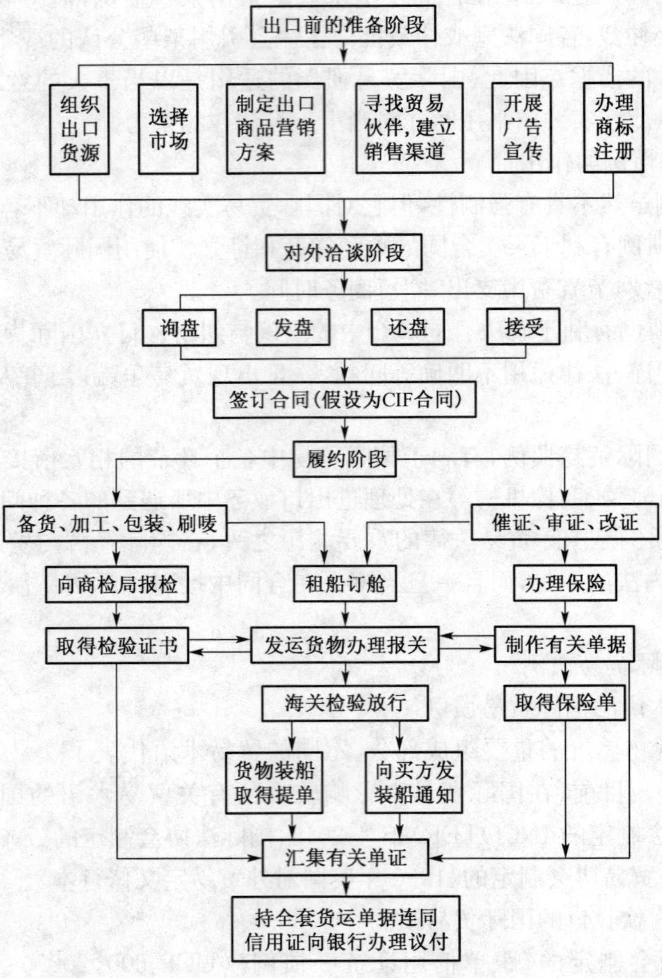

图1　出口业务流程图

1. 交易前的准备工作

主要包括：进行国际市场调查研究；制订经营方案；选择市场和客户，组织和落实货源（买主或卖主）；开展广告宣传等。

2. 交易磋商和签订合同工作

主要是根据方针政策、国际规则和企业的经营意图，按照经营方案，运用国际市场通用做法，与国外客户进行磋商，通过发盘、还盘和接受的程序达成协议。根据我国法律，对外贸易合同必须采用书面形式，双方当事人履行各自义务和处理争议要以书面合同为依据。

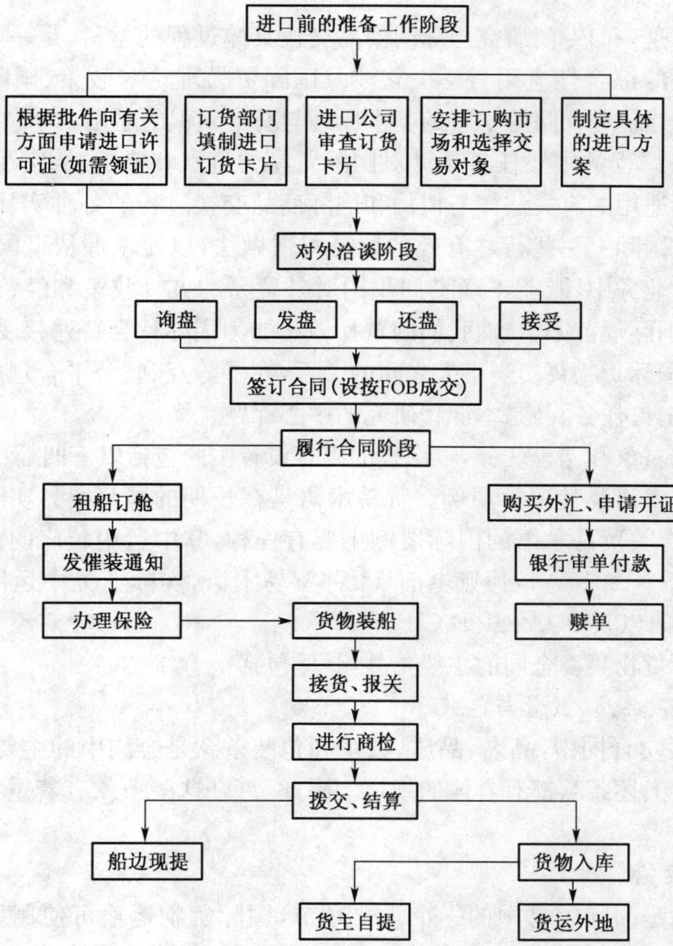

图 2　进口业务流程图

3. *履行合同*

即买卖双方当事人根据合同规定各自履行自己的义务。任何一方违反合同的规定，并使对方遭受损失时，均应依法承担赔偿对方损失的责任。

就进出口企业而言，履行出口合同的工作，主要包括：按照合同备妥货物，如系采用信用证方式收汇的交易，则要向客户催开信用证并在收到后根据合同进行审核，发现不符又不能接受的，应立即通知客户修改；然后向运输机构办理委托运输和装运等手续，其中包括租船（订舱）、报验、报关、保险、装船（或其他运输工具）等工作；在货物装运后，缮制单据，办理申领必要的出口凭证和证件；最后进行交单和向银行办理结汇等手续。履行进口合同，则与出口内容相对应，后面均有详细介绍。

在履行合同过程中，若发生违约并造成一方受损时，就要进行索赔和理赔工作。在处理索赔、理赔过程中，如果发生争议，则应以合同条款为依据，按照法律和惯例进行处理。

四、课程的主要任务与学习内容

国际贸易实务是一门专门研究国际间商品交换具体过程的学科，是一门具有涉外活动特点的实践性很强的综合性应用科学。它涉及国际贸易理论与政策、国际贸易法律与惯例、国际金融、国际运输与保险等学科的基本原理与基本知识的运用。

国际贸易实务课程的主要任务是针对国际贸易的特点和要求，从实践和法律的角度，分析研究国际贸易适用的有关法律与惯例和国际商品交换过程的各种实际运作；总结国内外实践经验和吸收国际上一些行之有效的贸易习惯做法，以便掌握从事国际贸易的“生意经”；学会在进出口业务中，既能正确贯彻我国对外贸易的方针政策和经营意图，确保最佳经济效益，又能按国际规范办事，使我们的贸易做法能为国际社会普遍接受，做到同国际接轨；研究如何协调国际货物买卖当事人之间的关系，在平等互利、公平合理的基础上达成交易，完成约定的进出口任务，乃是本课程研究的中心课题。

基于上述研究对象和课程任务，本课程的内容设置主要包括以下四篇：

第一篇为贸易术语及其国际惯例。贸易术语是在长期的国际贸易实际中产生和发展起来的专门术语，有关贸易术语的国际惯例主要有三种，其中运用较广的是国际商会新修订的 INCOTERMS® 2010。该通则共有 11 种贸易术语，实际业务中运用较多的主要是 FOB、CFR、CIF 术语以及 FCA、CPT、CIP 术语等。

第二篇为国际货物买卖合同的主要条款，具体包括：

1. 商品的品名、品质、数量与包装

在国际货物买卖合同中，品名、品质、数量和包装条款是合同中的主要条款，有关国际公约及各国法律对上述条款都有具体的规定。因此，订好这些条款有着重要的法律和实际意义。

2. 国际货物运输

国际货物运输是国际贸易中的一个重要环节，国际货物运输可使用的运输方式有多种，各种运输方式都有其各自的特点和独特的运营方式。不同的运输方式使用不同的运输单据，各种运输单据的性质和作用也不尽相同。海上货物运输主要为海运提单，近年来也有使用不可转让海运单。国际货物买卖合同中的装运条款主要包括装运时间、装运港（发货地）和目的港（目的地）以及分批装运和转运等。

3. 国际货物运输保险

在国际贸易中，货物要经过长途运输，可能会遇到各种风险而遭受损失，所以，都要办理货物运输保险，以使货物遭到损失时得到经济补偿。在海运货物保险中保险公司所承保的范围包括可保障的风险、可补偿的损失和可承担的费用。中国人民保险公司对海、陆、空、邮等运输方式的货物运输制定有保险条款。在海运货物保险中，世界上许多国家都制定有货物运输保险条款，其中以英国伦敦保险协会制定的《协会货物条款》应用最为广泛。

4. 进出口商品的价格

在国际货物买卖中，价格是买卖双方共同关心的一个问题。合同中的价格条款反映了交易双方的利益。买卖双方为了顺利达成交易，都要从各自的情况出发，正确掌握作价原则和合理的差价，认真核算价格、预算盈亏、了解主要贸易术语的价格构成和换算方法。使用不同的作价方法，灵活运用佣金和折扣，结合经营意图，在平等互利的基础上确定合同的价格条款。

5. 国际货款的收付

国际货款的收付，大多使用非现金结算，即使用票据支付。票据主要包括汇票、本票和支票，而汇票是使用最多的一种支付工具。在国际贸易中使用的支付方式主要有汇付、托收和信用证，银行保函可根据其不同用途分为投标保函、履约保函和还款保函。在国际贸易中，一笔交易大多使用一种支付方式，但有时根据不同需要，也可把两种或两种以上的支付方式结合使用。

6. 商品检验、索赔、不可抗力与仲裁

在国际货物买卖中，进出口商品只有通过检验，才能确定其品质、数量、包装等是否符合合同的规定。商品检验条款应明确检验时间、地点、检验机构、检验证书等；买卖双方在履约中如发生争议，可进行索赔与理赔，合同中的索赔条款有异议与索赔条款和罚金条款两种订法；不可抗力是买卖合同中的一种免责条款，不可抗力有其特定的含义；解决国际货物买卖中的争议方式有多种，其中仲裁方式有其优点，如采用仲裁方式，争议双方应订有仲裁协议。

第三篇为国际货物买卖合同的商订和履行。国际货物买卖合同的商订是一项十分重要的工作，要做好此项工作，洽商交易人员事前应做好各项准备，了解和掌握我国《合同法》和《联合国国际货物销售合同公约》对发盘、还盘、接受的规定。在磋商交易的各个环节中要善于应变、多谋善断，争取在平等互利的基础上达成交易和签订合同。

"重合同，守信用"是履行合同的重要原则。一笔出口交易，如采用即期信用证支付，按CIF或CFR术语签订合同，为了切实履行出口合同，卖方应抓好货、证、船、款四个环节；在履行按FOB成交采用即期信用证支付的进口合同时，买方应按约定条件及时开出信用证，并应办理租船订舱和货运保险，装运单据到达后及时付款赎单，并做好报关和提货工作。如发现到货的质量、数量和包装等方面有问题，买方还应分清责任及时向有关责任方提出索赔。

第四篇介绍国际贸易方式。随着国际贸易的发展，贸易方式也在不断发生变化，适当运用各种不同贸易方式，有利于扩大出口，全方位地开拓和发展市场。

在国际贸易中，采用较多的贸易方式是逐笔售定，又称单边出口、单边进口的方式。在长期的贸易实践中又形成了各种不同的贸易方式，如经销、代理、招标、拍卖、寄售、期货交易、加工贸易、对销贸易等，这些贸易方式各有不同的特点。

五、课程的学习方法

根据国际贸易实务课程的性质、特点、任务和基本内容，在学习过程中，必须掌握正确的方法并注意下列事项：

1. 贯彻理论联系实际的原则

在学习本课程时，要以国际贸易基本原理和国家对外方针政策为指导，将《国际贸易》、《中国对外贸易概论》等先行课程中所学到的基础理论和基本政策加以具体运用。教师在讲课过程中，对涉及的内容，可有针对性地带领学生回顾一下，力求做到理论与实践、政策与业务有效地结合起来，不断提高分析与解决实际问题的能力。

2. 注意业务同法律的联系

国际贸易法律课的内容同国际贸易实务课程的内容关系密切，因为国际货物买卖合同的成立，必须经过一定的法律步骤，国际货物买卖合同是对合同当事人双方有约束力的法律文件。履行合同是一种法律行为，处理履约中的争议实际上是解决法律纠纷问题。而且，不同法系的国家，具体裁决的结果还不一样。这就要求从实践和法律两个侧面来研究本课程的内容。

3. 加强英语的学习

对于外贸专业人员而言，不仅要掌握一定的专业知识，而且还必须会用英语与外商交流、谈判及写传真、书信。如果专业英语知识掌握不好，就很难胜任工作，甚至会影响业务的顺利进行。因此，在教学工作中，教师应要求学生加强英语的学习，掌握外贸专业术语。

4. 注意本课程同其他相关课程的联系

国际贸易实务是一门综合性的学科，与其他课程内容紧密相连。在教与学的过程中，应该将各门知识综合运用。比如讲到商品的品质、数量和包装内容时就应去了解商品学科的知识；讲到商品的价格时，就应去了解价格学、国际金融及货币银行学的内容；讲到国际货物运输、保险内容时，就应去了解运输学、保险学科的内容；讲到争议、违约、索赔、不可抗力等内容时，就应去了解有关法律的知识，等等。

5. 贯彻"洋为中用"的原则

为了适应国际贸易发展的需要，国际商会等国际组织相继制定了有关国际贸易方面的各种规则，如《国际贸易术语解释通则》、《托收统一规则》、《跟单信用证统一惯例》等。这些规则已成为当前国际贸易中公认的一般国际贸易惯例，被人们普遍接受和经常使用，并成为国际贸易界从业人员遵守的行为准则。因此，在学习本课程时，必须根据"洋为中用"的原则，结合我国国情来研究国际上一些通行的惯例和普遍实行的原则，并学会灵活运用国际上一些行之有效的贸易方式和习惯做法，以便按国际规范办事，在贸易做法上加速同国际市场接轨。

6. 坚持学以致用原则

本课程是一门实践性很强的应用学科。在学习过程中，要重视案例、实例分析和平时的操作练习，并组织学生结合到校外参观、实习，以增加感性知识，加强基本技能的训练，注重学生能力培养。在培养规模上突出应用性，加强实践性，注意灵活性。

在教学过程中，根据本门课程的内容、特点，通过走出去、请进来等方式，精心组织实施教学计划。如讲到国际贸易运输学时，应到码头实地了解货物运输等全过程；讲到商品的品质、数量、包装时，应去有关厂家了解商品生产、储藏的程序；讲到报关、报检、报验时，应到海关了解进出口报关的各个环节，掌握进出口报关的实际业务技能；讲到合同的履行时，应到外贸公司了解商品进出口的各个环节，就有关进出口实务单证进行模拟练习，并请有关人员介绍国际贸易惯例和国际贸易中出现的典型案例，组织学生对案例进行深入讨论和分析，给学生提供上岗操作的机会，从中总结出一些带有规律性的经验和教训。通过听、看、做，使一些看起来繁杂的专业知识很快被学生理解和掌握。在教学过程中，只有将理论联系实际，教学与实际相结合，才是培养新型外贸专业人员的一种有效形式。

本章小结

◇ 国际贸易实务是国际间商品交换或买卖的作业活动，包括进口和出口。在进出口过程中，业务人员必须运用和把握国际买卖的条件、操作方法，并拥有防范和处理贸易纠纷的能力。分处于买方和卖方角色的单位涉及生产者、批发商、零售商、进口商、出口商、消费者以及各种代理商。直接买卖的双方及中间商拥有各自的权利、责任和义务。国际贸易总的特点是交易规范、风险大、难度高、复杂、重合同、参与单位多、函电往来比较普遍。

◇ 国际货物买卖合同又称对外贸易合同或进出口合同。在业务活动的各个具体运转环节上，几乎都是通过合同将买卖双方联系起来，买卖双方依合同规定履行义务。由于没有一个通用的国际法律适用国际买卖合同，因此合同的法律适用一般通过四个途径：一是合同当事人指定某一国家的法律；二是适用与合同有密切关系国家的法律；三是适用国际惯例；四是适用相关的国际公约。

◇ 进出口贸易的基本业务程序是国际贸易的运行过程，是本书另一个重点学习内容。总的来说包括三大步骤，即交易前的准备工作、交易磋商和签订合同以及合同的履行。

关键概念

◆ 国际贸易实务(Foreign Trade Practice)
◆ 合同(Contract)
◆ 国际贸易惯例(Customs and Practice of International Trade)

思考与练习

一、单选题

1. 在进出口贸易实践中，对当事人行为无强制性约束的规范是(　　)。

A. 国内法　　B. 国际法　　C. 国际贸易惯例　　D. 国际条约

2. 进出口货物贸易可以不涉及的当事人是(　　)。

A. 海关　　B. 保险公司　　C. 运输公司　　D. 消费者

3. 与我国进行货物进出口贸易关系最大，也是最重要的一项国际条约是(　　)。

A.《联合国国际货物销售合同公约》　　B.《国际贸易术语解释通则》

C.《跟单信用证统一惯例》　　D.《托收统一规则》

4. 进出口贸易实务课程研究的最基本内容是(　　)。

A. 贸易术语　　B. 合同条款　　C. 合同制定　　D. 合同履行

5. 国际贸易惯例的适用是以当事人的意思自治为基础的，这表明(　　)。

A. 惯例即是行业内的法律　　B. 惯例有强制性

C. 当事人有权在合同中作不符合惯例的规定　　D. 法院会维护惯例的有效性

6. 国际上关于贸易术语的国际惯例主要有(　　)种。

A. 2　　B. 3　　C. 4　　D. 5

二、判断题

1. 国际贸易惯例已得到各国的公认，因此，它对于买卖合同中的当事人都具有普遍的法律约束力。（　）

2. 如果买卖双方在合同中作出与国际惯例完全相反的约定，只要这些约定是合法的，将得到有关国家法律的承认和保护，并不因与惯例相抵触而失败。（　）

3. 国际贸易惯例不是法律，但是如果援引入合同就具有了法律效力。（　）

4. 合同没有排除的惯例、已经知道或应当知道的惯例和经常使用的惯例对双方当事人均有约束力。（　）

5. 我国是《联合国国际货物销售合同约定》的缔约国，在合同适用《公约》的情况下，如果合同的规定与《公约》的规定不一致，应当以《公约》为准。（　）

6. 由于国际贸易惯例不是法律，因此仲裁中加以惯例作为评判依据是不合理的。（　）

三、简答题

1. 国际货物买卖有哪些特点？

2. 国际贸易实务研究的主要内容是什么？

3. 目前在国际上有哪些主要的国际贸易惯例和公约？

4. 进出口业务的基本操作程序如何？

5. 国际货物买卖合同的主要条款包括哪些内容？

第一篇

贸易术语

第一章　贸易术语

开篇案例

国外某公司(简称买方)与我国某公司(简称卖方)签订一笔食品出口合同,交易条件为FOB大连,付款方式为不可撤销即期信用证。随后,卖方收到了买方银行开来的信用证,即备妥货物,办好出口手续,按期将货物装上买方指派的船只,并向买方发出了装船通知。装船于凌晨2点结束,半小时后载货船舱出现火情,船长立即组织救火,先启用二氧化碳系统灭火,但效果不佳,发现该系统已失灵,只好使用消防水系统灭火,才将火扑灭。

经商检部门鉴定,该批货物因火灾和严重泡湿而完全丧失商业价值。卖方立即通知买方,征求处理意见。买方来电称,卖方应负责卸下毁坏的货物,重新备货装船,并声称将指示银行撤销已开出的信用证。卖方则认为,货物已装船,合同义务已履行,没有义务卸下损坏的货物和重新备货装船,并认为买方应该支付已装船货物的货款。船方因货物已毁损,拒绝签发提单,并以火灾免责为由拒绝赔偿。

本案例的复杂之处在于,货物刚上船后不久即发生了火灾,当事人三方均陷入了麻烦之中。卖方欲去银行支取货款但却没有船方签发的提单;买方已开出信用证,一旦卖方议付货款则钱货两空;船方则因货物已毁,无法开出提单。因此,三方均想推卸责任,为自己辩护,以求脱身。

从以上案例可以看出,学习和掌握国际贸易中现行的各种贸易术语及其有关惯例,对于确定价格和明确买卖双方各自承担的风险、责任和费用是有重要意义的。

学习目标

○ 掌握贸易术语的含义、作用及有关贸易术语的国际贸易惯例。
○ 掌握 INCOTERMS® 2010 中各种贸易术语的解释。
○ 熟悉常用的6种贸易术语。
○ 学会在实际业务中选用贸易术语。

国际贸易活动存在着各种风险。例如货物从一国运送到另一国,就可能有运输风险。如果在运输过程中发生意外事故,如货物灭失、损坏乃至未能交货,就有可能产生纠纷甚至引起诉讼,当事人之间的信任度就会大大降低,这显然有违双方当事人在订立合同前的初衷。在国际货物买卖中,交易双方在磋商和合同订立过程中,一般都需要使用贸易术语来明确双方在交接货物方面的风险、责任及费用(Risks, Responsibilities and Costs)的划分问题。鉴于贸易术语是交易磋商和买卖合同订立中不可或缺的专门术语,因而学习和掌握国际贸易现行的各种贸易术语及其有关的国际惯例,在实际业务中正确运用,对于每个进出口贸易的从业人员都具有十分重要的意义。

第一节　贸易术语的含义和作用

在国际货物买卖中,买卖双方在洽商交易和合同时,必须考虑很多实际问题,如卖方在什么地点交货?由谁负责办理货物的运输、保险以及通关手续?买卖双方风险如何划分?如果每笔业务都要详细说明,必将花费贸易双方很多时间和费用,并将影响交易的达成。为了避免这些情况的发生,在长期的国际贸易实践中就形成了各种不同的贸易术语。

一、贸易术语的含义及其形成

所谓贸易术语(Trade Terms),又称价格条件、价格术语(Price Terms),是一些简短的概念,如"Free On Board",或由三个字母组成的缩写,如"FOB",用来说明价格的构成,明确买卖双方有关费用、风险和责任的划分,确定卖方交货和买方接货的权利与义务的专门用语。

为什么需要并形成贸易术语?这是因为,国际贸易与国内贸易有很大的不同,其交易过程、交易条件、贸易做法及所涉及的问题都远比国内贸易复杂。例如:在国际贸易中,买卖双方处于两个不同的国家,卖方究竟应在何地交货?在卖方的工厂、仓库交货,还是在货物的装运地或装运港、目的港或买方营业地交货?货物在运输途中可能遭遇到各种风险,而使货物遭到灭失或损坏,这种风险应由谁来承担?以何时、何地为划分界限?货物需由一个国家运往另一个国家,其间会发生各种费用,那么哪些费用包括在价格内应由卖方负担,哪些费用不包括在价格内而应由买方负担?国际贸易中的货物一般都要经过长距离的运输,在这种情况下,究竟由卖方还是由买方负责安排运输?由谁负责办理货物运输保险?由谁负责申领进出口许可证和办理货物通关手续?对于货物的交付,买卖双方各应承担何种通知义务?卖方应向买方提交哪些单证,才能要求买方付款?

由此可见,国际贸易具有线长、面广、环节多、风险大、变化快、难度大等特点,如果每次交易买卖双方都需将上述费用、风险和责任逐项反复磋商并在合同中以冗长的文句约定,显然将耗费大量的时间和费用,并将影响交易的达成。使用贸易术语的好处,主要在于可以大大地简化交易洽商的内容,缩短达成交易所需花费的时间和过程,节省交易成本,从而有利于促进国际贸易的开展。因此,在国际贸易的长期实践中,逐渐形成了各种不同的贸易术语,使复杂的国际贸易问题处理得以简化。这也说明,掌握贸易术语是国际贸易从业者必须掌握的一项基本技能。

二、贸易术语的作用

1. 贸易术语具有两重性

从贸易术语的基本作用看,它具有两重性,即一方面表示交货条件,另一方面表示成交价格的构成因素。

(1) 确定交货条件

贸易术语是用来表示买卖双方各自承担义务的专门用语，每种贸易术语都有其特定的含义，采用某种专门的贸易术语，主要是为了确定交货条件，即说明买卖双方在交接货物方面彼此承担的责任、费用和风险的划分。例如，按装运港船上交货条件(FOB)成交同按目的的交货条件(DAP)成交，由于交货条件不同，买卖双方各自承担的责任、费用和风险就有很大区别。在FOB条件下，买方要负责派船到约定的装运港接运货物，并承担货物装上船后的一切费用和风险，而卖方则负责按时把约定的货物交到买方指定的船上，并承担货物装上船以前的一切费用和风险；在DAP条件下，由卖方负责在指定目的地将还在运抵运输工具上可供卸载的货物交由买方处置，并承担货物运送到指定地点的一切费用和风险，而之后的一切费用和风险则转由买方负担。

(2) 表示价格构成要素

贸易术语也可用来表示价格构成要素，特别是货价中所包含的从属费用。例如，按FOB价成交与按CIF价成交，由于其价格构成要素不同，所以成交价应有区别。具体地说，前者不包括从装运港到目的港的运费和保险费，而后者则包括从装运港到目的港的通常运费和保险费，所以买卖双方确定成交价格时，FOB价应比CIF价低。

不同的贸易术语，表明买卖双方各自承担不同的责任、费用和风险，而责任、费用和风险的大小又影响成交商品的价格。一般来说，凡使用出口国国内交货的各种贸易术语，如工厂交货(EXW)和装运港船边交货(FAS)等，卖方承担的责任、费用和风险都比较小，所以商品的售价就低；反之，凡使用进口国国内交货的各种贸易术语，如运输终端交货(DAT)和完税后交货(DDP)等，卖方承担的责任、费用和风险则比较大，这些因素必然要反映到成交商品的价格上，所以，在进口国国内交货比在出口国国内交货的价格高，有时甚至高出很多。由于贸易术语体现出商品的价格构成，按不同的贸易术语成交，会表示出成交商品具有不同的价格，所以，有些人便把它当作单纯表示价格的用语，而称其为“价格术语”或“价格条件”。

综上所述，贸易术语具有一方面表示交货条件，另一方面表示成交价格的构成因素的两重性，我们必须从贸易术语的全部含义来理解它的性质。正是由于贸易术语具有这两方面性质，所以也有人称之为“价格-交货条件”(Price-Delivered Terms)。

2. 贸易术语在国际贸易中的积极作用

如前所述，贸易术语使复杂的国际贸易问题处理得以简化，所以，贸易术语在国际贸易中具有积极作用，主要表现在以下几个方面：

(1) 简化了交易手续，有利于交易达成

由于每种贸易术语都有其特定的含义，而且一些国际组织对各种贸易术语也作了统一的解释与规定，这些解释与规定，在国际上被广为接受，并成为惯常奉行的做法或模式。因此，买卖双方只需商定按何种贸易术语成交，即可明确彼此在交接货物方面所应承担的责任、费用和风险，这就简化了交易手续，缩短了洽商交易的时间，从而有利于买卖双方迅速达成交易和订立合同。

(2) 有利于买卖双方核算价格和成本

买卖双方确定成交价格时，必须要考虑采用的贸易术语包含哪些从属费用，如运费、保险费、装卸费、关税、增值税和其他费用，由于贸易术语表示价格构成因素，这就有利于买卖双方进行比价和加强成本核算。

(3) 有利于解决履约中的争议

买卖双方商订合同时，如对合同条款考虑欠周，使某些事项规定不明确或不完备，致使履约当中产生的争议不能依据合同的规定解决，有时，即使买卖双方在签订合同时认真地拟定了每一条款，仍难免在执行中出现违约或失误的情况，在此情形下，可以援引有关贸易术语的一般解释来处理。因为，在长期的实践中，贸易术语已由国际上的一些权威机构进行了详细的解释，成为国际惯例，并被国际贸易界从业人员和法律界人士所理解和接受，从而成为国际贸易中公认的一种类似行为规范的准则。

(4) 有利于其他相关组织开展业务活动

国际贸易业务活动中，离不开船公司、保险公司和银行等组织机构的合作，而贸易术语及有关解释贸易术语的国际惯例的相继出现，便为这些组织开展业务活动和处理业务实践中的相关问题提供了客观依据和有利条件。

第二节 贸易术语的解释规则——相关的国际惯例

各国(地区)由于历史背景、法律制度的不同，风俗习惯、地理环境的差别，逐渐形成了许多独特的贸易习惯。表现在贸易术语方面，这种现象尤为明显。虽然早在 19 世纪初，在国际贸易中已经开始使用贸易术语，但各国(地区)对于同一贸易术语的解释却一直存在分歧。鉴于各国(地区)在贸易术语解释的分歧容易引起合同当事人之间的误解、争议和诉讼，严重影响国际贸易的发展，某些国际组织、商业团体、学术机构试图对贸易术语的解释加以统一化和标准化。于是，陆续出现了一些有关贸易术语的解释和规则。这些解释和规则在国际上被广泛采用，因而形成一般的国际贸易惯例。

目前国际上影响较大的有关贸易术语的国际惯例有以下三种：

一、《1932 年华沙-牛津规则》

19 世纪中叶，CIF 贸易术语已在国际贸易中被广泛采用，但由于各国对其解释不一，从而影响到 CIF 买卖合同的顺利履行。为了对 CIF 合同双方的权利和义务作出统一的规定和解释，国际法协会(International Law Association)于 1928 年在波兰华沙制定了 CIF 买卖合同的统一规则，共 22 条，称为《1928 年华沙规则》(Warsaw Rules 1928)。此后，在 1930 年纽约会议、1931 年巴黎会议和 1932 年牛津会议上，将此规则修订为 21 条，称之为《1932 年华沙-牛津规则》(Warsaw-Oxford Rules 1932，简称 W. O. Rules 1932)。

该规则对 CIF 合同的性质、特点及买卖双方的权利和义务都作了具体的规定和说明，为那些按 CIF 贸易术语成交的买卖双方提供了一套易于使用的统一规则，供买卖双方自愿采用，在缺乏标准合同格式或共同交易条件的情况下，买卖双方可约定采用此项通则，凡在 CIF 合同中订明采用《华沙-牛津规则》的，则合同当事人的权利和义务，即应按此规则的规定办理。由于现代国际贸易惯例是建立在当事人"意思自治"的基础上，具有任意法的性质，因此，买卖双方在 CIF 合同中也可变更、修改规则中的任何条款或增添其他条款，当此规则的规定与 CIF 合同内容相抵触时，仍以合同规定为准。

《华沙-牛津规则》自 1932 年公布后，一直沿用至今，并成为国际贸易中颇有影响的国际贸易惯例，这是因为此项规则在一定程度上反映了各国对 CIF 合同的一般解释。不仅如此，其中某些规定的原则还可适用于其他合同，例如《华沙-牛津规则》规定，在 CIF 合同中，货物所有权转于买方的时间，应当是卖方把装运单据(提单)交给买方的时刻，即以交单时间作为所有权转移的时间，此项原则，虽是针对 CIF 合同的特点制定的，但一般认为也可适用于卖方有提供提单义务的其他合同。由此可见，《华沙-牛津规则》的制定和公布，不仅有利于买卖双方订立 CIF 合同，而且也有利于解决 CIF 合同履行中出现的争议，当合同当事人发生争议时，可以参照或引用此项规则的规定与解释来处理。

二、《美国对外贸易定义修订本》

二战以后，国际经济形势发生了剧烈变化，美国一跃成为世界贸易的中心，与中国的贸易关系也日益紧密。2011 年，中美贸易额达到 4 467 亿美元，中美已互为第二大贸易伙伴，同时美国也是中国第二大出口市场和第六大进口来源地。中美两国迅速发展的双边经贸关系，以及美国在全球经济中的特殊地位，要求中国贸易从业人员认真研究美国贸易界在其州内、州际甚至美洲国家中所惯用的贸易术语。

早在 1919 年 12 月，在美国全国对外贸易协会（National Foreign Trade Council）的倡议下，在全美贸易会议（National Foreign Trade Conference）上具有代表性的企业及贸易团体共同制定了有关对外贸易定义的统一解释，联合颁布了《美国出口报价术语定义》（U. S. Definitions of Export Quotations），供从事对外贸易的人员参考使用。后鉴于贸易习惯或做法的演变，在 1940 年第 27 届全国对外贸易会议上对原有定义进行了修改。1941 年 7 月 30 日，美国商会（The Chamber of Commerce of The United States of America）、美国进口商全国委员会（The National Council of American Importers, Inc）和全国对外贸易委员会（The National Foreign Trade Council, Inc）三大机构组成的联合委员会又对美国出口报价术语定义加以修订，并改名为《1941 年美国对外贸易定义修订本》（Revised American Foreign Trade Definitions, 1941）。后又于 1990 年再次修订，称为《1990 年美国对外贸易定义修订本》（Revised American Foreign Trade Definitions, 1990）。该定义对 EXW、FOB、FAS、C&F、CIF、DEQ 六种贸易术语进行统一解释。该定义把 FOB 术语分为六种类型，所以实际上其解释的贸易术语共有 11 种之多，如表 1-1 所示。

表 1-1 《1990 年美国对外贸易定义修订本》解释的贸易术语

贸易术语	英文名称	中文名称
EXW	Ex Works (named point of origin)	工厂交货，指定起运地点
FOB	(1) Free on Board (named inland carrier at named inland point of departure)	在国内指定起运地点的指定内陆运输工具上交货
	(2) Free on Board (named inland carrier at named inland point of departure) Freight Paid to (named point of exportation)	在国内指定起运地点的指定内陆运输工具上交货，运费预付至指定出口地点
	(3) Free on Board (named inland carrier at named inland point of departure) Freight Allowed to (named point)	在国内指定起运地点的指定内陆运输工具上交货，扣除至指定地点运费
	(4) Free on Board (named inland carrier at named point of exportation)	在国内指定出口地点的指定运输工具上交货
	(5) Free on Board Vessel (named port of shipment)	指定装运港船上交货
	(6) Free on Board (named inland point in country of importation)	进口国指定内陆地点交货

续表 1-1

贸易术语	英文名称	中文名称
FAS	Free Along Side(named point of shipment)	指定装运港船边交货
C&F	Cost and Freight(named point of destination)	成本加运费,指定目的地
CIF	Cost, Insurance and Freight(named point of destination)	成本、保险费加运费,指定目的地
DEQ	Delivered Ex Quay(duty paid)	进口港码头交货,关税已付

值得注意的是,在FOB术语的六种解释中,只有第(5)种(表1-1),即指定的装运港船上交货(FOB Vessel)才同国际贸易中一般通用的FOB的含义大体相同,而其余五种则完全不同。为了具体说明买卖双方在各种贸易术语下承担的权利和义务,在此修订本所列各种贸易术语之后,一般附有注解,这些注释,实际上是表明贸易术语定义不可分割的组成部分。因此,为充分了解在各种贸易术语下买卖双方各自承担的权利和义务,不仅应考虑定义本身,还应明了附加的有关贸易术语的注释。

由于《美国定义》主要用于国际贸易报价,而《国际贸易术语解释通则》对于进出口双方的义务有详细的规定,且为世界上多数国家接受使用。因此,美国贸易界已同意使用《国际贸易术语解释通则》,以避免出现因对贸易术语解释的不统一引起争议。然而,《美国定义》在美洲国家有较大影响。事实上,部分美洲国家贸易商仍继续使用《美国定义》。因此,我国外贸企业在与美洲国家进出口企业交易时,应特别注意避免因两大惯例文本的差异引起的贸易纠纷。

三、《国际贸易术语解释通则》

1. INCOTERMS 1936

不同国家对贸易术语的多种解释引起的误解阻碍着国际贸易的发展,为便利在进行涉外买卖合同所共同使用贸易术语的不同国家的商人们运用贸易术语,有一个准确统一的贸易术语解释出版物很有必要。因此,国际商会(International Chamber of Commerce,简称ICC)于1921年在伦敦举行的第一次大会时就授权搜集各国所理解的贸易术语的摘要。准备摘要的工作得到了各个国家的积极协助,国际商会同时广泛征求了出口商、进口商、代理人、船东、保险公司和银行等相关行业的意见,以便对主要的贸易术语作出合理的解释,使各方能够共同适用。经过十几年的磋商和研讨,终于在1936年形成了具有历史性意义的贸易条件解释规则,命名为《INCOTERMS 1936》(INCOTERMS系International Commercial Terms的缩写),副标题为International Rules for the Interpretation of Trade Terms(国际贸易术语解释通则)。本规则将贸易术语分为11种,如表1-2所示,每一术语订明买卖双方应尽的义务,以供商人自由采用。

表 1-2　INCOTERMS 1936 的贸易术语

英文名称	中文名称
Ex Works(Ex Factory, Ex Mill, Ex Plantation, Ex Warehouse, etc.)	工厂交货(制造厂交货、农场交货、仓库交货等)
FOR(Free on Rail)...(named departure point) FOT(Free on Truck)...(named departure point)	(指定起运地)车厢交货、卡车交货
Free(named port of shipment)	(指定装运港)交货
FAS(Free Alongside Ship)...(named point of shipment)	(指定装运港)船边交货
FOB(Free on Board)...(named point of shipment)	(指定装运港)船上交货
C&F(Cost and Freight)...(named port of destination)	成本加运费(至指定目的港)
CIF(Cost Insurance Freight)...(named port of destination)	成本、保险费加运费(至指定目的港)
Freight or Carriage Paid to...(named point of destination)	运费付至(指定地点)
Free or Free Delivered...(named point of destination)	(指定目的地)交货
Ex Ship...(named port)	(指定港口)船上交货
Ex Quay...(named port)	(指定港口)码头交货

2. INCOTERMS 1953

第二次世界大战之后，贸易实务的发展要求对贸易术语予以重新整理，以及对各贸易术语内容进行修订。于是国际商会于 1953 年 5 月在奥地利维也纳召开会议，审议 INCOTERMS 的修订案，同年 10 月修订完成，并颁布新修订的 INCOTERMS，定名 INCOTERMS 1950。此次修订将很少用的 Free...(name port of shipment)及 Free or Free Delivered...(named point of destination)两条件删除，并将剩下的 9 种术语的内容加以充实或修订。此次修订，是根据以下三大原则进行的：

(1) 尽可能清楚而精确地界定买卖双方当事人的义务。

(2) 以现行国际贸易实务上最普遍的做法为基础修订，使商业界能广泛采用本规则。

(3) 所规定卖方义务系最低限度的义务，因此，当事人在其个别契约中可以本规则为基础，增加或变更有关条件，以适宜个别贸易情况的特别需要。

3. INCOTERMS 1980

INCOTERMS 于 1953 年修订之后，为各国商业界广泛采用，对于国际贸易的发展作出了很大贡献。但自 20 世纪 50 年代末以来，西欧与东欧国家、东欧国家与前苏联之间盛行边境交货及进口国目的地交货的贸易做法，于是国际商会在 1967 年补充了 Delivered at Frontier...(named place of delivery at frontier)即边境交货及 Delivered Duty Paid...(named place of destination in the country of importation)即完税后交货两种贸易术语，以迎合贸易需要。又鉴于货物利用航空运输的情况日益普遍，国际商会于 1976 年再次增订了 FOB Airport...(named airport of departure)即机场交货，使适用范围再次扩大。随着集装箱运输方式的发展，多种运输方式相结合的多式联运(Multi-Modal Transport)也应运而生，门至门(Door-to-Door)的交货方式也已逐渐被世界各国采用。于是，针对国际贸易新形势发展的需要，国际商会又于 1980 年增订 Free Carrier...(named point)即货交承运人及

Freight or Carriage and Insurance paid to...（name point of destination）即运费或运费、保险费付至指定目的地两种贸易术语，并将 Freight or Carriage paid to...（name point of destination）予以修订，使之扩大适用于连续作业的多式联运。故国际商会所解释的贸易术语，到 80 年代初已有 14 种之多，并于 1980 年 3 月，将这 14 种贸易术语汇成一小册，以 ICC Publication No. 350 刊行，并定名为《INCOTERMS 1980》，如表 1-3 所示。

表 1-3　INCOTERMS 1980 的贸易术语

贸易术语	中文名称
Ex Works(Ex Factory, Ex Mill, Ex Plantation, Ex Warehouse, etc)	工厂交货（制造厂交货、农场交货、仓库交货等）
FOR(Free on Rail)...（named departure point） FOT(Free on Truck)...（named departure point）	（指定起运地）车厢交货、卡车交货
FAS(Free Alongside Ship)...（named point of shipment）	（指定装运港）船边交货
FOB(Free on Board)...（named point of shipment）	（指定装运港）船上交货
C&F(Cost and Freight)...（named port of destination）	成本加运费（至指定目的港）
CIF(Cost Insurance Freight)...（named port of destination）	成本、保险费加运费（至指定目的港）
Ex Ship...（named port of destination）	（指定目的港）船上交货
Ex Quay Duty Paid...（named port）	（指定港口）码头交货，关税已付
Delivered At Frontier...（named place of delivery at frontier）	（边境指定交货地点）边境交货
Delivered Duty Paid...（named place of destination in the country of importation）	（指定的进口国目的地）完税后交货
FOB Airport...（named airport of departure）	（指定启运机场）启运机场交货
Free Carrier...（named point）	（指定地点）货交承运人
Freight or Carriage Paid to...（named point of destination）	运费付至（指定的目的地）
Freight or Carriage and Insurance Paid to...（named point of destination）	运费或运费保险费付至（指定的目的地）

4. INCOTERMS 1990

时代在前进，科技在发展，国际贸易领域里也在不断发生新的变化。电子数据交换系统的使用日益普遍，国际运输技术突飞猛进，特别是集装箱的单元化、多式联运及近海运输中汽车和火车的滚装运输方式发展迅速。为了进一步适应国际贸易中新变化的需要，国际商会国际商业惯例委员会在总结了自 1980 年以来国际贸易中的新经验和新情况后，于 1989 年 11 月通过了《国际贸易术语解释通则》新的修订版本，于 1990 年 4 月正式公布，即国际商会第 460 号出版物，称为《1990 年国际贸易术语解释通则》(INCOTERMS 1990)，同年 7 月 1 日生效。

INCOTERMS 1990 共有 13 种贸易术语，比 INCOTERMS 1980 少了一种，将 INCOTERMS 1980 的 FOA、FOR/FOT 术语并入 FRC 改称为 FCA 之外，另增加了 DDU 一种术语。按性质的不同，这 13 种贸易术语可归纳为 E、F、C、D 四组基本类型，如表 1-4 所示。

表 1-4 INCOTERMS 1990 的贸易术语

类型	国际代号	英文名称	中文名称
E 组起运	EXW	Ex Works	工厂交货
F 组（主运费未付）	FCA	Free Carrier	货交承运人
	FAS	Free Alongside Ship	船边交货
	FOB	Free on Board	船上交货
C 组（主运费已付）	CFR	Cost and Freight	成本加运费
	CIF	Cost，Insurance and Freight	成本、保险费加运费
	CPT	Carriage Paid to	运费付至
	CIP	Carriage and Insurance Paid to	运费加保险费付至
D 组（到达）	DAF	Delivered at Frontier	边境交货
	DES	Delivered Ex Ship	目的港船上交货
	DEQ	Delivered Ex Quay	目的港码头交货
	DDU	Delivered Duty Unpaid	未完税交货
	DDP	Delivered Duty Paid	完税交货

5. INCOTERMS 2000

鉴于无关税区的广泛发展、交易中使用电子信息的增多以及运输方式的变化，为了进一步推动贸易规则在全球的广泛运用，使贸易术语与贸易实践保持同步，1996 年，国际商会决定对 INCOTERMS 1990 进行修改。在通过各国家委员会吸取了各行业国际贸易从业者的意见和建议的基础上，国际商会完成了 INCOTERMS 2000 的修订。INCOTERMS 2000 保留了 INCOTERMS 1990 的 13 种术语，只是在对当事人的有关义务的规定方面做了适当调整。

国际商会推出 INCOTERMS 2000，在其引言中指出："完成一笔国际贸易不仅需要销售合同，而且需要运输合同、保险合同和融资合同，而 INCOTERMS 只涉及其中的一项合同，即销售合同。"因此，尽管这些合同相互关联、相互影响，但 INCOTERMS 只限于对货物买卖合同中交易双方权利义务的规定，而且该货物是有形的，不包括电脑软件之类的东西。作为买卖合同的卖方，其基本义务可概括为交货、交单和转移货物的所有权，而 INCOTERMS 仅仅涉及前两项内容，不涉及所有权和其他产权的转移问题，也不涉及违约及其后果等问题。

2000 年的版本在下面两个方面作出了实质性改变：在 FAS 和 DEQ 术语下，办理清关手续和交纳关税的义务；在 FCA 术语下装货和卸货的义务。

另外，此版本还做了一些形式上的改变。1990 年版对买卖双方各 10 项义务（卖方 A1—A10，买方 B1—B10）作逐项并列编排，左右对照，并在 10 项义务之首分别冠以"A 卖方必须"和"B 买方必须"的词句。2000 年修订本对买卖双方各 10 项义务，在编排上改为卖方义务和买方义务逐项间隔排列，上下对照。在 10 项义务之首冠以"A 卖方义务 B 买方义务"，在每条具体义务前，则分别加注"卖方必须"和"买方必须"的词句。

6. INCOTERMS® 2010

随着运输方式、通讯方式的改变,商业实践也随之改变。无关税区的不断扩大,商业交易中使用电子信息的增长,货物运输中对安全问题的进一步关注等在国际贸易中出现的新情况,促使国际商会自2007年起就着手对NCOTERMS 2000的修订工作。2010年9月27日,INCOTERMS® 2010公布,于2011年1月1日实施。

相对于INCOTERMS 2000,INCOTERMS® 2010的变化主要体现在以下几个方面:

(1) 两种新术语替代四种旧术语

INCOTERMS® 2010删去了INCOTERMS 2000中的四种术语:DAF(Delivered at Frontier)边境交货、DES(Delivered Ex Ship)目的港船上交货、DEQ(Delivered Ex Quay)目的港码头交货、DDU(Delivered Duty Unpaid)未完税交货。新增了两种术语:DAT(Delivered at Terminal)在指定目的地或目的港的集散站交货、DAP(Delivered at Place)在指定目的地交货。用DAP取代了DAF、DES和DDU三个术语,DAT取代了DEQ,且扩展至适用于一切运输方式。

DAP类似于取代了的DAF、DES和DDU三个术语,指卖方在指定的目的地交货,只需做好卸货准备,无需卸货即完成交货。术语所指的到达车辆包括船舶,目的地包括港口。卖方应承担将货物运至指定的目的地的一切风险和费用(除进口费用外)。本术语适用于任何运输方式、多式联运方式及海运。

DAT类似于取代了的DEQ术语,指卖方在指定的目的地或目的港的集散站卸货后将货物交给买方处置即完成交货,术语所指目的地包括港口。卖方应承担将货物运至指定的目的地或目的港的集散站的一切风险和费用(除进口费用外)。本术语适用于任何运输方式或多式联运。

(2) INCOTERMS® 2010将术语分为两大类11种

INCOTERMS® 2010共有11种贸易术语,按照所适用的运输方式划分为两大类:

① 适用于任何运输方式(Any Mode of Transport)的术语七种:EXW、FCA、CPT、CIP、DAT、DAP、DDP。

EXW(Ex Works)	工厂交货
FCA(Free Carrier)	货交承运人
CPT(Carriage Paid to)	运费付至目的地
CIP(Carriage and Insurance Paid to)	运费/保险费付至目的地
DAT(Delivered at Terminal)	目的地或目的港的集散站交货
DAP(Delivered at Place)	目的地交货
DDP(Delivered Duty Paid)	完税后交货

② 适用于水上运输方式的术语四种(Sea and Inland Waterway Transportonly):FAS、FOB、CFR、CIF。

FAS(Free Alongside Ship)	装运港船边交货
FOB(Free on Board)	装运港船上交货
CFR(Cost and Freight)	成本加运费
CIF(Cost, Insurance and Freight)	成本、保险费加运费

（3）取消了“船舷”的概念

修订后的 INCOTERMS® 2010 取消了“船舷”的概念，卖方承担货物装上船为止的一切风险，买方承担货物自装运港装上船后的一切风险。在 FAS、FOB、CFR 和 CIF 等术语中加入了货物在运输期间被多次买卖（连环贸易 String Sales）的责任义务的划分。

（4）加入了术语的使用范围，强调也适用于国内贸易

考虑到对于一些大的区域贸易集团内部贸易的特点，规定 INCOTERMS® 2010 不仅适用于国际销售合同，也适用于国内销售合同。

（5）加入电子交易的内容

INCOTERMS® 2010 应国际贸易市场的电子货运趋势，指明在货物买卖双方同意下，电子文件可取代纸张文件。

（6）加入与反恐有关系的内容

在 INCOTERMS® 2010 中，货物的买方、卖方和运输承包商有义务为各方提供相关资讯，知悉涉及货物在运输过程中能否满足安检要求，此举将帮助船舶管理公司了解船舶运载的货物有否触及危险品条例，防止在未能提供相关安全文件下船舶货柜中藏有违禁品。

（7）加入终端处理费用的归属，以保证不出现真空

INCOTERMS® 2010 有助于船舶管理公司分清码头处理费的责任方，可以较好地解决现存的买方可能的双重缴付码头处理费（一是在货物总价中向卖方支付；二是单独向承运人或港口运营人支付），而新通则会明确标明货物买卖方支付码头处理费的责任。

（8）调整了每种贸易术语下买卖双方各自承担的义务的排列方法

INCOTERMS 2000 将每种贸易术语下买卖双方各自承担的义务纵向排列，交叉对比。也就是说，在规定卖方的一项义务后紧接着规定买方的对应义务。INCOTERMS® 2010 则改为 INCOTERMS 1990 的表述方式，将每种贸易术语下买卖双方各自承担的义务横向比较，如表 1-5 所示。

表 1-5 INCOTERMS® 2010 对 11 种贸易术语的买卖双方规定的义务框架

卖方义务 THE SELLER'S OBLIGATIONS		买方义务 THE BUYER'S OBLIGATIONS	
A_1	卖方一般义务 General Obligations of the Seller	B_1	买方一般义务 General Obligations of the Buyer
A_2	许可证、授权、安检和其他手续 Licences, Authorizations, Security Clearances and Other Formalities	B_2	许可证、授权、安检和其他手续 Licences, Authorizations, Security Clearances and Other Formalities
A_3	运输合同与保险合同 Contracts of Carriage and Insurance	B_3	运输合同与保险合同 Contracts of Carriage and Insurance
A_4	交货 Delivery	B_4	收取货物 Taking Delivery
A_5	风险转移 Transfer of Risks	B_5	风险转移 Transfer of Risks
A_6	费用划分 Allocation of Costs	B_6	费用划分 Allocation of Costs

续表 1-5

卖方义务 THE SELLER'S OBLIGATIONS		买方义务 THE BUYER'S OBLIGATIONS	
A_7	通知买方 Notices to the Buyer	B_7	通知卖方 Notices to the Seller
A_8	交货凭证 Delivery Document	B_8	交货证据 Proof of Delivery
A_9	查对—包装—标记 Checking—Packaging—Marking	B_9	货物检验 Inspection of Goods
A_{10}	协助提供信息及相关费用 Assistance with Information and Related Costs	B_{10}	协助提供信息及相关费用 Assistance with Information and Related Costs

总之，在有关贸易术语的国际贸易惯例中，INCOTEAMS 是包括内容最多、使用范围最广和影响最大的一种。近年来，国际商会感觉到 INCOTERMS 在世界范围内的影响越来越大，因此，在进行修订时力图保持相对稳定性。因此，在本书涉及贸易术语的相关内容都沿袭 INCOTERMS 2010 的规定。

值得注意的是，INCOTERMS® 2010 的实施并不意味 INCOTERMS 2000 就自动废止，当事人在订立贸易合同时仍然可以选择适用 INCOTERMS 2000，包括以前的版本。

7. INCOTERMS® 2010 术语专用词的解释

(1) 承运人(Carrier)

在 INCOTERMS® 2010 中，承运人是签约承担运输责任的一方。这里的"承运人"只是一个广义的概念，主要包括两种类型：一种是狭义的承运人，即自己实际运输托运货物的人，如船公司、航空公司等；另一种是货运代理人，即自己并不实际运输承运货物，只协助狭义承运人办理一些与货物运输相关的辅助性质的事务，如揽货、收发货物、装卸货物、代收运杂费用，必要时还可帮助托运人代理报检、报关等。

(2) 海关手续(Customs Formalities)

海关手续指为遵守任何适用的海关规定所满足的要求，其中包括各类文件、安全、信息或检验等项义务。海关手续具体到国际贸易的实际工作，通常主要有申报、提交海关通关所需的各种单证、陪同海关工作人员到现场查货、回答海关咨询、缴纳海关税费、获得海关签章放行等。安全(Security)通常包括国家安全、社会安全和人身财产安全。例如，不泄露国家机密、不危害国家政权、不威胁进出境国家消费者的身心健康及财产安全等。

(3) 交货(Delivery)

在 INCOTERMS® 2010 中，交货是指货物灭失与损坏的风险从卖方转移至买方的地点。例如，在 FOB 术语下，卖方在装运港把货物装载船舶就是交货，货物装上船之前的风险损失由卖方承担，货物装上船之后的风险损失由买方承担。

(4) 交货单据(Delivery Documents)

交货单据指证明已交货的凭证。在 INCOTERMS® 2010 中，交货凭证既可以是纸质形式的，也可以是电子记录。交货单据按其性质可分为两类：一是物权凭证，如海运提单，收货人须凭此单据才能向承运人提取货物；另一类是非物权凭证，如空运单，收货人提货时无需向承运人出示此单据。

(5) 电子记录或程序(Electronic Record or Procedure)

电子记录或程序,实际工作中通常被称为电子单据,是指由一条或多条电子信息组成的整套信息,如电子提单、电子商业发票等。按 INCOTERMS® 2010 的规定,在适用的情况下,电子单据与对应的纸质凭证具有同等的法律效力。

(6) 包装(Packing)

INCOTERMS® 2010 规定这个概念可以用于以下三个不同目的:

① 为满足买卖合同的要求对货物进行包装,包括商品的外包装和内包装。

② 为适应运输需要对货物进行包装,一般仅包括商品的外包装,也就是运输包装,如木箱、纸箱等。

③ 在集装箱或其他运输工具中装载包装好的货物,如托盘(Pallet)、集装包(袋)(Concentrated Bale/Bag)等。

在 INCOTERMS® 2010 中,包装所指的是以上第①和②种情况。也就是说,国际商会并没有把集装箱当做一种包装方式,而是把它看做运输工具。

第三节　国际贸易中常用的六种贸易术语

在众多的贸易术语中,国际商界使用的最多的是 FOB、CFR、CIF、FCA、CPT 和 CIP 这六种。因此,了解和掌握这六种贸易术语的具体含义、买卖双方的义务以及在使用过程中应注意的问题是非常重要的。

一、FOB

1. FOB 术语的含义

FOB 是 Free on Board(... named port of shipment)的缩写,意指装运港船上交货(……指定装运港)。它是指卖方在约定日期或期限内在指定装运港将货物装上买方指定的船舶(Placing Them on Board),或配合大宗货物在运送途中转售,"取得"已交付至船上货物[①](Procuring the Goods So Delivered),视为卖方交货。货物灭失或损坏的风险在货物交到船上时转移,同时买方承担自那里起的全部费用及货物灭失或损坏的风险。同时要求卖方办理货物出口清关。本术语只适用于海运和内河运输。当货物装在集装箱里时,卖方通常将货物在集装箱码头移交给承运人,而非交到船上。这时,FOB 术语不适合,而应当使用 FCA 术语。在国际贸易中,FOB 术语的使用有着悠久的历史。1812 年,英国法院的判决中就提过。当时班轮运输尚不发达,进口商大多使用租船运输到各国港口采购所需货物,进口商或其代理人必须亲自前往各出口地洽谈采购事宜,合同成立后,即要求卖方(出口商)将货物交到进口商所安排的船舶上,经验货认可后,进口商或其代理人立即支付价款,完成交易。这是 FOB 贸易术语形成的缘由。之后,因海上运输的发展,班轮运输逐渐普

---

① 即原货主已将转售货物装船,通常是指"路货买卖",即出口商为中间商的情形:A(原卖方)先把货物卖给 B(中间商),B 又把货物转卖给 C(买方)。A 在装运货物取得运输单据后向 B 交单,B 付款后就取得了单据(即货物)。在 B 和 C 的交易中,B 不需要自己在装运港把货物装上船,只要取得 A 递交的证明"货物已经装上船"的运输单据(如提单)就可以算作是 B 对 C 完成交货。

及,以提单表明货物所有权的观念逐步形成,加上通信技术、金融制度的进步与完善,进口商无需前往国外,在本国即可直接与国外出口商进行交易,在签订合同之后,进口商即按约定时间派船前往出口港提货。由于在 FOB 术语下,进口商须负责安排船运及海上保险事宜,责任重大,于是产生了后述的 CIF 等术语。

根据国际商会 20 世纪 90 年代对 40 多个国家的调查,按使用频繁程度,FOB 超过 40%,排在各术语的第一位。目前,在我国出口贸易中,FOB 术语的使用也是最多的。

2. 买卖双方的基本义务

按 INCOTERMS® 2010,在 FOB 术语下,买卖双方的基本义务如表 1-6 所示。

表 1-6　FOB 术语下买卖双方的基本义务

卖方义务	买方义务
① 负责在合同规定的日期或期间内,在指定装运港,将符合合同规定的货物按港口惯常方式交至买方指派的船上或以取得已在船上交付的货物的方式交货,并给予买方充分通知	① 负责租船订舱,支付运费,并给予卖方关于船名、装船地点和要求交货时间的充分通知
② 自负风险和费用取得出口许可证或其他证件,办理货物出口手续	② 自负风险和费用取得进口许可证或其他证件,并办理货物进口以及必要时经由另一国过境运输的一切海关手续
③ 承担货物在装运港装上船前的一切费用和风险	③ 承担货物在装运港越过船舷后的一切费用和风险。
④ 负责提交商业发票和证明货物已交至船上的通常单据,或具有同等效力的电子信息	④ 接受卖方提交的与合同相符的单据,收取卖方按合同规定交付的货物并支付货款
⑤ 出口国有关机构强制检验	⑤ PSI①,除卖方承担的外
⑥ 应买方要求并由其承担风险和费用时,向买方提供或协助其取得货物进口、完成运输及安全相关信息	⑥ 应卖方要求并由其承担风险和费用时,向卖方提供或协助其取得货物进口、完成运输及安全相关信息

【案例 1-1】 有一份出售一级大米的合同,按 FOB 条件成交,装船时货物经公证人检验,符合合同规定的品质条件,卖方在装船后已及时发出装船通知。但航行途中由于舱汗,部分大米受潮,品质受到影响。当货物到达目的港后,只能按三级大米价格出售,因而买方要求卖方赔偿损失。试问在上述情况下卖方对该项损失是否应负责?

【分析】 按照本案例的情况,卖方已按照合同规定的条件,把货物在约定的装运港装上买方指派的船只上,自货物装上船后,货物的风险已由卖方转移给买方。因此在运输途中大米因舱汗受潮而影响其品质,属于运输风险损失范围。事实上,货物在装船时,已验明品质符合合同规定的条件。因此,根据 FOB 条件的惯例解释,对货物在运输途中因风险而发生的损失,卖方无需负责。

---

① PSI(Pre-Shipment Inspection),装船前检验,是对等待装船但尚未装船的产品的详细检验。这种做法被许多发展中国家如伊朗、孟加拉国、安哥拉等采用,雇佣独立的专业公司来检验海外订购的货物的装载情况,其目的在于防止资本外流、商业欺诈以及逃避海关关税等情况的发生,保护国内财政利益和弥补行政管理机构的不足。专业的检验公司将在检验后出具清洁报告(Clean Report of Findings,简称 CRF),进口商据此通关。

3. 使用FOB术语需注意的问题

尽管INCOTERMS® 2010对FOB术语中买卖双方的责任、义务与风险进行了详细划分，但在实践中使用时仍需注意以下问题：

(1) 关于风险划分界限的变更

在INCOTERMS 2000及以前的版本中都规定，FOB术语是以装运港船舷为风险划分界限的。以“船舷为界”作为风险划分的界限，却难以作为买卖双方承担的责任和费用划分的界限。因为装船作业是一个连续的过程，它包括货物从岸上起吊、越过船舷、装入船舱等一系列动作，如果卖方承担了装船的责任，他必须完成上述作业，而不可能在船舷办理交接；在实际业务中，FOB合同的卖方往往根据合同规定或双方确定的习惯做法，负责将货物在装运港实际装在船上，并提供清洁已装船提单(可以理解为风险点延伸到船舱内)。

货物风险包括货物的灭失及损坏两类，是指货物因意外事故而遭受的灭失或损坏。若不是因意外事故导致的灭失或损坏，诸如因货物包装不良、标识不清或因货物本质或内在瑕疵导致的灭失或损坏，并不因交货而转移至买方。

如果装运港码头的水位太浅，载货船舶不能靠岸，而必须在离码头较远的深水水域抛锚，从码头岸边到载货船舶之间需要用驳船转运时，在FOB术语下，转运的费用应由卖方支付，货运风险的划分仍然以载货船舶的船上，而不是以驳船的船上为界，如图1-1所示。

图1-1　转运费及其风险划分界限示意图

(2) 关于船货衔接问题

由于FOB条件下是由买方负责安排运输工具，即租船订舱，所以这就存在一个船货衔接问题。根据有关法律和惯例，为了体现贸易公平，在下列情形下，即使卖方未能按合同约定按时装船，也由买方承担责任：

① 若买方未按规定将船名、装货地点及要求交货时间，给予卖方充分的通知。

② 若其所指定船舶未能按时抵达。

③ 若其所指定船舶不能承载货物。

④ 若其所指定船舶早于规定时间截止收货，则自约定交货日或规定交货期间届满日起，承担货物灭失或损坏的一切风险。根据一般原则，货物的风险在其交付时转移至买方，按本例外规定，货物虽尚未交付，风险照样转移至买方，这在法律上称为“提早转移风险”。而且由此产生的各种损失，如空舱费(Dead Freight)、滞期费(Demurrage)以及仓储费等，均由买方负担。发生空舱费主要有以下两种情形：

A. 比如承运人和托运人①双方原定于2012年12月1日装运货物，但托运人在12月1日没有将货物送交承运人，造成承运人原来预留的舱位落空。

---

① 托运人(Shipper/Consignee)：按《汉堡规则》中的定义，托运人是指其本人或以其名义与承运人订立海上运输合同的任何人，或指其本人或以其名义将货物实际交付给与海上货物运输合同有关的承运人的任何人。因此，在FOB合同中，对于承运人而言，买方或卖方都可成为托运人，因为买方是向承运人租船订舱、支付运费的人，而卖方则是实际将货物交给承运人运输的人。但是，按国际惯例，一般情况下，承运人只能向卖方签发运输单据，而不能向买方签发。

B. 比如托运人虽然在2012年12月1日将货物交给了承运人，但原订的舱位是40公吨，而托运人实际却只交了20公吨，比原订舱位少了20公吨，使承运人原来预留的舱位部分落空。

因买方疏于通知指定船舶、装货地点及要求交货时间，或若其所指定船舶未能按时抵达，或不能承载货物，或早于规定时间截止收货，致使卖方无法在约定交货日或在规定交货期间内装船，如规定卖方必须承担在装船时间货物装上船之前的一切风险，则不够公平。因此，以该约定交货日或规定交货期间届满之日为风险承担转移时间，有利于平衡当事人的权益。

风险转移的前提条件是：货物必须经正式划拨于买卖合同项下，即必须经特定化，可辨认其为买卖合同项下的标的物。

如果买方指派的船只按时到达装运港，而卖方却未能备妥货物，那么，由卖方承担由此产生的空舱费、滞期费等。因此，FOB合同中，买卖双方对船货衔接事项，除了在合同中应作明确规定外，在订约后，必须加强联系，密切配合，防止船货脱节。

在按FOB术语订约的情况下，如成交货物的数量不大，只需部分舱位而用班轮装运时，卖方往往按照买卖双方之间明示或默示的协议，代买方办理各项装运手续，包括以卖方自己的名义订舱和取得提单。除非另有协议或根据行业习惯，买方应负责偿付卖方由于代办上述手续而产生的任何费用，诸如货运商和装船代理的装船手续费，其订不到舱位的风险也由买方负担。

【案例1-2】 A公司以FOB条件出口一批茶具，合同签订后买方委托我方租船，买方负担相关费用。我方接受委托，但时至装运期我方在规定装运港却无法租到合适的船，且买方不同意改变装运港。因此，到装运期满时货仍未装船。买方因销售季节即将结束，便来函以我方未按期租船履行交货义务为由撤销合同。请问，我方应如何处理？

【分析】 按INCOTERMS® 2010，FOB条件下卖方不负责租船定仓和保险，但是在实际业务中，卖方可以接受委托代办租船订舱或投保，但纯属“代办”，如卖方未能完成委托，买方不得因此向卖方提出任何异议或借以撤销合同。所以，卖方应据此要求继续履行合同。但考虑到长远利益，卖方应从以下几个方面具体考虑：

① 卖方应与买方尽力协调，使货物尽快运送到目的地，减少买方的损失。

② 卖方可以适当降低价格，缓和买方情绪。

③ 讲明事情原委，消除买方误解。

(3) 装运通知

货物装船后，卖方应及时通知买方，以便买方能及时办理保险。关于装运通知，无论是买方发送给卖方，还是卖方发送给买方的，在使用过程中往往不加区分，一律笼统地称为装运通知。但实际上，两者是有区别的。买方发送给卖方的，是指在货物装运之前，买方把有关预订的船名及/或装船地点和时间以及有关要求事项告知卖方，是为装船须知(Shipping Instruction)；卖方发送给买方的，是指在货物装运之后，卖方把有关装船的详细信息通知买方，是为“装运通知”(Shipping Advice)。

(4) 卖方应加保意外事故保险和装船前卖方受益险

在FOB(CFR)术语，卖方所承担的货物风险以装运港船上为界，因此通常卖方不再投保货物海上保险。但是，卖方将货物交运后，未收到货款前，若货物因意外事故而灭失或损坏，而买方又拒付货款，则卖方将陷入窘境。于是，以FOB(CFR)术语交易时，卖方为确保在收不到货款而货物又遭遇损失时可获得适当的补偿，可考虑投保意外事故保险。

另外，以FOB(CFR)术语交易时，货物海上保险由买方投保，但买卖双方所承担的货物风险是以装运港船上为界，因此，万一货物在装上船之前发生损失，因其风险负担尚未转移，买方不具有保险利益，买方无法凭其购买的保险单获得赔偿。而卖方也未就装船前的风险投保，则其损失将无法获得补偿，影响到交易的安全。因此，为了最大限度地保护自己的利益，卖方可加保装船前卖方受益险。

(5) 装货费用的负担

在装运港的装货费用主要是装船费以及与装货有关的理舱费和平舱费。在FOB合同中，如买方使用班轮运输货物，由于班轮运费内包括装货费用和在目的港的卸货费用，班轮运费既然由买方支付，所以装货费用实际上是由买方负担的。但在大宗货物需使用租船装运时，FOB合同的买卖双方对装货费用由何方负担应进行协商，并在合同中用文字作出具体规定，也可采用在FOB术语后加列字句或缩写，即FOB术语的变形来表示。常见的FOB术语变形有：

① FOB班轮条件(FOB Liner Terms)，指装船费用按照班轮[①]的做法来办，即卖方不负担装船的有关费用。

② FOB吊钩下交付(FOB Under Tackle)，指卖方将货物交到买方指定船只的吊钩所及之处，即吊装入舱以及其他各项费用概由买方负担。

这里的吊钩不是指码头上作业机械的吊钩，而是指载货船舶(即远洋货轮)上的吊钩。因此，如果装运港码头水位太浅，载货船舶不能靠岸，需要用驳船(Barge)将货物从码头运到载货船舶上，按惯例，驳船的转运费用应由卖方承担。

③ FOB包括理舱(FOB Stowed)，指卖方负责将货物装入船舱，并承担包括理舱费在内的装船费用。理舱费指为使货物按照舱图妥善安置和合理装载，在货物装入船舱后，对其进行隔垫和整理的费用。该变形通常用于大宗的打包货物或者以件数计量的货物。

④ FOB包括平舱(FOB Trimmed)，指卖方负责将货物装入船舱，并承担包括平舱费在内的装船费用。平舱费是指为保持航行时船体平稳和不损害船体结构，对矿砂、煤炭、粮谷等大宗散装货物进行整理、填平补齐以保证船舶平稳航行所需的费用。

另外，外贸实践中有时还会出现FOBST这样的贸易术语，是指FOB Stowed and/or Trimmed(即卖方承担包括平舱费及/或理舱费在内的装船费用)。这样规定的原因有两点：一是买方不愿意自己支付平舱费或理舱费；二是买方不清楚船公司将有可能收取的到底是平舱费还是理舱费。

以上是在国际贸易中，也是在我国外贸实践中，对上述FOB术语变形按通常的理解和应用所作的解释。但值得注意的是，对贸易术语变形国际上并无统一和权威性的解释。在实际业务中，除非买卖双方对有关贸易术语变形的含义有一致的理解，在使用时应在合同中明确规定卖方所需承担的额外义务。

---

① 有关班轮的英文称谓，除了“Liner”以外，还有“Liner Vessel”、“Regular Vessel”以及“Conference Vessel”等；有关班轮条件的其他英文称谓包括“Gross Terms”和“Berth Terms”等。

(6) 个别国家对 FOB 的不同解释

按英国商业习惯及法院判例，FOB 是指“将货物装上船舶”或“卖方自负费用将货物装上船舶”。因此，“On Board”指装上船舶。然而在美国，却对“On Board”的解释加以扩大，除了“On Board Ship(船上)”之外，还包括“其他运输工具上”在内。所以，在美国，所谓“Free on Board”，一般是指“运输工具上交货”，FOB 可适用于铁路、卡车、驳船、船舶及飞机等运输工具的交易。但 INCOTERMS® 2010 中所规定的 FOB 专指利用船舶运输的 FOB。

【案例 1-3】 某年，我某进出口公司从美国进口某种商品 200 公吨，按每公吨 1 000 美元 FOB Vessel New York 成交。按合同约定的支付方式和付款时间，我方通过中国银行向对方开出了一张金额为 20 万美元的信用证，对方接到信用证后认为信用证金额不足，要求增加 1.2 万美元，作为有关出口税捐及各种签证费用。我方接电后认为这是美方无理要求，回电指出：“按 FOB Vessel 条件成交，卖方应负责有关的出口税捐和签证费用，这在 INCOTERMS® 2010 中已有规定。”美方回电称：“成交时并未明确规定按 INCOTERMS® 2010 办理。根据我们的商业习惯及《1990 年美国对外贸易定义修订本》，出口税捐及费用应由买方承担，我方歉难接受按 INCOTERMS® 2010 办理。”这时恰巧该商品的国际市场价格上涨，我方又急需这批商品，只好通过银行将信用证的金额增加了 1.2 万美元。试问：①美国公司的要求是否合理？请说明理由。②在此业务中我方有无失误？如有，则失误在哪些地方？③通过本案例，你认为在同美国等北美国家签订合同时，有关价格条款的规定应注意哪些问题？

【分析】 ① 美国公司的要求是合理的。本案中美国公司依据的是《1990 年美国对外贸易定义修订本》，根据该惯例的规定，买方应支付卖方协助提供出口单证的费用以及出口税和因此产生的其他费用，而我方开出的信用证中并未包含此项费用，因此，美国公司的要求是合理的。

② 在此业务中我方有失误，在合同中未明确规定按何种国际贸易惯例解释贸易术语。

③ 因北美国家一般都是根据《1990 年美国对外贸易定义修订本》对贸易术语作出解释，而我国一般依据国际商会制定的 INCOTERMS® 2010，为避免在贸易术语的解释上的纷争，应在价格条款的规定中明确按何种国际惯例。

因此，与美洲一些国家的商人用 FOB 术语做进口交易时，应注意以下几点：

① 采用 FOB 术语时，一定要加上“Vessel”字样，说明是适用海运，如 FOB② Vessel New York 或 FOB Vessel San Francisco 等，以免在装船问题上发生重大分歧。

② 按照《1990 年美国对外贸易定义修订本》的规定，应由买方自负风险和费用取得出口国政府签发的有关该批货物出口所必需的证件、办理出口通关手续并缴纳出口海关税费。即使卖方可以应买方的要求，协助买方申领这些出口证件和代办货物的出口通关手续，但相关费用和风险仍由买方承担。

③ 在合同上加上“此术语项下买卖双方的责任和义务以国际商会制定的 INCOTERMS® 2010 为准”(The Trade Term Used Here is Subject to INCOTERMS® 2010 Revised by the International Chamber of Commerce.)

二、CFR

1. CFR术语的含义

CFR是Cost and Freight(... named port of destination)的缩写，意为成本加运费(……指定目的港)。它是指卖方在约定日期或期限内在指定装运港将货物装上买方指定的船舶(Placing Them on Board)，或配合大宗货物在运送途中转售，“取得”已交付至船上货物(Procuring the Goods so Delivered)，视为卖方交货。货物灭失或损坏的风险在货物交到船上时转移，同时买方承担自那里起的全部费用及货物灭失或损坏的风险。卖方必须签订合同，并支付必要的成本和运费，将货物运至指定目的港。同时，要求卖方办理货物出口清关。本术语只适用于海运和内河运输。当货物装在集装箱里时，卖方通常将货物在集装箱码头移交给承运人，而非交到船上。这时，CFR术语不适合，而应当使用CPT术语。

在实务中，因为某些商人在写法上的习惯或爱好不同，CFR经常被写成C&F、C+F、CANDF或CNF，它们在实质上与CFR术语本身的含义并没有区别，但INCOTERMS® 2010推荐使用的“成本加运费”术语唯一的标准代码是CFR。

2. 买卖双方的基本义务

按INCOTERMS® 2010的解释，以CFR术语成交的合同，买卖双方各自应承担的基本义务如表1-7所示。

表1-7 CFR术语下买卖双方的基本义务

卖方义务	买方义务
① 负责租船订舱，支付货物运至目的地的运费；在合同规定的时间和港口，将货物装上船或以取得已在船上交付的货物的方式交货；装船后及时通知买方	① 接受卖方提供的与合同相符的单据，受领卖方按合同交付的货物，按合同规定支付货款
② 自负风险和费用取得出口许可证或其他证件，办理货物出口手续	② 自负风险和费用取得进口许可证或其他证件，并办理货物进口以及必要时经由另一国过境运输的一切海关手续
③ 承担货物在装运港装上船前的一切费用和风险	③ 承担货物在装运港越过船舷后的一切费用和风险
④ 负责提交商业发票和证明货物已交至船上的通常单据，或具有同等效力的电子信息	④ 接受卖方提交的与合同相符的单据，收取卖方按合同规定交付的货物并支付货款
⑤ 出口国有关机构强制检验	⑤ 装船前检验费用(Pre-Shipment Inspection, PSI)，除卖方承担的外
⑥ 应买方要求并由其承担风险和费用时，向买方提供或协助其取得货物进口、完成运输及安全相关信息	⑥ 应卖方要求并由其承担风险和费用时，向卖方提供或协助其取得货物进口、完成运输及安全相关信息

【案例1-4】 中国A公司与某国B公司以CFR术语签订出口合同一份，A公司按合同规定在2012年5月20日将货物运至码头装船，在运输过程中车辆遇险翻覆，货物受损，A公司电告B公司事故。由于CFR系买方投保，A公司提出按保险惯例，承包范围为仓至仓，所以要求B公司向保险公司索赔，A公司可以得到赔偿吗？

【分析】 CFR以装运港船上为风险划分点，货物装上船前的风险由卖方承担。本案例中虽由B公司投保，但只有在风险转移至B公司时保险才开始生效，所以A公司不会得到赔偿。

3. 使用CFR术语需注意的问题

(1) 租船订舱

租船订舱，是国际贸易货物交付过程中的一个重要步骤。对于负责货物运输的交易一方而言，如果进出口货物的数量较多，就可以租赁整船甚至多条船来完成运输任务，这就是“租船”。如果货物数量不大，则可以租赁部分舱位来完成装货和运输工作，这就是“订舱”。

CFR术语要求卖方负责安排运输。但必须注意的是，按规定，卖方只需按通常条件，订立以运送约定货物通常所用类型的活动船舶（或视情形，内河运输船舶），经过通常航线，将货物运至指定目的港的运输契约，就已尽到了自己的责任。所谓的通常条件是指在装船时，该货物在交易中或预定航程上常用的合理条件。前者如该货物按贸易习惯均是装在甲板上运输，则合同中虽无甲板装载的约定，但卖方运输契约中订立了甲板装载的条款，也属合理。后者如原买卖合同无“允许转船”的规定，但按预定的航程非转船不可时，卖方即使订立“允许转船”的运输契约，也属合理。依照通常海运习惯，一般零星小宗货物，应交由定期班轮载运；大宗货物则应按一般条件租用专轮运输。而船舶类型则需与运输方式、货物相吻合，如交易货物为冷冻鲜活货物，则卖方所安排的船舶必须拥有冷藏设备。通常的运输航线有约定，按约定。如因不可抗力，无法按约定航线承运，属于契约的履行不能，卖方不能改由其他航路运送。无约定时，须以通常航线运送货物。如无通常航线存在，则应选择实际可用的航线。如果买方提出一些超越这一范围的要求，卖方有权拒绝，也可在不增加费用的前提下考虑接受，但这并不是卖方所必须履行的义务。

作为买方，因为签订运输契约的主动权在于卖方，因此为了保护自己的权益，可要求卖方不得租赁逾龄船只。为了不与国家有关法律规定冲突，可对船只的国籍提出要求。

【案例1-5】 1956年10月29日，以色列入侵埃及。11月1日，英、法两国对埃及采取军事行动。从11月2日开始，苏伊士运河被封锁，且一直持续到1957年4月9日。1956年10月4日，上诉人（卖方）苏丹的某出口公司与被告上诉人（买方）汉堡的某进口商公司通过代理人在汉堡签订了一项货物买卖合同。买卖标的物为300公吨苏丹花生，每公吨50英镑，CIF汉堡，1956年11月至12月装运。在装运期间，因苏伊士运河被封锁，卖方提出不能履行合同的要求，理由是合同的第6项规定：“在进口或出口禁令、封锁或战争、流行病或罢工情况下，以及在不能如期装运或交货的不可抗力情况下，装运或交货期可延长两个月履行，但不能超过两个月。此后如果不可抗力情势继续存在，本合同可以取消。”买方拒绝接受卖方的要求。按合同的仲裁条款规定，双方当事人将争议提交伦敦仲裁院仲裁。

【分析】 1957年2月20日仲裁判定：卖方违约，应付买方损失赔偿金和仲裁费。理由是：在这段特殊的时间，埃及只有敌对行动但没有战争发生；既没有战争也没有不可抗力事件阻止卖方在合同规定的期限内装运货物，另外，还可以通过好望角运输，合同中并没有默认装运或运输必须要经过苏伊士运河的条款。

(2) CFR合同是装运合同

按INCOTERMS® 2010，CFR术语的交货点/风险点与FOB术语完全一致，即买卖双方对于货物风险的负担以装运港船上为分界点，属装运合同。如果货物在运输途中发生灭失或损坏，则由买方向有关方面索赔。卖方的责任并不因其负有缔结运输契约的义务而延伸到目的港。

（3）目的港的规定

CFR 术语下目的港的约定方式可分为三种：

① 以某一特定港口为目的港，例如“CFR London”。

② 以某一地区的一组港口为目的港，如欧洲基本港（European Main Ports，EMP）、日本基本港（Japanese Main Ports，JMP）等地域港口的叫法已经约定俗成，内涵比较明确。但如约定“One Main Persian Gulf Ports”（波斯湾主要港口之一）时，此时的“主要港口”的内涵就比较模糊，买卖双方宜事先约定，否则可能发生纠纷。

③ 选择港（Optional Ports）方式约定目的港。如“CIF London/Hamburg/Rotterdam Optional. Optional Charges for Buyer's Account.”（目的港在伦敦/汉堡/鹿特丹中任选其一，选择费由买方支付）

注意“同名异港”的问题，世界各国港口名称相同的很多，如维多利亚（Victoria）全世界有 12 个。因此，凡遇同名的港口，应加注国名，在同一国家有同名港口的，则还须加注其在所在国的位置。

【案例 1-6】 被告（卖方）出售一批袋装糖给原告（买方），装运港为印度加尔各答（Calcutta），贸易术语为 CIF Tripoli（黎波里）。当事人的意思是要将货物运至非洲利比亚的 Tripoli 港，但由于船运公司的疏忽，而非卖方的过失，货物竟然被运到叙利亚的 Tripoli，并在该港交付。

【分析】 法院判决认为，卖方因其未履行交付货物的义务，应承担损害赔偿的责任。

（4）卖方发“及时通知”

INCOTERMS® 2010 规定，卖方必须给予买方关于货物已按规定交至船上的充分通知。所谓“充分通知”指该装船通知在时间上是“毫不迟延”的，按照惯例，一般可以理解为货物装上指定载货船舶以后的 24 小时以内；在内容上是“详尽”的，可满足买方在目的港收取货物采取必要的措施（包括办理保险）的需要。虽然 INCOTERMS® 2010 没有对卖方未能给予买方该项充分的通知的后果作出具体的规定，但是根据有关货物买卖合同的适用法律，卖方可因遗漏或不及时向买方发出装船通知，而使买方未能及时办妥货运保险所造成的后果承担违约责任。

【案例 1-7】 我某贸易公司以 CFR 术语与德国某客商达成一笔微波炉出口合同，我方按合同规定在装运期内装船完毕，此时恰逢国庆节凌晨，由于国庆节是我国的传统节日，休假三天。货船于当天上午启程离港。该公司的业务员在假期结束后即准备发出装船通知，但却收到了对方发来的要求索赔的电报，原来该货船已在一天前遭遇海难，货物全部损失。请问我方是否应承担赔偿责任？为什么？

【分析】 我方应承担赔偿责任。在 CFR 术语成交的情况下，租船订舱和投保手续分别由卖方和买方办理。因此，卖方在装船完毕后应及时向买方发出装运通知，以便买方办理投保手续。否则，由此产生的风险由卖方承担。本案中，因为我方未及时发出装运通知，导致买方未能及时办理投保手续，未能将风险及时转移给保险公司，因而风险应由我方承担。

（5）关于卸货费用的负担问题

如在 FOB 术语中已述及的，班轮运费包括装运港的装货费用和在目的港的卸货费用，因此，如货物系用班轮运输，运费由 CFR 合同的卖方支付，在目的港卸货费用实际上由卖方负担。如大宗货物使用租船运输，在装运港的装货费用应由卖方支付。至于在目的港的卸货费用究竟由何方负担，买卖双方应在合同中订明。其规定方法，可以在合同内用文字具体订明，也可以采用 CFR 术语的变形来表示。例如：

① CFR 班轮条件(CFR Liner Terms)，指卸货费用按照班轮的做法来办，就是说，买方不负担卸货费，而由卖方负担。

② CFR 卸至岸上(CFR Landed)，指由卖方承担将货物卸到码头上的各项有关费用，包括驳船费和码头费。

如果目的港码头水位太浅，载货船舶不能靠岸，只能在离岸边有一定距离的较深的水域抛锚并卸下货物。货物从载货船舶到码头岸上，得靠驳船来转运，此时驳船的转运运费应由卖方负担。

③ CFR 舱底交付(CFR Ex Ship's Hold)，指货物运达目的港后，自船舱底起吊直至卸到码头的卸货费用，均由买方负担。与 CFR Landed 一样，一旦产生驳船费用，将由卖方负担。

④ CFR 吊钩下交付(CFR Under Ex Tackle①)，指卖方承担将货物在目的港的码头从船上吊起，卸到码头岸边或驳船上脱离吊钩为止的费用。需要注意的是，这里的吊钩仍然是指载货船舶上的吊钩。

按照 INCOTERMS® 2010 的规定，在 CFR 以及后面介绍的 CIF 术语下，在目的港的卸货费用本来就应由买方负担，而 CFR 的变形只是为了进一步明确和强调"由买方负担目的港的卸货费用"这一点，以免日后买卖双方产生误解和分歧。另外，INCOTERMS® 2010 还特别规定，如果卖方按照运输合同的规定在指定目的港的交付点发生了卸货费用，除非买卖双方事先另有约定，卖方无权向买方要求偿付该项费用。

4. CFR 与 FOB 的异同

(1) 主要相同点

① 均只用于海运及内河航运。

② 均由卖方负责申领出口许可证及办理货物出口通关手续。

③ 货物风险均在装运港装上船时，由卖方转移至买方。

④ 均由买方负责办理货物的保险事宜。

⑤ 均由买方负责办理货物进口许可证并办理货物进口清关手续，支付进口关税。

(2) 主要不同点

① 在 FOB 下，由买方负责安排船运并支付运费；但在 CFR 下，则由卖方负责安排租船定舱并支付运费。

② 在 FOB 下，卖方只需提供交货的通常交货证明(如大副收据、船方收据)以证明其已经交货，只在买方有所要求时，才协助其取得运输单据(如可转让提单、不可转让海洋运单、内河航运单据、航空运单、公路运单、铁路运单、多式联运单据、货物码头收据、记名运费收

---

① "Ex Tackle"与"Under Tackle"的中文翻译虽然都是吊钩下交付，但它们的真实含义却是大相径庭。"Ex Tackle"是指将货物从载货船舶上吊起来，放到该船舶以外的、货轮的吊臂所能伸展的最远的地方，并从吊钩上离开，此时，货物已经被"钩"过了；而"Under Tackle"则是指将货物置于载货船舶的吊钩所能钩到的地方，此时的吊钩还没有去钩货物。

据等)；但在 CFR 下，卖方须提供通常的运输单据，买方可在目的港向承运人索取货物或在运输途中将货物转售。

③ 通常 FOB 多使用于由买方租船的交易；而 CFR 则多使用于通常的交易。

④ 在 FOB 下，必须约定装运港；而在 CFR 下，则必须约定目的港。

⑤ 在 FOB 下，常发生船舶已到港，而卖方无法交货，或货已准备好，船舶却未到港或迟到的情形；CFR 则无此种问题。

⑥ 在 FOB 下，在装载费用方面常发生应由何方负担的问题；而 CFR 下，则常发生卸货费用由何方负担的纠纷。

出口商通常不倾向于以 CFR 交易，因为 CFR 会导致运输和保险被人为地分隔开来，而 CIF 与 FOB 则对出口商和进口商之间的责任划分得比较明确。

三、CIF

1. CIF 术语的含义

CIF 是 Cost, Insurance and Freight(... named port of destination)的缩写，意为成本加保险费加运费(……指定目的港)。它是指卖方在船上交货或以取得已经这样交付的货物(物权货运单据)的方式交货。货物灭失或损坏的风险在货物交到船上时转移。货物交到船上后其灭失或损坏的风险，以及由于各种事件造成的任何额外费用，随着交货的完成由卖方转移到买方。卖方必须签订运输和保险合同，并且支付将货物运至指定目的港所必需的成本、运费和保险费。

如前文所述，对 CIF 卖方交货义务的规定添加“或取得已经这样交付的货物”，是为了迎合在大宗商品交易中对在途货物作转售(链式销售)的需要。

在清关适用的地方，CIF 术语要求卖方办理出口清关，由买方办理进口清关。该术语仅适用于海运或内河运输。如果买卖双方当事人不拟以货物交到船上作为完成交货，而货物于装船前指定地点交给承运人完成交货，如集装箱运输的货物通常是在集装箱码头交货，则应使用 CIP 术语。

CIF 术语是现代国际贸易中应用最广泛的贸易术语，也是最为典型的凭单据交付的象征性交付交易。

订立 CIF 合同时，卖方在无任何相反的特殊规定时，必须依据所订立合同做到以下几点：

① 签发所售货物的发票。

② 在装运港将符合合同规定的货物装上船。

③ 办妥将货物运至合同规定目的港的货物运输契约。

④ 为买方的利益，尽可能根据本行业的通行做法购买保险。

⑤ 合理迅速地将发票、提单和保险单等装运单据提供给买方，交付单据如同交付货物，货物的风险转移至买方，同时卖方也有权要求给付货款。

从法律观点看，CIF 基本上是由买卖契约、运输契约及保险契约三个契约所构成的。

2. 买卖双方的基本义务

买卖双方的基本义务见表 1-8 所示。

表 1-8　CIF 术语下买卖双方的基本义务

卖方义务	买方义务
① 负责租船，支付货物运至目的地的运费；在合同规定的日期或期限内，在装运港将符合合同规定的货物交至运往指定目的港的船上，并给予买方充分通知	① 接受卖方提交的与合同相符的单据，收取卖方按合同规定交付的货物并支付货款
② 自负风险和费用取得出口许可证或其他证件，办理货物出口手续	② 自负风险和费用取得进口许可证或其他证件
③ 承担货物在装运港装上船之前的一切费用和风险	③ 承担货物在装运港装上船之后的一切费用和风险
④ 负责提交商业发票和证明货物已交至船上的通常单据或具有同等作用的电子信息。	④ 接受卖方提交的与合同相符的单据，受领与合同相符的货物并支付货款
⑤ 出口国有关机构强制检验	⑤ 装船前检验费用（Pre-Shipment Inspection, PSI），除卖方承担的外
⑥ 应买方要求并由其承担风险和费用时，向买方提供或协助其取得货物进口、完成运输及安全相关信息	⑥ 应卖方要求并由其承担风险和费用时，向卖方提供或协助其取得货物进口、完成运输及安全相关信息
⑦ 负责办理货物运输保险并支付保险费	

【案例 1-8】 上海某公司与法国某公司订立了一份 CIF 进口合同，不可撤销信用证支付，12 月马赛港装船。中国银行上海分行（开证行）向卖方开出不可撤销信用证。12 月 20 日，卖方将货物装船并获得信用证要求的提单、保险单、发票等票据后，即到议付行议付。经审查，单证相符，银行即将货款如数支付给卖方。而载货船只离开马赛港 10 天后，由于在航行途中遇上特大暴雨和暗礁，货船及货物全部沉入大海。此时开证行已收到议付行寄来的全套单据，买方也已得知货物全部灭失的消息。中国银行上海分行拟拒付议付行已议付的全部货款，理由是其客户不能得到所期待货物。问：①这批货物的风险自何时起由卖方转移给买方？②开证行能否由于这批货物全部灭失而免除其所承担的付款义务？③买方的损失如何得到补偿？

【分析】 ① 在 CIF 条件下，风险自货物交到装运港船上时起由卖方转移至买方。

② 开证行无权拒付。因为信用证业务下，银行只负责审单，只要单证相符，银行必须承担其付款义务。

③ 买方取得全套货运单据后，凭保险单及有关载货船舶沉没于大海的证明向卖方投保的保险公司索赔。

3. 使用 CIF 术语需注意的问题

(1) CIF 合同是装运合同

在 CIF 术语下，买卖双方对于货物风险的负担以货物在装运港装上船为分界点，与 FOB、CFR 同属装运合同。如果货物在运输途中发生灭失或损坏，则由买方向有关方面索赔。卖方的责任并不因其负有缔结运输契约及保险契约的义务而延伸到目的港。

由于 CIF 术语后所注明的是目的港，所以实务中，尤其是在我国涉外经济指标的统计数据中，专家和学者们往往把 CIF 又称为“到岸价”（In-Shore Price Terms），是否合适呢？“到岸价”的称谓纯粹是基于“特别说明那些统计指标中是否包含了国外段的运费和保险费”。按 CIF 术语成交，虽然由卖方安排货物运输和办理货运保险，但卖方并不承担保证把货送到约定目的港的义务。因为 CIF 是属于装运港交货的术语，而不是目的港交货的术语。也就是说，CIF 不是“到岸价”。如果卖方承诺了货物送达目的港的时间，则改变了 CIF 合同的性质，很容易引起分歧。

【案例 1-9】 我国某出口公司，对加拿大魁北克某进口商出口 500 公吨三路核桃仁，合同规定价格为每公吨 4 800 加元 CIF 魁北克，装运期不得晚于 10 月 31 日，不得分批装运和转运并规定货物应于 11 月 30 日前到达目的地，否则买方有权拒收，支付方式为 90 天远期信用证。加方于 9 月 25 日开来信用证。我方于 10 月 5 日装船完毕，但船到加拿大东岸时已是 11 月 25 日，此时魁北克已开始结冰。承运人担心船舶驶往魁北克后出不来，便根据自由转船条款指示船长将货物全部卸在哈利法克斯，然后从该港改装火车运往魁北克。待这批核桃仁运到魁北克已是 12 月 2 日。于是进口商以货物晚到为由拒绝提货，提出除非降价 20%以弥补其损失。几经交涉，最终以我方降价 15%结案，我公司共损失 36 万加元。

【分析】 该合同已不属于 CIF 合同。因为，根据 INCOTERMS® 2010，CIF 合同是装运合同，卖方只需保证按时交货，合同中只规定装船时间，而不规定到货时间。本案在合同中规定了货物到达目的港的时限条款，改变了合同的性质，使装运合同变成了到达合同，即卖方须承担货物不能按期到达目的港的风险。

(2) 象征性交货问题

从实务而言，卖方交货的方法有两种：

其一是实际交货(Physical Delivery)，即卖方在指定的时间、地点把符合合同规定的货物连同代表货物所有权的单据一起提交给买方。实际交货的主要特点如下：

① 交货与收货并不同时发生。

② 货物直接交给买方或买方指定的人，如由承运人接收货物，此时的承运人代表买方。

③ 不限定装运期限，限定到货期限。

④ 风险转移与买方接收货物同时发生。

其二是象征性交货(Symbolic Delivery)，卖方只需在规定的时间和地点完成装运，并及时向买方提交合同规定的相关单据(如提单、商业发票等)，以代替货物的实际交付。象征性交货主要有以下特点：

① 交货与收货并不同时发生，卖方交货在前，买方收货在后。

② 卖方将货物交给承运人或其代理，而非买方。

③ 交单代替交货。卖方将货物交给承运人或其代理，取得货运单据后，卖方就算完成了交货义务。

④ 只规定装运期限，不规定到货期限。

⑤ 风险转移与买方接收货物不同时发生，风险转移在前，买方收到货物在后。

在 CIF 术语下，卖方是以提供约定的相关单据作为履行交货的义务，买方在收到相关单据时，即必须按合同规定支付货款。从交货方式上来看，CIF 是一种典型的象征性交货。象征性交货条件下，卖方是凭单交货，买方是凭单付款，只要卖方如期向买方提交了符合合同规定的全套合格单据，即使货物在运输途中损坏或灭失，买方也必须履行付款义务。反之，如果卖方提交的单据不符合要求，即使货物完好无损地运达目的港，买方仍有权拒收单据并拒付货款。因此，在CIF合同的履行过程中，卖方不仅要保证货物符合合同的规定，也需要对制单、审单等环节给予格外的重视，以免出现因单据出现小的差错而遭到卖方拒付货款的情况。

这里还必须明确指出，按CIF术语成交，卖方履行其交单义务只是得到买方付款的前提条件，除此之外，他还必须履行交货义务。

在象征性交货条件下，买方的付款义务不以交运的货物是否尚存为前提。卖方装运货物、取得提单后，不论货物是否存在(甚至可能在运输途中已灭失)，不管买方是否已知悉货物已不存在，只要卖方向买方提交约定的相关单据，买方即有按合同支付货款的义务。此时，买方可按单据追溯保险公司或船方的责任。

【案例1-10】 我方按CIF条件进口一批床单，货物抵达后发现床单在运输途中部分受潮，而卖方已如期向我方递交了符合合同规定的全套合格单据并要求我方支付货款。问我方能否以所交货物受潮而拒付货款并向卖方提出索赔？

【分析】 我方不能以所交货物受潮而拒付货款并向卖方提出索赔。因为，以CIF条件成交，风险划分以货物在装运港装上船为界，其后的风险由买方负责。货物在运输途中部分受潮，我方在支付货款后可凭卖方提交的全套合格单据向保险公司索赔。

(3) 保险的性质和险别

在CIF合同中，卖方应负责办理保险。但是如果货物在运输途中出现风险和损失，卖方并不承担责任，买方可以凭保险单向保险公司进行索赔，但是否能得到赔偿也与卖方没有关系。因此CIF术语下卖方是为了买方利益而投保，属于代办性质。

INCOTERMS® 2010对卖方的保险责任规定：如无相反的明示协议，卖方只需按协会货物保险条款或其他类似的保险条款中最低责任的保险险别投保，如协会货物保险条款的C险和中国保险条款的平安险。保险的目的除使买方可获得货物实际损失的赔偿外，对其合理预期利润也应予以考虑，否则买方不能获得合理保障，所以最低保险金额，应为合同金额加10%，并应采用合同货币。有关保险责任的起讫期限必须与货物运输相符合，即自货物在装运港装上船时起至货物运抵约定目的港为止。

作为买方应注意到，CIF术语只要求卖方投保最低限度的保险险别。若这种条款不足以保障货物在运输途中可能遭遇的风险，则需要与卖方明确地达成协议，或者自行作出额外的保险安排。此外，如买方要求，并且有可能付保，卖方还应以买方名义加保战争、罢工、暴动及民变的特殊附加险，并以合同约定的货币投保。

(4) 卖方租船或订舱的责任

卖方必须签订或取得运输合同，将货物自交货地内的约定交货点(如有的话)运送至指定目的港或该目的港的交付点(如有约定)。如果卖方不能及时租船或订舱，而不能按合同规定的时间、地点装船，则构成违约，由此买方有权要求解除合同或/及损害赔偿。按INCOTERMS® 2010，卖方应按通常条件，订立以运送约定货物通常所用类型的活动船舶(或视情形，内河运输船舶)，经过通常航线，将货物运至指定目的港的运输契约。因此，买方一般无权提出关于限制船舶的国籍、船型、船龄以及指定装载某船或某班轮公司的某船等要求。但在出口业务中，如买方提出上述要求，若在能够办到又不增加额外费用的情况下，我方也可灵活掌握接受。

(5) 应尽量避免使用 CIF 的变形

对于卸货费由谁来承担的问题，CFR 的变形的规定同样适用于 CIF。但是，对于术语变形在实务中应谨慎使用。有时，CIF 及 CFR 术语因一个字甚至一个字母的添加，即可能产生完全无法预料的后果，以致合同的性质完全改变。因此，如 CIF Customs Duty Paid(关税已付)、CIF Cleared(清关)等 CIF 变形术语应尽量避免使用。倘若使用这些变形术语，在合同中应订明各当事人应负的义务与费用，以避免纠纷的发生。

4. FOB、CFR 和 CIF 的比较

FOB、CFR 和 CIF 三个贸易术语是国际贸易中最常用的术语，掌握这三种术语的内容和特点，有助于我们了解其他的贸易术语。因此，为了更深入地了解买卖双方的责任和义务，应该注意这三种术语的异同之处，如表 1-9 所示。

表 1-9 FOB、CFR、CIF 异同点一览表

<table>
<tr><td rowspan="5">相同点</td><td colspan="6">交货方式相同：都是象征性交货，即卖方凭单交货，买方凭单付款</td></tr>
<tr><td colspan="6">运输方式相同：都适用于内河及海洋运输</td></tr>
<tr><td colspan="6">交货地点相同：都在出口国装运港口</td></tr>
<tr><td colspan="6">风险转移点相同：都以货物在装运港装上船为界</td></tr>
<tr><td colspan="6">清关义务相同：卖方办理出口清关，买方办理进口清关</td></tr>
<tr><td rowspan="3">不同点</td><td colspan="2">运输责任/费用</td><td colspan="2">办理保险/费用</td><td colspan="2">装船后卖方是否及时通知买方</td></tr>
<tr><td>FOB</td><td>买方</td><td>FOB
CFR</td><td>买方</td><td>FOB
CFR</td><td>及时通知</td></tr>
<tr><td>CFR
CIF</td><td>卖方</td><td>CIF</td><td>卖方</td><td>CIF</td><td>双方协商</td></tr>
</table>

国际商会在 INCOTERMS® 2010 中对 FOB、CFR、CIF 都特别提示，当买卖货物通过集装箱运输时，建议使用适用于任何运输方式或多种运输方式的贸易术语，如 FCA、CPT、CIP。但在实际工作中，因为在现代国际货物运输中，除了大宗货物使用整船租赁运输以外，班轮运输中不使用集装箱的运输方式已经极少见了；即使货物采用非集装箱运输方式，卖方也并不是在装运港船上把货物交付给承运人的，而通常是在装运港码头的仓库等处；在事先投保了货运风险的情况下，用集装箱运输同时使用 FOB、CFR、CIF 这三个术语时，货物在装运港码头附近的集装箱堆场发生了货运风险，通常仍然由被保险人(买方)去向保险公司索赔，因此集装箱运输也并不一定非要排除适用海运的贸易术语。

四、FCA

1. FCA 术语的含义

FCA 是 Free Carrier (... named place)的缩写，意为货交承运人(……指定地点)。它是指卖方只要将货物在指定的地点交给买方指定的承运人，并办理出口清关手续，就算完成交货义务。

需要说明的是，根据 INCOTERMS® 2010 的规定，交货地点的选择对于在该地点装货和卸货的义务会产生影响。若卖方在其所在地交货，则卖方应负责装货；若卖方在任何其

他地点交货，卖方则不负责卸货①。

FCA 是从 FOB 发展出来的，其目的是为了适应集装箱运输、滚装船运输及多式联运的需要，可应用于包括多式联运在内的任何运输方式承运货物的交易。实务中，常将 FCA 术语称为"多式联运的 FOB"，而将仅适用于海上交易的 FOB 术语称为"海上 FOB"。但如 FCA 术语适用于铁路或公路运输方式的交易时，可称为"陆上 FOB"；适用于空运方式的交易时，则可称其为"航空 FOB"。

2. 买卖双方的基本义务

采用这一术语时，买卖双方各自承担的基本义务如表 1-10 所示。

表 1-10　FCA 术语下买卖双方的基本义务

卖方义务	买方义务
①负责在合同规定的日期或期限内，将货物交给买方指定的承运人，并给予买方充分通知	① 负责签订自指定地点承运货物的合同，支付货物运至目的地的运费，将承运人名称及有关情况及时通知卖方
② 自负风险和费用取得出口许可证或其他证件，办理货物出口手续	② 自负风险和费用取得进口许可证或其他证件，并办理货物进口手续
③ 承担货交承运人之前的一切费用和风险	③ 承担货交承运人之后的一切费用和风险
④ 负责提交商业发票和证明货物已交的通常单据，或具有同等效力的电子信息	④ 接受卖方提交的与合同相符的单据，收取卖方按合同规定交付的货物并支付货款

3. 使用 FCA 术语需注意的问题

（1）交货点的问题

INCOTERMS® 2010 规定，采用 FCA 术语，对交货地点的规定影响交货义务。

① 如合同中所规定的指定交货地点为卖方所在处所，则当货物被装至由买方指定的承运人的收货运输工具上时，卖方即完成了交货义务。例如，假设卖方公司在南京，而货物按规定在南京货交承运人，则卖方应负责将货物装上承运人的运输工具。

② 若指定交货地点不是卖方所在地，而是其他任何地点，则当货物在卖方的送货运输工具上，未卸下而交由买方指定的承运人或其他人，或交由买方选定的承运人或其他人处置时，卖方即完成了交货义务。例如，假设卖方公司在南京，而货物按规定在上海货交承运人，则货物在上海货交承运人的卸货费都应由买方负担。

③ 若没有约定具体交货地点，或有几个交货地点可供选择时，卖方可以选择其认为最适合的交货地点。

（2）关于指定承运人的问题

根据 INCOTERMS® 2010 的规定，FCA 术语一般是由买方自行订立从指定地点承运货物的合同，但是，如果买方有要求，并由买方承担风险和费用的情况下，卖方也可以代替买方指定承运人并订立运输合同。当然，卖方也可以拒绝订立运输合同。如果拒绝，应立即通知买方，以便买方另行安排。

① 这里所指"卖方所在地"通常是指卖方办公所在地的城市，"任何其他地点"通常是指卖方所在国家的其他城市。

在国际贸易实践中，有些外国商人经常把 FCA 写作 FCR，这只是在写法上存在差别，但在实质上，FCR 与 FCA 并没有什么不同。按 INCOTERMS® 2010 规定，货交承运人的规范写法应该是 FCA。

五、CPT

1. CPT 术语的含义

CPT 是 Carriage Paid to(... named place of destination)的缩写，意为运费付至(……指定目的地)。它是指卖方向其指定的承运人交货，并须支付将货物运至目的地的运费，而买方承担交货之后的一切风险和其他费用。根据 INCOTERMS® 2010 的规定，该术语可适用于各种运输方式，包括多式联运。如果买卖双方利用后续承运人将货物运至约定目的地，则风险自货物交给第一承运人时起转移。

2. 买卖双方的基本义务

采用这一术语时，买卖双方各自承担的基本义务如表 1-11 所示。

表 1-11 CPT 术语下买卖双方的基本义务

<table>
<tr><th>卖方义务</th><th>买方义务</th></tr>
<tr><td>① 负责订立将货物运至目的地的合同并支付运费，在合同规定的日期或期限内，将货物交给买方指定的承运人，并给予买方充分通知</td><td>① 接受卖方提交的与合同相符的单据，收取卖方按合同规定交付的货物并支付货款</td></tr>
<tr><td>② 自负风险和费用取得出口许可证或其他证件，办理货物出口手续</td><td>② 自负风险和费用取得进口许可证或其他证件，并办理货物进口手续</td></tr>
<tr><td>③ 承担货交承运人之前的一切费用和风险</td><td rowspan="2">③ 承担货交承运人之后的一切费用和风险</td></tr>
<tr><td>④ 负责提交商业发票和证明货物已交的通常单据，或具有同等效力的电子信息</td></tr>
</table>

3. 使用 CPT 术语需注意的问题

(1) 风险划分的界限问题

根据 INCOTERMS® 2010，在 CPT 合同中，卖方负责订立从起运地至指定目的地的运输合同，并支付运费，但买卖双方风险划分的界限是以货交承运人为界的，即卖方只承担将货物交给承运人控制之前的风险，而此后直到货物到达目的地途中灭失或损坏的风险，均由买方承担。在多式联运的情况下，卖方承担的风险自货交第一承运人控制时即转移给买方。

(2) 责任和费用划分问题

CPT 术语实际上是 CFR 术语在运输方式上的延伸，两者除了在适用的运输方式上有所不同外，在买卖双方的责任与义务的划分上基本相同。按 CPT 术语成交，卖方只是承担从交货地至指定目的地的正常运费，正常运费之外的其他有关费用一般由买方承担。此外，与 CFR 一样，买方应及时将确定的交货时间和目的地给予卖方充分的通知，以利于卖方履行交货义务；卖方将货物交给承运人后，应及时向买方发出货已交货的充分通知，以利于买方及时投保和在目的地受领货物。

【案例 1-11】 我国内地省份 A 公司拟向加拿大 B 公司出口番茄酱罐头一批，B 公司提出按 CFR 多伦多条件成交，而 A 公司则提出采用 CPT 多伦多的条件。试分析 A 公司和 B 公司各自提出上述成交条件的原因。

【分析】 A公司提出采用CPT的原因是:CPT条件下,卖方只需在内地货物起运地将货物交给承运人,其交货义务即完成,货物风险即转移至买方;CFR条件下,卖方则必须自负费用、责任、风险,将货物由内地运至装运港,并装上船,卖方才完成交货义务。因此,对A公司而言,采用CPT条件,具有风险提前转移、提前交单收汇、费用和责任减少等优点。而B公司提出采用CPT的原因,相应地是因为CFR条件对B公司而言,具有风险推迟转移、付款延迟、费用和责任减少的优点。

六、CIP

CIP是Carriage and Insurance Paid to(... named place of destination)的缩写,意为运费、保险费付至(……指定目的地)。它是指卖方向其指定的承运人交货,并须支付将货物运至目的地的运费,办理买方货物在运输途中灭失或损坏风险的保险和支付保险费,而买方承担卖方交货之后的一切风险和额外费用。根据INCOTERMS® 2010的规定,该术语可适用于各种运输方式,包括多式联运。如果买卖双方使用后续承运人将货物运至约定的目的地,则风险自货物交给第一承运人时起转移。

作为买方应注意到,CIP术语只要求卖方投保最低限度的保险险别。如买方需要更高的保险险别,则需要与卖方明确地达成协议,或者自行作出额外的保险安排。

FCA、CPT、CIP三种贸易术语是分别从FOB、CFR、CIF三种传统术语发展起来的,其责任划分的基本原则是相同的,但也有区别,如表1-12所示。

表1-12 六种主要贸易术语的区别

术语不同点	FOB、CFR、CIF	FCA、CPT、CIP
适用的运输方式	仅适用于海运和内河运输,承运人一般为船公司	适用于各种运输,承运人因运输方式不同而有多种情况
交货点和风险划分点	交货点和风险划分点都是装运港船上	交货点和风险划分点因运输方式不同而有多种情况
租船运输时装、卸费用负担	贸易合同中要采用贸易术语变形加以确定装卸费用负担	运费中包含装货费或卸货费,贸易合同中无需采用术语变形
运输单据	卖方一般要提交“清洁已装船”提单	运输单据因运输方式不同而有多种情况

第三节 其他七种贸易术语

除了上述六种主要贸易术语外,INCOTERMS® 2010还对其他七种贸易术语做了解释。总的来说,其他七种贸易术语,按EXW、FAS、DAP、DES、DEQ、DDU、DDP顺序排列,其特点是卖方应承担的责任和应支付的费用越来越大,交货地点越来越远离出口国而越来越深入进口国。在所有的贸易术语中,卖方需承担的责任和费用最小的就是EXW,最大的就是DDP。

一、EXW

EXW 是 Ex Works(... named place)的缩写，意为工厂交货(……指定地点)。它是指卖方在其所在地或其他指定的地点(如工场、工厂或仓库等)将货物交给买方处置时，就算完成交货义务，卖方无须办理出口清关手续或将货物装上任何运输工具，而买方必须承担在卖方所在地受领货物的全部费用和风险。因此，工厂交货是卖方承担责任、费用和风险最小的一种贸易术语。因此，在各种报价中，以本术语报出的价格最低。

按照 INCOTERMS® 2010 的规定，EXW 的适用范围很广，它适用于各种运输方式。

如果贸易双方希望在启运时由卖方负责装载货物并承担装载货物的全部费用和风险时，则须在销售合同中明确写明。

在买方不能直接或间接地办理出口手续时，则不应该使用该术语。如果卖方同意装载货物并承担费用和风险的话，应该使用 FCA。

二、FAS

FAS 是 Free Alongside Ship(... named port of shipment)的缩写，意为装运港船边交货(……指定地点)。它是指卖方在指定的装运港将货物交到船边，就算完成交货义务。买卖双方负担的风险和费用均以船边为界。如果买方所派的船只不能靠岸，卖方也要负责使用驳船将货物运至船边交货，并承担驳运费，以及承担货物运至船边的一切风险。买方必须承担自那时起货物灭失或损坏的一切风险和费用。根据 INCOTERMS® 2010 的规定，该术语要求卖方办理出口清关手续。FAS 术语仅适用于海运和内河运输。

FAS 术语中所指的船边一般是载货船舶的吊钩所及之处，如果载货船舶因为码头原因不能靠岸，则卖方应负担货物在装运港码头到载货船舶的吊钩下之间转运的驳船费用。

使用该术语与美洲国家贸易时应注意：在《1990 年美国对外贸易定义修订本》中，FAS 是 Free Along Side 的代表，意为将货物交到各种运输工具旁边，故而含义较广。为此，只有在 FAS 后面加上"Vessel"字样，例如 FAS Vessel Seattle，才能表示西雅图港船边交货，对此应多加注意。

三、DAT

DAT 是 Delivered at Terminal(... named terminal at port or place of destination)的缩写，意为运输终端交货(……指定目的港口或目的地的运输终端)。它是指卖方在指定目的港口或目的地的运输终端，将从到达的运输工具上卸下的货物交给买方处置，在办妥货物出口清关手续但尚未办理进口清关手续时，完成交货。买方须承担在指定地点交货后的一切风险和费用。运输终端需要视具体的运输方式而定。例如，海运的终端就是港口码头，铁路运输的终端就是铁路货运车站，而航空运输的终端就是航空货运机场等。运输终端包括任何地方，不论是有遮蔽的或露天的(Covered or Not)，诸如码头、仓库、集装箱堆场，或公路、铁路、航空货站(Cargo Terminal)等。

DAT 术语适用于任何运输方式，包括多式联运。

DAT 与 CIP 非常相似，两者的比较如下。

(1) 相同点

① 都适用于任何运输方式，包括多式联运。

② 都由卖方负责出口清关，买方负责进口清关。

③ 都由卖方订立运输合同、支付运费，办理货运保险、支付保费。

(2) 不同点

① 交货地点不同。CIP 在出口国指定地点完成交货；而 DAT 则在进口国的某个运输终端。

② 风险划分界限不同。CIP 在出口国以货交承运人为界；而 DAT 却在进口国以货物交给买方控制为界。

③ 卖方支付的费用不同。卖方在 CIP 术语下通常不需要支付目的地的卸货费用；而在 DAT 术语下，卖方需要在目的地的运输终端把货物从运输工具上卸下。

④ 交货方式不同。CIP 属于象征性交货；而 DAT 属于实际交货。

买卖双方应尽可能明确规定指定目的港或目的地的终端，如有可能，规定位于该终端的特定地点(Specific Point)，因货物被运至该地点的风险，概由卖方承担。如买卖双方拟由卖方将货物自该终端运至另一地方，并负担货物运送和处理的风险和费用，则应采用 DAP 或 DDP 术语。

DAT 的产生旨在替代 INCOTERMS2000 中 DEQ 术语。DEQ 术语是在目的港码头交货，卖方承担的责任仅限于将货物运至目的港，并卸至码头，而不负责再将货物由码头搬运到其他地方。DAT 的交货地点不再受码头的限制，但卖方承担的责任仍只是将货物交到合同规定的运输终端。如果双方希望由卖方再将货物从运输终端搬运到另外的地点，并承担其间的风险和费用，则应当使用 DAP 或 DDP 术语。

一般情况下还有这么一种划分，根据是属于象征性交货还是属于实际交货，把依据 INCOTERMS® 2010 中的 11 种术语签订的合同分为装运合同和到达合同。凡是按卖方在出口国国内完成交货义务的贸易术语所签订的买卖合同都属于装运合同，装运合同只规定装运时间，卖方无需保证到货。按 EXW、FCA、FAS、FOB、CFR、CIF、CPT 和 CIP 这八个贸易术语签订的买卖合同都属于装运合同，而且，除 EXW 术语实际交货方式以外，其他七个术语都属于象征性交货方式。凡是按卖方在进口国国内完成交货义务的贸易术语签订的买卖合同都属于到达合同，到达合同必须规定到货时间，也就是说卖方必须在规定的时间内保证将货物运抵指定目的地。到达合同都属于实际交货方式的范畴，按 DAT、DAP 和 DDP 这三个术语签订的买卖合同都属于到达合同。

四、DAP

DAP 是 Delivered at Place(... named place of destination)的缩写，意为目的地交货(……指定目的地)。它是指卖方在指定的目的地将仍处于到达的运输工具上尚未卸下的货物(Ready for Unloading)交给买方处置，但不办理货物进口清关手续，就算完成交货义务。这其中，卖方必须承担货物运至指定的目的地卸货前的一切风险和费用；买方则承担货物交由其处置时起的一切费用和风险，其中包括负责卸货和办理货物进口结关手续。

DAP 术语适用于任何运输方式，包括多式联运。

DAP 与 DAT 这两个贸易术语非常相近，二者只存在以下两点主要区别：

(1) DAP 术语下的目的地更加宽泛，它既可以是运输终端，也可以是进口国内其他任意的指定地点；而 DAT 则只能是运输终端(某种运输方式的终点站)。

(2) 在 DAP 术语下，卖方不需要在目的地到达的运输工具上把买卖货物卸下，而是直接在运输工具上向买方交货；而在 DAT 术语下，卖方则必须先卸货，而后才能交货。

根据国际商会的解释，INCOTERMS® 2010 中推出新的贸易术语——DAP——旨在替代 INCOTERMS 2000 中的 DAF、DES 和 DDU 这三个术语。因此，DAP 的地点既可以是在两国的边境指定地点，也可以是在目的港的船上，还可以是在进口国内的某一地点，DPA 术语的应用范围很宽。

五、DDP

DDP 是 Delivered Duty Paid(... named place of destination)的缩写，意为完税后交货(……指定目的地)。它是指卖方在指定目的地将在交货运输工具上尚未卸下的货物交与买方处置，并办理进口清关手续，就算完成交货义务。卖方必须承担将货物运至目的地的一切风险和费用，包括在需要办理海关手续时在目的地应交纳的任何进口税捐。而买方只需在指定目的地受领货物。

该术语是卖方承担责任、费用和风险最大的一种术语。以 DDP 术语交易时，可谓是"卖方服务到家"，最具竞争性。但是，如果卖方不能直接或间接地取得进口许可证，则不应使用此术语。在经济全球化和国际化推动下，目前许多企业(尤其是跨国公司)已逐渐采取国际化经营，卖方若在进口国设有分支机构，即可通过其分支机构办理货物的进口手续及垫付关税等。

如果当事人希望将任何进口时所要支付的一切费用(如增值税)从卖方的义务中排除，则应在销售合同中明确写明，如"Delivered Duty paid, VAT Unpaid"，即"完税后交货，增值税未付"。如果当事人希望由买方承担进口的风险和费用，则应使用 DAP 术语。

该术语适用于各种运输方式，包括多式联运。

第四节 贸易术语的选用

在国际贸易中，选择何种贸易术语是一个较复杂的问题，交易者可以根据各种具体情况灵活选用 INCOTERMS® 2010 中任何一个贸易术语。但在实践中如何选用合适的贸易术语，归纳起来，主要可从以下因素角度考虑选用贸易术语。

一、分类方式

结合实践发展，运用多种标准对 INCOTERMS® 2010 中的 11 种贸易术语进行科学分组，方便人们的选用。

1. 按货物运输有关成本、费用与风险承担标准划分

(1) 货物运输的费用及风险均由买方承担的贸易术语：EXW、FCA、FAS、FOB 等。

(2) 货物运输费用由卖方承担，而风险由买方承担的贸易术语：CFR、CIF、CPT、CIP 等。

(3) 货物运输的风险及费用均由卖方承担的贸易术语：DAT、DAP、DDP 等。

2. 按买卖双方负责办理进出口手续的不同划分

(1) 进口商负责办理出口的贸易术语——EXW。

(2) 出口商负责办理进口的贸易术语——DDP。

(3) 出口商负责办理出口、进口商负责办理进口——其他所有的贸易术语。

3. 按卖方交货的方式划分

(1) 实际性交货:EXW、DAT、DAP、DDP。

(2) 象征性交货:FOB、FAS、CFR、CIF、FCA、CPT、CIP。

二、贸易术语的关键点

INCOTERMS® 2010 中的每个贸易术语都有其舱室的关键点(Critical Points),明确关键点是掌握这些贸易术语的起点。贸易术语的关键点有风险划分点(Point for Division of risk)和费用划分点(Point of Delivery),其中风险划分点也就是交货点。例如,FOB 术语的关键点是装运港船上,其风险划分点和费用划分点是重合。一般来说,贸易术语的风险划分点和费用划分点都是重合的,但也有例外,CFR、CIF、CPT 和 CIP 术语的风险划分界限和费用划分界限就是相分离。图 1-2 是 INCOTERMS® 2010 中规定的 11 种贸易术语风险划分点/交货点示意图。

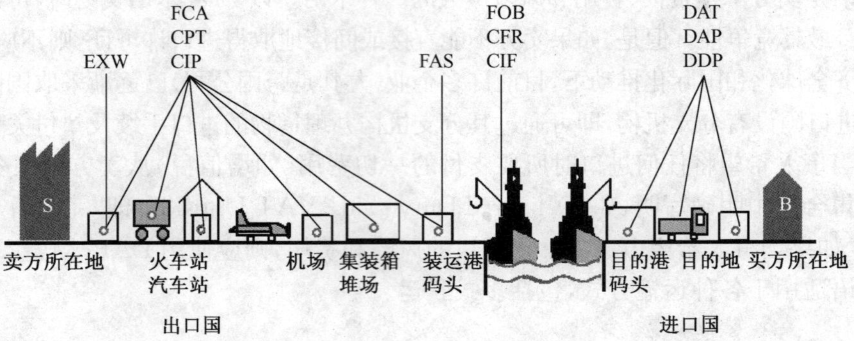

图 1-2 INCOTERMS® 2010 中 11 种贸易术语风险划分点/交货点示意图

三、贸易术语的比较

INCOTERMS® 2010 共解释了 11 种贸易术语,这些术语从不同的角度划分了买方和卖方在交易中的责任、风险与费用。了解术语在这些方面的不同,是掌握和选用它们的关键。表 1-13 将 11 种贸易术语的责任、费用与风险进行了对照。

表 1-13 INCOTERMS® 2010 中 11 种贸易术语中买卖双方各自应承担的责任、风险和费用

组　别	简称	中文名称	交货地点 风险界限	运输	保险	报关	交货 性质
适用于任何运输方式	EXW	工厂交货	工厂货交买方	买方	买方	买方	实际
	FCA	货交承运人	启运地货交承运人	买方	买方	分别	象征
	CPT	运费付至	启运地货交承运人	卖方	买方	分别	象征
	CIP	运费和保险费付至	启运地货交承运人	卖方	卖方	分别	象征
	DAT	运输终端交货	进口国运输终端	卖方	卖方	分别	实际
	DAP	目的地交货	进口国目的地	卖方	卖方	分别	实际
	DDP	完税后交货	进口国目的地	卖方	卖方	卖方	实际

续表 1-13

组 别	简称	中文名称	交货地点 风险界限	运输	保险	报关	交货性质
适用于海运和内河水运	FAS	船边交货	装运港船边	买方	买方	分别	象征
	FOB	船上交货	装运港船上	买方	买方	分别	象征
	CFR	成本加运费	装运港船上	卖方	买方	分别	象征
	CIF	成本、保险费加运费	装运港船上	卖方	卖方	分别	象征

四、贸易术语的选用

在实际的外贸实务中，由于关系到经济利益，买卖双方都十分重视贸易术语的选用问题。贸易术语的选用应结合以下情况具体考虑：

(1) 在合同单价条款中写明所采用的贸易术语，其他合同条款要参照该贸易术语作出规定。

(2) 明确该合同受哪种贸易惯例约束（包括年份）。因为随着国际贸易的发展形势，国际商会对 INCOTERMS 不断进行修订，所以，合同双方当事人在商定要将 INCOTERMS 的有关内容订入合同中时，应该清楚地说明所引用的内容是哪一年的 INCOTERMS。

(3) 虽然进出口业务操作过程中要涉及销售合同、运输合同和保险合同等，但是，INCOTERMS® 2010 只涉及销售合同和销售合同中买卖双方的关系，只适用于销售合同当事人的权利和义务中与合同标的（有形商品，如包括计算机，但是不包括其软件）交货有关的事宜，如货物交付、进出口手续、风险转移、费用划分、通知义务等方面。

(4) 在贸易实践中，选用 FOB、CFR 和 CIF 术语的最多，主要原因是：

① 这三个贸易术语历史最为悠久，内容也比较成熟，人们也最熟悉。

② 由于海运价廉、运量大，国际贸易的货物主要是通过海运运输的，而这三个贸易术语主要适用于海运和内河运输。

③ 这三个贸易术语可以比较全面地表示买卖双方在费用、保险等方面的义务，可满足不同情况的需求。

然而，随着国际贸易的发展和运输技术的提高，选用 FCA、CPT 和 CIP 等贸易术语的外贸合同也会逐渐增多。

(5) 以业务发展为宗旨，灵活选用贸易术语。贸易双方国家的关系和环境有时对业务操作的影响很大。例如，两国的关系较好，商品的互补性好，贸易往来较频繁，一方可以进入另一方国内办理进口通关手续，则可选用 EXW 和 DDP 等术语。

(6) 根据货物的种类选择不同的贸易术语。国际贸易中货物品种很多，不同类别的货物具有不同的特点，它们在运输方面各有不同要求，因此安排运输的难易程度不同，运费开支大小也有差异。具体来说，若成交的是一般货物（General Cargo），多数以定期租船运输为主，需要预订，采用 CFR、CIF、CPT 或 CIP，由卖方在出口地负责安排运输事宜；若成交货物为大宗物资或散装货，多以不定期船运输，采用 FOB 或 FAS 等由买方洽订运输。

(7) 考虑运费变动。运费是货价构成的重要因素，在选用贸易术语时，应考虑货物经由路线的运费收取情况和运价变动趋势。一般来说，当运价看涨时，为了避免承担运价上涨的风险，可以选用由对方安排运输的贸易术语成交，如按 CFR、CIF、CPT 或 CIP 术语进口，按 FCA、FAS 或 FOB 术语出口。在运价看涨的情况下，如因某种原因不得不采用按由自身安排运输的条件成交，则应将运价上涨的风险考虑到货价中去，以免遭受运价变动的损失。

本章小结

作为外贸从业人员，必须认真学习和了解国际贸易中的贸易术语的基本知识及相关国际惯例，在交易中选用有利的贸易术语，推动交易的顺利执行。通过本章的学习，可以实现上述目标，对解决贸易中的实际业务问题具有重要作用。

关键概念

◆ 贸易术语(Trade Terms)

◆ FOB(装运港)[Free on Board(named port of shipment)]

◆ CFR(目的港)[Cost and Freight(named port of destination)]

◆ CIF(目的港)[Cost, Insurance and Freight(named port of destination)]

◆ FCA(指定地点)[Free Carrier(named place)]

◆ CPT(指定目的地)[Carriage Paid to(named place of destination)]

◆ CIP(指定目的地)[Carriage and Insurance Paid to(named place of destination)]

◆ EXW(指定地点)[Ex Works(named place)]

◆ FAS(装运港)[Free Alongside Ship(named port of shipment)]

◆ DAT(指定运输终端)[Delivered at Terminal (named terminal at port or place of destination)]

◆ DAP(指定目的地)[Delivered at Place(named place of destination)]

◆ DDP(指定目的地)[Delivered Duty Paid(named place of destination)]

思考与练习

一、单选题

1. 按 CFR 贸易术语成交的合同中，不应计入货物价格的是(　　)。

A. 货物成本　　B. 运费　　C. 保险费　　D. 各项出口税费

2. 下列不是有关贸易术语的国际贸易惯例的是(　　)。

A.《1932 年华沙-牛津规则》　　B.《1990 年美国对外贸易定义修订本》

C. INCOTERMS® 2010　　D.《汉堡规则》

3. CIF 和 CFR 条件下，货物运输保险分别由买方和卖方办理，运输途中货物的风险(　　)。

A. 前者由卖方承担，后者由买方承担　　B. 均由卖方承担

C. 均由买方承担　　D. 前者由买方承担，后者由卖方承担

4. 买方自费办理货物出口结关手续的术语是(　　)。

A. FAS　　B. FOB　　C. FCA　　D. EXW

5. 从交货方式上看，CIF 是一种典型的象征性交货，此语的含义为(　　)。

A. 卖方以态度明确的函电表示交货

B. 卖方以提交全套合格单据来履行交货义务

C. 卖方无须实际准备足货，只要少量样品即可代表

D. 买方对不符合合同要求的货物，只要单据合格，无权索赔

6. 按照 INCOTERMS® 2010，若按 CFR 成交，风险划分点为（　　）。

A. 以货物装上船为界　　B. 以货交第一承运人为界

C. 以目的港交货为界　　D. 以船边交货为界

7. 根据国际贸易惯例，合同当事人向保险公司办理国际货运险，保险金额通常按 CIF 或 CIP 总值加成（　　）。

A. 5%　　B. 10%　　C. 15%　　D. 20%

8. 上海出口一台设备海运至香港，中方办理出口手续，外方办理进关手续，外商支付运费和保险费，按以上交易条件，适用的贸易术语为（　　）。

A. CFR Hong Kong　　B. CIF Hong Kong

C. FOB Shanghai　　D. CIF Shanghai

9. 国际贸易中用以表示交易双方风险、责任和费用划分及商品价格构成的专门用语称为（　　）。

A. 贸易惯例　　B. 贸易术语　　C. 贸易规则　　D. 贸易条款

10. 天津某公司与美商签订进口合同，规定在旧金山的船上交货，应采用（　　）。

A. FOB Tianjin　　B. FOB San Francisco

C. FOB Vessel San Francisco　　D. CIF San Francisco

11. 我国出口公司向德国出口核桃 3 000 公吨，一般应采用（　　）贸易术语较好。

A. FOB 汉堡　　B. CIF 汉堡　　C. FOB 北京机场　　D. CIF 青岛

12. 按 INCOTERMS® 2010，规定应由卖方履行办理进口清关手续义务的价格术语是（　　）。

A. FOB　　B. DDP　　C. CFR　　D. EXW

13.《1932 年华沙-牛津规则》是由国际法协会制定的，它是专门解释（　　）术语的国际惯例。

A. FOB　　B. CIF　　C. CFR　　D. FCA

14.《1990 年美国对外贸易定义修订本》的主要使用范围是在（　　）。

A. 全球　　B. 北美洲　　C. 亚洲　　D. 欧洲

15. 以 FOB/CIF 术语成交的合同，应当由（　　）来办理保险。

A. 卖方/买方　　B. 买方/买方　　C. 买方/卖方　　D. 卖方/卖方

16. 就卖方承担的费用而言，下列术语排列顺序正确的是（　　）。

A. FOB>CFR>CIF　　B. FOB>CIF>CFR

C. CIF>FOB>CFR　　D. CIF>CFR>FOB

17. 按 CIF Tianjin 成交的进口合同中，卖方完成交货任务的地点最有可能是在（　　）。

A. 纽约港　　B. 纽约市　　C. 天津港　　D. 天津市内

18. 按照 INCOTERMS® 2010 的解释，在 FAS 条件下驳船费由（　　）负担。

A. 船方　　B. 买方　　C. 卖方　　D. 买方和船方共同

19. 根据 INCOTERMS® 2010 的解释，FOB 和 FCA 的主要区别是（　　）。

A. 风险和费用是否同时转移不同　　B. 办理出口手续的责任方不同

C. 负责订立运输合同的责任方不同　　D. 适合的运输方式不同

20. 制定关于贸易术语的国际贸易惯例的目的是（　　）。

A. 提供可使用的贸易术语　　B. 成为交易双方的习惯做法

C. 统一对贸易术语的解释　　D. 形成国际贸易法

二、判断题

1. 我国从汉堡进口货物，如按 FOB 条件成交，需由我方派船到汉堡口岸接运货物；而按 CIF 条件成

交，则由出口方洽租船舶将货物运往中国港口。可见，我方按 FOB 进口承担的货物运输风险比按 CIF 进口承担的风险大。（ ）

2. 买卖双方以 CIF 条件成交，若双方在洽商合同时未规定具体的险别，则卖方投保时，只有投保最低限度险别义务。（ ）

3. 按 CIF 贸易术语成交，只要货物已在运输途中灭失，即使出口方提供全套正确的货运单据，进口方也是有权拒收单据和拒付货款的。（ ）

4. 以 FAS 术语成交，若装运港吃水浅使船舶不能靠岸，则货物从码头驳运到装运船边的一切风险及费用，应由买方承担。（ ）

5. 如果买卖双方在合同中作出与国际惯例完全相反的约定，只要这些约定是合法的，将得到有关国家法律的承认和保护，并不因与惯例相抵触而失效。（ ）

6. FOB 价格条件按各国惯例解释都是卖方负责申请领取出口许可证和支付出口税。（ ）

7. 按 FOB、CFR、CIF 三种贸易术语成交，货物在装运港装上船以后，风险即告转移。因此，当货物到达目的港后，买方如果发现到货品质、数量和包装有任何与合同规定不符的情况，卖方都不负责任。（ ）

8. 在 FOB 条件下，卖方可以接受买方委托，代理租船订舱手续。（ ）

9. FCA、CPT、CIP 三种贸易术语中，就卖方承担的责任而言，FCA 最小，CPT 其次，CIP 最大。（ ）

10. 采用 FCA 术语成交，当卖方在其所在处所交货时，卖方负责将货物装上买方指定的承运人的运输工具上。（ ）

11. INCOTERMS® 2010 规定，按照 FAS 条件成交时，由买方自负风险和费用办理货物出口的清关手续。（ ）

12. 一般来说，当运价看涨时，为了避免承担运价上涨的风险，可以选用由对方安排运输的贸易术语成交，如按 C 组术语进口，按 F 组术语出口。（ ）

13. INCOTERMS® 2010 中的 11 种术语都是相应规定了贸易术语的变形。（ ）

14. 以 CIF 贸易术语成交时，尽管卖方交货的地点在装运港船上，但该贸易术语的正确表达是 CIF 目的港名称。（ ）

15. 按 CFR、CIF 术语成交，合同中指规定装运期或交货期，而按 CPT、CIP 术语成交，合同中不仅要规定装运期，还要规定货物到达目的地的期限。（ ）

16. DAT、DAP、DDP 这三种术语在价格构成上都包含了运费和保险费。（ ）

17. DAT 和 DAP 都属于实际交货，由卖方办理进口报关手续。（ ）

18. INCOTERMS® 2010 中的 11 个贸易术语，其中四个(FOB、CFR、CIF、FAS)只适用于海运和内陆水路运输，其余可适用于任何一种运输方式。（ ）

19. 在 CIF 条件下，由卖方办理货物运输的保险；而在 CFR 条件下，投保是由买方负责。因此，一旦运输途中货物出现风险，前者应由卖方负责，后者则由买方负责。（ ）

20. 按照《1990 年美国对外贸易定义修订本》的解释，FOB 纽约的含义，就是在纽约港船上交货。（ ）

三、简答与案例分析题

1. 什么叫“贸易术语”？为什么在国际贸易中要使用贸易术语？
2. 有关贸易术语的国际贸易惯例主要有哪几种？分别解释哪些术语？
3. 简述国际贸易术语的含义和作用。
4. 指出 FOB、CFR、CIF 之间的相同点与不同点。
5. 象征性交货有哪些特点？为什么说 CIF 合同是一种典型的象征性交货？
6. 简述 INCOTERMS® 2010 中 E、F、C、D 四组贸易术语各自的特点。

7. 为什么说将 CIF 术语称为"到岸价"是不恰当的?

8. 简述 CIF 与 DES 的区别。

9. 选用贸易术语时需要考虑哪些因素?

10. 新加坡 A 公司与中国 C 公司订立 CIF 上海合同,销售白糖 500 公吨,由 A 公司投保一切险。为联系货源,A 公司与马来西亚 B 公司订立 FCA 合同,购买 500 公吨白糖,合同约定提货地为 B 公司所在地。

7 月 3 日,A 公司派代理人到 B 公司提货,B 公司已将白糖装箱完毕并放置在临时敞篷中。A 公司代理人由于人手不够,要求 B 公司帮助装货,B 公司认为已履行完应尽义务,故拒绝帮助装货。

A 公司代理人无奈返回,3 日后 A 公司再次到 B 公司所在地提走货物。但是,在货物堆放的三天里,因遇湿热台风天气,货物部分受损,造成 10%的脏包。A 公司将货物悉数交与承运人,承运人欲出具不清洁提单,A 公司为顺利结汇,便出具保函,许诺承担一切责任。

承运人遂出具了清洁提单,A 公司得以顺利结汇,提单和保险单转移至 C 公司手中。

7 月 21 日,货到上海港,C 公司检验出 10%的脏包,遂申请上海海事法院扣留承运人的船舶并要求追究其签发不清洁提单的责任。当日货物被卸下,港口管理部门将货物存放在其所属的仓库中,C 公司开始委托他人办理报关和提货的手续。7 月 24 日晚,港口遭遇特大海潮,共计 200 公吨白糖受到浸泡,全部损失。

C 公司向保险公司办理理赔手续时被保险公司拒绝,理由是 C 公司已将提单转让,且港口仓库就是 C 公司在目的港的最后仓库,故保险责任已终止。

请问:

(1) 10%的脏包应由谁承担? 为什么?

(2) C 公司扣留承运人的船舶的做法是否合适? 为什么?

(3) 保险公司是否可以不赔偿? 请说明原因。

11. 我国某公司以 CFR 条件进口一批大豆,在约定日期未收到卖方的已装船通知,却收到卖方要求该公司支付货款的单据。此后我方接到货物,经检验部分货物在运输途中因海上风险而丢失。问该公司应如何处理? 为什么?

12. 有一份买卖奶粉的合同规定:"……在该批奶粉到达目的地×××口岸时,凭装运单据付款,奶粉到达中国×××口岸是买方付款的限制性条件;除这一条件之外,买卖各方的其他义务按照 INCOTERMS® 2010 中 CIF 的规定处理……"该批奶粉在运输途中遇到承保责任范围内的风险,结果不能到达中国×××口岸。买方以货物不能到达中国×××口岸为由拒绝付款,但卖方认为他已经按照合同规定的条件投保了规定的险别,买方应该接受符合合同规定的单据并支付货款。试问:(1)卖方有无凭装运单据要求买方付款的权利? 为什么? (2)卖方应该如何处理该业务?

13. 某公司以 DAT 条件进口一批药材。该公司已按合同约定日期做好受领货物的准备,但却在合同约定交货期的 7 天后才收到货物。经查证是海上风暴太大导致轮船无法按时到达。因此,该公司向国内生产厂家支付了 5 万元延期交货违约金。该公司以此向国外卖方提出索赔。问该公司的行为是否合理?

14. 中国 A 公司(买方)与澳大利亚 B 公司(卖方)于某年 3 月 20 日订立了 5 000 千克羊毛的买卖合同,单价为 314 美元/千克,CFR 张家港,规格为型号 T56FNF,信用证付款,装运期为当年 6 月,我公司于 5 月 31 日开出信用证。7 月 9 日,卖方传真我方,称货已装船,但要在香港转船,香港的船名为 Safety,预计到达张家港的时间为 8 月 10 日。

但直到 8 月 18 日 Safety 轮才到港,我方去办理提货手续时发现船上根本没有合同项下的货物,后经多方查找,才发现合同项下的货物已在 7 月 20 日由另一条船运抵张家港。但此时已造成我方迟报关和迟提货,被海关征收滞报金人民币 16 000 元。问我方该怎么办?

15. 有一份 FOB 合同,货物已在合同规定的期限和装运港装船,但受载船只离港 1 小时后因触礁沉没。第二天,当卖方凭提单、保险单、发票等单证要求买方付款时,买方以货物全部损失为理由,拒绝接受单证和付款。试问在上述情况下,卖方有无权利凭规定的单证要求买方付款?

16. 某年5月，美国某贸易公司(以下简称进口方)与我国江西某进出口公司(以下简称出口方)签订合同购买一批日用瓷具，价格条件为CIF LOS-ANGELES，支付条件为不可撤销的跟单信用证，出口方需要提供已装船提单等有效单证。出口方随后与宁波某运输公司(以下简称承运人)签订运输合同。8月初，出口方将货物备妥，装上承运人派来的货车。

途中由于驾驶员的过失发生了车祸，耽误了时间，错过了信用证规定的装船日期。得到发生车祸的通知后，我出口方即刻与进口方洽商要求将信用证的有效期和装船期延展半个月，并本着诚信原则告知进口方两箱瓷具可能受损。美国进口方回电称同意延期，但要求货价应降5%。

我出口方回电据理力争，同意受震荡的两箱瓷具降价1%，但认为其余货物并未损坏，不能降价。但进口方坚持要求全部降价。最终我出口方还是作出让步，受震荡的两箱降价2.5%，其余降价1.5%，为此受到货价、利息等有关损失共计15万美元。问我出口方从本案例中应吸取哪些教训?

17. 我某进出口公司以CIP条件进口货物一批，合同中的保险条款规定:“由卖方按发票金额的130%投保一切险。”卖方在货物装运完毕以后，已凭结汇单据向买方收取了货款。而货物在运输途中遇险导致全部灭失。当买方凭保险单向保险公司要求赔付时，卖方却提出，超出发票金额20%的赔付部分，应该是买卖双方各得一半。问:卖方的要求是否合理? 为什么?

18. 某出口公司A同新加坡的客户因价格条款发生了一些分歧，一直争执不下。A和这个客户做的业务是空运方式进行运输，A认为“CIF”只是用于“海运及陆运方式”而不是用于“空运方式”，所以坚持用“CIP”条款(并且银行方面也坚持按照国际惯例空运必须使用“CIP”)。可客户坚持要用“CIF”，他们认为“CIP”比“CIF”多一项费用。A想问到底“CIP”和“CIF”在费用上有什么区别? A的做法是不是正确?

19. 上海某公司从哈萨克斯坦进口铜精矿一批。贸易术语为DAP Alashankou。外商将铜精矿运至阿拉山口后，由于换装车皮一直无法落实而产生额外滞关费用(外商无法将铜精矿卸下，需向哈萨克斯坦运输部门支付额外的租用车皮费用)。请问该滞关费用应由上海公司承担还是由外商承担? 为什么?

20. 我内陆某公司于某年2月向日本出口30公吨甘草膏，每公吨40箱，共1 200箱，每公吨售价1 800美元，FOB天津新港，共54 000美元，即期信用证，装运期为2月25日之前，货物必须装集装箱。该出口公司在天津设有办事处，于是在2月上旬便将货物运到天津，由天津办事处负责订箱装船。不料货物在天津存仓后的第三天，仓库午夜着火，是夜风大火烈，抢救不及，1 200箱甘草膏全部被焚。办事处立即通知内地公司总部并要求尽快补发30公吨，否则无法按期装船。该出口公司因货源不济，只好要求日商将信用证的有效期和装运期各延长15天。请分析此案应吸取的教训。

21. 某年3月3日，中国甲公司(买方)与加拿大乙公司(卖方)签订一笔小麦进出口合同，合同条件CIF宁波，支付条件为不可撤销即期信用证，交货期为5月20日。中国甲公司4月1日向对方开出信用证，加拿大乙公司按照合同规定的时间与装运条件发运了货物。5月22日，加拿大乙公司以传真通知中国甲公司:“装运给贵公司的1万公吨小麦和发运给广西北海港的5 000公吨小麦同装在SXJ船上。”中国甲公司收到传真后，立即通知加拿大乙公司，这条船应先靠宁波港再驶往北海。加拿大乙公司复传真说:“我们已按贵公司要求传真通知船公司，请SXJ船先靠宁波港。”但该船实际上先靠了北海港，并且在北海停留卸货与检修了近1个月才驶往宁波港。这时国际市场小麦价格已下降，国内买方以未按期交货为由要求终止合同，并向卖方索赔。请问我国买方的要求是否合理? 为什么?

第二篇

国际货物买卖合同条款

第二章 商品品名、品质、数量与包装

开篇案例

案例 1:我国某食品公司与印度一家 K 公司签订了一项冷冻北京填鸭的出口合同,合同规定我方向对方出口"带头翼蹼、无毛的一级冻北京填鸭 20 公吨,填鸭都必须按印度伊斯兰教的方法屠宰"。我方公司不清楚"伊斯兰教的宰法",凭主观想象认为只要中国伊斯兰教协会出个证明,说明是按伊斯兰教的方法宰杀的就可以了。于是该公司对这些鸭子采用了比较适合一般西方国家市场销售的屠宰方法,即从鸭子口中进刀,将血管割断放血后加工速冻。由于这种方法保持了鸭子外形的完整性,所以在西方国家比较受欢迎。之后我方公司请求中国伊斯兰教协会出具了"确为伊斯兰教方法屠宰"的证明。货物运到印度后,经当地卫生主管部门检验,发现这批鸭子是用"钳宰杀法"屠宰,不符合合同规定的标准,为伊斯兰教标准所不容。于是,K 公司便拒绝收货,并通知我方,或当地销毁,或立即退货。我公司不得已,只好同意退货。我方公司弄巧成拙,除了损失往返运费及其销售差价之外,还要向买方表示歉意,挽回已造成的不良影响。

案例 2:某粮油食品进出口公司出口一批驴肉到日本。合同规定,该批货物共 25 公吨,装 1 500 箱,每箱净重 16.6 千克。如按规定装货,则总重量应为 24.9 吨,余下 100 千克可以不再补交。当货物运抵日本港口后,日本海关人员在抽查该批货物时,发现每箱净重不是 16.6 千克而是 20 千克,即每箱多装了 3.4 千克。因此该批货物实际装了 30 公吨。但在所有单据上都注明了 24.9 公吨。议付货款时也按 24.9 公吨计算,白送 5.1 公吨驴肉给客户。此外,由于货物单据上的净重与实际重量不符,日本海关还认为我方少报重量有帮助客户逃税的嫌疑,向我方提出意见。经我方解释,才未予深究。但多装 5.1 公吨驴肉,不再退还,也不补付货款。

从以上两个案例可以看出,商品的名称和质量是国际货物买卖当事人双方首先需要商定的交易条件,是买卖双方进行交易的物质基础。如果商品的名称和质量不明确,买卖双方也就失去了洽商的依据,无法展开交易。因此,商品的名称和质量是国际货物买卖合同中的主要条款之一。另外,国际货物买卖必须以一定的量来表示,缺少数量条款的合同视为无效,而绝大部分的进出口商品都需要采用一定的包装来实现进出口。因此,对于商品的品名、品质、数量和包装,合同中相应条款的把握十分重要。

学习目标

○ 掌握商品名称的命名方法和货物品质的表示方法。

○ 熟悉国际货物买卖合同品名条款和品质条款的基本内容和订立方法。
○ 熟悉货物的计量单位和计量方法，学会订立合同的数量条款。
○ 掌握商品包装的种类和作用，熟悉包装标志，熟悉包装条款的基本内容和订立方法。

第一节　商品品名

商品的名称(Name of Commodity)，或称“品名”，是指能使某种商品区别于其他商品的一种称呼或概念。在国际货物买卖中，买卖双方在洽商交易和签订销售合同时，往往凭样品或凭对货物的文字描述成交。可见，在合同中列明标的物的具体名称是国际货物买卖合同必不可少的条件。

一、命名商品的方法

商品的名称在一定程度上体现了商品的自然属性、用途以及主要的性能特征。加工程度低的商品，其名称一般较多地体现出该商品所具有的自然属性。加工程度越高，商品的名称则较多地体现商品的性能特征。

命名商品的方法有多种，概括起来有以下几种：

1. 以其主要用途命名

这种方法在于突出其用途，便于消费者按其需要购买。如自动灌注机(Automatic Filling Machine)、摩托车防滑链条(Skid Chain for Motorcycles)、织布机(Kitting Machine)、杀虫剂(Insecticides)、旅游鞋(Tourist Shoes)、打印纸(Printing Paper)等。

2. 以其使用的主要原材料命名

这种方法能通过突出所使用的主要原材料反映出商品的质量。如棉布(Cotton Cloth)、羊绒衫(Cashmere Sweater)、菠萝罐头(Pineapples in Airtight Containers)、银质餐具(Silver Dinnerware)、玻璃杯(Glass Cup)等。

3. 以其主要成分命名

主要为了消费者了解商品的有效内涵，有利于提高商品的身价。一般适用于大众熟知的名贵原材料制造的商品。如花生油(Peanut Oil)、钻戒(Diamond Ring)、无水乙醇(Absolute Ethyl Alcohol)等。

4. 以产地命名

有些产品不同产地代表着不同的品质水平，因此有时产地和货物名称相结合，能起到很好的宣传作用。如东北大豆(Northeast Soybeans)、新疆哈密瓜(Xinjiang Hami Melons)、云南普洱茶(Yunnan Puer Tea)、西湖龙井(West Lake Longjing Tea)等。

5. 以外观造型命名

以商品的外观造型命名，有利于消费者从字义上了解该商品的特征。如绿豆(Green Bean)、喇叭裤(Bell-Bottom Trousers)、折叠伞(Folding Umbrella)等。

6. 以人物名字命名

即以著名的历史人物或传说中的人物命名，目的在于引起消费者的注意和兴趣。如李宁牌运动鞋(Li-ning Brand Sports Shoes)、王致和腐乳(Wang Zhi-he Fermented Bean

Curd)、王守义十三香调料(Wang Shou-yi Multi-Flavored Spices)、孔府家酒(Qufu Confucius Family Liquor)等。

7. 以制作工艺命名

这种命名方法目的在于提高商品的威望,增强消费者对该商品的信任。如人造毛皮(Artificial Fur)、卤水豆腐(Marinated Tofu)、纯生啤酒(Draft Beer)等。

好的商品名称,不但能高度概括出商品的特性,而且还能促进消费者的消费心理,诱发消费者的购买欲望。为了使生产或销售同类商品的厂商或销售商区别开来,商品的名称又与牌名(品牌名称)相融合,构成描述,说明货物的重要部分。品牌是企业及其所提供的货物的综合标志,它既代表企业对消费者的产品质量承诺,又代表企业所获得的消费者的信任水平。如欧宝安德拉汽车(OPEL Antara)、百事可乐(Pepsi-Cola)、青岛啤酒(Tsingtao Beer)等。但商品的名称和牌名是两个不同的范畴,牌名往往只属于某个厂商,而商品的名称被所有制造生产该种商品的厂家所使用。

二、列明品名的意义与品名条款的基本内容

1. 列明品名的意义

根据国际贸易惯例的要求,对交易标的物的描述,是构成商品说明的一个重要组成部分,是买卖双方交接货物的一项基本依据。参与国际货物买卖的双方只有明确了商品的名称,即买卖什么商品,才能进一步确定商品的质量,即以什么样的具体商品进行交易。所以,商品的名称(品名条款)是国际货物买卖合同中必须具备的内容。

(1) 从业务角度看

品名或说明的规定是双方交易的物质内容,是交易赖以进行的物质基础和前提条件。因此,买卖双方在磋商和签订进出口合同时,一定要明确、具体地订明商品的名称,并尽可能使用国际上通用的名称,避免履约的麻烦。

(2) 从法律角度看

在合同中规定标的物的具体名称,关系到买卖双方在货物交接方面的权利和义务。若卖方交付不符合约定的品名或说明,买方有权提出损害赔偿要求,直至拒收货物或撤销合同。

2. 品名条款的基本内容

国际货物买卖合同中的品名条款的规定并无统一的格式,可由交易双方协商确定。一般来说,品名条款首先取决于成交商品的品种和特点,有的商品只要在"商品名称"或"品名"的标题下列明该商品的通用名称即可,如原油、小麦等,有时为了省略起见,也可不加标题,只在合同的开头部分列明交易双方同意买卖某种商品的文句;但有的商品往往具有不同的品种、等级和型号,因此,为了明确起见,就要把有关的具体产地、品种、等级、型号或货号等描述包括进去,作为进一步的限定,有时还出现品名和品质条款合并的情况。

例如:

(1) Name of Commodity: Sports Shoes Art. No. 3A41, "Nike" Brand.

商品品名:"耐克"牌运动鞋,货号:3A41。

(2) Name of Commodity: Men's Cotton Shirts Style No. 4234, "Goldlion" Brand.

商品品名:男式"金利来"衬衣,货号:4234。

(3) Name of Commodity: Air Conditioner Item No. KFR－46LW/K(4657L)－N5, "GREE" Brand.

商品品名:"格力"空调,型号:KFR－46LW/K(4657L)－N5。

三、规定品名条款应注意的事项

1. 商品名称的确定必须明确、具体

确定商品名称时,必须能确切反映交易商品的特点,避免空泛、笼统的规定,有时只简单列明买卖商品的名称不够具体明确,还应增加商品的品种、型号、产地和等级,即增加部分品质条款的内容。如"金竖琴高级皮尔斯纳"这个名称读起来就够困难的了,看起来或听起来绝不会想到这是一种啤酒的名称。又如"××101"不冠以生发剂,就会让人不知其为何物。

2. 商品的品名必须实事求是,切实反映商品的实际情况

合同条款中规定的品名,必须是卖方能够供应而买方需要的商品,凡是做不到或不必要的描述性词句,都不要列入,否则就会有虚假之嫌。如"××一次净"、"××一扫光",如果名不副实,就会给以后履行合同带来困难。

3. 尽可能使用国际上通用的名称

因为有些商品的名称,在世界各地的叫法可能是不一致的,例如鳖鱼,在我国就有"甲鱼"、"王八"、"元鱼"、"团鱼"等不同的叫法。所以为了避免误解,国际上对商品的归类做了统一的分类标准,应在贸易合同中尽可能地使用国际上通用的称呼。目前,大多数国家的海关统计、征税、普惠制待遇等都按 1988 年 1 月 1 日起正式实施的、经过四次修订的《商品名称及编码协调制度》,简称《协调制度》(H. S)进行。我国于 1992 年 1 月 1 日起采用该制度。所以,我国进出口商品合同的品名条款应与 H. S. 规定品名相对应。

4. 注意选用合适的品名

确定品名时,应注意有关国家的海关税则和进出口限制的有关规定,恰当地选择有利于降低关税和方便进出口的名称。国际上有些国家为了保护某些动物,对含有虎骨、象牙等商品禁止贸易,因此,如"虎骨××酒"、"象牙××餐具"等商品会被这些国家的海关扣押甚至罚没。又比如有一种商品叫"合金钨",是半成品,它的商品编码是"81019400",属于战略物,出口企业必须具有政府签发的出口批文和出口许可证才能出口;而另一种商品叫"钨合金",是制成品,其商品编码是"81019500",属于非战略物资,企业可以自由出口,不需要任何进出口批件。这两种商品的名称非常相近,仅仅是字眼的排列顺序不同,其商品编码也只是第 6 位数字不同,如果当事人不小心把二者弄混了,势必影响到合同的履行。

另外,必须注意品名与运费、仓储费的关系。目前一些仓库和班轮运输是按商品等级规定收费标准的。由于商品名称不统一,存在着同一商品因名称不同而收取的费率不同的现象。从这个角度看,选择合适的品名,也是降低储运费的一个方法。如"××人参液"、"参茸××"这些以贵重原料命名的商品,在运输时就要付出较高的运费。

【案例 2-1】 我国某食品有限公司出口苹果酒一批,国外来证货名为"Apple Wine",于是我方为单证一致起见,所有单据上均用"Apple Wine"。不料货到国外后遭进口国海关扣留罚款,因为该批酒的内外包装上均写的是"Cider"字样。结果外商要求我方赔偿损失。问:我方对此有无责任?

【分析】　我方应对此承担一定责任。按照有关的法律和惯例，对成交商品的描述，是构成商品说明的一个主要组成部分，是买卖双方交接货物的一项基本依据，它关系到买卖双方的权利和义务。若卖方交付的货物不符合约定的品名或说明，买方有权提出损害赔偿要求，直至拒收货物或撤销合同。本案例中的“Cider”一词，既有苹果酒也有苹果汁的意思，因此，货到目的港后海关以货物与品名不符，对该批货物扣留罚款，我方应对此承担一定责任。

第二节　商品品质

合同中的品质条款，是构成商品说明的重要组成部分，是买卖双方交接货物的依据。《联合国国际货物销售合同公约》规定，卖方交付货物，必须符合约定的质量。如卖方交货不符合约定的品质条件，买方有权要求损害赔偿，也可要求修理或交付替代物，甚至拒收货物和撤销合同，这进一步说明了品质的重要性。

一、商品品质的含义

商品品质(Quality of Goods)是反映商品满足用户明确和隐含需要的能力的特性总和。品质的内容由两个层次构成：第一层次是商品必须满足用户需要，即商品的适应性。出口的商品，如果用户感到不适用，就没有什么价值，也就无品质可言。第二层次是在第一层次的前提下，品质由商品的特性总和来表示，即商品的符合性。出口的商品必须符合某种质量特性指标的要求。具体而言，包括商品的外观形态和内在素质。

1. 商品的外观形态

商品的外观形态是指通过人们的感觉器官可以直接获得的商品的外形特征，如商品的大小、长短、款式、色泽、轻重、光滑、粗糙等。

2. 商品的内在素质

商品的内在素质是指商品的物理性能、化学成分、生物特征、技术指标和要求等，一般需要借助各种仪器、设备分析测试才能获得。如纺织品的断裂强度、伸长率、回潮率、缩水率；化工商品的熔点、沸点、凝固点；机械类产品的精密度、光洁度、强度等。

二、商品品质在国际贸易中的重要性

1. 商品品质是国际贸易中的重要竞争手段

在国际贸易中，商品质量的好坏不仅关系到商品的使用价值和使用效能，影响着商品售价的高低、销售数量和市场份额的增减，买卖双方经济利益的实现程度，还关系到商品信誉、企业信誉、国家形象和消费者的利益。

近几年来，随着各国消费者消费水平和消费结构的变化，消费者对商品质量的要求越来越高，国际市场上日趋激烈的商品竞争已逐渐从价格竞争转变为非价格竞争。因此，要提高商品的质量，根据消费者现实和潜在的需要改进，完善商品质量的稳定性，已成为各国生产厂商、销售商增强自身竞争力的重要手段。

2. 提高商品品质是发展对外贸易的基本战略

由于各国贸易摩擦的不断加剧，使许多国家把提高商品质量作为奖出限入的贸易保护主义手段。如有些国家规定，凡质量不符合其法令法规的，一律不准进口。提高商品质量也已成为许多生产厂商、销售商冲破质量保护壁垒，扩大出口的途径和方法。我国政府也把“以质取胜”作为扩大出口和发展对外贸易的基本战略之一。

3. 明确商品品质有利于适应国际市场需要

在出口商品的生产、运输、存储、销售过程中，必须加强对品质的全面管理。在进口商品的订货、运输和接收环节中，应当切实把好质量关。

由于国际贸易的商品种类繁多，即使是同一种商品，在品质方面也可能因自然条件、技术和工艺水平以及原材料的使用等因素的影响而存在着种种差异，这要求买卖双方在商订合同时，必须就品质条件作出明确规定。

三、对商品品质的要求

1. 对商品品质的基本要求

既然商品质量的高低不仅关系到买卖双方的权益，还关系到商品、企业以至国家的声誉，因此，重视商品品质至关重要。总体而言，对商品品质的基本要求如下：

(1) 稳定性，指商品品质的稳定。

(2) 适用性，指商品具有能满足用户某种需求的特性。

(3) 多功能性，指某种商品具有多种使用功能。

(4) 可欣赏性，指某种商品具有工艺品的观赏价值。

(5) 适应国外政府颁布的法律要求，符合安全卫生标准。

(6) 创新性，等等。

2. 对进口商品品质的要求

在进口贸易中，必须严格把好质量关。进口商品品质的优劣，不仅直接关系到我国用户和消费者的切身利益，而且对我国的经济建设、国防建设、安全卫生及生态环境等都具有深远影响。国内经济建设和现实消费水平是确定进口商品品质的重要依据。就资本品而言，相比西方发达国家，我国总体技术水平较落后，因此进口的资本品品质在考虑国内吸收能力的同时应高标准要求，尽量进口具有国际先进水平的高新技术产品。而消费品，则应考虑我国现阶段的收入水平，不应盲目追求高规格、高档次、高质量的商品，以免造成不必要的浪费。

3. 对出口商品品质的要求

(1) 增强出口商品的适应性。用户的需求不仅多样化，而且会随着时间、收入水平的变化而变化。因此要求出口商不仅要不断提高商品信誉，严格把守质量检验关，但凡质量不过关的商品，绝不轻易出口，而且要重视对不同目标市场、不同时期消费者需求的研究，发展适销对路的产品，不断拓展商品的花样品种，提高出口商品的市场适应性、针对性和竞争力。

(2) 提高出口商品的符合性。出口商应采取各种管理措施使出口商品能够符合进口国的相关规定和要求，比如应按国际标准来生产出口商品，尤其是国际标准化组织 ISO(The International Organization for Standardization)颁布的系列标准。国际标准化组织制定的标准主要有 ISO 9000“质量管理和质量保证”系列标准和 ISO 14000“环境管理”系列标准。ISO 9000 系列标准是 ISO 第 176 技术委员会(ISO/TC 176)于 1987 制定的，由 1959 年的美军质保标准发展演变而来，其后经过 1994 年和 2000 年两个阶段的修改。建立和实施 ISO 9000 质量管理体系的目的是在组织内部建立和实施一个有关产品设计、开发、生产、安装和服务的质量保证体系。ISO 认为，按照其标准建立质量体系可以使影响产品和服务质量的技术管理和人的因素处于受控状态，达到消除，特别是预防质量缺陷的目的，给生产质量稳定的产品提供保证，同时满足外部顾客对产品质量的要求。

因此，根据系列标准建立了质量管理体系并得到有关认证部门检验认可的企业，便可以被认为具备了生产符合标准要求的产品的保证能力，也就拥有了"国际通行证"。

ISO 14000 标准是环境管理体系(Environment Management System，EMS)标准的总称，是国际标准化组织 ISO 继 ISO 9000 标准之后于 1996 年 9 月正式颁布实施的又一国际性管理系列标准。由国际标准化组织第 207 技术委员会(ISO/TC207)组织制定，其标准号从 14001 至 14100，共 100 个标准号，统称 ISO 14000 系列标准。它是顺应国际环境保护的发展，依据国际经济贸易发展的需要而制定的。ISO 14000 又被称为通向国际市场的绿色通行证。

ISO 14000 系列标准强调污染预防和持续改进，要求建立职责明确、运作规范的监控管理体系，通过合理有效的管理方案和运行程序来达到环境目标和指标，实现环境方针。这套体系如果实施得当，将会在较短的时间内提高企业环境管理水平和员工素质，并有助于企业扩大市场份额，提高产品附加值，实现经济和环保可持续协调发展。从根本上讲，这与我国外经贸所倡导的"从劳动密集型向技术密集型转变，从粗放型向集约型经济转变"的两个根本性转变，"以质取胜"和"外经贸名牌战略"是完全一致的。

ISO 14000 与 ISO 9000 有很强的兼容性，有许多共同点。最大区别在于面向的对象不同，ISO 9000 是对顾客承诺，而 ISO 14000 是对政府、社会和众多相关方(包括股东、贷款方、保险公司等)的承诺。

ISO 14000 是一套独立完整的体系，其自成体系，不必依附于 ISO 9000 体系的建立，没有建立 ISO 9000 的企业或组织，也可以独立实施 ISO 14000 标准，建立环境管理体系。

当然，已经实施 ISO 9000 的企业或组织对其建立 ISO 14000 体系有很大帮助。这种情况下，二者在很大程度上可以结合起来成为一个体系，称为综合管理体系。

另外，为了提高企业的社会责任感，确保供应商所供应的产品符合社会责任的要求，欧盟率先推行了社会责任标准(Social Accountability 8000，SA 8000)。作为全球首个道德规范国际标准，SA 8000 标准适用于世界各地，任何行业，不同规模经营的公司，主要以一致的标准在以下领域内规定了最低要求：童工；强制雇佣；健康安全；联合攻关的自由和集体谈判权；九个要素；差别待遇；惩罚措施；工作时间；报酬；管理体系等。

(3) 出口商品品质必须符合合同规定

卖方交货品质应与合同规定相符，品质低于合同规定的商品毫无疑问会引起纠纷，而高于合同品质规定的商品同样是卖方违约行为，使得合同履行不能。因为品质过高，进口商在办理进口手续时需多交关税，在实行进口许可证的情况下，还会造成"货证"不符，遭到进口国海关的严厉处罚。另外，品质过高，也可能会使货物不能适应进口商的使用目的。

【案例 2-2】 我某出口公司向外商出口一批苹果。合同及对方开来的信用证上均写的是三级品，但卖方交货时才发现三级苹果库存告罄，于是该出口公司改以二级品交货，并在发票上加注："二级苹果仍按三级计价，不另收费。"请问：卖方这种做法是否妥当？为什么？

【分析】 不妥当。首先，在国际贸易中，卖方所交货物必须与合同规定完全一致，否则买方有权提出拒收或索赔。该公司"以好顶次"的做法，即将三级苹果换为二级苹果，是与合同的明示担保不符的，在出现价格下跌的情况下，买方仍可能提出拒收或索赔。

四、商品品质的规定方法

国际货物买卖中，商品种类纷繁复杂，商品本身的特点、制造加工情况、市场交易习惯等各不相同，规定商品质量的方法也多种多样。归纳起来，主要分为以下两种：商品质量用实物样品表示；商品质量用文字说明表示。

1. 用实物样品表示商品品质的方法

用实物样品表示商品品质是指以作为交易对象的实际货物或以代表货物品质的样品来表示货物的质量。在出口业务中，有些商品由于本身的特点，难以用文字说明来表示其品质，或出于市场习惯而采用这种方法，一般可分为看货买卖和凭样品买卖两种。

(1) 看货买卖

所谓看货买卖是根据现有货物的实际品质进行买卖。由买方或其代理人在卖方存放货物的场所验看货物，达成交易后，卖方即应按验看过的商品交货。只要卖方交付的是已经验看的商品，买方就不得对品质提出异议。

在国际贸易中，由于交易双方远隔两地，交易洽谈多靠函电方式进行。买方到卖方所在地验看货物有诸多不便，即使卖方有现货在手，买方也是委托代理人代为验看货物，并且无法逐件检查，所以采用看货成交的方式有一定的局限性。

这种做法多用于寄售、拍卖和展卖业务中，主要针对珠宝首饰、工艺品、土特产品、轻工业品等特殊商品。

(2) 凭样品买卖

凭样品买卖(Sale by Sample)是指买卖双方按约定的足以代表实际货物的样品，作为交货的品质依据的交易。样品是从一批商品中抽取出来或由生产、使用部门设计、加工出来，足以反映和代表整批商品品质的少量实物，又称"标准样品"(Type Sample)或"原样"(Original Sample)。

按样品提供者不同，样品可分为：卖方样品(Seller's Sample)，由卖方提供的样品；买方样品(Buyer's Sample)：由买方提供的样品；对等样品(Counter Sample)，在国际贸易中，谨慎的卖方往往不愿意承接凭买方样品交货的交易，此时，卖方可根据买方来样仿制或从现有货物中选择品质相近的样品提交买方确认，这种经确认的作为最后交货的质量依据的样品为"对等样品"，又称"回样"(Return Sample)或"确认样品"(Confirming Sample)。

据此，凭样品买卖可以分为：

① 凭卖方样品买卖(Sale by Seller's Sample)，即以卖方样品作为交货品质依据的一类买卖。合同中应表明："品质以卖方样品为准"(Quality As Per Seller's Sample)。一般来说，国际货物买卖中的样品，大多由卖方提供。

② 凭买方样品买卖(Sale by Buyer's Sample)，即以买方样品作为交货品质依据的一类买卖。由于买方熟悉目标市场的需求状况，买方提供的样品往往更能直接地反映出当地消费者的需求。合同中应表明："品质以买方样品为准"(Quality As Per Buyer's Sample)。我国称"来样成交"、"来样制作"。

③ 凭对等样品买卖(Sale by Counter Sample)：即以对等样品作为交货品质依据的一类买卖。属于“凭卖方样品买卖”，对等样品将“凭买方样品买卖”转变为“凭卖方样品买卖”。

由于凭样品买卖多用于品质难以规范化、标准化的货物交易，要求交货品质与样品完全一致，这在实务中往往难以做到，极易发生纠纷。特别是在市场行情剧变时，买方往往会苛求“货”、“样”一致的标准而拒收货物。因此，在使用这种方法时应注意以下事项：

① 以样品表示品质的方法，只能酌情采用。凡能用科学指标表示品质时，就不宜采用此种方法，以免发生品质纠纷，特别是那些质量不易稳定的商品，如木材、冷冻鱼虾等。在实务中，样品也常常用作反映商品的一个或几个方面的部分质量，如只表示色彩的色样(Color Sample)、表示花样款式的款样(Pattern Sample)等，其他方面的质量则采用文字说明来表示。

② 采用凭样成交而对品质无绝对把握时，应在合同条款中相应作出灵活规定，以防买方因卖方所交货物与样品有微小差异而拒收或索赔。采用凭样买卖，如果由于所买卖商品的特性或生产加工技术的原因，卖方难以保证交货质量与样品完全相同，则应在磋商订约时与买方约定交货质量与样品相似或大致相同，并在合同中作出明确规定，如：品质与卖方于……(日期)提供的样品相似(quality be similar to sample submitted by the seller on...(date))；所交货物须与卖方第××号样品大致相等(the goods to be delivered shall be about equal to seller's sample No××)。

注意，在采用这些规定时，买卖双方究竟允许交货质量与样品有多大差异，应事先有一致的认识，否则在交货时可能由于不同看法而引起争议。

③ 凭样品买卖时，卖方应留存一份或几份相同的样品，作为复样(Duplicate Sample)或留样(Keep Sample)，填写“发样卡”，必要时还可使用封样(Sealed Sample)。所谓封样，是由第三方或由公证机关(如商品检验机构)在一批货物中抽取同样质量的样品若干份，将每份样品采用铅丸、钢卡、封条、封识章、不干胶印纸以及火漆等各种方式加封识别，由第三方或公证机关留存一份备案，其余供当事人使用。有时，封样也可由出样人自封或买卖双方会同加封。在向买方送交标准样品时，应留存一份或数份同样的样品，即复样或留样，以备将来组织生产、交货或处理质量纠纷时作核对之用。

④ 要分清参考样品和标准样品。参考样品以介绍商品为目的，与成交样品或标准样品不同。贸易实践中有时买卖双方为了发展贸易关系和增进彼此对对方商品的了解，往往采用互相寄送样品供对方参考，即所谓“参考样品”，这种样品不能作为交货的质量依据。这种以介绍商品为目的而寄出的样品，最好标明“仅供参考”(For Reference Only)字样，以免与标准样品混淆。

⑤ 当样品由买方提供时，应防止被卷入侵犯第三方工业产权和其他知识产权的纠纷。卖方对出售的货物应当拥有完全的所有权，并保证不侵犯他人的权利，是卖方必须承担的一项默示的合同义务。凭买方样品买卖，卖方按照合同规定，根据买方提供的技术图样、图案和程序或其他规格生产和交付货物，是否侵犯他人的权利，卖方一般并不知情。所以，按照常理，卖方可以不承担侵犯他人工业产权和其他知识产权的责任，由买方承担。但是，由于此类侵权纠纷较为复杂，其责任界限也并非所有国家和地区的每一个商人都很清楚。为明确责任，避免不必要的纠纷，在我国出口业务中，当接受外商来样定制、来料来件加工装

配和补偿贸易中可能涉及有关商标、专利等工业产权和其他知识产权时，最好在合同中规定："关于任何侵犯涉及工业产权与其他知识产权的行为概由买方负责，与卖方无关。"关于这一点，《联合国国际货物销售合同公约》第42条第(1)、(2)款中有详细规定。

另外，凭买方样品买卖时，卖方还应注意对方的来样是否是反动的、黄色的、丑陋的式样和图案，需注意原材料供应、加工生产技术和生产安排的可能性。

2. 用文字说明表示商品品质的方法

在国际货物买卖中，大多数商品采用文字说明来规定其质量以文字、图表、相片等方式来说明商品的质量，这种方法称为"凭文字说明买卖"(Sale by Description)。具体有以下几种：

(1) 凭规格买卖(Sale by Specifications)

商品的规格是指用以反映商品质量的若干主要指标，如成分、含量、纯度、容量、性能、大小、长短、粗细等。商品不同，表示商品质量的指标也不同，如出口圆钢按粗细表示；冻对虾以每磅若干只来表示。商品的用途不同，要求的质量指标也会有所不同。如大豆若用于榨油，要求在合同中列明含油量指标；而大豆若作食用，则不一定列明含油量，可能要求列明蛋白质含量指标。这种用商品的规格来确定商品的质量的方法称为"凭规格买卖"。

这种表示质量的方法简单方便、准确具体，还可以根据每批成交货物的具体品质状况灵活调整，因此，在国际贸易中使用最为广泛。

例如，出口白灿米的规格规定：

白灿米		White Rice	
碎米(最高)	25%	Broken Grains(max)	25%
杂质(最高)	0.25%	Admixture (max)	0.25%
水分(最高)	15%	Moisture(max)	15%

(2) 凭等级买卖(Sale by Grade)

商品的等级指同一类商品，根据长期生产和贸易实践，按照其品质差异或规格差异，用文字、数字或符号所作的分类。

货物的等级，通常是由制造商或出口商根据长期生产和了解该类货物的经验，在掌握其品质规律的基础上制定出来的。它有助于满足各种不同需要，也有利于根据不同需要安排生产和加工整理。买卖双方可根据合同当事人的意愿予以调整或改变，并在合同中具体订明。

例如，我国《出口玉米暂行标准》将出口玉米分为：

	纯质(最低)	杂质(最高)
一级	97%	0.5%
二级	94%	1.0%
三级	91%	1.5%

一般商品的每一等级都有相对固定的规格，凭等级买卖时，只需列明商品的等级，无需列明各级品质的具体规格。但由于各国各等级的规格不尽相同，在这种情况下，须在合同中列明每一等级制的具体规格。例如：

鲜鸡蛋		Fresh Hen Egg	
一级	每枚蛋净重45～50克	First Grade	45～50 g Per Egg
二级	每枚蛋净重40～45克	Second Grade	40～45 g Per Egg
三级	每枚蛋净重35～40克	Third Grade	35～40 g Per Egg

(3) 凭标准买卖(Sale by Standard)

商品的标准是指商品规格和等级标准化。商品的标准一般由标准化组织、政府机关、行业团体、商品交易所等规定并公布。根据制定者的不同，国际上将标准分为企业标准、商业团体标准、国家标准、区域标准、国际标准、国外先进标准。企业标准是指国际上某个行业的领先企业如 IBM、通用等制定的相关标准；商业团体标准是指国际上各种权威的工业协会如美国机械工程师协会标准(American Society of Mechanical Engineers, ASME)、商业团体等制定的业界标准；国家标准是指各个国家制定的在本国内施行的标准；区域标准是世界某一地理区域有关国家、团体共同参与制定的标准，如欧洲标准化委员会(European Committee for Standardization, CEN)制定的有关标准；国际标准是指国际标准化组织(ISO)标准、国际电工委员会(International Electro-technical Commission, IEC)制定的标准以及其他国际组织规定的某些标准；国外先进标准是指发达国家的国家标准，如英国国家标准(British Standards, BS)，美国国家标准(American National Standards, ANS)，法国国家标准(Norme Francaise, NF)，日本工业标准(Japanese Industrial Standards, JIS)和日本农业标准(Japanese Agricultural Standards , JAS)等。这些国际标准和国外先进标准均在国际贸易中被广泛采用。

我国外贸实践中，除使用国际标准和某些外国的标准外，也有使用我国国家标准的。根据《中华人民共和国标准法》，我国标准分为国家标准、行业标准、地方标准和企业标准等四种，这四类标准主要是适用范围不同，而不是标准技术水平高低的分级。其中，国家标准是由国务院标准化行政主管部门制定的需要在全国范围内统一的技术要求；行业标准是没有国家标准而又需在全国某个行业范围内统一的技术标准；地方标准是没有国家标准和行业标准而又需在省、自治区、直辖市范围内统一的工业产品的安全、卫生要求；企业标准是企业生产的产品没有国家标准、行业标准和地方标准，由企业制定的作为组织生产依据的相应的企业标准，或在企业内制定适用的严于国家标准、行业标准或地方标准的企业(内控)标准。

目前许多国家对商品规定了强制标准，强制标准的范围主要是保障人体健康、人身和财产安全的标准，对不符合强制标准的产品禁止生产、销售和进口。强制标准具有法律约束力，违反强制性标准而造成不良后果以至重大事故者可给予行政处罚或追究刑事责任。我国的强制性标准代号为“GB”。除强制标准以外的标准为推荐性或指导性标准，这些标准不具有法律上的约束力，仅供交易双方参考使用。但为了防止企业利用标准欺诈消费者，我国法律要求采用低于推荐性标准的企业标准组织生产的企业必须向消费者明示其产品标准水平。我国推荐性国家标准的代号为“GB/T”。

随着科学技术、生产技术的发展，商品的标准不断地被修改或变动。同一组织工作颁布的某类商品的标准往往有不同年份的版本，版本不同，质量标准内容也不相同。在合同中援引某标准时，应注明采用标准的版本名称及其年份。例如，枸橼酸钠，纯度：不低于99%，《英国药典》[1]1993 年版(Sodium Citrate, Purity: 99%min., In Conformity with B. P. 1993)。

在国际贸易中，买卖一些质量容易变化的农产品，以及品质构成条件复杂的某些工业

---

① 英国药典，British Pharmacopoeia，简称 B. P. 。

制成品时，买卖双方常以同业公会、交易所、检验局等选定的“标准物”来表示商品的质量，主要有以下两种做法：

① 良好平均品质(Fair Average Quality, F. A. Q.)

在国际贸易中，对于某些品质变化较大而难以规定统一标准的农副产品，往往采用“良好平均品质”来表示商品的品质。如“天津红小豆，2006 年新产，良好平均品质。”所谓良好平均品质，是指一定时期内某地出口货物的平均品质水平，一般是指中等货而言。具体有如下两种解释：

一是指农产品的每一个生产年度的中等货。采用这种解释时，一般是由生产国在农产品收货后，经过对产品进行广泛抽样，从中制定出该年度“良好平均品质”的标准和样品，并予以公布，作为该年度本国农产品的“F. A. Q. ”标准。

二是指由同业工会或检验机构从一定时期或季节，某地装船的各批货物中分别抽取少量实物加以混合拌制，并由该机构封存保管，以此实物所显示的平均品质水平，作为该季节同类商品质量的比较标准。这种表示质量的方法非常笼统，实际并不代表固定的、具体的品质规格。

在我国，某些农副产品的交易中也有使用 F. A. Q. 表示品质的，习惯上称其为“大路货”，如“中国桐油，大路货，游离脂肪酸最高 4%”，其交货品质一般以我国产区当年生产该项农产品的平均品质为依据而确定，与精选货(Selected)是相对的概念。由于该种方法表示的品质含糊，除非在一些老客户之间使用，一般情况下最好少用，或另外补充一些更详细的说明。比如出口花生米(仁)，除注明“F. A. Q. ”之外，可附加生产期、水分含量、不完整粒最高比例、含油量等具体规格。

② 上好可销品质(Good Merchantable Quality, G. M. Q.)

在国际贸易中，买卖一些质量容易变化的食品，以及品质构成条件复杂的某些工业制成品时，有时也会采用上好可销品质来表示商品的品质。上好可销品质标准是指卖方交货品质只需保证为上好的，适合于销售的品质即可。如果卖方所交货无该项类货物通常的使用目的，无市场交易可能，则由卖方承担责任。

这种买卖条件多用于无法利用样品或无国际公认标准可循的买卖，如木材、冷冻鱼虾等商品交易。但采用 G. M. Q. 作为品质标准易发生争议。因为品质良好不一定就适销，适销产品却不一定品质良好，品质标准太笼统，不易把握。如果能够用一般规格指标来表示商品的品质，则尽量不采用这种表示方法，除非双方在长期的业务往来中已取得一致理解。我国对外贸易中很少使用。

总而言之，在外贸实践中，我国贸易商对于出口商品一般应力争以我国标准为依据，如有可能和把握，可酌情采用外国标准；进口商品，一般应采用国际标准并结合本国实际使用。

(4) 凭品牌或商标买卖(Sale by Brand or Trade Mark)

在广泛流传的营销神话中，品牌是由美国西部的庄园主和畜牧业者最早开始使用的，当时的美国西部还处于蛮荒阶段，庄园主和畜牧业者在自己的牲畜上印上一些标记，以表明自己的所有权，警告他人：“不要动，它是我的。”这个故事提示了品牌最基本的含义：声明一种特殊的权益或资产。美国营销学权威菲利普·科特勒认为：“品牌就是一个名字、名词、符号和设计，或是上述的总和，其目的是要使自己的产品或服务有别于其他竞争者。”它包括：一是品牌名称，指品牌中可以用语言称呼的部分，如"可口可乐"、"奔驰"、"耐克"等；二是品牌标志，指品牌中可以被认出但不能用言语称呼的部分，如符号、设计以及与众不同的颜色或印字。商标是生产者、经营者为了使自己的商品或服务与他人的商品或服务相区别，而使用在商品及其包装上或服务标记上的由文字、图形、字母、数字、三维标志和颜色组合，以及上述要素的组合所构成的一种可视性标志。按是否受法律保护可分为注册商标和未注册商标，注册商标是指经过政府有关主管部门注册登记，并受法律保护的品牌或品牌的一部分，任何其他企业都不得仿效和冒用；而未注册商标未经政府有关主管部门注册登记，不受法律保护。

使用品牌与商标的主要目的是使之区别于其他同类商品，有利于销售。商品的品牌或商标不仅代表着一定的质量水平，而且能够诱发买方或消费者的购买欲望，成为强有力的促销、竞争手段。因此，应当注意维护名牌商标的声誉。

在实际业务使用品牌或商标买卖商品时应注意以下事项：

① 凭品牌或商标买卖只适用一些品质稳定的工业制成品或经过科学加工的具有特色的名优产品或国际市场上行销已久、信誉良好并为买主所熟悉的初级产品。如梅林牌辣酱油(Maling Brand Worcestershire Sauce)，佛手牌味精90度或以上[Finger Citron Brand Ve Tsin(Gourmet Powder) 90% & up]。

② 凭品牌或商标买卖时，如果同一种牌名反映不同型号或规格的商品，则必须在合同中明确牌名或商标的同时，规定型号或规格。

③ 因为品牌、商标属于工业产权，各国都制定了有关商标法加以保护。在凭品牌或商标买卖时，生产厂商应注意有关国家的法律规定，在销往国办理注册登记手续，以维护商标专用权。

④ 凭品牌或商标买卖时，通常是凭卖方即生产者品牌或商标。但有时在买方熟知卖方所提供的商品品质的情况下，常常要求在卖方的商品或包装上使用买方指定的商标或品牌，这就是所谓定牌生产，俗称贴牌生产(Original Equipment Manufacture, OEM)。目前较为典型的是受托方(卖方，OEM加工方)根据委托方(买方，OEM需求方)的要求，为其加工生产产品并贴附买方的商标，获取加工费用，自己没有该商品的销售权。如要取得销售权，即可自由销售给任何买家，则须得到委托方(买方)的同意，在OEM委托加工合同中约定，并签订《商标使用许可协议》。

国际上对于OEM除涉及商标使用外，并无专门的法律规定。但作为OEM受托方，我国出口企业应关注下单的外商有没有该产品的商标、专利、著作权等权利的证明文件。国际贸易中，接受外国品牌厂商的OEM，可以标明生产商，也可以不标明。但我国目前接受外商定牌的出口产品，大部分均标明"中国制造"(Made in China)。应注意的是，如果OEM产品在国内销售，根据我国产品质量法的规定，产品或其包装上的标识必须真实，且应有中文标明的产品名称，生产厂厂名和厂址，生产者不得伪造产地，不得伪造或冒用他人的厂名、厂址。

(5) 凭产地名称或地理标志买卖(Sale by Name of Origin, or Sale by Geographical Indication)

在国际货物买卖中，有些产品，尤其是一些传统农副产品，因产区的自然条件、传统的加工工艺等因素的影响，在品质方面具有与其他产区的产品所不具有的独特风格和特色。

对于这类产品的销售,可以采用产地名称或地理标志来表示其独特的品质。如以某个国家为标志,“法国香水”(France Perfume)、“德国啤酒”(German Beer)等;以某个国家的某一地区为标志,“中国东北大米”(China Northeast Rice);以某个国家某一地区的某一地方为标志,“四川榨菜”(Sichuan Preserved Vegetable),“绍兴花雕酒”(Shaoxing Huadiao Chiew)等。

这些标志不仅标注了特定商品的产地,更重要的是无形中对这些商品的特殊品味的质量提供了一定的保障。地理标志在关贸总协定乌拉圭回合最终协议文件中已被正式列入知识产权保护范畴,在 WTO 知识产权协议《与贸易有关的知识产权协议》(Trade-Related Aspects of Intellectual Property Rights,TRIPS)第二部分第三节规定了成员对地理标志的保护义务。

(6) 凭说明书和图样买卖(Sale by Description and Illustration)

在国际货物买卖中,有些机器、电器、仪表、大型设备、交通工具等技术密集型产品,由于其结构复杂,制作工艺不同,无法用样品或简单的几项指标来反映其质量全貌。对于这类商品,买卖双方除了要规定名称、商标牌号、型号等外,通常必须采用说明书并附以图样、照片、设计、图纸、分析表及各种数据来说明其构造、原材料、产品形状、性能、使用方法等具体性能和结构特点。按此方式进行交易,称为凭说明书和图样买卖。比如在合同中规定“品质和技术数据必须与卖方所提供的产品说明书严格相符”(Quality and Technical Data to be Conformity with the Description Submitted by the Seller)。

有不少厂商为了推销目的,定期或不定期地向顾客分送整本的商品目录或单张的产品介绍,用图片和文字介绍其定型产品的外形、构造、性能、用途和包装,有时还附有价格,供顾客选购。按这种商品目录订货的交易,称为凭商品目录买卖。目前,有不少定型的机电产品买卖是采用这种方式进行的。当然,如果买方对商品目录所提供的产品的性能或其规格方面有另外的要求,也可以在上述基础上辅以详细说明,经卖方确认后交易。

需要注意的是,凭说明书和图样买卖的产品由于其技术要求比较高、金额大,因此必须订立品质保证条款或技术服务条款。条款要明确规定卖方在交货后若干时期内,保证其出售的商品品质符合说明书上规定的指标。在保证期内发现品质低于规定,或者部件的工艺质量不良,或因材料内部隐患而产生缺陷,买方有权提出索赔,卖方有义务消除缺陷或更换有缺陷的商品或材料,并承担由此引起的各项费用。

【案例 2-3】 香港某商行向内地某企业按 FOB 条件订购 5 000 公吨铸铁井盖,合同总金额为 305 万美元。货物由买方提供图样进行生产。

该合同品质条款规定:铸件表面应光洁;铸件不得有裂纹、气孔、砂眼、缩孔、夹渣和其他铸造缺陷。

合同规定(1):订约后 10 天内卖方须向买方预付约人民币 25 万元的“反保证金”,第一批交货后 5 天内退还保证金。

合同规定(2):货物装运前,卖方应通知买方前往产地抽样检验,并签署质量合格确认书;若质量不符合同要求,买方有权拒收货物;不经双方一致同意,任何一方不得单方面终止合同,否则由终止合同的一方承担全部经济损失。

请问:这样的合同规定合理吗?为什么?

【分析】 本案是一起典型的港商利用合同中的品质条款进行诈骗的案例。

铸件表面“光洁”是一个十分含糊的概念，没有具体标准和程度；“不得有裂纹、气孔……铸造缺陷”存在的隐患更大，极易使卖方陷入被动。买方的实际目标是25万元保证金。

这类合同的特点：价格诱人，工艺简单；技术标准含糊，并设有陷阱；预收保证金等后逃之夭夭，或者反咬一口；被欺诈对象多为合同管理不严、缺乏外贸经验、急功近利的中小企业。

五、合同中的品质条款

合同中的品质条款，是构成商品说明的重要组成部分，是买卖双方交接货物的依据，《英国货物买卖法》把品质条件作为合同的要件(Condition)。《联合国国际货物销售合同公约》规定卖方交货必须符合约定的质量，如卖方交货不符合约定的品质条件，买方有权要求损害赔偿，也可要求修理或交付替代货物，甚至拒收货物和撤销合同。这就进一步说明了品质的重要性。

1. 品质条款的订立应科学、合理

在规定品质条款时，用词须简单、具体、明确，切忌使用“大约”、“左右”、“合理误差”等含糊的字眼，避免引起纠纷。此外，商品品质也不应规定得过繁过细，否则常会作茧自缚，给生产和销售带来困难。应从生产实际出发，实事求是地合理确定各项品质指标，防止把品质条款订得过高或过低。过高则可能超过国内生产可能，难以保证对外交货；过低则影响商品售价和声誉，降低货物在国际市场上的竞争力。

2. 正确运用各种表示商品品质的方法

如何确定品质条款的内容，与所选用的表示商品品质的方法有着直接的关系。凭规格、等级、标准等文字说明达成的合同，交付货物的品质必须与合同规定的文字说明相符；如系凭样品达成的合同，则所交货物品质必须与样品相一致。究竟采用何种表示商品品质的方法，应视商品的特性而定。

凡能用科学指标说明商品质量的，适用于规格、等级、标准买卖；而难以规格化和标准化的商品，如工艺品，则适用于凭样品买卖；品质稳定、规格统一、在市场上有良好形象的产品，则应采用品牌、商标或产地名称买卖；某些性能复杂的机器、电器和仪表，则适用于说明书和图样买卖。

在实际业务中，可以使用一种文字说明的方法，也可以同时使用两种或两种以上文字说明表示质量的方法。但是，凡能用一种方法表示品质的，一般不宜用两种或两种以上的方法来表示。如既凭文字说明，又凭样品买卖的合同，则要求交货时既要与样品一致，又要符合文字说明的规定。

3. 合理运用品质机动幅度条款和质量公差

在国际货物买卖中，为了避免交货品质与合同稍有不符而造成违约，保证交易的顺利进行，可以在合同条款中作出某些变通规定。例如“交货品质和样品大体相等”或其他类似条款。对于凭文字说明进行的买卖，则可加列公差条款或品质机动幅度条款，即允许交付的货物的品质，可以在一定范围内高于或低于合同规定。

(1) 品质机动幅度(Quality Latitude)

品质机动幅度指对特定质量指标在一定幅度内可以机动，主要适用于初级产品，以及某些工业制成品的质量指标。

① 机动幅度的几种订法：

一是规定一定的范围，即对某项商品的主要品质指标规定允许有一定的差异范围。卖方所交货物，只要在此范围内即为合格。如 9K 黄金饰品，含金量 37.5%～41.5%。

二是规定一定的极限，即对某些商品的品质规格，规定上下极限，即最大、最高、最多(Maximum, Max.)或最小，最低，最少(Minimum, Min.)。如羊毛含量，最少 98%(Wool 98% Minimum)。

三是规定一定的上下差异，即在规定某一品质指标的同时，规定一定比例的上下变化幅度。如羽绒含绒量 16%，上下 1%(1% More or Less)。

② 为了体现按质论价、公平交易的原则，在使用品质机动幅度时，有些货物可根据交货情况调整价格。具体来说，品质增减价条款主要有以下几种订法：一是对机动幅度内的品质差异，可按交货实际品质规定予以增价和减价；二是只对品质低于合同规定者扣价；三是对低于约定品质者赔偿损失。

(2) 质量公差

质量公差(Quality Tolerance)是指工业品生产中由于科学技术水平、生产水平及加工能力所限而产生的国际上公认的误差。如手表的公差为 48 小时可误差 1 秒。只要卖方所提供的货物品质在公差范围内，即认为是符合合同要求，买方不能拒收或因此要求调整价格。

对于国际同行业有公认的质量公差，可以不在合同中明确规定。但如果国际同行业对特定指标并无公认的质量公差，或者买卖双方对质量公差理解不一致，或者由于生产原因，需要扩大公差范围时，也可在合同中具体规定质量公差的内容，即买卖双方共同认可的误差。

【案例 2-4】 某外贸公司向德国出口一批芝麻，合同规定水分最高为 15%，杂质不超过 3%。成交前，我方曾向对方寄过样品，签约后我方又电告对方“成交货物与样品相似”。货到德国后，买方出具了货物品质比样品低 7%的检验证明，并要求赔偿 2 000 马克。我方拒绝赔偿，并指出：这批货是经过挑选的。因为是农产品，不可能做到与样品完全一致，但不至于比样品低 7%。但由于我方留存的样品遗失，对自己的申述无法说清楚，最后只好赔付了一笔品质差价款而结案。

请分析：我方在交易中哪里出问题了？为什么？

【分析】 本案例中，合同规定水分最高为 15%，杂质不超过 3%。从合同规定看，在这笔进出口交易中，双方以商品的规格作为表示商品品质的方法，并以此作为交检商品的依据，属凭规格买卖，只要交货符合合同规定的规格，我方即为履约。但是，成交前我方向对方寄送样品时未声明是参考样品，签约后又电告对方成交货物与样品相似。这个电报可以理解为：交货与样品相似是合同中品质规格条款的补充。因此，从整个交易过程来判断，这笔交易不是仅仅凭规格买卖，而是既凭规格又凭样品的买卖。

根据国际贸易有关法律规定："凡是既凭样品又凭规格达成的交易，卖方所交货物必须既与样品一致，又要符合规格的要求。否则，买方有权拒收货物，并可提出索赔要求。"

由此可见，我方很难以该笔交易并非凭样品买卖为由而不予理赔。我方的失误就在于在已经签约的情况下，却又去电确认交货与样品相似，这完全是多余的。这样做，把一般凭规格的买卖，变成了既凭规格又凭样品的买卖，使自己多承担了责任。因此，如果交易货物的品质在不是凭样品买卖的情况下，在寄送样品给对方参考时和签约后电告对方时均应明确"参考样品"或"仅供参考"。另外一个失误是没有妥善保存复样，没有办法通过我方的商检机构对复样进行重新检验，从而无法分清责任，因此造成被动。

第三节　商品的数量

在国际货物买卖中，商品的数量不仅是国际货物买卖合同中的主要交易条件之一，而且是构成有效合同的必备条件。合同中的数量条款是双方交接货物的数量依据。不明确卖方应交付多少货物，除无法确定买方应支付多少金额的货款外，不同的量有时还会影响到价格以及其他交易条件。

影响买卖双方成交数量的因素很多。企业的生产供应能力、消费者的实际需要量、商品价格的可能变动情况、买方的资信及其经营实力、商品的包装及运输条件等，都是卖方在确定具体销售数量时要考虑的因素。如果卖方忽视对上述因素的分析，一味追求扩大销量时，不仅会对卖方顺利履约、收回货款产生副作用，还有可能影响到商品在目标市场上的售价和卖方的利润。买方在商订商品进口数量时，则要考虑当地市场的需求及需求的变化，以及自身实际的支付能力等。除此以外，成交数量的多少还常常受到各国政府进出口商品管理政策、产业政策等宏观经济因素的影响。有时还要受到买卖双方所在国政府的某些限制，如配额制度的约束和限制。因此，正确把握成交数量，对于买卖双方顺利达成交易、履行合同等具有十分重要的意义。

一、常用的计量单位和计量方法

所谓商品的数量，是指一定的度量衡单位表示的商品的重量、数量、长度、面积、体积、容积等。从内容上看，数量可分为数和量两部分。数即绝对数，量则指计量单位。

在国际贸易中，由于商品的种类、特性繁多，所以计量单位也多种多样。而世界各国的度量衡制度又不统一，因此有不同的计量方法。从事国际贸易的业务人员，必须要熟悉各种计量单位的特定含义，了解各种度量衡制度和计量方法。

1. 度量衡制度

各国的度量衡制度有所不同，进出口交易中常见的度量衡制度主要有：国际单位制（International System of Units，SI）、公制（Metric System）、英制（British System）和美制（U.S. System）等。不同的度量衡制度导致同一计量单位所表示的数量有差异，参见表 2-2。例如，表示重量单位的"吨"（Ton），在实行公制的国家按规定为"公吨"（Metric Ton）度量，即 1 公吨为 1 000 千克；在实行英制的国家为"长吨"（Long Ton），1 长吨为 1 016 千克；而在实行美制的国家则采用“短吨”(Short Ton)，即1短吨为907千克。此外，有些国家对某些商品还规定有自己习惯使用或法定的计量单位。如美国往往以蒲式耳(Bushel)作为各种谷物的计量单位，但蒲式耳所代表的重量则因谷物的不同而有所差异，如每蒲式耳的亚麻籽为56磅、燕麦为32磅、大豆和小麦为60磅。原油的单位为“桶”(Barrel)，但当我们需要把“公吨”换算为“桶”时，还要看各国的习惯或规定，如在美国、印尼，每公吨原油约为7.4桶，在委内瑞拉为6.84桶，在沙特、伊朗为7.49桶，而在日本为6.99桶。

为了解决由于各种度量衡不一致带来的麻烦，国际标准计量组织在全球推广实施以公制为基础的“国际单位制”，目前已有越来越多的国家采用了国际单位制，这标志着计量方法日趋国际化和标准化。根据《中华人民共和国计量法》，我国采用国际单位制。国际单位制和国家选定的其他计量单位为国家法定计量单位。所以外贸业务中，除合同规定需采用公制、英制或美制计量单位外，应使用我国法定计量单位。一般不进口非法定计量单位的有关产品，如有特殊需要，则须经相关标准计量管理部门批准。

2. 计量单位

国际贸易中使用的计量单位很多，究竟采用何种计量单位，除主要取决于商品的种类和特点外，也取决于交易双方的意愿。不同商品需要采用不同的计量单位，参见表2-1，通常使用的计量单位主要有以下六种：

(1) 重量(Weight)单位。按重量计算是在货物贸易中广泛使用的一种计量方法，通常适用于农副产品、矿产品和工业制成品如钢铁等。常用的计量单位有千克、公吨、磅等。

(2) 数量(Number)单位。大多用于日用消费品、轻工业品、机械产品以及一些杂货等商品。常用的计量单位有件、双、套、打、卷、个、台、袋、箱等。

(3) 长度(Length)单位。在金属绳索、丝绸、布匹等商品的交易中，通常采用米、码、英尺等来计量。

(4) 面积(Area)单位。常用于玻璃、地毯、皮革等商品交易中，计量单位主要有平方米、平方码、平方英尺等。

(5) 体积(Volume)单位。按体积成交的商品多为木材、天然气和化学气体等，计量单位包括立方米、立方码、立方英尺等。

(6) 容积(Capacity)单位。谷物、液体之类货物通常按容积计量，常用的计量单位有公升、加仑、蒲式耳等。

表2-1 常用计量单位名称及缩写

计量单位	中文名称	英文名称	缩写	适用商品
重量单位	克	gram	g.	一般天然产品以及部分工业制成品，如羊毛、棉花、谷物、矿产品、油类、砂盐、药品等
	千克(公斤)	kilogram	kg.	
	公吨	metric ton	m. t.	
	长吨	long ton	l. t.	
	短吨	short ton	sh. t.	
	磅	pound	lb.	

续表 2-1

计量单位	中文名称	英文名称	缩写	适用商品
数量单位	只	piece	pc.	一般工业制成品，以及杂货类商品，如文具、纸张、玩具、成衣、车辆、拖拉机、活牲畜等
	件	package	pkg.	
	双	pair		
	台、套、架	set		
	打	dozen	doz.	
	罗	gross	gr.	
	大罗	great gross	g. gr.	
	令	ream	rm.	
	卷	roll or coil		
	辆	unit		
	头	head		
	箱	carton or case		
	包	bale		
	桶	barrel or drum		
	袋	bag		
长度单位	米	meter	m.	纺织品、绳索、电线电缆等
	公里	kilometer	km.	
	厘米	centimeter	cm.	
	毫米	millimeter	mm.	
	码	yard	yd.	
	英尺	foot	ft.	
	英寸	inch	in.	
面积单位	平方米	square meter	sq. m.	皮制商品、塑料制品等，如塑料篷布、塑料地板、皮革、铁丝网等
	平方英尺	square foot	sq. ft.	
	平方码	square yard	sq. yd.	
	平方英寸	square inch	sq. in.	
体积单位	立方米	cubic meter	cu. m.	化学气体、木材等
	立方英尺	cubic foot	cu. ft.	
	立方码	cubic yard	cu. yd.	
	立方英寸	cubic inch	cu. in.	
容积单位	升	liter	l.	谷物类，以及部分流体、气体物品，如小麦、玉米、煤油、汽油、酒精、啤酒、双氧水、天然瓦斯等
	毫升	milliliter	ml.	
	加仑	gallon	gal.	
	蒲式耳	bushel	bu.	

表 2-2 常用计量单位的度量衡转换

计量单位	公 制	英美制
长度单位	1 米 = 10 分米	= 1.093 6 码 = 3.280 8 英尺
	1 公里(千米) = 1 000 米	= 0.621 4 英里
	1 海里 = 1 852 米	= 1.150 0 英里
重量单位	1 千克 = 1 000 克	= 2.205 磅
	1 公吨 = 1 000 千克	= 0.984 长吨 = 1.102 3 短吨
	1 克 = 10 分克	= 15.43 谷
面积单位	1 平方米	= 1.196 平方码
	1 平方厘米	= 0.155 平方英寸
	1 公亩 = 100 平方米	= 119.6 平方码
	1 平方公里	= 0.386 平方英里
体积单位	1 立方米	= 1.308 立方码
	1 立方厘米	= 0.061 立方英寸
容积单位	1 升 = 10 分升	= 1.76 品脱
	10 升	= 2.20 加仑
	100 升	= 2.75 蒲式耳

3. 重量的计量单位

在进出口贸易中，计算数量的方法有多种，具体采用何种方法，要视商品的性质、包装种类、运输方法、市场习惯等决定。其中重量计量方法是最常用的，所以我们要专门了解一些计算重量的方法。当这些商品需要采用重量单位时，不仅要在合同中订明重量，还要在合同中明确如何计重。

(1) 按毛重计量

毛重(Gross Weight，G. W.)是指商品本身的重量加皮重(Tare)，即商品连同包装的重量。有些单位价值不高的商品，如用麻袋装的大米、大豆、饲料等，可采用毛重计量，即以毛重作为计算价格和交付货物的计量基础。这种计重方法在国际贸易中被称为“以毛作净”(Gross for Net)。

由于这种计重方法直接关系到价格的计算，因此，在销售上述种类的商品时，不仅在规定数量时需明确“以毛作净”，在规定价格时也应另注此条款。例如，天津红小豆，每公吨300 美元，共 10 000 公吨，以毛作净。

(2) 按净重计量

净重(Net Weight，N. W.)是指商品本身的重量，即毛重扣除皮重(包装)的重量。在国际货物买卖中，按重量计量的商品大都采用净重计量，而且通常计算价格时也以净重为标准。如果买卖双方事先未明确达成协议，也未在合同中订明是按净重还是按毛重计价，通常按净重计价。

在采用净重计重时，如何去除皮重，国际上常用的方法有以下几种：

① 按实际皮重(Actual Tare)计算。实际皮重是指包装的实际重量,即将整批商品的包装逐一过秤,算出每一件包装的重量加总后可得总重量。这种方法计重准确,但耗时费力。

② 按平均皮重(Average Tare)计算。从全部商品中抽取几件,称其包装的重量,除以抽取的件数,得出平均重量,再乘以总件数,即可得全部包装重量。这种方法比较省时省力,一般适用于商品包装材料和规格比较统一、重量相差不大的情况。

③ 按习惯皮重(Customary Tare)计算。一些商品,由于其所使用的包装材料和规格已比较固定,皮重已为市场所公认,如装运粮食的机织麻袋,公认的重量是 2.5 磅,因此,在计算其皮重时,就无需对包装逐件过秤,按习惯上公认皮重乘以总商品件数即可。

④ 按约定皮重(Computed Tare)计算。买卖双方以事先约定的单件包装重量,乘以商品的总件数,求得该批商品的总皮重。

去除皮重的方法,应根据商品的性质、所使用包装的特点、合同数量的多少及交易习惯,由双方当事人事先约定并订立合同。

(3) 按公量计量

公量(Conditional Weight, C. W.)是指在计算货物重量时,使用科学方法,抽去商品中所含水分,再加上标准水分重量所求得的重量。这种方法较为复杂,主要适用于少数经济价值较高、吸湿性较强、所含水分易受自然环境影响的商品,如羊毛、生丝、棉花等。

国际上,计算公量时,通常是以商品的干净重(或称干量,即用烤箱、离心机等抽去水分后的商品的重量)加上标准含水量即为公量。计算公式如下:

$$公量 = 干量 + 标准含水量 = 实际重量 \times \frac{1 + 标准回潮率}{1 + 实际回潮率}$$

其中,实际重量一般是指商品净重;标准回潮率是指国际公认的标准含水量与干量的比率;实际回潮率是指交易商品用科学方法抽出的水分与干量的比率。

【例题 2-1】 某厂出口生丝 10 公吨,双方约定标准回潮率是 11%,用科学仪器抽出水分后,生丝净剩 8 公吨。请问某厂出口生丝的公量是多少?

【解】 $实际回潮率 = \frac{水分}{干量} \times 100\% = \frac{10-8}{8} \times 100\% = 25\%$

$$公量 = 实际重量 \times \frac{1 + 标准回潮率}{1 + 实际回潮率} = 10 \times \frac{1 + 11\%}{1 + 25\%} = 8.88 公吨$$

(4) 按理论重量计量

理论重量(Theoretical Weight, T. W.)适用于有固定规格和固定体积的商品。规格一致、体积相同的商品,每件重量也大致相等,根据件数即可算出其总重量,如钢板、铸铁、型材、马口铁等。

(5) 按法定重量计量

法定重量(Legal Weight, L. W.)是商品净重加上必须带有的包装材料,也就是直接接触商品的包装材料的重量。所谓必须带有的包装材料,是指那些直接接触商品、必须带有且在国际上被公认就是商品本身的包装材料,如肥皂的包装纸(袋)、装洗发水的小塑料袋或塑料瓶、粉状肥料的包装袋等。法定重量是海关依法征收从量税时,作为征税基础的计量方法。海关对于按法定重量计税的商品,一般都规定各类商品的包装折扣率,通过折扣率可以直接计算商品的法定重量。如某商品的毛重为 100 千克,包装折扣率为 2%,则该商品的法定重量为 100×(1－2%)，即 98 千克。

二、数量机动幅度

1. 数量机动幅度的含义

在国际货物买卖中，有些商品是可以加以精确计量的，如金银、药品、生丝等。但在实际业务中，有许多商品受本身特性、生产、运输或包装条件以及计量工具的限制，实际的交货数量往往很难达到事先确定的某一精确数量。大宗商品如散装谷物、油类、水果、矿砂、钢材及一般的工业制成品等，交货数量往往难以完全符合合同约定的某一具体数量。为了便于合同的履行，减少争议，通常买卖双方在合同中规定合理的数量机动幅度，只要卖方交货数量在约定的增减幅度范围内，即算按合同规定数量交货，买方就不得以交货数量与合同不符为由拒收货物或提出索赔。

数量机动幅度条款，即溢短装条款(More or Less Clause)，是指在规定交货的具体数量时，还规定允许卖方多交或少交的数量或百分比的条款。如"数量 1 000 公吨大豆，卖方交货时可溢装或短装 2%"(1 000 metric ton, 2% more or less at seller's option)。按此规定，卖方实际交货数量只要在 980～1 020 公吨内，即符合合同规定，买方不得提出异议。

需要注意的是，溢短装条款仅适用于散装货，对于按包装单位或个数计数的，不适用溢短装条款。

2. 数量机动幅度的内容

对于大宗货物的交易，在合同中规定溢短装条款，可以方便卖方交货。但是在实务中，必须注意机动幅度的大小、机动幅度的选择权及溢短装部分的计价三个问题。

(1) 数量机动幅度的大小

数量机动幅度的大小，通常以百分比表示，如 1%或 5%不等，究竟是多少百分比，应视商品特性、行业或贸易习惯、包装和运输方式等因素而定。在使用时，可以用如"10 000 公吨，5%增减，由买方选择"表示，还可以简单地在标准数量之后用"±"符号表示增减数量，如"10 000 公吨，±5%"。

(2) 数量机动幅度的选择权

在合同规定有机动幅度的情况下，应明确由谁来行使这种机动幅度的选择权，即由谁来决定多装或少装。溢短装选择权可以是卖方、买方或船方，到底由谁来行使权力，需根据具体情况作出选择。为了明确起见，应在合同中作出明确规定。

① 合同中规定有溢短装条款，具体伸缩量的掌握大都明确由卖方决定(at seller's option)。

② 在由买方派船装运时(如 FOB 合同)，也可以规定由买方根据所租用船舶的承载能力确定(at buyer's option)。

③ 在采用租船运输时，为了充分利用船舱容积，便于船长根据具体情况，也可授权船方掌握并决定装运增减量。在此情况下，买卖合同应明确由承运人决定伸缩幅度(at carrier's option 或 at ship's option)。

(3) 数量机动幅度的计价方法

对机动幅度范围内超出或低于合同标准数量的多装或少装部分，比较常见的做法是按合同的固定价格计价。但是，在交易商品的市价波动剧烈、成交数量又非常大的情况下，多装或少装的数量就关系到买卖双方的利益，有时就会出现“恶意溢短装”的行为。“恶意溢短装”行为是指在规定溢短装部分按合同固定价格计价的条件下，如果交货时的市价上涨或下跌，则有权行使溢短装的一方会故意多装或少装以谋取价格变动的额外利益，而致使另外一方受到损失。因此，为了防止有权选择多装或少装的一方当事人利用行市的变化，有意多装或少装以获取额外的好处，也可以在合同中规定多装或少装的部分，不按合同价格计价而按装船时或货到时的市价计算，以体现公平合理的原则。

【案例 2-5】 合同中数量条款规定“10000 M/T 5% or less at seller's option”。卖方正等待交货时，该货物国际市场价格大幅度上涨，请问：(1)如果你是卖方，拟实交多少货量？为什么？(2)如果站在买方立场上，磋商合同条款时，应注意什么？

【分析】 (1) 作为卖方，此时尽可能在合同允许范围内少装货物，因为该货物国际市场价格大幅度上涨，使订约时的合同价格对卖方不利，多交意味着损失。因此，卖方可按合同规定只交 9 500 公吨。

(2) 作为买方，为了避免卖方利用市场行情的变动获得额外的利润，在磋商合同条款时，可在合同中规定，溢短装部分的货价按装运时市场价格计算。

三、合同中的数量条款

1. 数量条款的内容及其重要性

买卖合同中数量条款，主要包括成交商品的数量和计量单位。按重量成交的商品，还需订明计算重量的方法。按照某些国家的法律规定，卖方交货数量必须与合同规定相符，否则，买方有权提出索赔，甚至拒收货物。《联合国国际货物销售合同公约》第 35、37、52 条规定，按约定的数量交付货物是卖方的一项基本义务。如卖方交货数量大于约定数量，买方可以拒收多交部分，也可以收取多交部分中的一部分或全部，但应按合同价格付款；卖方交货数量小于约定数量，卖方应在规定的交货期届满前补交，但不得使买方遭受不合理的不便或承担不合理的开支，即使如此，买方也有保留要求损害赔偿的权利。

可以看出，在国际货物买卖中，商品的数量不仅是国际货物买卖合同的一个主要交易条件，而且是构成有效合同的必备条件。

2. 订立数量条款要注意的问题

(1) 列明具体交易数量和计量方法

合同应写明成交数量，如若干包、桶、盒等，有的合同还应进一步明确每包、桶、盒内的净重，或每包、桶、盒内装若干瓶、件、套等。同时，合同中应写明采用的计量单位的含义及计算方法，以避免各国度量衡制度不一而带来争议。

对于以重量计的大宗商品，一般还要明确是按照毛重还是净重来计量。按国际惯例，如未加明确，则是按净重计。另外，如按净重计量，若商品有运输包装，还应进一步明确计算包装重量的方法，以防事后发生争议。

(2) 对于某些商品要明确是按运出重量还是运入重量计量

有些商品如樟脑、原油等在运输途中会挥发，而石灰之类的商品则会吸收水分，从而导致这类商品发运时与收货时的重量不一致。对此应在合同中明确是按运出重量还是运入重量计量。我国一般对出口商品按运出重量签约，不过这种方法在买卖挥发性商品时对买方很不利。也可采用折中方法，如在合同中预定损耗限度为运出重量的 1%～4%，如超过此限，超出部分由卖方承担。

(3) 数量条款应当明确具体

在规定成交商品数量时，应一并规定该商品的计量单位。如“中国大米 1 000 吨”就不准确，应该明确表明是公吨、长吨还是短吨，不能笼统写成“吨”。在用长度单位时，还要注意公尺、英尺和码之间的换算。此外，对一些比较特殊的计量单位也应适当掌握。如原油的单位“桶”，谷物的单位“蒲式耳”。在香港地区有“司马担”，1 司马担为 60.48 千克。还有“罗”，1 罗为 12 打，1 大罗为 12 罗即 1 728 个。

在数量条款中，一般不易使用“大约”、“近似”、“左右”等带伸缩性的字眼来说明具体成交数量。

(4) 合理规定数量机动幅度

在实际履约过程中，有些商品如玉米、黄豆、煤炭、矿砂等散装货，由于成交数量大而不易精确，或因受自然条件、运输工具的承载能力以及包装方式的限制，卖方要做到严格按量交货有一定的困难。为了避免因卖方实际交货不足或超过合同规定而引起的法律责任，方便合同的履行，通常在合同中规定，交货数量允许有一定范围的机动幅度。实际业务中，关于交货数量机动幅度大致有以下三种情况：

① 合同中未明确规定数量的机动幅度

在合同中没有明确规定机动幅度的情况下，卖方交货的数量原则上应与合同规定的数量完全一致。但在采用信用证支付方式时，根据《跟单信用证统一惯例》国际商会第 500 号出版物中第 39 条 B 款的规定：“除非信用证规定所列的货物数量不得增减，在支取金额不超过信用证的条件下，即使不准分批装运，货物数量亦允许有 5%的伸缩，当数量以包装单位或个数计数时，此项增减幅度则不适用。”据此，以信用证支付方式进行散装货物的买卖，交货数量可有±5%的机动幅度。

② 合同中未明确规定数量机动幅度，但在交易数量前加上“约”字

目前在国际贸易中，对于“约”等用语缺乏统一的解释，因此，履行起来容易引起纠纷。但是，如果合同中采用信用证支付方式，根据《跟单信用证统一惯例》国际商会第 500 号出版物第 39 条 A 款的规定：“凡‘约’、‘大约’或类似意义的词语用于信用证金额或信用证所列的数量或单价时，应解释为允许对有关金额或数量或单价有不超过 10%的增减幅度。”

③ 合同中明确具体规定数量的机动幅度

若合同中明确具体地规定了数量机动幅度条款，即溢短装条款，则应对数量机动幅度的大小、选择权的规定、溢短装部分的计价方法等都要合理规定。

【案例 2-6】 某公司出口电吹风 2 000 个，合同规定必须一次装运，不允许分批装运。在装船时，发现有 80 个严重损坏，临时更换又来不及。为保证交货质量，发货人员根据《跟单信用证统一惯例》的规定，即使合同未规定溢短装条款，数量上仍允许有 5%的增减，故决定少交 80 个，即少交 4%。结果遭到银行拒付。请分析银行拒付的理由。

【分析】 根据国际商会在《跟单信用证统一惯例》的规定，除非信用证规定货物的指定数量不得有增减外，在所支付的款项不超过信用证金额的条件下，货物数量准许有 5%的增减幅度。但是，信用证上规定的数量是以包装单位或个数计数时，此项增减幅度则不适用。

本案例中的电吹风是以“个”来计数的，属于以上条款的除外情况，不能在交货数量上

有5%的增减。所以，银行在审查信用证和单据时，可以认为卖方应交电吹风2 000个，而实际交货为1 920个，交货数量与信用证规定不符而拒付。

第四节　商品的包装

在国际贸易中，商品一般都要经过长途辗转运输，有时还要经过多次装卸，因此必须要对商品进行适当的包装，以保护商品，方便运输、储存、分配和销售。此外，包装在国际贸易中具有其特殊的意义，包装是说明货物的重要组成部分，包装条件是买卖合同中的一项主要条件。

一、包装的重要性

进出口货物，从是否需要加上包装的角度，可分为裸装、散装和包装货物三种。裸装货物(Nude Cargo)是指货物品质较稳定，不易受外部条件影响，在形态上自然成件，在储运过程中能保持原状，不需也不易外加包装或略加捆扎即可成件，如钢材、铝锭、原木等。散装货物(Bulk Cargo)是指外部无包装，直接散装在运输工具上的货物。散装多为不容易包装或不值得包装的货物，适用于数量大、不成形的颗粒状货物和液态大宗商品。这类商品在运输中不会碰坏，不需捆扎，仅使货物散装在船舱内或专用散装货舱内即可，如粮食、矿砂、油料等。散装货物必须配备特定的装卸设备、运输工具、码头和仓储设施。散装货物没有包装，因此不需要包装单据，但一般应提供重量证书。除了这类不需要包装的商品外，国际贸易中绝大多数商品都是包装货。

所谓包装货(Packed Cargo)是指必须进行包装才能运输和销售的货物。包装(Package,Packaging,Packing)系指为在流通过程中保护产品，方便储运，促进销售，按一定技术方法而采用的容器、材料及辅助物等的总体名称。

包装是实现商品价值和使用价值的重要手段之一，是商品生产和消费之间的桥梁。绝大多数商品只有通过适当的包装，才能进入流通领域进行销售，以实现其使用价值和价值。尤其在当前国际市场竞争十分激烈的情况下，许多国家都把改进包装作为加强对外竞销的重要手段之一。因为，良好的包装，不仅可以保护商品，而且还能宣传和美化商品，提高商品身价，吸引顾客，扩大销路，增加售价，并在一定程度上显示出口国家的科技、文化艺术水平。概括起来，商品包装的作用主要有：

1. 保护商品

包装可以保护商品，防止商品变质、损坏、玷污、掺杂、散失、挥发等。保护作用是商品包装最基本的作用。产品从生产出来到被使用之前，必须要加以认真保护，从包装材料的选择到包装结构的设计，都要做到使商品具有耐压性、耐摩擦性、耐腐蚀性、防潮、防虫、防霉、防水、防受热或受冷等要求。如果所使用的包装不能保护好里面的商品，使商品在运输、储藏等过程中变质以至失去使用价值，那么这种包装就是没有起到保护作用。凡需要包装的商品，只有通过包装，才能进入流通领域和消费领域，从而实现商品的使用价值和价值。

有些商品甚至根本离不开包装，如香水、胶卷、碳酸饮料，无包装，则商品质量没有保障，包装甚至构成商品品质的一部分。

2. 方便性作用

随着国际市场竞争的日益加剧，特别是超市、连锁商店及现代物流业的迅速发展，商品经过适当的包装，方便了消费者的使用和购买，也为运输、搬运、装运、储存、保管、清点、陈列和展示提供了便利。可以说，如果没有包装技术的改进，就没有今天的各种商业形态。国际贸易中的许多商品，最终是要进入各国的超市和连锁店的，因此，商品的包装方便了销售。

3. 促使商品增值

在当前市场竞争非常激烈的情况下，强化商品的包装成了竞争的重要手段。大量的调查研究表明，包装本身的价值也能引起消费者的购买欲望。美观新颖、高雅精致的包装，可以提高商品的身价，扩大销路，包装上所标示出来的各种信息，如品牌、制造厂商或零售商的名字、商品知识等还可以起到广告宣传的作用。

过去我国的出口商品由于不重视商品的包装，在国际市场上有“一流商品，二流包装，三流价格”的说法，中国制造的商品“物美价廉”，缺乏非价格竞争优势。在当今国际市场竞争中，商品的质量、价格和包装设计成为三个主要因素，其中商品包装对商品销售的促进作用越来越重要。为此，出口厂商必须要重视包装方式、包装材料、包装设计、包装费用等的调研工作，在此基础上，应用包装技术的最新成就，使出口商品包装符合“科学、经济、牢固、美观、适销”的要求。

二、包装的种类

包装是指按一定的技术方法，采用一定的包装容器、材料及辅料包裹或捆扎货物。包装货物可根据包装程度的不同，分为全部包装（Full Packed）和局部包装（Part Packed）两种。目前，绝大多数商品采用前者。

商品的包装，按其在流通领域中所起作用的不同分为运输包装和销售包装。

1. 运输包装

运输包装（Shipping Packing，Transport Packing）又称外包装（Outer Packing，Exterior Packing）、大包装（Big Packing），是指将货物装入特定容器，或以特定方式成件或成箱地包装。其主要作用在于保护商品，防止在储运过程中发生货损货差。货损（Damage to Cargo）是指在装卸、运输、保管中发生的货物品质上的损坏，主要包括受潮、变质、变形、碰损等；货差（Loss of Cargo）是指在装卸、运输、保管中发生的货物数量上（整件或部分）的损失。数量上的损失可由海难或其他意外事故如碰撞、火灾、爆炸、落水、被盗、遗失等原因造成，也可由于错运、错交、错装、漏卸以及货运手续差错等原因所致。

对出口商而言，如果货物在运输途中发生货损货差，并可归咎于包装不良，即使已经取得清洁提单也无法从保险公司获得赔偿，而须自行负责（班轮提单背面条款通常规定：承运人对包装不良所致损失不予负责）。通常保险公司也不予理赔，因为包装不良是货物在付运前已经存在的瑕疵，不属承保范围。

为了适应商品在运输、装卸过程中的不同要求，运输包装又分为单件运输包装和集合运输包装两种。

(1) 单件运输包装，是指货物在运输过程中作为一个计件单位的包装。按造型可分为箱（Case）、桶（Barrel，Drum）、袋（Bag）、包（Bale）、罐（Can）、瓶（Bottle）、篓（Basket）等。

按包装材料还可进一步分为瓦楞纸箱(Corrugated Carton)、木箱(Wooden Carton)、木桶(Wooden Drum)、纸板箱(Carton)、铁桶(Iron Drum)、塑料桶(Plastic Cask)、塑料编织袋(Plastic Bag)、麻袋(Gunny Bag)、布袋(Cloth Bag)等。

(2) 集合运输包装(或称成组化运输包装),是指在单件运输包装的基础上,为了适应运输、装卸工作现代化的要求,将若干件单件运输包装组合成一件大包装。集合包装一方面能更好地保证商品的质量和数量,同时也可以提高港口装卸速度,便利货运,减轻装卸搬运的劳动强度,降低运输成本和节省运杂费用,并促进包装的标准化。

集合运输包装主要通过集装包、集装袋、托盘和集装箱进行。

① 集装包、集装袋(Flexible Bag/Bale)是一种用纤维或复合材料纺织成的圆形大口袋或方形大包。其容量一般在1～4吨,最高可达13吨左右。它一般适合于装载粉粒状货物,如化工原料、矿产品、农产品、水泥等散装货。

② 托盘(Pallet)是按一定规格制成的一种平板载货工具,一定数量的单件货物叠放于平板上并捆扎加固,组成一个运输单位,便于运输过程中使用机械进行装卸、搬运和堆放。适宜于用托盘运输的货物是箱装罐头食品、硬纸盒装消费品等较小的包装商品。而比较大、形状不一的商品如机械或散装冷冻货物等,不适于采用托盘进行运输。

③ 集装箱(Container)是一种运输货物的容器,它是运输工具的组成部分,可以使用机械直接装卸、搬运,还可以从一种运输工具上直接换装到另一种运输工具上,而不需要碰触箱内的货物。集装箱本身实际上起到一个强度很大的外包装的作用,因而箱内的货物可以大大简化外包装,有些商品甚至无需包装。

2. 销售包装

销售包装(Selling Packing)又称小包装(Small Packing)、内包装(Inner Packing)或直接包装(Immediate Packing),是在商品制造出来以后以适当的材料或容器所进行的初次包装。销售包装的主要作用除了保护商品外,更重要的是美化商品,便于商家销售和消费者购买。

(1) 销售包装的种类

根据商品的特征和形状,销售包装可采用不同的包装材料和不同的造型结构与式样,目前国际上流行的销售包装有这样几类:

① 挂式包装,是指用挂钩、挂孔、吊带、网兜等悬挂商品。这类包装能充分利用空间来陈列商品。

② 堆叠式包装,是指包装品顶部和底部都设有吻合部分,使商品在上下堆叠过程中可以相互咬合。这种包装稳固性强,大量堆叠而节省货位,适用于超级市场堆叠罐装、瓶装、盒装商品等。

③ 便携式包装,是指包装造型和长高宽比例的设计均适合消费者携带使用的包装,如有提手的纸盒、塑料拎包等。

④ 一次用量包装,又称单份包装、专用包装或方便包装,以使用一次为目的的较简单的包装,如一次用量的药品、饮料、调味品等。

⑤ 易开包装,指包装容器上有严密的封口结构,使用者不需要另备工具即可容易地开启。易开包装又分为易开罐、易开瓶和易开盒等。

⑥ 喷雾包装,是指在气密性容器内,当打开阀门或压按钮时,内装物由于推进产生的压

力能喷射出来的包装。例如香水、空气清新剂、清洁剂等包装。

⑦ 配套包装，是指把经常同时使用的不同种类和不同规格的商品配套装入同一包装内。如工具配套袋、成套包装茶具等。

⑧ 展开式包装，是指用特殊设计的盖盒衬托商品，当打开这种盖盒时，盒面图案和造型设计可以和商品相互衬托，以达到理想的陈列展销效果。

⑨ 透明和开窗包装，是指全部或部分用透明材料或开窗纸盒包装，便于购买者识别商品的形态和质量。

⑩ 习惯包装，是指采用商品经年习惯的包装造型或传统包装方式，使购买者一看到包装即可识别商品质量。

(2) 销售包装的装潢和文字说明

商品销售包装上的装潢和文字说明，是美化商品、宣传商品、吸引消费者，使消费者了解商品特性和妥善使用商品的必要手段。装潢、图案和文字说明通常直接印刷在商品包装上，也有采用在商品上粘贴、加标签、挂吊牌等方式。

销售包装的装潢通常包括一定的图案和色彩，包装图案和色彩应美观大方，富有艺术吸引力，突出商品的特点。在图案和色彩的使用上要注意符合有关国家的民族习惯和爱好。如，阿拉伯国家规定进口商品的包装禁用六角星图案，因为六角星与以色列国旗中的图案相似；我国认为大红色是吉庆、吉利的色彩，但有些国家或地区的人却把红色看作是凶兆；乌鸦在斯里兰卡被视为神鸟和吉祥物，因而受到人们的敬仰和崇拜，而在中国却是凶兆的象征。

在销售包装上应有必要的文字说明，文字说明通常包括商标、品牌、品名、产地、数量、规格、成分、用途和使用方法等。在制作文字说明时，应注意有关国家的标签管理条例的规定。例如，日本政府规定，凡销往该国的药品，除必须说明成分和服用方法外，还要说明其功能，否则就不准进口；希腊政府要求进口产品包装上要用希腊文写明代理商、进口公司、生产国别和重量、数量；美国要求在酒的包装上写上“孕妇不宜”、“酒后禁止开车”等英文字样。此外，有些国家甚至对文字说明所使用的语种也有具体规定，例如，加拿大政府规定，销往该国的商品必须同时使用英、法两种文字。

(3) 条形码

条形码是一种产品代码，由一组带有数字的黑白及粗细间隔不等的平行条纹组成，它是利用光电扫描阅读设备为计算机输入数据的特殊的代码语言。

国际上通用的包装上的条形码主要有以下两种：

① 美国、加拿大组织的统一编码委员会(Uniform Code Council，Inc.，简称 UCC)编制的 UPC(Universal Product Code)码。

② 英、法、德等欧洲 12 国成立的欧洲物品编码协会(后改为国际物品编码委员会)的 EAN(European Article Number)码①。目前使用的 EAN 物品标识系统的国家(地区)众

① 国际物品编码协会，原名欧洲物品编码协会(Eeuopen Article Numbering Association-EAN)，1981 年改为此名，英文名称为 EAN International。2002 年 11 月，UCC 正式宣布加入 EAN International。为适应新形势的不断发展，2002 年，国际物品编码协会决定将 EAN 更名为 GS1(Global Standard No. 1)。其中文名称仍沿用国际物品编码协会。GS1 的全球办公室设在比利时的布鲁塞尔和美国的劳伦斯威尔。

多，EAN 系统已成为国际公认的物品编码标识系统。由 12 位数字的产品代码和 1 位校验码组成，如图 2-1 所示。

两者现已互相兼容，并且共同组成了 EAN · UCC 全球统一标识系统。目前使用 EAN · UCC 物品标识系统的国家（地区）已达 100 多个。EAN · UCC 系统已成为国际公认的物品编码系统。EAN/UPC 条形码广泛使用于零售商品。以图 2-1 所示，其左起前 7 位数为“厂商识别代码”，其中前 3 位数（692）为“前缀码”；第 8 至 12 位数为“商品项目代码”；第 13 位数为“检验码”。需要指出的是，“前缀码”不代表产品的原产地，而只能代表分配和管理有关厂商识别代码的国家（或地区）的编码组织。

6 927425 500417

图 2-1　物品条码

我国于 1988 年 12 月建立了“中国物品编码中心”（Article Numbering Center of China, ANCC），并于 1991 年 4 月正式加入国际物品编码协会，该会分配给我国的国别号为“690、691、692、693、694、695”。凡适用于使用条形码的商品，特别是出口的商品，应在商品包装上印刷条形码。

目前，许多国家的超市和连锁店，都使用条形码技术来实现自动扫描结算、库存管理，如果商品销售包装上没有条形码，就不能进入超市和连锁店销售。

三、运输包装的标志

运输包装的标志是指为了方便货物交接，防止错发、错运、错提货物，方便货物的识别、运输、仓储以及方便海关等有关部门依法对货物进行查验等，而在商品的外包装上标明或刷写的标志。根据用途的不同，可分为运输标志、指示标志、危险标志以及其他标志。

1. 运输标志

运输标志（Shipping Mark），又称唛头，是由一个简单的几何图形加上字母、数字和简单的文字组成的。其目的在于方便装卸、运输、储存过程中的识别，防止错发错运。

运输标志的主要内容包括收货人名称的名称缩写或代号、目的港或目的地名称、运单号、目的地、发票号等，如图 2-2 所示。

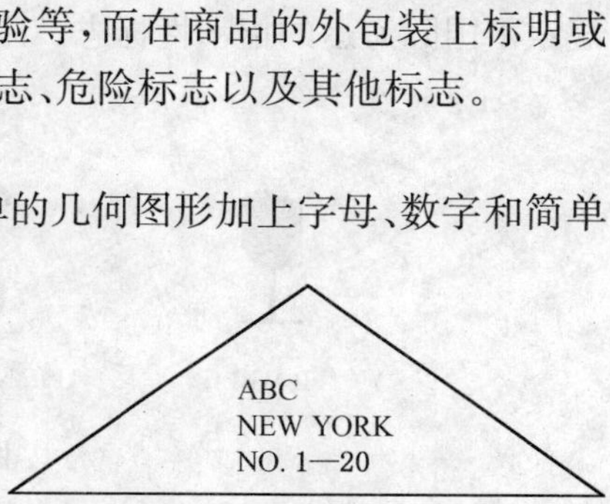

图 2-2　运输标志

运输标志的内容通常由买卖双方根据需要商定，往往繁简不一。为了适应电子商务环境下单据标准化的需要，联合国欧洲经济委员会在国际标准化组织和国际货物装卸协会的支持下，制定了一项“国际标准运输标志”向各国推荐使用。按国际标准化组织（ISO）的建议，该标志由四行内容按照固定顺序排列组成，每行不超过 17 个字母。四行内容的要求是：

① 收货人名称的英文缩写或简称。但若使用国际铁路或公路运送商品时，必须使用全称。

② 参考号，如合同号、订单号、信用证号、发票号码或运单号码等。

③ 最终运达的目的港或目的地全称。如果需要转运，则需要加注转运港或转运地名称，并应加上“VIA”字样；如果采用多式联运，则不必标明转运地名称。

④ 件号。要求必须标明总件数和顺序号。如果一共 200 件商品，则应在商品的外包装上按顺序标注“NO. 1—200，NO. 2—200，……，NO. 200—200”。

需要注意的是，为了便于刻唛、刷唛，节省时间和费用，便于在制单及其信息传递过程中使用电讯手段，国际标准化组织推荐的标准运输标志不使用几何图形或其他图形，如图 2-3 所示。

ABCCO	收货人名称
SC9750	合同号码
LONDON	目的港
NO. 4—20	件号（顺序号和总件数）

图 2-3　标准运输标志

另外，运输标志还有一个特殊而重要的作用，就是作为货物特定化的标志。根据《公约》规定，在货物特定化之前，风险由卖方承担。所谓货物特定化，是指以某种方式表明该货物属于某合同项下，而货物特定化最直接的方式是在货物的外包装上标明运输标志。

2. 指示性标志

指示性标志（Indicative Mark）又称操作标志，是指根据商品的特性，对一些易碎、易变质或易损害的商品，在运输包装上用醒目的图形或简洁的文字标示应注意的事项，如“小心轻放”、“保持干燥”、“向上”等。

各国对运输包装上需要刷制的指示性标志的色彩、图形以及标志形式、位置、尺寸等都有相应的规定。为了统一各国运输包装指示标志的图形与文字，国际标准化组织（ISO）也规定了国际海运的指示性标志。图 2-4 列示了一些常见的指示性标志。

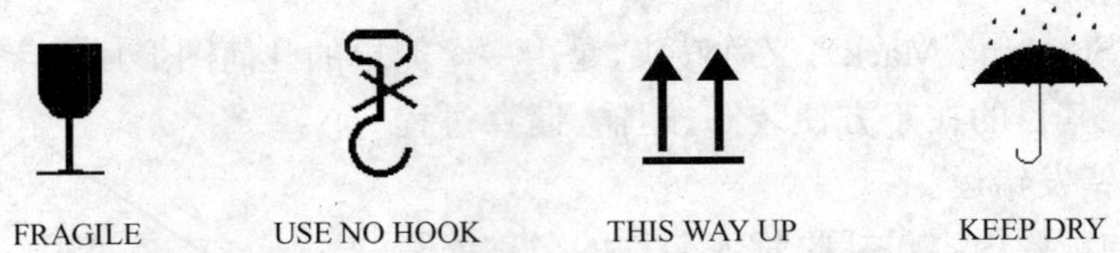

图 2-4　常见的指示性标志

在国际贸易业务中，各国的出口商品运输包装上可以同时使用本国和国际标准化组织的两套标志。

3. 警告性标志

警告性标志（Warning Mark）又称危险品标志，是指在装有易燃、易爆、有毒、腐蚀性等危险货物的运输包装上用图形或文字表示商品危险性质和等级的标志，目的在于提醒装卸、搬运、储存人员注意商品的危险属性并提高警惕。

在危险品上刷制警告性标志是强制性的。我国有《常用危险化学品的分类及标志》（GB13690—92）和《危险货物分类和品名编号》（GB6944—86）两个国家标准，该标准将危险品按其危险性划分为爆炸品（Explosive）、易燃品（Inflammable）、遇湿易燃物品（Dangerous When Wet）、氧化剂（Oxidizer）、毒害品（Poison）、放射性物品（Radioactive）、腐蚀品（Corrosive）等。根据我国国家技术监督局发布的《危险货物包装标志》规定，在这些危险品商品的运输包装上必须打上相应的警告性标志，如图 2-5 所示。

（符号：黑色；底色：橙红色）

（符号：黑色或白色；底色：正红色）

（符号：黑色；底色：白色）

（符号：黑色；底色：上黄下白，附三条红竖条）

图 2-5　部分危险品标志

国际上有关运输组织也分别制定了国际海上、铁路、航空危险商品运输规则。联合国危险货物运输专家委员会制定了《国际海运危险货物规则》（International Maritime Dangerous Goods Code，IMDG Code）；国际海事协会组织也公布了一套“国际海运危险品标志”，这套标志已被许多国家和地区采用；有的国家还规定危险商品进口时，运输包装上必须有该组织规定的危险品标志，否则不准靠岸卸货。为了方便运输，我国在出口危险货物时，可在运输包装上同时刷制我国的危险品标志，同时刷制国际海运危险品标志。

4. 其他标志

除上述包装标志外，商品的运输包装上一般还标明包装的体积、毛重、净重和商品的生产国别或地区。如：

GROSS WEIGHT	54 kg
NET WEIGHT	52 kg
MEASUREMENT	42 cm×28 cm×18 cm
MADE IN CHINA	

四、中性包装与定牌生产

中性包装与定牌生产是与商品包装有关的两种特殊贸易做法，这两种做法在我国的出口贸易中有一定范围的应用。

1. 中性包装

中性包装（Neutral Packing）是指在买方的要求下，在出口商品本身和内外包装上不显示生产国别的一种特殊的包装。

国际贸易中使用中性包装主要是为了适应国外市场的特殊需求，如转口销售、配额管制范围内的商品，或者为了打破某些进口国家的关税和非关税壁垒等。中性包装是国际贸易的习惯做法，常用的中性包装有两种：一是无牌中性包装；二是定牌中性包装。无牌中性包装是指在商品内外包装上没有生产国别和厂商名称，也没有商标或品牌；定牌中性包装是指在包装上有买方指定的商标或品牌，但不标明生产国别和厂商的名称。

2. 定牌

定牌是指买方要求在出口商品或包装上使用买方指定的商标或牌号。它与定牌中性包装的共同点是在商品本身和销售包装上均标明买方指定的商标或品牌；两者的区别是定牌中性包装在包装上不标明生产制造国别或厂商名称，而定牌生产的商品上则标明生产制造国别或厂商名称。目前，由于生产的全球化和外包加工生产方式的发展，世界许多名牌产品公司以及一些大型超市、百货公司等，在其经营销售的商品上或包装上标有自己的商标或品牌，以降低成本和提高品牌的知名度，因此，定牌生产方式发展很快。

我国出口贸易中，使用定牌生产主要有下列三种情况：一是对某些在国外有大量销售订货的商品，接受买方指定的商标或牌号，不注明生产国别标志；二是接受外商定牌，但在商标或牌号下标明“中华人民共和国制造”或“中国制造”等字样；三是接受外商定牌，注明卖方工厂制造。

但需注意的是，定牌中性包装和定牌生产中的商标或品牌由于是买方提供的，卖方按买方的要求在商品生产时将商标或品牌印制在商品本身或其包装上，因此要注意买方指定的商标或品牌是否存在侵权行为。为了避免在定牌交易中处于被动，应由买方事先提供“授权生产”等证明，并在合同中规定：“买方指定的商标或品牌，当发生被第三者控告是侵权时，应由买方与控告者交涉，与卖方无关。由此给卖方造成的损失应由买方负责赔偿。”

【案例 2-7】 菲律宾客户与上海某自行车厂洽谈进口“永久牌”自行车 10 000 辆，但要求我方改用“剑”牌商标，并在包装上不得注明“Made In China”字样。买方为何提出这种要求？我方能否接受？为什么？

【分析】 这是一件对方要求中性定牌包装的一起案例。我方不可以接受。因为自行车是美国、欧盟等对我国实施反倾销的商品，对原产地有严格的要求以防转口贸易。

五、合同中的包装条款

1. 约定商品包装条件的意义

包装是商品生产的继续，通常也是商品进入流通领域的必备条件之一。在国际货物买卖中，包装还是说明货物的重要组成部分，包装条件是买卖合同中的一项主要条件。按照某些国家的法律规定，如卖方交付的货物未按约定的条件包装，或者货物的包装与行业习惯不符，买方有权拒收货物。如果货物虽按约定的方式包装，但却与其他货物混杂在一起，买方可以拒收违反规定包装的那部分货物，甚至可以拒收整批货物。《联合国国际货物销售合同公约》第 35 条(a)款规定：“卖方须按合同规定的方式装箱或包装”，否则构成违约。

在国际货物买卖合同中，包装条款一般包括包装材料、包装方式、费用和运输标志等。以下是包装条款的一些实例：

木箱装，每箱 50 千克净重

In wooden cases of 50 kg net each

布包，每包 80 套，每套塑料袋装

In cloth bales of 80 sets, each set packed in a poly bag

铁桶装，每桶净重 185～190 千克

In iron drums of 185～190 kg net each

【案例 2-8】 国内某贸易公司向俄罗斯出口大豆，合同中规定数量为 1 000 公吨，用麻袋装。出口方在装运中由于麻袋数量不足，有 100 公吨的货物改用了塑料袋装。试分析，若进口方收到货后发现这一情况，可以采取什么处理方法？

【分析】 在国际货物买卖中，包装是说明货物的重要组成部分，包装条件是买卖合同中的一项主要条件。按照某些国家的法律规定，如卖方交付的货物未按约定的条件包装，买方有权拒收货物。

在本案例中，卖方违反了包装条款。进口方可以要求出口商补交 100 公吨用麻袋装运的大豆，并支付相应的罚款。

2. 订立包装条款应注意的事项

由于国际货物运输，特别是海洋运输路程长、环节多、时间长、气候条件变化大，对运输包装的要求要比国内贸易商品的运输包装要求更高，因此商品包装条款要注意以下一些问题：

(1) 必须明确具体

在合同中，应该对包装内容进行具体的规定，要在合同中列明包装材料、包装方式，同时还要根据需要加注尺寸、每件重量或数量、加固条件等。诸如"习惯包装"(Customary Packing)、"适合海运包装"(Seaworthy Packing)、"卖方习惯包装"(Seller's Usual Packing)之类的术语，含义模糊，没有统一的解释，容易引起争议，除非老客户之间已有共识或惯例，否则一般不宜采用。

(2) 必须考虑商品特性和不同运输方式的要求

商品的特性、形状和使用的运输方式不同，对包装的要求也不相同。因此，在约定包装材料、包装方式、包装规格和包装标志时，必须从商品在运输、储存和销售过程中的实际需要出发，使所约定的包装条款科学、合理，既能达到安全、适用和适销的要求，还能降低包装成本。

从包装材料和方式上看，出口商品包装有木箱包装、纸箱包装、铁桶包装、麻袋包装等，此外包装材料还有新旧之分。在选用不同的材质时，必须要注意使其适合所要运输的商品。出口商品目前以海洋运输为主，海运的特点是运输时间长、气候变化大，因此商品包装必须科学，适宜于长途运输。另外，不同的运输工具如飞机，往往对所载货物的单件长度、重量、宽度等都有明确要求，否则无法装运。易碎的玻璃器皿、陶瓷、搪瓷产品等必须有良好的衬垫物以防碰碎，并且在外包装上注明"易碎"、"小心轻放"等指示性标志。货物外包装如系木箱、纸箱则都应注意捆扎加固，使其能经得起堆装，以防装卸时外包装破裂散开。

(3) 要符合有关国家的法律规定

目前有些国家或地区，为了保护消费者的安全，有许多关于包装材料的具体规定。例如，欧盟规定，接触食物的氯乙烯容器及材料，其使用氯乙烯单位最大含量为每千克 1 毫克，转移到食品中的最大值是每千克 0.01 毫克。

为防止植物病虫害的传播，许多国家明确规定了禁用的包装材料。例如，美国禁止使用稻草做包装材料，如海关发现，必须当场销毁，并且进出口商须支付由此产生的一切费用；新西兰农业检疫所规定，进口商品包装严禁使用干草、稻草、麦草、谷壳或糠、生苔物、土壤、泥灰、用过的旧麻袋等；菲律宾卫生部和海关规定，凡进口的货物禁止用麻袋和麻袋制品及稻草、草席等材料包装；澳大利亚防疫局规定，凡用木箱包装（包括托盘木料）的货物进口时，均需提供熏蒸证明。

现在国际上普遍重视环境保护工作，绿色包装制度已成为发达国家设置的绿色标准的主要内容之一。绿色包装制度就是要求进口商品包装节约资源、用后易于回收或再利用、易于自然分解、不污染环境、保护环境资源和消费者健康。为此，发达国家相继采取措施，制定了含有环保措施的关于包装的法律、法规和技术标准。许多国家规定，啤酒、软饮料和矿泉水一律使用可循环使用的容器，如德国、法国、荷兰、丹麦等国家都制定了各种包装物的回收比例。

(4) 明确包装材料的供应及费用的负担

通常情况下，商品的内包装费用一般已包含在商品货价之内，不另外计收。但是，对于商品的外包装，特别是可以重复使用的包装，通常是由卖方供应包装材料并负担有关费用，包装连同商品一同交付买方。但也可以是由卖方供应包装，交货后，卖方将原包装收回。关于原包装返回给卖方的运费由何方负担，应在合同中明确规定。

在我国的外贸实践中，我出口商若能够按质按量供应出口包装，则应尽量采用我方包装。如果买方要求采用特殊的内外包装材料，对超出的包装费用通常在合同中明确规定由买方负担。在这种情况下，还应在合同中进一步规定买方支付这部分费用的时间和方式。如果由买方提供全部或部分包装材料，还需要明确规定包装材料到达卖方的最后期限，以及逾期到达卖方时买方应承担的责任。

(5) 明确规定运输标志

按贸易惯例，运输标志一般由卖方设计确定和刷制，这种做法习惯上称为卖方唛头(Seller's Mark)；如果由买方指定运输标志并提交给卖方刷制，习惯上称为买方唛头(Buyer's Mark)。在采用买方唛头的做法时，则应在合同中明确规定运输标志的式样和内容，并规定买方提出唛头式样的时限。考虑到买方有可能提供唛头的时间过晚而影响卖方装运货物，可在合同中规定“如果在货物装运前××天未收到买方有关唛头的通知，卖方可自行设计和刷制唛头”。

【案例 2-9】 韩国 A 商在我沿海某地区采取定牌来料加工某电器产品。成品返销韩国市场后，韩国另一 B 电器生产厂商控告 A 冒用其牌子。事后查明 B 厂商上述牌子在韩国和我国均已办妥商标注册。在上述情况下，A 商应承担什么责任？我国厂家有何教训？

【分析】 这是一宗侵犯商标权的案件，韩国 A 商冒充韩国 B 商已经注册的商标，已构成侵权行为。B 商有权向法庭上诉，依法追究 A 商的责任。

我国内地接受定牌生产的企业应注意严格审查定牌的商标是否属于当事人合法所有，并在定牌生产协议中明确规定：“如商标涉及工业产权，应由对方负责。”本案例中，如果韩国 B 商在我国内地起诉，内地的加工企业也将受到中国法律的干预或制裁。

本章小结

在国际货物买卖合同中，品名、品质、数量和包装是合同中的主要条款，有关国际公约及各国法律对上述条款都有具体的规定。在实际业务中，应该根据货物的特性和交易习惯加以使用。为避免交货与合同规定不符而造成违约，应学会在合同中订立一些弹性条款，如品质公差、品质机动幅度、数量机动幅度等。认真学习和了解这些基本知识及相关国际惯例，对解决贸易中的实际业务问题具有重要作用。

关键概念

- 样品(Sample)
- 凭样品买卖(Sale by Sample)
- 凭说明买卖(Sale by Description)
- 良好平均品质(Fair Average Quality，F. A. Q.)
- 品质公差(Quality Tolerance)
- 公量(Conditioned Weight)
- 溢短装条款(More or Less Clauses)
- 运输包装(Transport Packing)
- 销售包装(Selling Packing)
- 运输标志(Shipping Mark)
- 指示性标志(Indicative Mark)
- 警告性标志(Warning Mark)
- 中性包装(Neutral Packing)

思考与练习

一、单选题

1. 我国出口的冻带骨兔(去皮、头、爪、内脏)肉分为，特级：每只净重不低于 1 500 克；大级：每只净重不低于 1 000 克；中级：每只净重不低于 600 克；小级：每只净重不低于 400 克。此种表示商品品质的方法属于(　　)。

A. 凭等级买卖　　B. 凭标准买卖　　C. 凭样品买卖　　D. 凭规格买卖

2. 参考样品是(　　)。

A. 交货品质的依据　　B. 作为对等样之用

C. 供对方了解商品品质之用　　D. 留样

3. 拍卖是(　　)。

A. 看货买卖　　B. 凭卖方样品买卖　　C. 凭买方样品买卖　　D. 凭对等样品买卖

4. 如果我方准备进口一套机电设备，一般应选用的表示品质的依据为(　　)。

A. 凭卖方样品　　B. 凭买方样品　　C. 凭说明书买卖　　D. 凭商标和牌名买卖

5. 在以规格与样品同时使用的出口贸易中，国外买方验货的质量依据一般为(　　)。

A. 规格　　B. 样品　　C. 规格和样品　　D. 规格或样品

6. 如果卖方所交货物品质低于样品品质，但在品质公差范围内，买方处理方式是(　　)。

A. 拒收　　B. 收货，拒付　　C. 要求降价　　D. 按合同价收货

7. 按 UCP 600 规定，以信用证支付方式进行散装货物买卖，交货的机动幅度为(　　)。

A. 2%　　B. 10%　　C. 5%　　D. 15%

8. 按 UCP 600 规定，数量的“约”应该理解为（　　）。

A. 2%　　B. 10%　　C. 5%　　D. 15%

9. 使用“适合海运习惯包装”应按（　　）。

A. 国际运输协会统一定义　　B. 我国统一定义

C. 欧洲统一定义　　D. 无统一定义

10. 如果商品的规格基本一致，我们往往采用（　　）计算重量。

A. 法定重量　　B. 理论重量　　C. 以毛作净　　D. 公量

11. 国际贸易中以重量计量的商品大部分（　　）。

A. 按毛重计价　　B. 按净重计价

C. 按皮重计价　　D. 按“净重＋皮重”计价

12. 国际物品编码协会使用的物品标识符号为（　　）。

A. UPC 码　　B. EAN 码　　C. UPN 码　　D. IAN 码

13. “龙口粉丝”中用来表示商品品质的方法是（　　）。

A. 凭商标或品牌　　B. 凭标准　　C. 凭规格　　D. 凭产地名称

14. 品质公差条款一般用于（　　）。

A. 制成品交易　　B. 初级产品交易　　C. 纺织品交易　　D. 谷物类产品交易

15. 包装上仅有买方指定的商标或牌名，但无生产国别的包装方式是（　　）。

A. 无牌中性包装　　B. 定牌中性包装　　C. 卖方习惯包装　　D. 惯常方式包装

16. 适用于在造型上有特殊要求或具有色、香、味方面特征的商品表示品质的方式是（　　）。

A. 凭等级买卖　　B. 凭样品买卖　　C. 凭高标买卖　　D. 凭说明书买卖

17. 卖方根据买方提供的样品加工复制出一个类似的样品提供买方确认，经确认的样品叫（　　）。

A. 复样　　B. 回样　　C. 参考样品　　D. 卖主样品

18. 品质机动幅度一般用于某些（　　）。

A. 初级产品　　B. 工业制成品　　C. 机械品　　D. 机电品

19. 在国际上，对冷冻鱼或冻虾等没有公认规格和等级的商品，其交货时规定品质的方法常用（　　）。

A. 良好平均品质　　B. 上好可销品质　　C. 看货买卖　　D. 凭样品买卖

20. 罗、令、打等计量单位一般用于（　　）。

A. 按数量计算　　B. 按重量计算　　C. 按长度计算　　D. 按面积计算

二、判断题

1. 进口羊毛等纺织原料，应该使用的计量单位是净重。（　　）

2. 出口到日本的商品的销售包装上较合适选用荷花。（　　）

3. 确定有多个不同名称商品的品名时，应该主要考虑品名新颖。（　　）

4. 定牌中性包装是指有商标、牌名，无产地、厂名。（　　）

5. 运输包装的一项重要功能是吸引顾客。（　　）

6. 在约定的品质机动幅度或品质公差内的品质差异，除非另有规定，一般不另行增减价格。（　　）

7. 在出口贸易中，表达品质的方法多种多样，为了明确责任，最好采用既凭样品又凭规格买卖的方法（　　）

8. 运输包装上的标志是指运输标志，也就是通常所说的唛头。（　　）

9. 样品的复样是来样加工方式下，客户寄来供参考的样品。（　　）

10. 品质条款、数量条款、包装条款都是合同中的要件。（　　）

11. 卖方交货的品质如果不符合同规定，买方有权要求损害赔偿，但不能撤约。（　　）

12. 为了适应国际市场的需要，我出口日用工业品，应尽量争取按买方样品达成交易。（　　）

13. 某外商来电要我方提供大豆，按含油量18%、含水分14%、不完全粒7%、杂质1%的规格订立合同，对此，在一般情况下，我方可以接受。（　）

14. 我方与外商按CIF条件每公吨500美元的价格成交某商品一批，合同规定数量可增减5%，由卖方决定。我方按合同规定数量多装了5%，装船时该商品国际市场价格上涨10%，我方可向客户要求对多装部分按装船时市场价格计算，对方不得拒绝。（　）

15. 溢短装条款是指在装运数量上可增减一定幅度，该幅度既可由卖方决定，也可由买方决定。（　）

16. 定牌中性包装同定牌实质上是同一概念。（　）

17. 我国在采用定牌和无牌出口时，除非买卖双方另有协议，一般都应在出口商品和包装上标明"中国制造"字样。（　）

18. 卖方所交货物如果多于合同规定的数量，按《公约》规定，买方可以收取也可以拒收全部货物。（　）

19. 如果合同中没有明确规定按毛重还是按净重计价，根据惯例，应按净重计价。（　）

20. 为了促成交易，凭卖方样品成交时，卖方应从商品中精挑细选出最好的商品作为样品寄送买方。（　）

三、简答与案例分析题

1. 在国际货物买卖中，把握货物的成交数量有什么意义？
2. 计算商品的净重和皮重有哪些方法？
3. 在规定溢短装条款时应注意哪些问题？
4. 简述合同的数量条款的主要内容及其在订立时应注意的问题。
5. 出口商品的外包装上一般有哪些标志？
6. 什么是运输标志？它一般由哪些内容组成？
7. 什么是定牌、无牌和中性包装？在我国出口业务中，在何种情况下采用这些做法？
8. 订立合同中的包装条款应注意哪些问题？
9. 订立品质条款时应该注意哪些问题？
10. 简述列明合同标的物的意义以及品名条款的内容和注意事项。
11. 合同中规定商品品质的方法有哪些？
12. 什么是"原样"、"复样"、"对等样品"和"参考样品"？它们各有何作用？
13. 在采用样品规定商品品质时，应注意哪些问题？
14. 商品品质机动幅度与品质公差的区别是什么？
15. 某自行车厂向菲律宾出口自行车，计3 000辆。合同中规定黑色、墨绿色、蓝绿色各1 000辆，不得分批装运。该厂在发货时发现蓝色的自行车库存仅有950辆，因短缺50辆蓝色自行车，便以黑色自行车50辆顶替蓝色自行车出口。请问：该厂的这种做法合适吗？
16. 我某公司与国外买方订立一份出口合同，合同规定：水果罐头500箱，每箱24罐×100克。但卖方在出货时却装运了250箱，每箱24罐×200克。国外客户拒绝收货，并要求撤销合同。你认为客户这样做对吗？为什么？
17. 上海出口公司A与香港公司B成交自行车1 000辆，由A缮制合同一式两份，其中包装条款规定为"Packed in Wooden Case"（木箱装）。将此合同寄至B方，然后由B签回。B签回的合同上于原包装条款后加"C. K. D"字样，但未引起A公司注意。此后，B公司按合同开证、A公司凭信用证规定制单结汇完毕。货到目的港，B发现系整台自行车箱装。由于自行车整台进口需多交纳20%进口税。因此，拒收货物并要求退还货款。卖方此时才意识到C. K. D是指COMPLETELY KNOCKED DOWN（完全拆散），只好认赔。请问：我出口公司从此案例中应吸取哪些教训？
18. 货物上面已经打上进口商的特别商标，但该批商品被客户拒绝提货。请问如果把这批货品转售给进口地的另一客户，是否构成侵犯他人商标权？

19. 某厂商出口货物一批。合同规定每箱20件，共100箱。后为包装方便，我方改为每箱40件，共50箱。请问，这种处理是否会构成违约？

20. 我生产企业向马来西亚客户出口汽车配件，品名为YZ－8303R/L，但生产企业提供了YZ－8301R/L，两种型号的产品在外形上非常相似，但却用在不同的车型上，因此客户不能接受，要求我方调换产品或降低价格。我方考虑到退货相当麻烦，费用很高，因此只好降低价格15%，了结此案。请问：此案例给我国出口企业什么启示？

21. 我国某进出口公司向越南某商人出口一批瓷器300件，合同规定凭样品买卖，复验期为买方收到货物之后45天。越南商人收到货物后发现有20件瓷器在造型和色彩上同样品相比存在很大差异，于是在收到货物之后的第25日向我进出口公司提出拒收全部货物并撤销合同的要求。请问越南商人是否有此权利？为什么？

22. 我方向西欧某国出口布匹一批，货到目的港后，买方因购销旺季，未对货物进行检验就将布匹投入批量生产。数月后，买方寄来几套不同款式的服装，声称用我方出口的布匹制成的服装缩水严重，难以投入市场销售，因而向我方提出索赔。问：我方是否应该理赔？为什么？

23. 我某进出口公司与德国某贸易有限公司订立了一份出口龙口粉丝的合同，凭样品买卖，支付方式为货到目的港验收后付款。当货到目的港，经买方验收后发现货物品质与样品不符，德商即决定退货并拒绝提货。后来，货物因保管不妥完全变质，且德国海关向我方收取仓储费及变质商品处理费共1万欧元。请问我方公司应如何处理此事？

24. 我某纺织品进出口公司以CIF条件与国外买方签订一份出口5 000套西服的合同。货到目的港，经买方对货物进行复验后，发现部分西服有水渍，因此买方向我纺织品公司提出30%的扣价索赔。但当我方欲就此案进行核查时，买方已将该批西服运往他国销售。请问我方公司是否仍应赔偿对方的损失？为什么？

25. 我某进出口公司与国外某农产品有限公司达成一笔出口小麦的交易，国外开来的信用证规定："数量为1 000公吨，散装货，不准分批装运，单价为250美元/公吨CIF悉尼，信用证金额为25万美元……"但未表明可否溢短装。卖方在依信用证的规定装货时，多装了15公吨。请问银行是否会以单证不符而拒付？为什么？

26. 我某公司向加拿大商人出售一批货物，约定用塑料袋包装，并要求同时使用英文和法文的贴头。但我方公司交货时，却改用其他包装代替，且仅使用英文的贴头。加拿大商人收到货物时，货物仍完好无损。后来，加拿大商人为便于在当地销售该批货物，便自行更换包装和贴头，由此产生的费用损失，向我方公司要求赔偿。你认为，此项索赔是否合理？我方公司应如何处理此事？

27. 我某公司通过香港商人与法国巴黎某公司凭牌名成交一批商品，合同由巴黎某公司签字，港商要求我方寄样品至香港及巴黎各一份。此后接到法商开来信用证，证内规定：买方巴黎总公司认可样品电抄作为议付单据之一。我经办人员未提出异议，将货物装运出口，仅凭该香港分公司样品认可电抄送银行议付，遭开证行拒付。问我方应接受什么教训？

28. 澳大利亚某商是与我方来往多年的棉布商，某日寄来上衣一件，声称上衣系我某出口合同项下所交染色棉布经其转销给某制衣厂制作成衣的样品，该上衣两袖色泽明显不同，证明我方所供货物品质有严重色差，不能使用。为此，要求将全部已缝制的成衣退回，并重新按合同规定的品质和数量交货。请问我方应如何答复，并简述理由。

29. 我国某出口公司与日本一商人按每公吨500美元CIF东京成交某农产品200公吨，合同规定：每袋包装25公斤，双线新麻袋包装，信用证付款方式。该公司凭证装运出口并办妥了结汇手续。事后对方来电称：该公司所交货物扣除皮重后实际到货不足200公吨，要求按净重计算价格，退回因短量多收的货款。我公司则以合同未规定按净重计价为由拒绝退款。试问该公司做法是否可行？为什么？

第三章 国际货物运输

开篇案例

某国际贸易公司与欧洲某进口商订立出口某商品500公吨的合同，规定采用信用证支付，允许交货数量可有5%增减。买方银行开来的信用证规定："分4批装运：1月装运100公吨，2月150公吨，3月150公吨，4月100公吨，每月内不得分批。"贸易公司审查信用证后认为可以接受，遂于1月、2月分别按信用证要求装运两批货物并顺利收回货款。等到3月装运第3批时，因货源不足，经协商船公司同意，于3月15日由该船先在青岛装货70公吨，接着于3月20日到烟台再装75公吨，然后驶往目的港。贸易公司持分别于青岛和烟台签发的两套提单前去银行议付，议付行议付后将单据交到开证行索偿。开证行认为单证不符，拒绝偿付。理由是：

(1) 出口方在青岛和烟台两地分批装运。

(2) 3月份要求装运150公吨，出口方只装了145公吨，数量不足。

从以上案例来看，在国际贸易中，按合同规定交付货物是卖方的基本义务。装运条款是进出口合同的重要条款之一，它直接关系到货物的运送和买卖双方的风险，对双方都有约束力，是进出口合同履行的重要保证。装运条款通常包括装运(交货)时间、装运港(发货地)、目的港(目的地)、分批装运、转运、装运通知、速遣、滞期等内容。在洽商和订立合同时，必须选择正确的运输方式，合理订明装运条款。

学习目标

○ 了解运输方式的种类、特点。
○ 熟悉各种运输单据基本知识。
○ 理解装运条款的重要性，把握规定装运条款的注意事项。
○ 掌握各装运条款的基本内容以及国际货物运输的操作程序。
○ 能够运用所学的知识分析相关业务案例。

国际货物运输对于一国或世界范围的经济资源的开发或利用而言，是一种非常重要的基础工具。国际商品从一个国家(或地区)运送到另一个国家(或地区)，从而使商品增值。

国际货物运输是为适应国际贸易发展的需要而产生和发展起来的，是国际贸易中国际商品流通过程的一个重要环节，成为国际贸易不可分割的组成部分，因此国际货物运输是以国际服务贸易的形式表现出来的一种无形的国际贸易。国际货物贸易的发展带动了国际货物运输的发展，国际货物运输的发展反过来又进一步促进了国际货物贸易的发展。

国际货物运输是国际贸易的一个重要组成部分，货物从一国出口到另一国必须通过运输来实现。国际货物运输有很多种方式，在实际业务中，对于从事国际货物买卖的商务人员来讲，应了解各种运输方式的特点和经营方式，并且根据贸易的具体情况合理选择和正确利用各种运输方式。

第一节　国际海洋货物运输方式

海洋运输(Sea Transport)，是指以船舶为运载工具，通过海上航道运送旅客或货物的一种运输方式，简称海运。在当今的国际贸易中，有2/3以上的货物是通过国际海洋运输完成的，许多国家，特别是沿海国家和地区都乐于采用这种运输方式。我国进出口货物总量的90%以上也是利用海洋运输实现的。

与其他运输方式相比，海洋运输主要有下列优点：①通过能力大。运输航线可以不受道路、轨道的限制，可以将国际货物运往世界各地。②运量大。先进的造船技术使得万吨巨轮的载货量远远超过其他运输方式。③运费低。巨大的载货量能够降低每货运吨的运输成本，天然的海洋航道，使得运输成本低廉也非其他运输方式能与之相比。④货物适载性强。各种货物无论散装、杂货还是超大货件均可用船舶运输。

当然，海洋运输也存在速度慢、易受自然条件影响和风险较大的缺点。因此，对于那些货值比较高、易受气候条件影响、不能长途运输、易腐烂的鲜活货物，一般不宜采用海洋运输。因此，应根据货物的性质决定是否采用海运方式。

海洋运输按船舶的经营方式不同，可分为班轮运输和租船运输两种形式。

一、班轮运输

1. 班轮运输的定义

班轮运输(Liner Transport)，又称定期船运输，是指船舶在固定的航线上和固定港口间，按事先公布的船期表航行，并按事先公布的费率计收运费，从事客货运输业的经营方式。

2. 班轮运输的特点

在国际货物运输中，班轮运输是船舶经营的主要方式之一。它的服务对象是非特定的、分期的众多货主，班轮公司具有公共承运人的性质。在实际业务中，班轮运输具有以下特点：

(1) 具有航线固定、停靠港固定、船期固定和运费率相对固定的“四固定”特点。

(2) 装卸全负责，承运人一般是在码头仓库提货，对货主便利，且所负责配载的装卸费用已包括在运费内，承运人和托运人双方不计滞期费和速遣费。

(3) 承运人和托运人双方权利义务和责任豁免以签发的提单条款为依据。

(4) 承运货物灵活，主要承运对象是杂货，与大宗货物相比具有批次多、批量小、货价高等特点，对港口的装卸要求高。

由于班轮运输具有上述特点，因此深受零散货主的欢迎，成为国际海洋货物运输中的主要运输方式之一。

3. 班轮运费

(1) 班轮运价与运费

班轮运价(Liner Freight)是班轮公司为运输货物向货主收取的单位货物的价格,也就是班轮公司为运输单位货物所消耗的人力、物力以及为运输货物所支付的有关方面的费用。

影响班轮运价的主要是运输成本、货物本身的价值和特性、运输量大小、航程的距离、燃油的价格和船员的工资水平以及航运市场供求关系的变化等。班轮运价一般由班轮公司通过定期公布的运价本得以体现。运价本(Freight Tariff)也称运价表,是班轮公司承运货物时向托运人据以收取费用的费率表的汇总,一般有等级费率表和列名费率表两种不同形式。

班轮运费是承运人完成货运任务后向托运人收取的报酬。运费等于运价与运量之积,可表示为:

$$F = f \times Q$$

式中 F——运费;

f——运价;

Q——运量。

(2) 班轮运费构成

班轮运费一般由基本运费和附加运费构成,即

$$\text{班轮运费} = \text{基本运费} + \text{附加运费}$$

① 基本运费

基本运费是指从装运港到目的港的基本费用,构成了班轮运费的主体。它根据基本运价(Basic Freight Rate)和计费吨计算出来。基本运价按航线上基本港之间的运价给出,是计算班轮基本运费的基础。基本运价主要是按照成本定价原则确定的,影响运价的主要因素是各种成本支出,包括船舶的折旧费、燃油费、修理费、港口使用费(如装卸费、吨税和港口停泊等费用)、管理费、船员工资等。基本运价形式多样,如普通货物运价、个别货物运价、等级运价、协议运价、集装箱运价等。

② 附加运费

附加运费是由于有些货物需要特殊处理,或者由于有突发事件的发生或客观情况变化等原因,船方根据不同情况为了弥补在运输中额外开支或费用而加收的费用。班轮运费中的附加费名目繁多,主要包括:

A. 燃油附加费(Bunker Adjustment Factor or Bunker Surcharge, BAF 或 BS)。这是由于燃油价格上涨而加收的费用,是一项主要的附加费,几乎所有的航线都有这种附加费。它的计算多用基本运费乘以燃油附加费率的方法。

B. 港口附加费(Port Surcharge)。这是由于一些港口设施差,装卸效率低或港口使用费过高而增加了承运人的运输成本,承运人为了弥补这些损失而加收的附加费。

C. 港口拥挤附加费(Port Congestion Surcharge)。这是由于港口拥挤,船舶抵港后需长时间等泊,为弥补船期损失而收取的附加费。

D. 绕航附加费(Deviation Surcharge)。这是由于某些原因船舶不能按正常航线而必

须绕道航行，从而增加开支而加收的附加费。当航线恢复正常，该项费用必须取消。

E. 货币贬值附加费(Currency Adjustment Factor，CAF)。这是由于国际金融市场汇率发生变化，为弥补支付运费的货币贬值造成的经济损失而收取的费用。

F. 转船附加费(Transshipment Surcharge)。对于那些运往非挂靠港口、数量没有达到直航要求或者目的港口不在班轮航线上的需要在中途港转运的货物而加收的费用。要注意的是，转船附加费应为基本运费加上燃油附加费后再乘以转船附加费率。

G. 直航附加费(Direct Additional)。这是托运人要求承运人将其托运的货物从装运港，不经过转船而直接运抵航线上某一非基本港时所增收的附加费。该非基本港本来班轮是不去挂靠的，但如果在班轮的航线上，港口条件适合停泊，特别是装载的货物达到一定重量，比如有的班轮公司规定商品在400公吨以上，有的规定在1 000公吨以上，船舶是可以挂靠的，但要交纳一定数量的费用，这种费用就叫直航附加费。

H. 选港附加费(Additional for Optional Destination)。由于买卖双方贸易的需要，在货物托运时尚不能确定具体卸货港，需要在两个或两个以上的卸货港中选择，为此而加收的费用。一般要求货方在货物抵达第一个卸货港48小时前告知船方选择。

I. 变更卸货港附加费(Additional for Alteration of Destination)。这是由于某种原因，货方要求改变原来的卸货港，从而加收的费用。如改卸的港口运价低于原卸港口的运价，则已收运费不予退还。

J. 超重、超长附加费(Heavy Lift，Long Length Additional)。一件货物的毛重或长度超过规定重量(一般规定为3公吨)或长度(一般规定为9米)，视为超重货物或超长货物。由于这类货物装卸和配载比较困难，故需要增加开支，为此而增收的费用就是超重、超长附加费。

另外，还有洗舱费(Cleaning Tank Charges)：船舶运输散装油类货物时，装前要洗刷船舶使之符合装运条件，有的还要经过检验部门验收并出具证明，因此租船人要加收一定费用。超额责任附加费(Additional for Excess of Liability)：它是托运人要求承运人超过提单上规定的赔偿责任限额时承运人增收的附加费，按商品的FOB价格的一定百分比计收。旺季附加费(Peak Season Surcharge)：每年运输旺季时，承运人根据运输供求关系状况而加收的附加费。

(3) 班轮运费的计收标准

根据商品种类的不同，一般可采用下面几种标准：

① 货物的毛重计收，即重量吨(Weight Ton)，在运价表中用“W”表示，一般以每1公吨为计算单位，吨以下取两位小数，也有按长吨或短吨计算的。

② 按货物的体积计收，即尺码吨(Measurement Ton)，在运价表中用“M”表示，一般以每1立方米为计算单位，也有按40立方英尺为1尺码吨计算的。

③ 按货物的毛重或体积计收，在运价表中用“W/M”表示，由船公司选择其中收费较高的一种计收运费。

④ 按货物的价格计收运费，也称从价运费，在运价表中用“Ad Val”或“A. V. ”表示。一般按货物的FOB价格的百分比计算运费。

⑤ 按货物的重量或体积或价值三者中选最高的一种计收，在运价表中用“W/M or A. V. ”表示。

⑥ 按货物的重量或体积选择其高者，再加上从价运费计收，在运价表中用“W/M plus

A. V. ”表示。

⑦ 按货物的件数计收，适用于包装固定且包装内的数量、重量、体积固定不变的货物。如汽车、火车头，按辆；活牲畜，如牛、羊等论头计费。

⑧ 临时议定运价(Open Rate)。即由货主与船公司临时协商议定，适用于大宗低值货物，如粮食、豆类、煤炭、矿砂等。

⑨ 起码费率(Minimum Rate)，是指按每一提单上所列的重量或体积所计算出来的运费，尚未达到运价表中规定的最低运费额时，则按最低运费计收。一般来说，不足 1 运费吨的按 1 运费吨计收运费，在等级费率标准，通常为第一等级费率。

应当注意，如果不同商品混装在同一包装内，则全部运费按其中较高者计收。同一票商品如包装不同，其计算标准及等级也不同。托运人应按不同包装分列毛重及体积，才能分别计收运费，否则全部货物均按较高者收取运费。另外，同一提单内如有两种或两种以上不同货物，托运人应分别列出不同货物的毛重或体积，否则全部货物均按较高者收取运费。

(4) 班轮运费的计算步骤和计算公式

班轮运费的计算，可遵循下列程序和步骤：

① 根据货物的英文名称，从运费表的货物分级表中，按字母顺序查出货物的计费等级和计收运费的标准。

② 从航线费率表中查出有关货物的基本费费率以及各项必须支付的附加费率。

③ 该货物的基本费率和附加费率之和即为每一运费吨的单位运价。

④ 用该货物的计费重量吨或尺码吨乘以单位运价即得出总运费额。

班轮运费的计算公式为：

$$F = F_b + \sum S$$

式中 F——运费总额；

F_b——基本运费总额；

S——某一项附加费（$\sum S$：各项附加费之和)。

基本运费是所运货物的计费吨与基本运费的乘积，即：

$$F_b = f \times Q$$

式中 f——基本运价；

Q——计费吨。

附加运费是各项附加费的总和。各项附加费按基本运费的一定百分比计算时，附加费的总额应为：

$$\begin{aligned}\sum S &= (s_1 + s_2 + \cdots + s_n) \times F_b \\ &= (s_1 + s_2 + \cdots + s_n) \times f \times Q\end{aligned}$$

式中 $s_1, s_2, \cdots, s_n$——某一项附加费率。

因此，运费总额的计算公式为：

$$F = F_b + \sum S$$

$$= f \times Q + (s_1 + s_2 + \cdots + s_n) \times f \times Q$$
$$= (1 + s_1 + s_2 + \cdots + s_n) \times f \times Q$$

【例题 3-1】 F公司出口1 000箱货物至国外某港口。已知按M计运费，用纸箱装，每箱体积为0.025立方米，设每运费吨的基本运费为500港元，另燃油附加费36%。因运至目的港无直达船，需转船，转船附加费60%。另加收港口拥挤附加费80%。试计算总运费。

【解】 1 000箱货物总体积$Q = 1\,000 \times 0.025 = 25$立方米，$f = 500$港元，$s_1 = 36\%$，$s_2 = 60\%$，$s_3 = 80\%$，故总运费

$$F = f \times Q \times (1 + s_1 + s_2 + s_3)$$
$$= 500 \times 25 \times (1 + 36\% + 60\% + 80\%) = 34\,500 \text{港元}$$

二、租船运输

租船运输(Shipping by Chartering)是国际货物运输中另一种重要的船舶经营方式，是适应国际货物贸易的需要而发展起来的。它是一种商业行为，是对外贸易的一种特殊形式。

1. 租船运输的含义

租船运输，又称为不定期船运输，是指船舶所有人(即船东)把船舶按事先商定的条件租给租船人，以赚取运费。与班轮运输不同，租船运输没有预订的船期表，航线和停靠港口不固定，租船运输的具体航行细节要由船舶所有人和承租人商定。

2. 租船运输的特点

在实际业务中，相对于班轮运输，租船运输具有以下特点：

(1) 属不定期船，没有固定的航线、固定的装卸港和固定的船期，可根据货主各种不同的需要，结合市场上的各种因素临时决定；班轮则是有船期表、固定航线的运输。

(2) 没有固定的运价，主要根据租船市场供求情况的变化而变动，与班轮运价相比，其运价一般比较低；而班轮运价一般比较稳定。

(3) 租船运输使用的提单不是一个独立的文件，租船运输的提单多为简式提单，这种提单一般受租船合同的约束，银行一般不愿接受，除非另有规定；而班轮提单则是承托双方的合同凭证，是一个完整的法律文件。

(4) 租船运输中的港口使用费、装卸费及船期延误按租船合同规定划分计算；而班轮运输中船舶的一切正常营运支出均由船方负担。

(5) 租船运输主要适于大宗货物的运输，如各种工业原料、工业产品等；而班轮运输一般适用于杂货。

3. 租船运输的方式

租船运输的方式主要有定程租船、定期租船、光船租船和航次期租四种。

(1) 定程租船(Voyage Charter)

又称程租船或航次租船，是以航程为基础的租船方式，由船舶所有人按双方事先约定的运价与条件向租船人提供船舶全部或部分舱位，在指定的港口之间进行运输指定货物的租船业务，包括单航次租船、来回航次租船、连续单航次租船和连续来回航次租船等方式。

在程租船条件下，船舶的营运调度工作仍由船舶所有人负责，包括燃料费、港口费和拖

轮费等在内的一切营运费用，都由船舶所有人支付。租船人按合同规定将货物装上船后，即可在卸货港等待提货。

在程租船业务中，船东所关心的是如何缩短航次的时间，而租船人所关心的是运费的多少，对船舶的装卸速度关心较少，因此程租船合同中一般都规定有滞期和速遣条款。

(2) 定期租船(Time Charter)

又称期租船，是指按一定期限租赁船舶的方式，也就是由船舶所有人将船舶租给租船人使用一定时间。租期内的燃料费、港口费和拖轮费等在内的一切营运费用，都由租船人支付，船东只负责船舶的维修、保险、配备船员和供给船员的给养以及支付其他固定费用。

在实际业务中采用程租船还是期租船，从租船人的角度来讲，一般当装货港和卸货港的条件较差，或者航线的航行条件较差，难以确定完成一个航次所需要的时间时，采用程租船比较划算。

程租与期租相比，主要有以下区别：

① 运费支付不同。程租船运费是按装运货物的吨数计，直接表现货物的运输成本；期租船运费则按船舶夏季载重线时的载重吨计，并不直接反映货物的运输成本。

② 费用划分不同。期租条件下，船东只负担少数几项船舶营运费，其他日常开支大都由租船人负担；在程租条件下，租船人只付运费及少数几项费用，其余费用由船东负担，费用的划分根据租船合同而定。

③ 对船舶的调度权不同。期租条件下，租船人掌握船舶的调度权，可以根据货运需要，在租期内根据合同规定选择航线和选装任何合法货物，靠挂任何港口；而在程租条件下，船舶人却没有这方面的权利。

④ 船舶的管理要求不同。期租条件下，租船人需要了解船的所有情况，如性能、货舱结构、船上装卸设备等，同时还要配备专业人员负责，因此，租船人采用期租船的工作量大而复杂，一般不轻易采用；而程租较为简单，技术性工作较少。

(3) 光船租船(Bare Boat Charter)

又称净船期租船，属于定期租船的一种。船舶所有人只提供一艘空船，一切人员配备及运营维修的费用均由承租人负担，实际上属于单纯的财产租赁。使用这种方式，多半是由于船东欲出卖船舶，而买方又无力一次性付清全款。采用这种方式，买方可以分期付款，款项付足，船舶所有权随即转移。

(4) 航次期租(Time Charter on Trip Basis, TCT)

它是以完成一个航次的运输为目的，按完成航次所花的时间和约定的租金率计算租金的方式。

4. 租船运输费用

租船运输费用分为期租运输费用和程租运输费用两类。期租船运费比较简单，一般是按船每30天或每日历月载重吨计算，或按整船每天若干费用计算。载重吨因载重线不同而不同，习惯上是按夏季载重吨线来计算。

程租运输费用相对而言比较复杂，它包括程租运费、装卸费、滞期费和速遣费等几项大的费用。以下对程租运输费用包括的各项费用(包括计费时间)加以详细阐述。

(1) 程租运费

程租运费是租船人对船舶运输货物所支付的报酬，也可以说是船东提供船舶服务应得的报酬。它有两种表现形式:一是按运费率(Rate of Freight),即按每单位重量或单位体积的运费额计算;另一种是按整条船定租金运费,即包干运费,通常用于装轻泡货物。在实际业务中,程租船合同中的运费率如果是按单位重量计算,则还应确定是按货物装船时的重量计算(In-Taken Quantity),还是按货物卸船时的重量计算(Delivered Quantity)。

(2) 程租船的装卸费

程租船运输涉及装卸费用由何方负担的问题,一般由租船人和船东协商确定后在程租船合同中作出具体规定。具体有以下几种做法:

① 船方负担装卸费(Gross Terms;Liner Terms 或 Berth Terms),又称为"班轮条件"。即装卸费用采用班轮运输的做法,将货物的装卸费用包括在程租船运费内。货方即租船人负担运费,装卸费由船方负责。在此条件下,船货双方一般以船边划分费用,多用于木材或包装货物的运输。

② 船方管卸不管装(Free In, F. I.)。船方负责卸货及其费用,但不负责装货及其费用。

③ 船方管装不管卸(Free Out, F. O.)。船方负责装货及其费用,但不负责卸货及其费用。

④ 船方不负担装卸费(Free In and Out, F. I. O.)。船方不负责装、卸货及其费用。散装货多采用这一条件。采用这一规定方法时,在合同中还要订明理舱费(包装货)和平舱费(散装货)由谁负担,一般都规定是由租方负担,即船方不负担装卸、理舱和平舱费条件(Free In and Out, Stowed, Trimmed, F. I. O. S. T.)。

(3) 许可装卸时间

程租船条件下,装卸时间的长短直接关系到船东利益。作为船方来讲,当然是希望租方装卸得越快越好。因此,为督促租船人快装快卸,船东一般在租船合同中规定租方须在多少时间内完成装卸作业,这种规定时间的方法就叫做许可装卸时间(Lay Time, Lay Days),简称许可时间。如果租方超过许可时间,租方需受罚,提前完成装卸则有奖励。

许可时间的规定方法主要有以下几种:

① 连续日(或时)(Running or Consecutive Days/Hours):是指时钟连续走过 24 小时就算一日,其中没有任何扣除(连续时含义同此)。连续日通常用于矿石、石油等少数几种租船合同中。

② 工作日(Working Days):是指按港口习惯,属于正常工作的日子,星期日和节假日除外。这种计算方法因世界各国港口工作时间不同,很容易发生争议而较少采用。

③ 晴天工作日(Weather Working Days):是指正常的工作日,同时又是晴天才算,工作日如遇上不能装卸的坏天气时则不予计算。

④ 连续 24 小时晴天工作日(Weather Working Days of 24 Consecutive Hours):是指在晴天工作日内,时钟连续走 24 小时即算作一个工作日,如果中间有坏天气、设备损坏不能作业就要扣除。这种条款比较合理,用得比较普遍。

许可时间有两种表示方法:一种是规定为若干日或时,多用于装卸效率较高的航线,实际业务中,常用"港口习惯快速装卸率"(Customary Quick Dispatch, C. Q. D.)术语来表示,即以晴天工作日港口正常装卸速度进行装卸,这种做法只适合装卸条件好、效率高的港口;另一种是规定每天的装卸率,即规定每天装卸的最低数量,多用于装卸率很低的货运航线。

工作日的计算，通常还要订明星期日、节假日除外。星期日、节假日除外一般有两种规定方式，一种是“星期日、节假日除外，除非使用”(Sundays and Holidays Expected Unless Used)，也就是不用不算，用了还是要计算的；另一种是“星期日、节假日除外，即使已经使用”(Sundays and Holidays Expected Even If Used)，也就是无论是否使用，均不作装卸时间计算。

程租船条件下，不仅要规定许可时间，还应规定许可装卸时间的起止点。一般是当船舶到港口进入码头后，按船长向发货人或收货人发出“准备就绪通知书”(Notice of Readiness, N. O. R.)的时间来做具体规定。

(4) 滞期费和速遣费

在程租船运输中，如果由于租船人的原因，未能在租船合同规定的时间内完成装船或者卸货，致使船舶在港时间增加，会增加船东港口费用的负担和遭受船期损失，为此，租船人应当按照实际滞延的时间向船东支付补偿金，即为滞期费(Demurrage)。如果由于租船人的原因，使得装船或卸货提前完成，船舶早日离港可以节约船东对港口费用的负担并使其获得船期利益，因此，对于所节约的时间，船东要给予租船人一定的奖励，即为速遣费(Dispatch Money)。按惯例，速遣费通常为滞期费的一半。

【例题 3-2】 某公司进口一笔货物 10 000 公吨，FOB Stowed 成交。该公司与船方签订的租船合同中规定：F. I.，每日装货 500 公吨，延期一日罚款 600 美元，提前一日奖励 300 美元。而买卖合同中规定：每日装货 400 公吨，延期一日罚款 400 美元，提前一日奖励 200 美元。在实际业务中，实际装船方用了 22 日 6 小时装完。

问：该公司在装船环节上是否有损失？如有，金额是多少？

【解】 根据租船合同，该公司对船方滞期，产生滞期费 $(22.25-10\,000/500)\times 600=1\,350$ 美元；

根据买卖合同，卖方提前完成装船，该公司需支付速遣费 $(10\,000/400-22.25)\times 200=550$ 美元；

故该公司在装船环节上有损失，金额为 $1\,350+550=1\,900$ 美元。

无论是使用班轮运输，还是使用租船运输，各种费用最好是在交易合同中明确规定下来，以免日后因对惯例的理解不同或出现新情况而发生争议。

第二节 海洋货物运输单据

运输单据是证明运输中的货物已装运或已被承运人或其货代接管的单据。它具体说明同货物运输有关当事人的责任、权利及义务，是货物运输业务中最为重要的证件，也是出口结汇不可缺少的单据。

一、海运提单

1. 海运提单的概念

海运提单(Ocean Bill of Lading, B/L)，简称提单，是承运人或其代理人应托运人的要求而签发的货物收据(Receipt of Goods)，表示承运人已收到提单上列明的货物，是一种货物所有权凭证(Document of Title)。

2. 海运提单的性质和作用

海运提单的性质和作用可以概括为以下三个方面：

(1) 海运提单是承运人或其代理人签发给托运人的货物收据，它证明承运人或其代理人已按提单所列事项收到货物。

(2) 海运提单是一种货物所有权的凭证。提单就是货物的象征。提单持有人可以凭提单请求承运人交货物；提单可以通过合法手续进行转让，即转让物权；提单还可以向银行作抵押进行融资。

(3) 海运提单是承运人和托运人之间订立的运输契约的证明。运输契约在装货前即已订立，而提单一般是在装货后签发，因此，提单只是运输契约的证明，而不是运输契约。但在租船运输货物的情况下，有关当事人还必须受租船合同的约束。

3. 海运提单的种类

在实际业务中会遇到各种各样的海运提单，从不同的角度可以将海运提单分为许多种。

(1) 根据货物装船与否划分

① 已装船提单(On Board B/L, Shipped B/L)：是指船方已将货物装上指定轮船后所签发的提单。

② 备运提单(Received for Shipment B/L)：是指船方已收到托运货物等待装运期间所签发的提单。在签发备运提单情况下，发货人可在货物装船后凭此调换已装船提单，也可经船方或其代理人在备运提单上批注货已发船，并签署后使之成为已装船提单。按国际惯例，除非另有约定，卖方有义务向买方提交已装船提单，按《UCP 600》规定，银行将接受注明货物已装船或已装指定船只的提单。

(2) 根据提单有无批注条款划分

① 清洁提单(Clean B/L)：是指货物在装船时外表状况良好，船方未在提单上加注任何有关货物受损或包装不良等批注的提单。

② 不清洁提单(Unclean B/L)：是指船方在提单上对货物表面状况及包装加有不良或存在缺陷等批注的提单。按国际惯例，除非另有约定，卖方有义务向买方提交清洁提单。按《UCP 600》规定，银行不接受不清洁提单，除非另有约定。

【案例 3-1】 某年 4 月，我国某公司以 FOB 条件向荷兰某公司出售一批纸箱装货物。5 月 10 日，货轮到达青岛港装船。装船时，船方发现有 20 箱货物外包装有不同程度的破损，于是大副批注"该批货物有 20 箱外包装破损"。当船方签发提单，欲在提单上同样批注时，出口公司出具保函"若收货人因包装破碎货物受损为由向承运人索赔时，由我方承担责任。"船方接受了保函，签发了清洁提单。船抵达鹿特丹后，收货人发现有 40 多箱货物包装严重破碎，于是以货物与清洁提单不符为由向承运人提出索赔。承运人赔付后，凭保函向出口公司要求偿还。但出口公司以装船时仅有 20 箱破损为由，拒绝偿还其余 20 多箱的损失。双方发生争执。分析双方各自的风险。

【分析】 对于我出口方就货物包装破损难以逃脱收货人的追索，而对于承运人也难以推脱当签发不清洁提单而没有签发的责任。

(3) 根据提单收货人抬头的不同或是否可转让划分

① 记名提单(Straight B/L)：又称收货人抬头提单，是指提单上的收货人栏内填明特定

收货人名称的提单，而不能转让给第三者进行流通。记名提单一般只适用于运输展览品或贵重物品，特别是在短途运输中使用较有优势，在国际货物中较少使用。如果采用信用证付款方式，记名提单使银行风险增大。

② 不记名提单(Bearer B/L)：又称来人抬头提单，是指提单上收货人栏内不写明具体收货人的名称，只写明货交提单持有人。承运人交货时凭单不凭人。在国际贸易中，不记名提单极少使用，并为许多国家法律所禁止使用。

③ 指示提单(Order B/L)：是指提单上的收货人栏内填写“凭指示”(to order)或“凭××人指示”(to order of...)字样的提单。这种提单经过背书可以转让流通，故其在国际贸易中使用最广。背书的方式又可分为记名背书和空白背书。前者指转让人在提单背面书写受让人的名称，并由转让人签名的背书形式；后者指在提单背书中不记载任何受让人，只由转让人签名的背书形式。目前，在实际业务中使用最多的是“受指示”并经空白背书的提单，习惯上称其为“空白抬头、空白背书”提单。

(4) 根据提单使用效力划分

① 正本提单(Original B/L)：是指提单上有承运人、船长或其代理人签名盖章并注明签发日期的提单。正本提单在法律上是有效的单据，上面必须注明“正本”(Original)字样。正本提单一般签发一式两份或三份，凭其中的任何一份提货后，其余的即作废。为防止他人冒领货物，买方与银行通常要求卖方提供船公司签发的全部正本提单，即所谓“全套”(Full Set)提单。

② 副本提单(Copy B/L)：是指提单上没有承运人、船长或其代理人签名盖章，而仅供参考的提单。副本提单一般都注明“副本”(Copy)或“不可转让”(Non-Negotiable)字样，上面不得标有“正本”字样。

(5) 根据运费收取的方式划分

① 运费预付提单(Freight Prepaid B/L)：以 CIF、CFR 价格条件成交时一般为运费预付，即在托运人办理货物托运时，必须预付运费。在运费预付情况下出具的提单称为运费预付提单。这种提单正面载明“运费预付”字样，运费支付后才能取得提单；付费后，若货物灭失，运费不退。

② 运费到付提单(Freight to Collect B/L)：指以 FOB 条件成交的货物，不论是买方订舱还是买方委托卖方订舱，运费均为到付，并在提单上载明“运费到付”字样，这种提单称为运费到付提单。货物运到目的港后，只有付清运费，收货人才能提货。

(6) 根据签发提单的时间划分

① 倒签提单(Anti-Dated B/L)：是指承运人或其代理人应委托人的要求，在货物装船完毕后，以早于货物实际装船日期的提单。当货物实际装船日期晚于信用证的装船日期，若仍按实际装船日期签发提单，委托人就无法结汇。为了使签发提单的日期与信用证规定的装运日期相符，以利结汇，承运人应托运人的要求，在提单上仍以信用证的装运日期填写签发日期，以免违约。签发这种提单，尤其是倒签提单时间过长，到货时间给收货人造成损失，如果市场上货价下跌，承运人有可能招致买方起诉，承担货物运输延误的责任。因此，承运人签发这种提单是要承担风险的。但是为了贸易的需要，如果倒签提单的时间与实际装船完毕的时间间隔不长，也不会给卖方造成任何损失，同时贸易双方又有长期合作的经历，则可以考虑这种做法。

② 预借提单(Advanced B/L):是指货物尚未装船或尚未装船完毕的情况下,信用证规定结汇期(即信用证有效期)即将届满,托运人为了能及时结汇,而要求承运人或其代理人提前签发的已装船清洁提单,即托运人为了及时结汇而从承运人那里借用的已装船清洁提单。签发这种提单已构成实质性的违约,一般要出具银行保函,船方才肯签发。

【案例 3-2】 中国某公司进口一批货物,合同规定以信用证支付。信用证规定装运期为 7 月 10 日至 7 月 20 日,由承运人所属的"LASK"号货轮承运上述货物。"LASK"号在装运港外锚地因遇大风走锚与另一艘在锚地待泊的油轮相撞,致使不能如期装运。"LASK"最后于 8 月 15 日完成装运,船长在接受了托运人出具的保函的情况下签发了与信用证一致的提单,出口方办理了结汇。而我公司由于船舶延迟到港错过了货物的销售季节,造成了很大的损失。为此,我方公司向承运人提出了索赔要求。对此承运人应否承担责任?

【分析】 承运人应承担责任,因为此种情况下已构成倒签提单。

(7) 其他提单

① 过期提单(Stale B/L):是指银行按正常邮程寄单,收货人不能在船到目的港前收到的提单。有人将《UCP 600》中规定的银行可以拒收的晚于信用证规定交单期(提单后的 21 天)的提单称为过期提单,单就其本质而言,真正的过期提单应当是指晚于货物到达目的港的提单。

在实际业务中,近邻的国家(地区)之间的贸易,常因运输路线短,提单邮寄时间晚于货物到达目的港的时间,而造成提单"过期"。为使买方及时提货,避免损失,买卖双方往往事先商定,由卖方负责将一份正本提单委托船公司随货带往目的地交开证银行或代收银行,由买方向银行付款后领取,然后,再凭此向船公司提取货物。对于非近邻国家(地区之间的一般交易),买卖双方可以商洽在销售合同或信用证中规定"过期提单也可接受"(Stale B/L is Acceptable)的条款,这对出口人是有利的。

② 第三者提单(Third Party B/L):指提单上填写与销售合同或信用证受益人无关的第三者作为托运人的提单。采用这种提单时,必须在合同或信用证内做相应的规定,如"可接受第三者提单"(Third Party B/L is Acceptable)。

第三者提单主要在以下几种情况下使用:一是中间商为防止买方与真正供货商接洽,在提单上避免出现信用证受益人而以第三者为托运人。有时中间商是代理商、批发商、佣金商,为了利用业务和经营上的优势推销商品,出售或转让他人商品,可用背书方式转让海运提单,要求卖方在海运提单上不出现出口商的名称或国别,因而要求海运提单以第三者为托运人,其目的是不把原始供货人暴露给其他买主。否则,他的买主就会绕开中间商而直接找出口商订货。二是在我国内地省份,出口商将由港口出运的货物全权委托港口货代或运输公司办理港口清关装船等事宜,此时,提单上的托运人往往是货代或运输公司,同时,提单收货人一栏内填写"空白抬头"。这种做法,我内地外贸公司使用居多。

除上述提单外,还有直达提单、转船提单、联运提单、班轮提单、租船提单、全式提单与简式提单、甲板提单、集装箱提单等。

4. 海运提单的内容

提单的内容涉及承运人、托运人以及收货人与提单持有人等当事人的责任和权益。每个船公司的提单格式不尽相同,但基本内容大致相同。提单的内容包括正面的记载和背面的条款。

(1) 提单的正面内容

提单的正面内容可概括为三部分：

① 托运人应填写的部分。这部分内容包括船名、船籍、装运港、目的港、托运人及收货人名称、被通知人名称及地址、货物名称、包装、件数、总量或体积等。

② 承运人或其代理人填写的关于运费的部分。这部分内容除写明运费金额外，最主要的就是注明运费是预付还是货到目的地后支付。提单中的运费金额一般都不会对外公开，而只填写"Freight As Arranged"（如议）字样。

③ 承运人或其代理人签署的印刷体的契约文字，作为收到货物的凭证。提单还注明提单签发地点、签发提单正本的份数、签发日期等内容。

(2) 提单的背面条款

提单的背面印有明确承运人与托运人、收货人、提单持有人之间权利和义务的运输条款。为了统一对提单背面条款中各当事人权利与义务的解释，缓解船货双方矛盾，一些国际性组织先后签署了有关提单的国际公约，主要有以下三个：

① 1924 年 8 月 25 日在布鲁塞尔签订的《统一提单的若干法律规则的国际公约》，简称《海牙规则》(Hague Rules)。

② 1968 年 2 月 23 日在布鲁塞尔签订的《修改统一提单的若干法律规则的国际公约的议定书》，简称《维斯比规则》(Visby Rules)。

③ 1978 年 3 月在汉堡通过的《联合国海上货物运输公约》，简称《汉堡规则》(Hamburg Rules)。

二、海运单和电放提单

由于新技术在国际货物贸易中的应用，使得海运速度加快，时间缩短。而提单的流转程序并未得到同步改善，导致货物抵达目的港后收货人还未拿到正本提单，从而造成延迟卸货、码头拥挤，极大地增加了风险和费用。鉴于此，海运单与电放提单迅速发展起来。

1. 海运单

海运单(Sea Waybill; Ocean Waybill)全称是不可转让海运单(Non-Negotiable Sea Waybill)，是由船长或船公司或其代理人签发的证明已收到特定货物（已接管或已装船）并保证将货物运到目的地交付给指定收货人的一种凭证。

海运单不是物权凭证，故不可转让。收货人提货不是凭海运单，而是凭能证明其为运单上指明的收货人即可。在海运单使用中，实物交付后，卖方仍有权控制货物，发出指示确定收货人，也可以根据情况变化变更原收货人，这与象征性交货中完全代表货物的海运提单有很大不同。

目前，欧洲、斯堪的纳维亚半岛、北美和某些远东、中东地区的货物贸易越来越倾向于使用不可转让的海运单，主要是因为海运单能方便进口人及时提货，简化手续，节省费用，还可以在一定程度上减少以假单据进行诈骗的现象。同时，这种海运单更加适合 EDI 技术在国际贸易中的广泛使用。但是，由于海运单不是物权证明，所以海运单对银行的债权没有保障，使用时应考虑条件是否具备。

2. 电放提单

在正常情况下，出口企业通过银行交提单或出口企业寄提单给收货人。提单是货物所有权的凭证，因此，收货人拿到提单就可以提货。但在近洋货物运输，如从上海到日本或韩国时，由于船期很短，船到达目的港时通过银行或邮寄的提单可能还没到。为了不影响收货，收货人会要求出口企业将提单传真给发货人，货物到港后收货人凭提单传真件就可以提货。因此，所谓电放就是凭传真件（包括其他电子或电传的方式）放行的意思。

在办理电放提单时，托运人应先与船公司联系，告诉提单需要电放，这样船公司就可以通过电报让目的港的船公司机构凭传真件提货。一般是在未出提单前办理，船公司可不用出具正本；如果已经出具正本提单，则需要将正本提单交回船公司，让船公司电放提单。

第三节　其他国际货物运输方式

随着国际货物贸易的发展，除了上述传统的海洋运输方式外，还出现了多种现代运输方式，其中集装箱运输（Container Transport）、铁路运输（Rail Transport）、航空运输（Air Transport）、公路运输（Road Transport）、内河运输（Inland Water Transport）以及邮政运输（Parcel Post Transport）和管道运输（Pipeline Transport）等成为主要的运输方式。

一、集装箱运输

集装箱又称货柜、货箱，是由多种金属材料混合制成，具有坚固、密封和反复使用等优点。集装箱在运输途中可直接换装，不用移动箱内货物，而且易于装满和卸空，在装卸设备配套的情况下能够快速搬运。

集装箱在国际贸易运输中使用居多的有两种规格，即 20 英尺和 40 英尺两种。20 英尺的集装箱是国际上集装箱的标准单位，英文称为"Twenty Feet Equivalent Unit"，简称为"TEU"（即"相当 20 英尺单位"，或译为"标准箱"）。TEU 也是港口计算吞吐量和船舶大小的一个重要的度量单位。20 英尺的箱子最大毛重为 20 米/公吨，最大容积为 31 立方米，一般可装 17.5 米/公吨或 25 立方米的货物。40 英尺（Forty Feet Equivalent Unit，简称 FEU）的箱子最大毛重为 30 米/公吨，最大容积为 67 立方米，一般可装 25 米/公吨或 55 立方米的货物。在计算运费时，1FEU = 2TEU，但允许装载货物的重量和体积不是按两倍关系进行计算。

按用途分，集装箱可分为通用型集装箱和专用型集装箱。通用型集装箱一般用来装运普通成件有包装的货物，如各种制成品货物。专用集装箱用来装运特定货物，如面粉、谷物、蔬菜、化学品、牲畜等。目前，我国的专用集装箱不多。

1. 集装箱运输的特点

与传统货物运输相比较，集装箱运输具有以下特点：

（1）提高了货运速度，加快了运输工具、货物及资金的周转。

（2）减少了运输过程中的货差、货损，提高了货运质量。

（3）节省了货物包装费用，减少了货物运杂费支出。

（4）简化货运手续，便利货物运输。

因此，现代运输中集装箱被广泛采用。

2. 集装箱运输方式

集装箱运输是以组合形式配送商品的方法，运输方式并无统一规定，因此国际上对集装箱业务通常有不同的装箱方式、交接方式和交接地点。

(1) 装箱方式

根据集装箱货物装箱数量和方式可分为整箱和拼箱两种。

① 整箱(Full Container Load，FCL)：是指货方自行将货物装满整箱以后，以箱为单位托运的集装箱。

② 拼箱(Less than Container Load，LCL)：是指承运人接受货主托运的数量不足整箱的小票货物后，根据货类性质和目的地进行分类整理，把去同一目的地的货，集中到一定数量后拼装入箱。即不同货主的货拼装在一起而组成的一个整货柜。

(2) 交接方式

集装箱运输是一种完全与传统方式不同的运输，随着集装箱运输方式的发展成熟，为适应集装箱运输发展的辅助设施也发展起来。在集装箱运输方式中，集装箱基地已成为整个国际运输系统的一个重要组成部分，其目的是使用铁路系统或公路拖运网络实现集装箱终点站与内陆中心的连接。集装箱基地可以位于港口、海港或机场附近，也可位于能够产生足够集装箱运量并提供运输支持的工业区。目前，一些国家根据装箱方式的不同，将集装箱基地称为集装箱堆场和集装箱货运站。

一般来说，整箱货由货方在工厂或仓库进行装箱，货物装箱后直接运交集装箱堆场(Container Yard，CY)等待装运。货到目的港(地)后，收货人可直接从目的港(地)集装箱堆场提走，即"场到场"的方式。

而拼装货由于货量不足一整箱，所以需由承运人在集装箱货运站负责将不同发货人的少量货物拼装在一个集装箱内，货到目的港(地)后，再由承运人拆箱分拨给各收货人，即"站到站"的方式。

集装箱货运站(Container Freight Station，CFS)，又称中转站或拼装货站。对于不足一箱的出口货物由货主或货代将货物送到货运站，货运站根据货类、流向，合理组合进行拼装(Consolidation)，又叫"集拼"。对于进口的拼箱货物由货运站进行拆箱并将货物分别交给有关货主，集装箱货运站一般设在港口、车站附近或内陆大城市交通方便的场所。

(3) 交接地点

由于集装箱运输所具有的优点，使得集装箱运输实现了"门到门"(Door to Door)的运输服务，即由承运人在发货人的工厂或仓库接货，在收货人的工厂或仓库交货。集装箱的交接地点在运输单据上显示。集装箱货物的交接，根据贸易条件所规定的交接地点不同一般可分为以下几种：

① 整箱交/整箱收(FCL/FCL)

在这种交接方式下，集装箱的具体交接地点有以下四种情况：门到门(Door to Door)、场到场(CY to CY)、门到场(Door to CY)、场到门(CY to Door)。

② 拼箱交/拆箱收(LCL/LCL)

在这种交接方式下，集装箱的具体交接地点为站到站(CFS to CFS)。

③ 整箱交/拆箱收(FCL/LCL)

在这种交接方式下，集装箱的具体交接地点有以下两种情况：门到站(Door to CFS)、场到站(CY to CFS)。

④ 拼箱交/整箱收(LCL/FCL)

在这种交接方式下，集装箱的具体交接地点有以下两种情况：站到门(CFS to Door)、站到场(CFS to CY)。

以上各种交接方式中，以整箱交、整箱收效率最高。

3. 集装箱运输单证

一般来说，集装箱运输的主要单证有装箱单、场站收据、集装箱提单以及各种清单。这些单证将集装箱运输的全过程贯穿起来，确立了各方之间权利和义务的关系，又充分体现了集装箱运输的特点及其严密性和复杂性。

(1) 集装箱装箱单

装箱单(Container Load Plan, CLP)是详细记载每箱货物的具体资料，也是向海关申报的必要单证，还是货、港、船三方参与集装箱运输作业不可短缺的资料。装箱单内容主要有船名、航次、装货港、收货地点、卸货港、交货地点、箱号、场站收据等以及有关货物的说明。如系危险品，还应注明危险性质。

(2) 场站收据

场站收据(Dock Receipt)相当于传统运输中的装货单，一般由发货人填制，向场站办理交接时，由承运人或其代理人在收到整箱货或拼箱货时签发给发货人。

(3) 集装箱提单

集装箱提单(Container Bill of Lading)内容与场站收据相同，由承运人或联运经营人凭场站收据签发，通常在场站收据上由承运人加注船名和装船日期并签署即可。

集装箱的其他运输单证与传统货物运输单证基本相同，这里不再一一赘述。

4. 集装箱运输的费用

(1) 装箱运输费用

包括内陆或装运港市内运输费、拼箱服务费、堆场服务费、海运运费、集装箱及其设备使用费等。

(2) 集装箱的包箱费率

集装箱海上运价体系比较成熟，基本上可以分成两大类：一类是沿用传统的杂件货运费计算方法，即以每运费吨作为计费单位；另一类是以每个集装箱作为计费单位，即包箱费率。前一类计价方式适合于拼箱运输，后一类计价方式适合于整箱货运输。在国际集装箱运输中，包箱费率计算方式正逐步取代传统杂货运费的计算方式。集装箱的包箱费率有三种规定的方法：

① FAK 包箱费率(Freight for All Kinds)，即不分货物种类，也不计货量，只规定统一的每个集装箱收取的费率。

② FCS 包箱费率(Freight for Class)，即按不同货物等级制定的包箱费率。

③ FCB 包箱费率(Freight for Class & Basic)，即按不同货物等级或货物类别以及计算标准制定的费率。

在实际业务中，许多班轮公司根据自己的需要，制定了不同的包箱费率，即使是同一家船公司的费率，不同航线也采用不同的包箱费率。

二、国际铁路货物运输

铁路运输是现代运输业的主要运输方式之一，与其他运输方式相比，铁路运输快，运量大，安全可靠，运输成本低，运输的准确性和连续性强，且受气候因素影响较小。我国的对外贸易一般都要通过铁路这一重要环节，所以，铁路运输在我国对外贸易中占有举足轻重的地位。我国对外贸易铁路运输包括国际铁路货物联运和对港澳地区的铁路运输两部分。

1. 国际铁路货物联运

(1) 国际铁路货物联运概述

国际铁路货物联运是指在两个或两个以上国家之间进行铁路货物运输时只使用一份统一的国际联运票据，由一国铁路向另一国铁路移交货物时，无需发、收货人参加，铁路当局对全程运输负连带责任的一种运输方式。

目前，国际上有两个联运集团，一个是由 32 个国家参加并签订《国际铁路货物运送公约》的“货约”集团，另一个是曾有 12 个国家参加并签订《国际铁路联运协定》的“货协”集团。虽然“货协”集团国家自 20 世纪 80 年代末由于前苏联国家和东欧各国政体发生变化而解体，但其经营的铁路联运业务并未终止，原来签订的《国际铁路联运协定》因无新的规章替代仍被沿用，不过由于各国铁路的收费标准不一、报价困难，故目前处在通而不畅的状态。

国际铁路联运既适用于原“货协”国家之间的货物运输，也适用于原“货协”至“货约”国家之间的往来货物运输。在我国国内凡可办理铁路货运的车站都可接受国际铁路货物联运。

(2) 国际铁路货物联运单证

国际铁路联运的货运单据主要是国际铁路联运运单以及为发送站和过境站准备的必要份数的补充运行报单，此外还有随附文件。

国际铁路联运运单(International Through Railing Bill)，是发货人与铁路之间缔结的运输契约，它规定了铁路与发货人、收货人在货物运送中的权利、义务和责任，对铁路和发货人、收货人都有法律效力。

国际铁路联运运单一式五联。第一联为“运单正本”，随货走，到达终点站时连同第五联和货物一并交收货人；第二联为“运行报单”，随货走，是铁路办理货物交接、清算运送费用、统计运量和收入的原始凭证，由铁路留存；第三联为“运单副本”，由始发站盖章后交发货人凭此办理货款结算和索赔用；第四联为“货物交付单”，亦随货走，由终点站铁路留存；第五联为“到达通知单”，由终点站随货物交收货人。

国际铁路联运运单的随附文件主要有：出口货物报关单、品质证明书、检验检疫证书、动植物检疫证书、兽医证书等。

(3) 国际铁路货物联运货物运费

国际铁路联运货物运费计算的主要依据是《国际货协统一过境运价规程》、《国际货协》和我国的《铁路货物运价规则》。

发送国和到达国铁路的运费，均按铁路所在国家的国内规章办理，过境国铁路的运费，均按承运当日统一货价规定计算，由发货人或收货人支付。如在参加国际货协的国家与未参加国际货协的国家之间运送货物，则有关未参加货协国家铁路的运费，可按其所参加的另一种联运协定计算。

2. 对港澳地区的铁路运输业务

我国内地对港澳地区的铁路运输不同于国际联运，也不同于一般的国内运输，它是一种特定的运输方式。

(1) 对香港地区铁路货物运输的基本程序

对香港地区的铁路运输由内地铁路运输和港段铁路运输两部分组成,它是一种特殊的租车方式的两票运输。货车到达深圳后,要过轨至香港,继续运送至九龙车站。内地铁路与香港铁路不办理直通联运,其运送方式是:内地始发站向铁路办理托运至深圳北站,收货人为深圳外运分公司;深圳外运分公司作为各外贸发货单位的代理向铁路办理租车去香港的手续,并付给租车费;货车过轨后,香港中国旅行社货运公司则作为深圳外运公司的代理,在香港段重新起票将货物托运至九龙,最后由"中旅"负责卸货并交收货人。

对香港铁路运输的国内运单不能作为对外结汇的凭证,目前,由各地外运公司以运输承运人的身份向外贸单位提供往深圳中转香港货物的"承运货物收据"(Cargo Receipt),作为向银行结汇的凭证。

对香港地区的铁路运输分内地段和港段运输。内地段运输按人民币计算;港段运输按港币计算。内地段运费包括铁路运费、深圳过轨租车费和深圳外运公司劳务费;港段运费包括铁路运费、港段终点站卸货费、港段调车费及劳务费等。

(2) 对澳门地区铁路货物运输

内地货物在内地发送地车站将货物托运至广州,收货人为广东省外运公司;货到广州后由广东省外运公司办理水路中转,将货物运往澳门;货到澳门后由南光集团的运输部门负责接货并将货物交付收货人。广州中转澳门货运的铁路运输计划由地方掌握,委托手续和装车发运要求等和对香港的铁路运输大致相同。

三、国际航空货物运输

航空运输由于速度快、航线不受地形条件限制,安全准时,而且手续简便,在开辟新市场、适应市场需要与变化等方面较其他运输方式更为优越,所以发展迅速,在整个国际货物贸易运输中的地位日益显著。但航空货物运输的运量有限,且运费一般较高,实际业务中,可根据物品的性质、特点选择适当的运输方式,如鲜活商品、体积小且价格高的商品可以选择航空运输。

1. 国际航空货物运输方式

当前,国际航空货运主要有班机运输、包机、集中托运、航空快递和送交业务等方式。

(1) 班机运输(Scheduled Airline)

班机运输是指在固定航线上的固定起落站,按预定时间定期航行的方式。一般航空公司都是用客货混合机型,由于货舱舱位有限,所以不适合大批量货物出运,适于运输急用物品、行李、鲜活物品、贵重物品、电子器件等商品。这种方式便于收、发货人掌握货物起运和到达时间,保证货物安全、准时地交付。

(2) 包机运输(Chartered Carrier)

包机分为整架包机和部分包机两类。整架包机是指航空公司按照事先约定的条件和费率,将整架飞机租给租机人,从一个或几个航空站装运货物至指定目的站的运输方式。它适合于大宗货物运输。部分包机是指由几家航空货运代理公司或发货人联合包租整架飞机,或者由包机公司把整架飞机的舱位租给几家航空货运代理公司。部分包机适合于不足整机或1吨以上的货物运送,运费较班机运费低,但运送时间较班机长。包机如往返使用,则运费较班机低,单程使用则较班机高。

(3) 集中托运(Consolidation)

集中托运是指航空代理公司把若干批单独发运的货物,按照到达同一目的地,组成一整批,用一份主运单发运到同一站,由预定的代理收货,然后再清关、分拨后交给实际收货人的运输方式。集中托运的货物越多,支付的运费越低。因此,空运代理向发货人收取的运费一般比发货人单独向航空公司托运低。集中托运业务是航空代理的主要业务之一,但等级运价的货物(普通货物)和危险品不能办理集中托运。

(4) 航空快递(Air Express)

航空快递又称快件、快运,是由专门经营这项业务的公司与航空公司合作,设专人用最快的速度在货主、机场、用户之间进行传递,所以又被称为"桌对桌"运输。这种方式实际上是一种联合运输,与空运方式前后衔接的一般是汽车运输,其特点是运输快捷、服务安全可靠、送交有回音、查询快而有结果,特别适用于急需的药品、医疗器械、贵重物品、图纸资料、货样及单证的传递,但运费较高。

(5) 送交业务(Delivery Business)

常用于样品、目录、宣传资料、书籍报刊之类的空运业务,由国内空运代理委托国外代理办理清关、提取、转送和送交收货人。其有关费用均先由国内空运代理垫付,然后向委托人收取。

2. 国际航空货物运输的当事人

在国际航空货物运输运作各环节中,所涉及的相关当事人主要有发货人、航空货运代理公司(代理人)、航空公司(承运人)、地面运输公司和收货人等。

(1) 航空公司

又称承运人,指拥有飞机,从事航空运输,办理与其能力相适应的航空运输业务。是航空运输业务的实际承运人,对全程运输负责。

(2) 航空货运代理公司

又称空运代理人,航空货运公司可以是货主的代理,也可以是航空公司的代理,对运输全程负责。

3. 国际货物航空运价

空运货物运价是指承运人为运输货物对规定的重量单位或体积或货物的价值所收取的费用。运价包括起运机场至目的地机场间的航空运费,但不包括承运人、代理人或托运人收取的其他费用。

空运货物运费主要包括以下几个方面:

(1) 计费重量

航空公司一般是按货物的实际重量(公斤)和体积重量(以 6 000 立方厘米或 366 立方英寸折合 1 公斤)两者之中较高者为准。

(2) 运价种类

航空公司对运价有以下四种计收方式:

① 一般货物运价(General Cargo Rate, GCR)。一般货物运价也称普通货物运价,是适用范围广泛的一种运价。不含有贵重元素,并按普通货物运价收取运费的货物称普通货物。如果一批货物没有可适用的等级运价,也没有特种货物运价,就用一般货物运价。

② 特种货物运价(Special Cargo Rate, SCR)。特种货物运价通常是承运人根据在某

一航线上经常运输某一类货物的托运人的请求，或为促进某地区某一类货物的运输，经国际航空运输协会(International Air Transport Association，IATA)同意所提供的优惠运价。这种运价通常低于一般货物运价。

③ 货物的等级运价(Class Cargo Rate，CCR)。货物的等级运价是指适用于规定的地区或地区之间的少数货物的运输，通常表现为在普通货物运价的基础上增加或减少一定的百分比。

④ 起码运价(Minimum Rate，MR)。起码运价是指一票货物自始发地机场至目的地机场航空运费的最低限额。它是航空公司在考虑办理即使是一笔很小货物所产生的固定费用后制定的。出运的货物按其计费重量，对照适用的航空运价而计算所得的运费，与航空公司最低运费相比，两者取较高者。

(3) 货物的声明价值

根据《华沙条约》的规定，如果由于承运人的失职而导致货物损失，发货人欲按货物发生货损货差时全额赔偿，则发货人在托运货物时就应向承运人声明货物的价值，但须支付一笔"声明价值附加费"。一般按声明价值的0.4%～0.5%收取。

(4) 其他规定

航空公司还可能收取的费用包括运费到付服务费、货运单费、中转手续费和地面运输费等。

4. 国际货物航空运单

航空运单(Air Waybill)是一种运输合同，是由承运人或其他代理人出具的一个重要的货物运输单据。它与海运提单不同，不是代表货物所有权的物权凭证，也是不可议付的单据，它是作为签署承运人合同的一个书面证明，是承运人作为接收发货人货物的证明和报关单据，对此，航空运单还可以作为运费账单和发票。

航空运单的主要作用是：①承运人与托运人之间缔结的运输合同，具有法律效力；②接收货物的证明文件；③运费结算凭证及收据；④承运人实施运输全过程的依据；⑤货物进出口清关的证明文件；⑥保险证书。

我国国际航空运单由一式十二联组成，包括三联正本、六联副本和三联额外副本。其中正本一份交发货人，是承运人或代理人接收货物的依据；第二份由承运人留存，作为记账凭证；第三份随货同行，在货物到达目的地时交给收货人作为核收货物的依据。

航空运单分主运单(Master Air Waybill，MAWB)和分运单(House Air Waybill，HAWB)两大类。凡由航空公司签发的航空运单就称为主运单，它是航空公司办理货物运输和交付的依据，是航空公司和托运人订立的运输合同。每一批货物都有其相对应的主运单。航空分运单是航空公司在办理集中托运业务时签发的单证。即在集中托运情况下，既存在主运单，又有分运单。分运单作为集中托运人(一般为航空货物运输代理)与托运人之间的货物运输合同，而主运单作为航空公司与集中托运人之间的运输合同，即货主与航空公司没有直接的契约关系。

四、公路运输

公路运输与铁路运输同为陆上运输的基本运输方式。公路运输机动灵活，简捷方便，可以深入到可通公路的各个角落。公路运输是港口、车站、机场集散国际贸易的重要手段，其最大的优点是能够做到“门到门”，使收、发货人感到极大便利。但是，公路运输载货有限、运输成本高、运输风险较大。目前，我国各省市高速公路正在高速发展，2008年，全国各省市的高速公路网基本形成。公路运输对加强我国与周边邻国的经济合作、促进双边的经济往来有重要意义。此外，我国内地对港澳两个特别行政区的部分净出口货物，也是通过公路运输来完成的。

五、内河运输

内河运输是水上运输的一个组成部分，它是连接内陆腹地和沿海地区的纽带，也是边疆地区与邻国边境河流的连接线。

内河运输具有投资少、运量大和成本低的优点。我国有着广阔的内河运输网，长江、珠江等一些主要河流的内河港口已对外开放，我国同一些邻国还有国际河流共有或相连，如目前正在开发建设中的澜沧江-湄公河流域，这为我国进行对外贸易运输提供了十分有利的条件。

六、邮政运输

邮政运输可分为邮件和包裹两大类。国际上在各国邮政部门之间签订有协定和公约，通过这些协定和公约，邮件的递送可以通过最快捷的方式实现，从而形成了一个全球性的运输网。

国际邮政运输具有国际多式联运性质，实现了“门到门”服务。在当前国际贸易业务中，为了安全、快速、高效地传递各种重要文件、单证和样品，贸易双方普遍采用航空特快的方式或通过邮政运输的方式来达到目的。例如，当前在国际上最流行的DHL、UPS、FEDEX和EMS等快递方式越来越受到贸易各方的欢迎。

七、管道运输

管道运输是一种特殊的运输方式。它是货物在管道内借助高压气泵的压力输往目的地的一种运输方式，主要用于运输液体和气压货物，具有固定投资大、建成后运输成本低的特点。

管道运输在美国、欧洲的许多国家以及石油输出国组织（Organization of Petroleum Exporting Countries，OPEC）的石油运输方面起到了积极的作用。例如，中东和西非输往欧洲的石油很大一部分是通过管道运输的，俄罗斯输出原油的管道输油能力也很大。

我国的管道运输起步较晚，迄今为止有大庆油田至秦皇岛港、大港油田至渤海湾、胜利油田至青岛的黄岛石油码头大管道。中国至朝鲜也早已铺设管道以向朝鲜供应石油。从长远看，现在的管道远远不能满足我国石油工业发展的需要，为配合未来石油发展需要，新的石油管道将不断新建，一个纵横贯通全国的石油管道网络不久将实现。

第四节　国际货物买卖合同的装运条款

在国际货物买卖合同中正确地规定装运条款，是保证国际货物买卖合同履行的重要前提。交付条款的内容可因采用的贸易术语、运输方式的不同而不同，一般来说，合同的装运条款主要包括装运时间、装运港、目的港、是否允许转船与分批、装运通知以及滞期、速遣条款等。

一、装运与交货

装运(Shipment)通常是指出口商将货物装上指定的运输工具,一般发生在出口商所在地。交货(Delivery)有实际交货与象征性交货之分,实际交货是指出口商将货物交给买方或置于买方控制之下,一般发生在买方所在地;象征性交货则是以提交代表货物所有权的单据来表示完成交货义务,一般发生在货物装运地,发货人取得运输单据之时。在使用FOB、CFR、CIF以及FCA、CPT、CIP六种装运术语成交的交易中,按照《INCOTERMS 2000》规定,卖方在装运港或发货地将经出口清关的货物装上运输工具或交给承运人或第一承运人以运交给买方,交货义务即告完成。因此,在采用上述六种术语订立合同的情况下,"交货"和"装运"二者在一定意义上是一致的。在实际业务中,人们往往将"装运"与"交货"当同义词用,"装运时间"也就等于"交货时间"。可是,应当指出,在这类合同中,货物交由"承运人"的所谓"交货",在尚未转让货运单据之前,只是推定交货(Constructive Delivery),货物的占有权并未转移到买方手中,所以,这种"交货"与采用实际交货(Actual Delivery)术语合同中把货物的占有权置于买方实际控制之下的交货是完全不同的。从这个意义上讲,装运与交货是两个不同的概念。

至于D组和E组贸易术语下,因为均使用实际交货方式,且分属启动与到达术语,所以,按该组术语成交时,"交货"和"装运"是两个完全不同的概念,决不能加以混淆或相互替代使用。

二、装运时间

装运时间(Time of Shipment)是指卖方在起运点装运货物的期限,它是合同中的主要交易条件。在合同中,原则上必须是具体地、毫不含糊地对装运时间作出规定。但由于国际货物运输中存在很多不可控因素,要保证做到某一天将货物装运是很困难的。因此,一般不规定某一段具体日期。在实务中,常见的有以下几种做法:

1. 规定某月装运

在合同中,通常规定在某一段时间装运,而使用最多的是规定在某月装运。例如,2006年7月装运,则卖方应在7月1～31日之内装运。

2. 规定跨月装运

跨越装运也是在一段时间内装运的方式。例如,2006年7月份或8月份装运,则卖方应在7月1日～8月31日之内装运。

3. 规定在某月月底或某日前装运

这是在合同中规定了一个最迟装运的期限。例如,在2006年7月底前(包括7月31日)装运。

4. 规定以某一特定的事件作为装运前提

最常见的是规定在买方开立信用证后若干天内装运。在这种情况下,卖方的具体装船时间,还需要取决于买方开立信用证的时间。

必须指出的是,应避免使用"立即装运"(Immediate Shipment)等含义模糊的术语,以免日后因对"立即装运"理解的不同而引起纠纷,除非双方是长期合作且默契的客户。

三、装运地(港)和目的地(港)

在实际业务中,交货地点视贸易术语而定。对于E、F、C组术语而言,交货地点在装运地(港);对D组术语而言,交货地点在目的地(港)。

1. 装运地(港)和目的地(港)的规定方法

(1) 装运地(港)

指货物起始装运的港口(地),在FOB、CIF和CFR合同情况下,装运港(地)即指启运港。

一般来说,装运港(地)是由卖方根据货源情况提出,经买方同意后确定的。装运港(地)一般只规定一个,也可根据情况规定两个以上或作笼统规定。例如,装运港(地):青岛和/或上海;青岛/大连/上海(Port of Shipment: Qingdao and/or Shanghai; Qingdao/Dalian/Shanghai)。

(2) 目的地(港)

指货物最终卸下的港口(目的地)。目的地(港)一般是买方根据需要提出,经卖方同意后确定。目的地(港)的规定方式同装运港(地)的方式一样。例如:目的港(地):伦敦;伦敦/利物浦/曼彻斯特(Port of Destination: London; London/Liverpool/Manchester)。

2. 规定交付地点时应注意的问题

在规定交付地点时应注意以下问题:

(1) 在大宗货物进出口时,双方当事人应当了解装运港或目的港的港口设施、泊位状况、吃水深度、吞吐能力、装卸设备、装卸速度、费用水平、港口惯例等。

(2) 在出口业务中,在规定多港口装运中,应尽力避免规定多个目的港(地),即使规定,也应尽量争取由卖方选择。如因交易的特点决定必须由买方选择,则应在合同中加订"买方选定目的港的(地)须经卖方确定"之类的条款。

四、分批装运和转运

分批装运(Partial Shipment)和转运(Transshipment)直接关系到买卖双方的权益,因此,能否分批装运和转运,往往是国际货物买卖合同中交货条款的重要内容,需要双方在磋商交易时就明确。

1. 分批装运

分批装运是指一笔成交的货物,分若干批次装运。在大宗货物的交易中,买卖双方根据交货数量、运输条件和市场销量需要等因素,可在合同中规定分批次装运条款。一般来说,允许分批装运,对卖方来说比较主动。根据《UCP 600》规定,除非信用证作相反的规定,否则可准许分批次装运。

合同和信用证一旦明确规定了允许分批装运,则卖方必须严格执行,只要其中任何一批没有按时、按量装运,即为违约。需要注意的是,对于同一船只、同一航次中多次装运的货物,即使提单表示不同的装船日及不同的装船港口,也不作为分批次装运。另外还需要注意的是,"允许分批装运"是一种强制性条款,即"允许且必须分批次装运"。如果将"允许"理解为"可以",并无"必须"之意,则会在实际业务中引起纠纷。

【案例3-3】 我某公司按FOB青岛/烟台出口玉米3 000公吨,国外开来信用证规定不准分批装运。临近装运期,我货方分别于青岛、烟台两地各装1 500公吨于同一航次的同一船只上。问这样做是否符合来证要求?为什么?

【分析】 这样做符合来证要求,并不构成分批装运。对于同一船只、同一航次中多次装运的货物,即使提单表示不同的装船日及不同的装船港口,也不作为分批次装运。

2. 转运

转运的本意是指从装运港或装运地至卸货港或目的地的货运过程中进行转运或重装,包括从一种运输工具或船只移至另一同类或不同类运输工具或船只的运输方式。在远洋中,转运指转船运输,如装运港至目的地没有直达船或没有适当的船、目的港不在班轮航线上、属于联运货物等原因都可导致转船。

根据《UCP 600》规定,除非信用证作相反的规定,否则可准许转船。即使在信用证中有"禁止转船"的规定,《UCP 600》仍规定下列单据仍将被银行接受,即不视为转船单据:

(1) 注明将发生转运,只要提单(或海运单)证明有关货物是装在集装箱、拖车或拉西型驳船(即子母船)上装运的,并且同一张提单或海运单包括了全程海运。

(2) 注明将发生转运或可能发生转运的空运单据,如果同一份空运单据包括全程运输。

(3) 注明将发生转运或可能发生转运的公路、铁路或内河运输的运输单据,如果同一份单据包括全程运输且全程运输是同一种运输方式。

《UCP 600》对"禁止转运"的规定,实际上仅指禁止海运港至港除集装箱外的货物(即散货)运输的转运。这样做是为了适应当前以集装箱运输、国际多式联运为代表的国际货物运输的发展。随着运输技术的不断发展,转运也将不可避免,而且,有时转运方式可能比直达方式的总运费更低。《UCP 600》将上述行为不视为"转运",有利于减少因转运而引发的纠纷,促进国际贸易的顺利发展。

但需要指出的是,以上仅适用于信用证的处理而不涉及销售合同条款的解释。如果进、出口人想要禁止任何形式的转运,则应在信用证中清楚地写明不包括上述有关转运的条款。

五、滞期、速遣条款

国际贸易中的大宗商品多使用租船运输,有关货物的装卸时间、装卸率、滞期和速遣等内容应在程租船合同中明确规定,以约束租船人。然而,实际业务中的货物不一定是租船人负责装卸,而是由销售合同中的一方当事人负责。因此,在销售合同中要规定装卸时间、装卸率和滞期、速遣条款。

六、装运通知

装运通知(Shipping Advice),或称装船通知,是指在采用租船运输大宗进出口货物的情况下,在合同中加以约束的条款,其目的在于促使买卖双方做好船货的衔接工作。常见的装运通知有派船通知、备货通知等。

装运通知的作用是要告知买方有关货物装运情况和预计到达时间,以便买方及时准备接货并办理必要的保险,其中内容一般包括合同号或订单号、信用证号、货物明细、装运港、装运期限、船名、航次、预计的开航日期和预计到达目的港的日期等。因为装运通知上的内容与商业发票上的内容有很多重复,所以,出口公司往往用商业发票改制成装运通知。

本章小结

本章主要介绍了货物运输方式的种类、特点及运输单据等基本知识。重点讨论了国际海洋运输和集装箱运输方式，以及国际货物买卖合同中的装运条款。掌握这些知识，学会订立相应的运输条款，对于整个贸易的实现非常重要。

关键概念

◆ 班轮运输(Liner Transport)
◆ 租船运输(Shipping by Chartering)
◆ 集装箱运输(Container Transport)
◆ 国际多式联运(International Multimode Transport)
◆ 航空运输(Air Transport)
◆ 海运提单(Ocean Bill of Lading)
◆ 分批装运(Partial Shipment)
◆ 转运(Transshipment)
◆ 装运通知(Shipping Advice)

思考与练习

一、单选题

1. 从法律上讲，提单可以作为物权凭证，这是说(　　)。

A. 提单在任何时间都起到物权凭证的作用　　B. 提单正本在任何时间都起到物权凭证的作用
C. 提单正本作为物权凭证有一定时间的限制　　D. 提单副本也起到物权凭证的作用

2. 下列注明(　　)的是不清洁提单。

A. 对物质质量和包装情况的客观描述，未有不满意的情况
B. 承运人对货物的内容、数量、质量、特性等不详
C. 承运人对包装或货物特性引起的损失概不负责
D. 外包装有油渍和水渍

3. 买卖大宗货物，并采用(　　)方式时，为了加快装卸速度，减少船舶在港口停留时间，通常在合同中规定滞期速遣条款。

A. 班轮运输　　B. 定程租船　　C. 定期租船　　D. 光船租船

4. 出口商将货物装船后，换取正本提单的凭证是(　　)。

A. 装船提单　　B. 轮机长收据　　C. 大副收据　　D. 运费收据

5. LCL－FCL 货物交接的运输条款包括(　　)。

A. CY－CY　　B. CY－DOOR　　C. CFS－CY　　D. CY－CFS

6. 门到门的集装箱运输最适合于(　　)交接方。

A. 整箱交、整箱接　　B. 整箱交、拆箱接　　C. 拼箱交、拆箱接　　D. 拼箱交、整箱接

7. 航空运输中，SCR 表示(　　)运价。

A. 比例运价　　B. 指定商品运价　　C. 普通货物运价　　D. 等级货物运价

8. 航空货运单是(　　)。

A. 可以议付的单据　　B. 物权凭证　　C. 货物收据和运输合同　D. 提货凭证

9.《关于统一提单若干法律规定的国际公约》又称(　　)。

A.《海牙规则》　　B.《维斯比规则》　　C.《汉堡规则》　　D.《海牙议定书》

10. 出口商在货物装船取得提单后未能及时到银行议付,该提单将成为(　　)。

A. 顺签提单　　B. 待运提单　　C. 过期提单　　D. 预借提单

11. 下列不属于定期租船人支付的项目是(　　)。

A. 港口使用费　　B. 装卸费　　C. 船员给养　　D. 燃料费

二、判断题

1. 航次租船合同中,通常对船舶完成一个航次或几个航次所需时间作出规定,超出规定时间,承租人应支付滞期费。(　　)

2. 租船合同下,由于不可抗力导致船舶不能在解约日前到达装货港,租方有权解除合同。(　　)

3. 预借提单是承运人收到货物后,实际装船前签发的没有填写船名和装船日期的提单。(　　)

4. 倒签提单是指提单日期早于船舶实际开航日期的提单。(　　)

5. 航空托运书收货人内不得填写“to order”或“to order of the shipper”等字样,主要原因是航空运单不能转让。(　　)

6. 集装箱运输中“TEU”和“FEU”二者在集装箱船的载箱量,港口集装箱吞吐量允许装载的货物重量和体积等方面按照两倍关系来计算。(　　)

7. 海运提单的签发日期是指货物开始装船的日期。(　　)

8. 海运提单是承运人与托运人之间订立的运输契约,是物权凭证。(　　)

9. 航空运单与海运单都不是物权凭证,收货人都是凭到货通知提货。(　　)

10. 在国际贸易中,不论采用何种运输方式,都应在合同中订明卸载率和滞期、速遣费条款。(　　)

11. 在国际海上运输中,托运人托运一件货物,货物重量 0.6 吨,体积 0.7 立方米,通常其运费吨为 0.7。(　　)

12. W/M or A. V. 是指按重量和体积中较高的一个收取运费后再加上一定百分比的从价费。(　　)

三、计算题

1. 出口箱装货物共 100 箱,报价为每箱 4 000 美元 FOB 上海,基本费率为每运费吨 26 美元或 1.5%,以 W/M or Ad Val 选择法计算,每箱体积为 1.4 米×1.3 米×1.1 米,毛重为每箱 2 公吨,并加收燃油附加费 10%,货币贬值附加费 20%,转船附加费 40%,求总运费。

2. 我某公司出口箱装货物一批,报价为 CFR 利物浦每箱 35 美元,英国商人要求改报 FOB 价。该批货物的体积为 45 厘米×40 厘米×25 厘米,每箱毛重为 35 公斤,商品计费标准为 W/M,基本运费为 120 美元/运费吨,并加收燃油附加费 20%,货币贬值附加费 10%。问:我方应如何报价?

3. 某轮从广州港装载杂货——人造纤维,体积为 20 立方米,毛重为 17.8 公吨,运往欧洲某港口,托运人要求选择卸货港 Rotterdam 或 Hamburg, Rotterdam 和 Hamburg 都是基本港口,基本运费率为 USD 80.0/FT,三个以内选卸港的附加费率为每运费吨加收 USD 3.0“W/M”。请问:

(1) 该托运人应支付多少运费(以美元计)?

(2) 如果改用集装箱运输,海运费的基本费率为 USD 1 100.0/TEU,货币附加费 10%,燃油附加费 10%。改用集装箱运输时,该托运人应支付多少运费(以美元计)?

4. 我国某出口商委托国际货运代理人出运一票货物,共装 10 个 20 英尺集装箱(TEU)。假设从国内某港口到国外某港口的基本费率是 USD 1 600/20'(TEU),附加费 BAF 是 USD 200/TEU, EBS 是 USD 80/TEU, PSS 是 USD 150/TEU, CAF 是 USD 100/TEU,请问:

(1) 托运人应支付多少运费？

(2) 如果该出口商要求货运代理人报“ALL IN RATE”，那么“ALL IN RATE”是多少？

(3) 如果该出口商要求货运代理人报“ALL IN FREIGHT”，那么托运人应支付多少运费？

四、简答与案例分析题

1. 国际货物运输的方式有哪几种？在实际业务中应如何选择使用？

2. 分别简述班轮运输和租船运输的特点。

3. 班轮提单的性质与作用表现在哪些方面？

4. 提单的种类有哪些？说明其含义与作用。

5. 铁路运单、航空运单与海运提单相比各有哪些异同？

6. 多式联运单据与其他单一运输方式的单据有何区别？

7. 装运时间的规定方法有哪几种？

8. 何谓分批装运和转运？《UCP 600》对分批装运是怎样规定的？

9. 在出口业务中确定装运港(地)和目的港(地)时各应注意什么问题？

10. 何谓装卸时间、滞期费、速遣费？为何程租船合同要对这些问题作出具体规定？

11. 2005年3月，金圣才文化用品公司与美国C公司签订一份买卖合同，约定C公司向金圣才文化用品公司购买一批塑料文具。金圣才文化用品公司委托美国B运通公司将这批塑料文具运往纽约，并根据承运人的要求在指定时间将货物运到指定的装运港口。6月，货物装船，船长代理承运人签发了一式三份正本记名提单。货到目的港后，C公司始终未付款，金圣才文化用品公司拟将货物运回。在与美国B运通公司的交涉过程中，金圣才文化用品公司于同年12月得知货物已被C公司凭汇丰银行出具的保函提取。金圣才文化用品公司遂要求美国B运通股份公司承担无单放货的责任，而美国B运通股份公司认为应由买方C公司自己承担责任。双方协商不成，金圣才文化用品公司遂提起诉讼。试问，金圣才文化用品公司有无理由进行起诉？

12. 有一份CIF合同，出售矿砂5 000公吨。合同规定：“CIF汉堡，2月份由一船或数船装运，并凭单据付款。”事后，卖方于2月15日装运3 100吨，余数在3月1日装上另一艘船。当卖方凭单据要求买方付款时，买方以“第二批货物是3月1日装船，违反合同的装船时间”为由，拒绝接受全部单据和拒付全部货款，但卖方提出异议。试问：在上述情况下，买方能否拒绝接受全部单据和拒付全部货款？为什么？

13. 有一份合同，其内容为出售中国大米10 000公吨。合同规定“自2月份开始，每月装船1 000公吨，分10批交货。”卖方从2月开始交货，但交至第5批大米时，大米品质有霉变，不适合人类食用，因而买方以此为理由，主张以后各批均应撤销。试问：在上述情况下，买方能否主张这种权利？为什么？

14. 有一批茶叶交付船公司装运，货到目的港后，收货人在提货时发现茶叶有异味，后经查实，船公司将茶叶与生牛皮混装在一个船舱内。请问，船公司对该批变味茶叶是否应负责？为什么？

15. 福建某厂接到一美商从香港分公司开来的信用证，一切条件均符合合同，该美国进口商在信用证上指明要某一美国轮船公司装货运往美国洛杉矶，恰好该轮船公司的定期班轮无舱位，在紧急情况下，等下班船期就来不及了，需要换另一轮船公司的船，对方也同意。现在的问题是信用证上指定的轮船公司与实际运货的轮船公司不同，银行以航运条件与信用证规定不符不予押汇，而且改证也来不及，请问有何办法可以从速补救？

16. 我外贸E公司以FOB中国口岸价与香港W公司成交钢材一批，港商即转手以CFR釜山价售给韩国H公司。港商来证价格为FOB中国口岸，要求货运釜山，并在提单表明“运费预付”。试分析港商为什么这样做？E公司应如何处理？

第四章 国际货物运输保险

开篇案例

某年某月，中国山西某烟炭公司向丹麦出口无烟煤，合同采用CIF价格条件，规定由中方投保水渍险。该批货物在印度转船时遭遇暴雨，造成湿损。货到目的港后，进口商凭保单向保险人提出索赔，遭保险人拒赔，理由是雨淋不属于“水渍险”承保范围。

再如，中国土产畜产进出口公司浙江省某茶叶分公司某年某月以上海对外贸易运输公司作为货运代理、广州远洋运输公司作为承运人，由广州远洋运输公司提供集装箱供上海对外贸易运输公司装货后运往德国汉堡港。货到目的港，收货人发现部分茶叶串味变质，向保险人提出索赔。保险人赔偿后取得了收货人签署的权益转让书，向广州远洋运输公司和上海对外贸易运输公司提出索赔，但遭到拒绝。于是，保险人便以广州远洋运输公司为第一被告、上海外运为第二被告向上海海事法院提起诉讼。最终，法院判决广州远洋运输公司和上海对外贸易运输公司共同赔付保险人的损失。

办理国际货物运输保险，是每一单出口业务都要做的事，但要办得既稳妥又经济却不简单。从以上案例来看，在办理国际货物运输保险时，需要综合考虑各方面的因素，投保时才能做到合理、有利、防风险于未然。由于实际操作中情况千差万别，因此如何灵活运用保险，规避出口货物运输中的风险，是技巧性很强的专业工作。在洽商和订立合同时，必须选择正确的方法，合理订明保险条款。

学习目标

○ 掌握承保时应用的原则。

○ 了解海上货物运输保险所保障的范围和熟知我国海洋货物运输保险险别的基本内容。

○ 了解国际货物保险的有关法律及惯例。

○ 掌握约定保险条款时应注意的问题及投保程序。

○ 能够运用所学的知识分析相关业务案例。

保险是一种经济补偿制度，从法律角度看，它是一种补偿性契约行为，即被保险人向保险人提供一定的对价（保险费），保险人则对被保险人将来可能遭受的承保范围内的损失负赔偿责任。在国际贸易中，由于货物一般都需要通过长途运输，货物在整个运输过程中，可能遇到自然灾害或意外事故而遭受损失，货主为了转嫁货物在运输过程中的风险损失，就需要办理国际货物运输保险。国际贸易涉及的货物运输保险问题，买卖双方洽商交易时必须谈妥，并在合同中具体订明。为了订好合同中的保险条款和正确处理有关进出口货物保险事宜，凡从事国际贸易的人员都必须了解国际货物运输保险的有关基本知识。

第一节 国际货物运输保险概述

保险种类很多，其中包括财产保险、责任保险、保证保险和人身保险，国际货物运输保险属于其中的财产保险范畴。

一、国际货物运输保险的含义

国际贸易的货物运输保险是以运输过程中的货物作为标的，在被保险人支付了一定保费的前提下，保险人对保险标的在运输过程中所发生的约定范围内的损失给予被保险人以经济上补偿的一种保险业务。

在国际贸易中，办理国际货物运输保险，是人们同自然灾害和意外事故作斗争的一种经济措施。国际货物通过投保运输险，将可能发生的损失变为固定的费用，在货物遭受承保范围内的损失时，可以从有关保险公司及时得到经济上的补偿，这不仅有利于进出口企业加强经济核算，而且也有利于进出口企业保持正常营业，从而有效地促进国际贸易的发展。

二、国际货物运输保险的原则

由于国际货物采取的运输方式很多，其中包括海洋运输、陆上运输、航空运输和邮包运输等，因此，国际货物运输保险也相应地分为海运货物保险、陆运货物保险、航空货运保险和邮包运输保险等。其中海上货运保险在各类保险中起源最早，历史最悠久。但无论何种保险，世界各国保险法共同认可和遵循的保险基本原则都包括可保利益原则、最大诚信原则、补偿原则和近因原则，学习和掌握这些基本原则对于掌握保险常识、研究保险理论、参与保险业务以及解决国际贸易中的保险纠纷都有重要意义和作用。

1. 保险利益原则

保险标的(Subject Matter Insured)是保险所要保障的对象，它可以是任何财产及其有关利益或者人的寿命和身体。保险利益(Insurable Interest)，又称可保权益，是指投保人对保险标的具有的法律承认的利益。投保人对保险标的应当具有保险利益。投保人对保险标的不具有保险利益的，保险合同无效，这就是保险利益原则(Principle of Insurable Interest)。就货物运输保险而言，反映在运输货物上的利益，主要是货物本身的价值，但也包括与此相关联的费用，如运费、保险费，关税和预期利润等。保险标的安全到达时，被保险人就收益；当保险标的遭到损毁或灭失，被保险人就受到损害或负有经济责任。

国际货运保险同其他保险一样，要求被保险人必须对保险标的具有保险利益。但国际货运保险又不像有的保险(如人身保险)那样要求被保险人在投保时便具有保险利益，它仅要求在保险标的发生损失时必须具有保险利益。这种特殊规定是由国际贸易的特点所决定的。例如在国际货物贸易中，买卖双方分处两国，如以 FCA、FOB、CFR、CPT 条件达成的交易，货物风险的转移以在装运港货物装上船或在出口国发货地或启运地货交承运人为界。显然，货物在装上船或货交承运人风险转移之前，仅卖方有保险利益，而买方并无保险利益。如果硬性规定被保险人在投保时就必须有保险利益，则按这些条件达成的合同，买方便无法在货物装船或货交承运人之前及时对该货物办理保险了。因此在实际业务中，保险人可视为买方具有预期的保险利益而允许承保。

【案例 4-1】 有一份 FOB 合同，买方向保险公司投保了"仓至仓条款一切险"(All Risks With W/W Clauses)，但货物在从卖方仓库运往码头的途中，被暴风雨淋湿了 10%的货物。事后卖方以保单中含有仓至仓条款为由，要求保险公司赔偿此项损失，遭到保险公司拒绝。后卖方又请求买方以投保人名义凭保单向保险公司索赔，也遭到保险公司拒绝。试问在上述情况下，保险公司能否拒绝？为什么？

【分析】 保险公司可以拒绝赔偿，因为买方在风险发生时对货物不具有可保利益，而卖方虽具有可保利益，但不是保单的合法持有人。

2. 最大诚信原则

最大诚信原则(Principle of Utmost Good Faith)是指投保人和保险人在签订保险合同以及合同有效期内，必须保持最大限度的诚意，双方都应恪守信用，互不欺骗隐瞒。保险人应当向投保人说明保险合同的条款内容，并可以就保险标的或者被保险人的有关情况提出询问，投保人应当如实告知。对被保险人来说，最大诚信原则主要有两方面的要求：一是重要事实的申报；二是保证。重要事实的申报是指投保人在投保时应将自己知道的或者在通常业务中应当知道的有关保险标的的重要事实如实告知保险人，以便保险人判断是否同意承保或者决定承保的条件。例如，在货物运输保险中，被保险人应向保险人提供保险标的、运输条件、航程及包装条件等方面的真实情况。如果被保险人故意未将重要情况如实告知保险人，保险人有权解除合同，并且不退还保险费。对合同解除前发生保险事故所造成的损失，保险人不负责赔偿责任。

3. 补偿原则

补偿原则(Principle of Indemnity)又称损害赔偿原则，是指当保险标的遭受保险责任范围内的损失时，保险人应当依照保险合同的约定履行赔付业务。但保险人的赔偿金额不得超过保险单上的保险金额或被保险人遭受的实际损失。保险人的赔偿不应使被保险人因保险赔偿而获得额外利益。

4. 近因原则

近因原则(Principle of Proximate Cause)是指保险人只对承保风险与保险标的的损失之间有因果关系的损失负赔偿责任，而对保险责任范围以外的风险造成的保险标的的损失不承担赔偿责任。近因原则是保险理赔过程中必须遵循的一项基本原则，也是在保险标的发生损失时，用来确定保险标的所受损失是否获得保险赔偿的一项重要依据。

第二节　海上货物运输保险保障的范围

在现代的对外贸易航海运输中，船舶越来越大，虽然装备精良且现代化，但一旦遭遇海难，经济上的损失相应地也十分严重，因此办理海上货物运输保险十分必要。货物在海上运输及海陆交接过程中，可能遭遇各种风险和损失，保险人并不是对所有的风险都予以承保,也不是对任何损失都予以补偿。为了明确责任,保险人都对其承保的各类风险及该风险所造成的损失和所产生的费用的赔偿责任,在其承保的各种险别中加以明确规定。因此必须首先对保险人所承保海上货物运输保险的风险、损失和费用有准确的理解。

一、可保障的风险

在国际货物运输保险业务中,风险主要分为海上风险(Perils of Sea)和外来风险(Extraneous Risk)两类。海上风险包括自然灾害(Natural Calamities)和意外事故(Fortuitous Accidents),自然灾害是指不以人的意志为转移的自然界力量所引起的灾害;意外事故是指由于偶然的,难以预料的原因引起的事故。外来风险是指由于海上风险以外的其他外来原因引起的风险,又分一般原因、特别原因和特殊原因造成的风险。具体见表 4-1。

表 4-1 风险分类

风险种类	风险的内容
海上风险	自然灾害:恶劣天气、雷电、海啸、洪水、地震或火山爆发
	意外事故:船舶搁浅、触礁、沉没、碰撞、失火、爆炸、失踪等
外来风险	一般原因:偷窃、雨淋、短量、渗漏、玷污、破碎、受潮受热、串味、生锈、钩损等
	特别原因:交货不到、进口关税、黄曲霉素、舱面货损、拒收等
	特殊原因:军事、政治、国家政策法令及行政措施等

二、可补偿的损失

1. 海上损失

海上损失(Average),是指被保险货物在海运途中因遭受海上风险所直接造成的任何损失。根据海上损失的程度不同,可分为全部损失和部分损失。

(1) 全部损失

全部损失(Total Loss)又称全损,是指运输中的整批货物或不可分割的一批货物的全部灭失或损坏。全损又可分为实际全损和推定全损两种。

① 实际全损(Actual Total Loss),是指保险标的物完全灭失,或标的物所有权丧失已无法挽回,或标的物已丧失商业价值或失去原有使用价值,或载货船舶失踪一段时间(如4~6 个月)音信全无。被保险货物在遭到实际全损时,被保险人可按投保金额获得保险公司的全部损失的赔付。

② 推定全损(Constructive Total Loss)。当被保险货物在运输途中受损后,实际全损已无法避免,或者为避免实际全损而支出的恢复、修理、施救、收回及运送货物到原目的地的费用之和超过修复或收回货物的价值,即可推定为全损,可以要求按全部损失赔付。

(2) 部分损失

部分损失(Partial Loss),是指保险标的物部分损坏或灭失,按其损失的性质不同,可分为共同海损和单独海损。

① 共同海损(General Average, G. A.),是指载货的船舶在海运途中遭受自然灾害或意外事故,船长为解除船与货的共同危险或使航程得以继续,有意而合理地作出的特殊牺

牲，或采取合理救难措施而引起的特殊损失和合理的额外费用。

构成共同海损应具备的条件是：船舶确实遭遇危及船、货共同安全的危险；采取的措施必须是合理的和有意识的；牺牲和费用支出是额外的，是为了解除共同危险，而不是由直接造成的；共同海损的牺牲或支付的费用必须以船、货获救的效果为前提。

共同海损的牺牲和费用支出的目的是为了使船舶、货物和运费收入三方都免于遭受全部损失。因此，共同海损的牺牲和支出的费用应按最后获救价值的比例由三方分摊，这种分摊称为共同海损分摊(General Average Contribution)。

② 单独海损(Particular Average，P. A.)，是指由承保风险直接导致的船或货的部分损失，是仅由各受损者单方面负担的一种损失。单独海损的损失一般由受损方单独承担。

【案例 4-2】 某货轮从上海港驶往新加坡，在航行途中船舶货舱起火，大火蔓延到机舱，船长为了船货的共同安全，决定采取紧急措施，往舱内灌水灭火。火虽被扑灭，但由于主机受损，无法继续航行，于是船长决定雇用拖轮将货船拖回上海港修理，检修后重新驶往新加坡。事后调查，这次事故造成的损失有：(1)1 000 箱货物被火烧毁；(2)600 箱由于灌水灭火受损；(3)主机和部分甲板被烧坏；(4)拖轮费用；(5)额外增加的燃料和船长、船员工资。试分析上述各项损失和费用的性质。

【分析】 (1)、(3)为单独海损，分别由货方、船方各自承担；(2)、(4)、(5)为共同海损，由船货方共同承担。

2. 外来风险的损失

外来风险的损失是指海上风险以外的其他外来风险所造成的损失。按不同的原因，又可分为一般外来风险损失和特殊外来风险损失。

(1) 一般外来风险损失，是指货物在运输途中由于偷窃、短量、钩损、碰损、雨淋、玷污等一般外来风险所导致的损失。

(2) 特殊外来风险损失，是指由于军事、政治、国家政策法令以及行政措施等特殊外来风险所造成的损失。

三、可承担的费用

海上费用是指海上风险造成的由被保险人承保的费用损失。海上费用包括施救费用和救助费用。

1. 施救费用(Sue and Labor Expenses)

又称单独海损费用，是指保险货物遭受保险责任范围内的自然灾害和意外事故时，被保险人或其代理人、雇佣人员和受让人等为抢救、保护、清理被保险货物，防止损失继续扩大而采取措施所支付的合理费用。这种费用，保险公司负责赔偿。

2. 救助费用(Salvage Charges)

是指保险标的在运输途中，遭遇到承保范围内的灾害事故时，由保险人和被保险人以外的无契约关系的第三者采取救助行动，而向其支付的报酬。海上救助合同有两种：一种是雇佣性救助合同，这种合同不论救助是否有效，均按约定付费标准支付救助费用；另一种为“无效果、无报酬”(No Cure，No Pay)的合同，目前国际上较多国家使用这种方式。救助费用往往属于共同海损费用，这种费用由保险人负责赔偿。

第三节　我国海洋运输货物保险的险别与条款

保险险别是保险人对风险和损失的承保责任范围，它是承保人责任义务大小及被保险人缴付保险数额的依据。根据我国现行的《海洋货物运输保险条款》的规定，我国海洋货物运输保险可分为基本险别和附加险别两大类。

一、基本险别与条款

按照中国人民保险公司 1981 年 1 月修订的《海洋货物运输保险条款》(Ocean Marine Cargo Clauses)的规定，海洋运输保险的基本险别主要包括平安险、水渍险和一切险。

1. 平安险

平安险(Free From Particular Average，F. P. A.)的承保责任范围包括：

(1) 货物在海运途中遇到自然灾害，造成被保险货物的全部损失，包括实际全损和推定全损。

(2) 在海运途中，运输船舶遭到意外事故造成的被保险货物的全部或部分损失。

(3) 运输船舶在运输途中遇到意外事故，意外事故前后又遇到自然灾害，致使被保险货物遭受部分损失。

(4) 保险标的物在装卸转船过程中，一件或数件落海所造成的全部损失或部分损失。

(5) 被保险人在保险标的遭受承保责任范围内的风险时，对其进行抢救、防止或减少货损的措施而支付的合理费用——不超过保险标的的保险金额。

(6) 船舶遭遇自然灾害或意外事故，在中途港或避难港停靠而引起的装卸、存仓等特别费用损失。

(7) 发生共同海损的牺牲、分摊和救助费用。

(8) 运输契约订有“船舶互撞条款”，按规定应由货方偿还的损失。

【案例 4-3】 某货轮在某港装货后，航行途中不慎发生触礁事故，船舶搁浅，不能继续航行。事后，船方反复开倒车强行浮起，但船底划破，致使海水渗入货舱，造成船货部分损失。为使货轮能继续航行，船长发出求救信号。船被拖至就近港口的船坞修理，暂时卸下大部分货物，前后共花了 10 天，共支出修理费 5 000 美元，增加各项费用支出(包括员工工资)共 3 000 美元。当船修复后继续装上原货起航。次日，忽遇恶劣天气，使船上装载的某货主的一部分货物被海水浸湿。问：(1)从货运保险业务方面分析，以上所述的各项损失，各属于什么性质的损失？(2)在投保了平安险的情况下，被保险人有权向保险公司提出哪些赔偿要求？为什么？

【分析】 (1) 货轮触礁后造成船货部分损失属于单独海损，后花费的 5 000 美元修理费用和3 000 美元费用支出为共同海损，次日遇恶劣天气造成的部分货损属于单独海损。

(2) 在平安险下被保险人可就以上全部损失向保险公司提出赔偿要求。

2. 水渍险

水渍险(With Particular Average，W. P. A.)的责任范围，除包括平安险的各项责任外，还负责被保险货物由于各种自然灾害所造成的部分损失。水渍险的责任范围大于平安险。

【案例 4-4】 我国某进出口公司向澳大利亚出口坯布 100 包,我方按合同规定加一成投保水渍险。货物在运输途中因舱内食用水管漏水,致使该批布中的 30 包浸有水渍。问此损失应该向保险公司索赔还是向船公司索赔?为什么?

【分析】 此损失不能向保险公司索赔,因为食用水管漏水导致货物水渍属于淡水水渍,不在水渍险的承保范围内,可以凭清洁提单向船公司索赔。

3. 一切险

一切险(All Risks, A. R.)除包括平安险和水渍险的各项责任外,还包括货物在运输途中由于一般外来风险所造成的被保险货物的全部或部分损失,但不包括特别附加险和特殊附加险。一切险的责任范围大于平安险和水渍险。

【案例 4-5】 我某进出口公司以 CIF 条件进口货物一批。合同中规定:由卖方按发票金额的 130%投保一切险。卖方在装运完毕后,已凭结汇单据向买方收取了货款,而货物在运输途中遇险导致全部灭失。当买方凭保险单向保险公司要求赔付时,卖方却提出,超过发票金额 20%的赔付部分,应该买卖双方各得一半。问:卖方的要求是否合理?为什么?

【分析】 不合理。因为货物在运输途中发生风险时买方对货物具有可保利益,卖方不具有,并且保单已随全套结汇单据转给买方,所以卖方无权要求获得一半赔偿。

基本险别也叫主险别,可以单独投保,投保人可根据货物运输特点在上述三种险别中选择一种进行投保。由于上述三种险别责任的范围大小有别,因此它们的保险费率也不相同。

二、附加险别和条款

附加险是对基本险的补充和扩大,投保人只能在投保一种基础险的基础上才可以加保一种或数种附加险。附加险可分为一般附加险、特别附加险和特殊附加险。

1. 一般附加险

一般附加险(General Additional Risk)与一般外来风险相对应,它包括以下几种:

(1) 偷窃、提货不着险(Theft, Pilferage, and Non-Delivery, T. P. N. D.):保险有效期内,保险货物被偷走或窃走,以及货物运抵目的地以后,整件未交的损失,由保险公司负责赔偿。

(2) 淡水雨淋险(Fresh Water and Rain Damage, F. W. R. D.):货物在运输中,由于淡水、雨水以至雪溶所造成的损失,保险公司都应负责赔偿。淡水包括船上淡水舱、水管漏水以及舱汗等。

(3) 短量险(Risk of Shortage):负责保险货物数量短少和重量的损失。通常包装货物的短少,保险公司必须要查清外装包是否发生异常现象,如破口、破袋、扯缝等;如属散装货物,往往将装船和卸船重量之间的差额作为计算短量的依据。

(4) 混杂、玷污险(Risk of Intermixture and Contamination):保险货物在运输过程中,混进了杂质所造成的损失。例如矿石等混进了泥土、草屑等因而使质量受到影响。此外,保险货物因为和其他物质接触而被玷污,例如布匹、纸张、食物、服装等被油类或带色的物质污染因而引起的经济损失。

(5) 渗漏险(Risk of Leakage):流质、半流质的液体物质和油类物质,在运输过程中由于容器损坏而引起的渗漏损失。如以液体装存的湿肠衣,因为液体渗漏而使肠衣发生腐烂、变质等损失,均由保险公司负责赔偿。

(6) 受热受潮险(Sweating and Heating Risks):例如,船舶在航行途中,由于气温骤变,或者因为船上通风设备失灵等使舱内水汽凝结、发潮、发热引起货物的损失。

(7) 钩损险(Hook Damage):保险货物在装卸过程中因为使用手钩、吊钩等工具所造成的损失,例如粮食包装袋因吊钩钩坏而造成粮食外漏所造成的损失,保险公司在承保该险种下应予赔偿。

(8) 包装破裂险(Breakage of Packing Risk):因为包装破裂造成物资的短少、玷污等损失。此外,对于因保险货物运输过程中续运安全需要而产生的候补包装、调换包装所支付的费用,保险公司也应负责。

(9) 锈损险(Risk of Rust):保险公司负责保险货物在运输过程中因为生锈造成的损失。不过这种生锈必须在保险期内发生,如原装时就已生锈,保险公司不负责任。

(10) 串味险(Taint of Odor Risk):例如,茶叶、香料、药材等在运输途中受到一起堆储的皮毛、樟脑等异味的影响使品质受到损失。

(11) 碰损、破碎险(Risk of Clash and Breakage):碰损主要是对金属、木质等货物来说的,破碎则主要是对易碎性物质如玻璃、瓷器等来说的。前者是指在运输途中,因为受到震动、颠簸、挤压而造成货物本身的损失;后者是在运输途中由于装卸野蛮、粗鲁、运输工具的颠震造成货物本身的破裂、断碎的损失。

2. 特别附加险

特别附加险(Specific Additional Risk)与特别外来风险相对应,它包括:

(1) 进口关税险(Import Duty Risk):负责由于货物受损仍需按完好价值完缴进口关税所造成的损失。进口关税的税率一般是比较高的。当货物在进入某一国家之前,在中途遭受到损坏,其价值因而降低,如受到水损、玷污、发热变质以及内装数量短缺等。对于这种情况,有些国家规定在进口完缴关税时,可以申请对损;短量部分按其价值减税、免税。但也有些国家规定,进口货物不论有否短少、损残,仍需按完好价值完税。进口关税险,就是承保上述情况引起的关税损失。但是货物遭受的短、残等损失必须是保险单承保的责任所引起的。附加关税险的保险金额应根据可能缴纳的税款来确定,通常是由被保险人根据其本国进口关税的税率订定。因此,应与货物保险金额分开,而且另行收费,一般是按照发票金额的几成加保。这个保额应在保险单上另行载明,将来发生损失时在该保额限度内赔偿,不能和主险的保额相互串用。

(2) 舱面险(On Deck Risk):由海上运输的货物,无论是干货船、散装船,一般都是装在舱内的。在制定货物运输的责任范围和费率时,都是以舱内运输作为考虑基础的。如果货物是装在舱面的,保险公司对此不能负责。但是有些货物由于体积大、有毒性或者有污染性,根据航运习惯必须装载于舱面。为了解决这类货物的损失补偿,就产生了附加舱面险。装载在舱面的货物,暴露于外,很容易受损,特别是雨雪、海水溅激更是经常发生的,保险公司通常只是在"平安险"的基础上加保舱面险,一般不愿意按"一切险"基础加保,以免责任过大。应考虑危险的实际可能,加保舱面险。除了按原来承保险别的范围负责外,还对货物被抛弃或因风浪冲击落水的损失,予以负责。在承保大五金的舱面险时,对金属条、板、块等,保险公司往往将生锈除外,因为这类货物放在舱面必然会生锈。如果包括生锈,几乎笔笔都要赔,保险公司无法控制责任。加保舱面险需另行加费。

(3) 交货不到险(Failure to Deliver Risk):对不论由于任何原因,从被保险货物装上船舶时开始,不能在预定抵达目的地的日期起 6 个月内交货的,负责按全损赔偿。

(4) 拒收险(Rejection Risk):承保货物在进口时,由于各种原因,被进口国的有关当局拒绝进口而没收所产生的损失。但是,在投保时被保险人必须保证持有进口所需的一切特许证或许可证或进口限额。如果不具备进口所需的证件,那么遭到拒绝进口是意料中的事了。另外,被保险人经保险公司要求有责任处理被拒绝进口的货物或者申请仲裁。这是约束被保险人,不能因为保了“拒收险”将被拒绝进口的货物都归属于保险公司而撒手不管。拒收险的费率波动很大,要根据商品性能,进口国对进口货物的具体掌握情况来订定。

(5) 黄曲霉素险(Aflatoxin Risk):黄曲霉素是在花生中含有的带有毒性的菌素。如果花生中含有这一菌素的比例超过进口国家的限制标准,就会被拒绝进口,或者被没收,或者被强制改变用途。黄曲霉素险,就是承保因此引起的损失,对于被拒绝进口或强制改变用途的货物,被保险人有义务进行处理。对于因拒绝进口而引起的争执,被保险人也有责任申请仲裁。这实际上也是一种专门原因的拒收险。

(6) 货物出口到香港(包括九龙)或澳门存仓火险责任扩展条款(Fire Risk Extension Clause, F. R. E. C. — For Shortage of Cargo at Destination Hong Kong, Including Kowloon, or Macao):内地出口到港澳的货物,如直接卸到保险单载明的过户银行所指定的仓库时,加贴这一条款,则延长存仓期间的火险责任。保险期限从货物运入过户银行指定的仓库时开始,直到过户银行解除货物权益或者运输责任终止时起计算满30天为止。这一保险是为了保障过户银行的利益的。货物通过银行办理押汇,在货主未向银行归还贷款前,货物的权益属于银行。因此,在保险单上必须注明保户给放款银行。在此阶段货物即使到达目的港,收货人也无权提货。货物往往存放在过户银行指定的仓库中,贴了这一条款,如在存仓期间发生火灾,保险公司负责赔偿。

(7) 虫损险(Infestation)

这一特别附加险是为了保障容易被虫蛀的动植物在正常运输途中较易发生的虫蛀风险。在本保险项下,保险人对被保险货物在正常运输途中,由于虫卵所致虫蛀损失以及由此引起的合理的熏蒸费及其他费用负责赔偿,但被保险货物在起运港装船前必须经当地有资格的动植物检疫所检验并证明品质合格。

3. 特殊附加险

特殊附加险(Special Additional Risk)与特殊外来险相对应,它包括:

(1) 战争险(War Risk):各种战争险,包括海运、陆运、空运和邮包战争险,都是承保战争或类似战争行为等引起保险货物的直接损失。各种不同运输方式的战争险,由于运输工具有其本身的特点,在具体责任上有些差别,但就各种战争险的共同负责范围来说,基本上是一样的。即对直接由于战争、类似战争行为以及武装冲突所致的损失,如货物由于捕获、拘留、扣留、禁制和扣押等行为引起的损失都是负责的。海运战争险在这一条里,多了一个“海盗行为所致的损失”,其他战争险没有这一条。各种战争险对敌对行为中使用原子或热核制造的武器所导致的损失和费用都是不负责的。因为这种原子、核武器的破坏性非常大,造成的损失也是难以估计的,保险公司无法承担。此外,海运战争险对于因执政者、当权者或其他武装集团的扣押、拘留引起的承保航程的丧失和损失是不负责任的。

货物如加保了战争险附加费用,则对因战争险后果所引起的附加费用,由保险公司予以负责。它主要负责的范围是,发生战争险责任内的风险引起航程中断或挫折,以及由于承运人行使运输契约中有关战争险条款规定所赋予的权利,把货物卸在保险单规定以外的港口和地方，因此而产生的应由被保险人负责的那部分附加的合理费用。这些费用包括卸货、上岸、存仓、转运、关税以及保险费等。

(2) 罢工险(Strikes Risk)：罢工险是承保因罢工者、被迫停工工人、参加工潮、暴动和民众斗争的人员，采取行动造成保险货物的损失。对于任何人的恶意行为造成的损失也予负责。对前面谈到的各种行动和行为所引起的共同海损的牺牲、分摊和救助费用也由保险公司赔偿。罢工险负责的损失都必须是直接损失，对于间接损失是不负责任的。例如，因为罢工劳动力不足，或者无法使用劳动力对堆存在码头的货物，遇到大雨无法采取罩盖防雨布的措施而遭淋湿受损；因为罢工，没有劳动力对冷冻机添加燃料致使动力中断，冷冻机停机，而使冷冻货物遭受到化冻变质的损失等。此外，对罢工引起的费用损失，如港口工人罢工无法在原定港口卸货，改到另外一个港口卸货引起的增加运输费用，均属于间接损失，不予负责。伦敦协会货物险条款中专门有一条罢工险除外条款，明确对罢工、被迫停工、工潮、暴动或民变等造成保险货物的损失不予负责。但如加保了罢工险则对上述罢工险除外的责任予以负责，并应将罢工险除外条款打上删除印章。

附加险不能单独投保，必须在投保基本险后再加投附加险。由于一切险的承保责任范围已包含了一般附加险，故在投保一切险时不必加保一般附加险。

三、承保责任的起止期限

1. 基本险的承保责任起止期限

(1) 仓至仓条款

根据我国海洋货物运输保险条款的规定，在正常运输的情况下，基本险承保责任的起止期限适用国际保险业中惯用的“仓至仓条款”(Warehouse to Warehouse Clause, W/W Clause)规定的办法处理。其规定是：货物保险的效力自被保险货物运离保险单所载明的起运地仓库或储存处所开始运输时生效，包括正常运输过程中的海上、陆上、内河和驳船运输在内，直至该项货物到达保险单所载明目的地收货人的最后仓库或储存处所或被保险人用做分配、分派或非正常运输的其他储存处所为止。如未抵达上述仓库或储存处所，则以被保险货物在最后卸载港全部卸离海轮后满 60 天为止。如在上述 60 天内被保险货物需转到非保单所载明的目的地时，则在该项货物开始转运时，保险责任终止。

(2) 非正常运输情况下基本险责任起止期限的规定

如果由于保险人无法控制的运输延迟、被迫卸货、航程变更等意外情况，被保险人在及时通知保险人，并加付保费的前提下，可按“扩展责任条款”(Extended Cover Clause)办理，扩展保险期。

2. 战争险、罢工险的责任起止期限

(1) 战争险的责任起止期限

按照国际惯例，战争险的责任起止期限实行以“水面危险”为限。具体规定是：保险责任自被保险货物装上保险单所载起运港的海轮或驳船时开始，到卸离保险单所载目的港的海轮或驳船为止。保险责任的最长期限以海轮到达目的港的当日午夜起算满 15 天为限。“到达目的港”是指海轮在该港区一个泊位或地点抛锚、停靠或系缆。如没有这种停泊地点，则指海轮在原卸货港或附近第一次抛锚、停靠或系缆。

货物如果在中途港转船，不论货物在当地卸货与否，保险责任以海轮到达该港或卸货地点的当日午夜起算满15天为止，等货物再装上续运海轮时恢复有效。

(2) 罢工险的责任起止期限

罢工险的责任起止期限也是采用“仓至仓条款”，如货物运输已投保战争险，加保罢工险一般无须加缴保险费。

四、其他海上货物运输专门险别

在海洋货物运输保险中，还有三种根据海上运输货物特性而承保的专门险别，即海洋运输冷藏货物保险(Ocean Marine Insurance Frozen Products)、海洋运输散装桐油保险(Ocean Marine Insurance Woodoil Bulk)和活牲畜家禽运输保险。

1. *海洋运输冷藏货物保险*

一些需要冷藏运输的鲜货，如蔬菜、水果、鲜花以及鱼、虾、肉类等，为了使鲜货在运输过程中保持新鲜程度，一般都需要经过处理后冷藏。海洋运输冷藏货物保险又可分为冷藏险和冷藏一切险，前者除负责水渍险的承保责任外还负责由于冷藏机器停止工作连续24小时以上所造成的被保险货物的腐烂或损失；后者除冷藏险的责任外，还负责被保险货物在运输途中由于一般外来原因所造成的腐烂或损失。

2. *海洋运输散装桐油保险*

海洋运输散装桐油保险是承保散装桐油在海洋运输途中不论何种原因造成的短少、渗漏、玷污或变质的损失。

3. *活牲畜家禽运输保险*

活牲畜家禽运输保险是保险公司对于活牲畜家禽在运输途中的死亡负责赔偿。但对下列原因造成的死亡，不负赔偿责任：在保险责任开始前，被保险活牲畜家禽健康状况不好，或保险活牲畜家禽因怀孕、防疫注射或接种所致的死亡；或因传染病、患病、经管理当局命令屠杀或因缺乏饲料而致的死亡，或由于被禁止进口或出口或检验不符所引起的死亡。

以上三种险别也属于基本险别性质。

第四节　我国陆运货物、空运货物及邮运货物保险

海洋货物运输是国际货物贸易的主要运输方式。随着国际货物贸易的发展，其他运输方式的国际货物运输量比重明显上升。因此，陆上、航空、邮包及多式联运货物保险业务脱离海上运输保险，各自成立独立的保险险别。

一、陆上国际货物运输保险

根据1981年1月1日修订的我国《陆上运输货物保险条款》(Overland Transportation Cargo Insurance Clauses)的规定，陆上运输货物保险的基本险分为陆运险(Overland Transportation Risks)和陆运一切险(Overland Transportation All Risks)两种。此外，还有适用于陆运冷藏货物的专门保险，即陆上运输冷藏货物险(Overland Transportation Insurance “Frozen Products”)及陆上运输货物战争险(火车)(Overland Transportation Cargo War Risks (by train))等附加险。

1. 陆运险和陆运一切险

陆运险的承保责任范围与海洋运输货物保险条款中的“水渍险”相似。保险公司负责赔偿被保险货物在运输途中遭受暴风、雷电、洪水、地震等自然灾害，或由于运输工具遭受倾覆、出轨、火灾，驳运过程中因驳运工具遭受搁浅、触礁、沉没、碰撞，或由于遭受隧道坍塌、崖崩或失火、爆炸等意外事故所造成的全部或部分损失。此外，被保险人对遭受承保责任内危险的货物采取抢救、防止或减少货损的措施而支付的合理费用，保险公司也负赔偿责任，但以不超过该批货物的保险金额为限。在投保陆运险的情况下，被保险人可根据需要加保一种或数种一般附加险。

陆运一切险的承保责任范围与海洋运输货物保险条款中的“一切险”相似。

保险公司除承担上述陆运险的赔偿责任外，还负责保险货物在运输途中由于一般外来原因所造成的全部或部分损失。以上责任范围均适用于火车和汽车运输，并一次为限。

陆运险和陆运一切险的除外责任与海洋运输货物险的除外责任相同。

此外，冷藏货物险，也具有基本险的性质，其责任范围除包括陆运险的责任外，还负责赔偿由于冷藏设备在运输途中损坏而导致货物变质的损失。

陆运险的责任起讫日期也采用“仓至仓”条款。保险人的责任自被保险货物运离保险单所载明的起运地仓库或储存处时开始生效，包括正常陆运及有关水上驳运，直至该货物运达保险单所载明的目的收货人的仓库或储存处或被保险人用作分派、分配的其他储存处所为止，如未运抵上述仓库或储存处，则以被保险货物运抵最后写到的车站满 60 天为止。

投保陆运一切险，如果加保战争险，则仅以铁路运输为限，其责任起讫不是“仓至仓”，而是以货物置于运输工具为限。

2. 陆上运输冷藏货物险

陆上运输冷藏货物险的主要责任范围除负责陆运险所列举的自然灾害和意外事故所造成的全部或部分损失外，还负责赔偿由于冷藏机器或隔温设备在运输途中损坏所造成的被保险货物解冻融化而腐败的损失。但由于战争、工人罢工或运输途中损坏所造成的被保险冷藏货物的腐败或损失以及被保险冷藏货物在保险责任开始时未能保持良好状况，整理、包扎不妥或冷冻不合格所造成的损失除外。

陆上运输冷藏货物险的责任自被保险货物运离保险单所载明的起运点的仓库装入运送工具开始运输生效，直至货物到达目的地收货人仓库为止。但是，被保险货物到达目的地车站 10 天以后，保险即告终止。

3. 陆上运输货物战争险

路上运输货物战争险的责任范围是负责赔偿直接由于战争、类似战争行为和敌对行为、武装冲突所致的损失以及各种常规武器包括地雷、炸弹的使用所致的损失。

陆上运输货物战争险对下列各项不负赔偿责任：由于敌对行为使用原子弹或热核武器所致的损失和费用；由于执政者、党群关系或其他武装集团的扣押、拘留引起的承保运程的丧失和挫折而提出的任何索赔要求。

陆上运输货物战争险责任自被保货物装上保险单所载起运地的火车开始到卸离保险单所载明目的地的火车时为止。如果被保险货物不卸离火车，本保险责任最长期限以火车到达地的当日午夜起算满 48 小时为止。如在运输途中转车，不论货物在当地卸载与否，保险责任以火车到达中途站的当日午夜起算满 10 天为止。如货物在上述期限内重新装车续运，本保险恢复有效。

4. 货物运输罢工险条款

货物运输罢工险对被保险货物由于罢工，被迫停工工人或参加工潮、暴动、民动、民众斗争的人员的行动，或任何人的恶意行为所造成的直接损失和共同海损、牺牲、分摊和救助费用负赔偿责任。

货物运输罢工险对下列各项不负赔偿责任：在罢工期间由于劳动力短缺或即期设备不能运用所致的保险货物的损失，包括因此而引起的动力或燃料缺乏使冷藏机停止工作所致的冷藏货物的损失。

与海洋运输货物保险相同，在投保战争险前提下，加保罢工险不另收费。如仅要求加保罢工险，则按战争险费率收费。

二、航空国际货物运输保险

根据1981年1月1日修订的我国《航空运输货物保险条例》(Air Transportation Cargo Insurance Clauses)的规定，航空运输货物保险的基本险分为航空运输险(Air Transportation Risks)和航空运输一切险(Air Transportation All Risks)两种。此外，还有航空运输货物战争险(Air Transportation Cargo War Risks)等附加险。

1. 航空运输险和航空运输一切险

航空运输险的承保责任范围与海洋运输货物保险条款中的“水渍险”大致相同。保险公司负责赔偿保险货物在运输途中遭受雷电、火灾、爆炸或由于飞机遭受恶劣气候或其他灾难灾害和意外事故所造成的全部或部分损失。

航空运输一切险的承保责任范围除包括上述航空运输险的全部责任外，保险公司还负责赔偿被保险货物由于一般外来原因所造成的全部或部分损失。

航空运输险和航空运输一切险的除外责任与海洋运输货物险的除外责任基本相同。

航空运输货物险的两种基本险的保险责任也采用“仓至仓”条款，但与海洋运输险的“仓至仓”的责任条款不同的是：如果货物运达保险单所载明目的地而未运抵保险单所载明的收货人仓库或储存处所，则被保险货物续运转送到非保险单所载明的目的地时，则保险责任在该项货物开始转运时终止。

2. 航空运输货物战争险

航空运输货物战争险是航空运输货物险的一种附加险，只有在投保了航空运输险或航空运输一切险的基础上方可加保。

加保航空运输战争险后，保险公司承担赔偿航空运输途中由于战争、敌对行为或武装冲突以及各种常规武器和炸弹所造成的货物的损失，但不包括因使用原子弹或热核武器所造成的损失。

航空运输货物战争险的保险责任自被保险货物装上保险单所载明的启运地的飞机时开始，直到卸离保险单所载明的目的地的飞机时为止。如果被保险货物不卸离飞机，则以载货飞机到达目的地的当日午夜起计算满15天为止。如被保险货物在中途转运，保险责任以飞机到达转运地的当日午夜起算满15天为止；装上续运的飞机，保险责任再恢复有效。

航空运输保险，还可加保罢工险。与海运、陆运险相同，在投保战争险前提下，加保罢工险不另收费。如仅要求加保罢工险，则按战争险费率收费。航空运输罢工险的责任范围与海洋运输罢工险的责任范围相同。

三、邮包国际货物运输保险

根据1981年1月1日修订的我国《邮包保险条款》(Parcel Post Insurance Clauses)的规定，邮包保险的基本险分为邮包险(Parcel Post Risks)和邮包一切险(Parcel Post All Risks)两种。此外，还有邮包战争险(Parcel Post War Risks)等附加险。

1. 邮包险和邮包一切险

邮包险的承保范围包括被保险邮包在运输途中由于恶劣气候、雷电、海啸、地震、洪水、自然灾害，或由于运输工具搁浅、触礁、沉没、碰撞、出轨、倾覆、坠落、失踪，或由于失火和爆炸意外事故所造成的全部或部分损失；另外，还包括被保险人对遭受承保责任内危险的货物采取抢救、防止或减少货损的措施而支付的合理费用，但以不超过该批被救货物的保险金额为限。

邮包一切险的承保责任范围除与邮包险的全部责任相同外，还包括被保险邮包在运输途中由于一般外来原因所引起的全部或部分损失。

但是，在这两种险别中保险公司对因战争、敌对行为或工人罢工所造成的损失，直接由于运输延迟或被保险物品本质上的缺点或自然损耗所造成的损失，以及属于寄件人责任和被保险邮包在保险责任开始前已存在的品质不良或数量短差所造成的损失，被保险人的故意行为或过失所造成的损失，不负赔偿责任。

邮包险和邮包一切险的保险责任是自被保险邮包离开保险单所载起运地点寄件人的处所运往邮局时开始生效，直至被保险邮包运达保险单所载明的目的地邮局，自目的地邮局签发到货通知书午夜起算满15天终止，但在此期限内邮包已经递交至收件人的处所时，保险责任即行终止。

2. 邮包战争险

邮包战争险是邮政包裹保险的一种附加险，只有在投保了邮包险和邮包一切险的基础上方可加保。加保邮包战争险须另增加支付保险费。

加保邮包战争险后，保险公司负责赔偿在邮包运输过程中由于战争、敌对行为或武装冲突以及各种常规武器包括水雷、鱼雷、爆炸所造成的损失。此外，保险公司还负责赔偿被保险人对遭受以上承保责任内危险的物品采取抢救、防止或减少损失的措施而支付的合理费用。但保险公司不承担因使用热核武器所造成的损失的赔偿。

保邮包战争险的责任是自被保险邮包经邮政机构收讫后至储存处所开始运送时生效，直至该项邮包运达保险单所载明的目的地邮政机构送交收件人为止。

邮政包裹还可加保罢工险。在投保战争险前提下，加保罢工险不另收费。如仅要求加保罢工险，则按战争险费率收费。邮政包裹罢工险的责任范围与海洋运输保罢工险的责任范围相同。

第五节　伦敦保险业协会海运货物保险条款

英国所制定的保险条款对世界保险业影响很大，目前，国际上许多国家和地区保险公司在国际货物运输保险业务中直接采用英国保险业协会制定的《协会货物条款》(Institute

Cargo Clauses, I. C. C.)。在我国对外贸易中,外贸公司可接受按照《协会货物条款》投保的要求。

I. C. C. 在 2009 年 1 月 1 日正式使用的新的保险条款共有以下六种险别:

(1) 协会货物(A)险条款(Institute Cargo Clauses(A), ICC(A))。

(2) 协会货物(B)险条款(Institute Cargo Clauses(B),ICC(B))。

(3) 协会货物(C)险条款(Institute Cargo Clauses(C),ICC(C))。

(4) 协会战争险条款(Institute War Clauses — Cargo, I. W. C. C.)。

(5) 协会罢工险条款(Institute Strikes Clauses — Cargo, I. S. C. C.)。

(6) 恶意损害险条款(Malicious Damage Clauses)。

上述六种险别除恶意损害险外,其余都按条文的性质统一划分为八个部分:承保范围(Risks Covered)、除外责任(Exclusions)、保险期限(Duration)、索赔(Claims)、保险利益(Benefit of Insurance)、减少损失(Minimizing Losses)、防止延迟(Avoidance of Delay)和法律适用(Law and Practice)。所以,前五个险别可以单独投保。同时,2009 版相比 1982 版另外两个明显变化是删除除外条款的副标题,也将 Employee(雇员)、Subject Matter Insured(保险标的)和 Insurers(保险人)分别取代原"Servant"、"Goods or Cargo"和"Underwriters"。

下面重点介绍在实际业务中使用较多的三个险种。

一、ICC(A)险条款

ICC(A)险条款与中国人民保险公司所规定的"一切险"大体相当,责任范围最大。2009 版对 1982 版做了较大改动,它仍以概括式规定方法,及对"除外责任"项下所列风险保险人不予负责任外,其他风险均予负责。其内容包括 19 条八大类,即:(1)第 1~3 条是对"承保风险"(Risks Covered)的规定,对应我国海运货物保险条款的保险责任范围条款;(2)第 4~7 条是关于"除外责任"(Exclusions)的规定,对应我国海运货物保险条款的除外责任条款;(3)第 8~10 条是关于"承保期限"(Duration)的规定,对应我国海运货物保险条款的"责任起讫"条款;(4)第 11~14 条归类为"索赔"(Claims);(5)第 15 条归类为"保险利益"(Benefit of Insurance);(6)第 16~17 条是关于"减少损失或施救责任"(Minimizing Losses);(7)第 18 条是关于"避免延误"(Avoidance of Delay);(8)第 19 条是关于"法律适用"(Law and Practice)。其中第 4~7 条除外责任规定了一般除外责任、船舶不适航或集装箱不适运除外责任、战争险除外责任、罢工险和恐怖活动险除外责任。

1. 一般除外责任

包括:4.1 条蓄意恶行,即由被保险人故意的不法行为造成的灭失、损坏或费用;4.2 条一般性损耗,即自然渗漏、重量或容量自然损耗或自然磨损;4.3 包装(包括集装箱内的积载)或配装不足或不当引起的无法承受运输途中发生的通常事故而产生的灭失、损坏或费用,此情况适用于包装或配装是由被保险人或其受雇人(不包括独立合同人)完成的,或本包装或配装是在本保险责任开始前完成的;4.4 条由保险标的(Subject-Matter Insured)内在缺陷或本身性质所造成的损失或损坏;4.5 条延误造成的灭失、损坏或费用,即使该延迟由于承保的风险引起的(相比于 1982 版,不再区分延迟是由直接或近因引起);4.6 条由船东、船舶经理人、承租人或船舶营运人的破产或经营不善所造成的损失或费用,除非被保险人知道或参与该业务时应该知道，船东或承运人破产或经营陷入困境可能导致该航程被取消或保险合同已经善意转让给另一方；4.7 因使用任何原子或核子裂变和(或)聚变或其他类似反应或放射性物质或力量的武器或设备直接或间接产生或引起的损失、损坏或费用。

2. 船舶不适航或集装箱不适运除外责任

所谓不适航或集装箱不适运除外责任，是指被保险人在保险标的装船时已经知道船舶或驳船不适航，以及船舶或驳船不适合安全运输保险标的(但保险合同已善意转让给另一方除外)；在本保险合同生效前，装载已经开始或完成，或被保险人或其受雇人在装船时已经知道集装箱或运输工具不适安全运输保险标的，保险人放弃运载保险标的至目的地的船舶违反适航和适货的任何默认保证(被保险人知情船舶不适航或不适货)，也不负赔偿责任。

3. 战争险除外责任

如由于战争、内战、敌对行为所造成的损失或损坏，由于捕获、拘留、扣留等所造成的损失或损坏，由于漂流水雷、鱼雷等武器所造成的损失或损坏，保险人不负赔偿责任。

4. 罢工险和恐怖活动险除外责任

包括由于罢工、被迫停工所造成的损失或损坏；由于任何恐怖主义行为(或与恐怖主义行为相联系，任何组织通过暴力直接实施的旨在推翻或影响法律上承认的或非法律上承认的政府的行为)，以及任何人出于信仰或宗教目的实施的行为所致的损失、损坏或费用。

二、ICC(B)险条款

1. ICC(B)险条款承保范围

ICC(B)险对承保风险的规定采用列明风险的形式，凡属列出的就是承保的，没有列出的，不论何种情况均不负责。这种方法明确、肯定，便于选择投保，便于处理索赔。凡归因于下列情况者均予承保：

(1) 火灾、爆炸。

(2) 船舶或驳船触礁、搁浅、沉没或倾覆。

(3) 陆上运输工具倾覆或出轨。

(4) 船舶、驳船或运输工具同水以外的外界物体碰撞。

(5) 在避难港卸货。

(6) 地震、火山爆发、雷电。

(7) 共同海损牺牲。

(8) 抛货。

(9) 浪击落海。

(10) 海水、湖水或河水进入运输工具或储存处所。

(11) 货物在装卸时落海或跌落造成的整件全损。

ICC(B)险的除外责任，除“海盗行为”和恶意损害险的责任不负责任外，其余均与 ICC(A)险的除外责任相同。

三、ICC(C)险条款

ICC(C)险条款比原平安险的责任范围小，仅对“重大意外事故”风险负责，对非重大事故风险和 ICC(B)险条款中的自然灾害风险均不负责。

1. ICC(C)险条款承保范围

ICC(C)的风险责任规定和(B)险一样，采用“列明风险”的方式。其具体承保风险是：灭失或损害要合理归因于：

(1) 火灾、爆炸。

(2) 船舶或驳船触礁、搁浅、沉没或倾覆。

(3) 陆上运输工具倾覆或出轨。

(4) 在避难港卸货。

(5) 共同海损牺牲。

(6) 抛货。

(7) 船舶、驳船或运输工具与水以外的任何物体碰撞。

2. ICC(C)险的除外责任

其除外责任与ICC(B)完全相同。

为了便于理解，兹将ICC(A)、ICC(B)、ICC(C)三种险别中保险人承担的风险列表进行比较。

表4-2　ICC(A)、ICC(B)、ICC(C)承保的风险

承保风险	ICC(A)	ICC(B)	ICC(C)
(1) 火灾、爆炸	√	√	√
(2) 触礁、搁浅、沉没或倾覆	√	√	√
(3) 陆上运输工具的倾覆或出轨	√	√	√
(4) 船舶、驳船或运输工具同除水以外的任何外界物体碰撞	√	√	√
(5) 在避难港卸货	√	√	√
(6) 地震、火山爆发或雷电	√	√	×
(7) 共同海损牺牲	√	√	√
(8) 抛货	√	√	√
(9) 浪击落海	√	√	×
(10) 海水、湖水或河水进入船舶、驳船、运输工具、集装箱、大型海运箱或储存场所	√	√	×
(11) 货物在船舶或驳船装卸时落海或跌落造成任何整件的全损	√	√	×
(12) 海盗行为	√	×	×
(13) 恶意损害行为	√	×	×
(14) 由于一般外来原因所造成的损失	√	×	×

说明：“√”表示承保风险，“×”表示不承保风险。

第六节　海洋货物运输保险实务

在国际货物买卖中，货物从卖方交到买方手中，通常需要经过长途运输、装卸和存储等环节。在这个过程中，货物可能遇到各种风险和遭受各种损失。为了保障货物受损失时能够得到经济上的补偿，买方或卖方一般应在货物起运前向保险公司办理货物运输保险。目前中国能够办理国际货物运输业务的保险公司主要有中国人民保险公司(PICC)、中国平安保险公司(PAIC)和中国太平洋保险公司(CPIC)等。随着中国加入 WTO，国外保险公司也将加入到中国对外贸易事业中。

海洋货物运输保险实务主要是介绍在办理国际货物运输投保时如何选择险别、如何确定保险金额、常用的保险单有哪些以及在投保中应注意哪些问题等。

一、选择合适的保险险别

在国际货物运输保险业务中，应注意选择合适的保险险别投保。不同的保险险别，保险公司承保的责任范围不同，保险费率也不尽相同。投保人在选择投保的险别时，既要考虑能使货物得到充分保障，又要尽量考虑节约成本，提高经济效益。

要选择合适的保险险别，应综合考虑货物的性质、包装、用途、运输方式、运输线路、运输季节、目的地市场的变化和各国习惯等因素。

一般来说，运输货物承保的基本风险是在运输途中因自然灾害和运输工具遭受意外事故所造成的货物损失。因此选择投保险别时，应在基本险别中选择平安险、水渍险，或 ICC(B)、ICC(C)，然后再根据需要加保必要的附加险别。如果货物遭受外来原因风险的范围较广，遭受损失的可能性较大，则可选择基本险别中的一切险，或 ICC(A)，而不需要加保一般附加险。在特定情况下，还可按需要投保特别附加险和特殊附加险。

二、保险金额的确定和保险费的计算

1. 保险金额的确定

保险金额(Insured Amount)，也可称为投保金额，是指保险人承担赔偿或者给付保险金责任的最高限额，也是保险人计算保险费的基础。投保人在投保货物运输险时应向保险人申报保险金额。

保险金额并非是投保货物的成本价格，而是以成本为基础，包括保险费、运费以及预期利润等在内的金额。这样，被保险货物一旦受损，运费和保险费支出的补偿有了保障，同时，还能获得一定的利润。因此，保险金额习惯上按发票金额加一定的预期利润。在国际货物买卖中，凡是按 CIF 和 CIP 条件达成的合同一般均规定保险金额，按《INCOTERMS 2010》和《UCP 600》规定，卖方有义务按 CIF 和 CIP 价格的总值另加 10%作为保险金额；也可根据客户需求提高加成数，其保费差额部分应由买方承担，但要防止某些客户企图从高额投保中投机取巧。

保险金额的计算公式是：

保险金额 = CIF(或 CIP) 价 ×(1 + 投保加成率)

CIF(或 CIP) 价 = CFR(或 CPT) ÷[1 − 保险费率 ×(1 + 投保加成率)]

2. 保险费的计算

保险费是保险金额与保险费率的乘积。保险费率是计收保险费的依据，不同的险别有不同的费率。

保险费的计算公式为：

保险费 = 保险金额 × 保险费率

【例题 4-1】 某公司出口一批纺织品到欧洲，货价为 CIF 欧洲港口，每打 105 美元。已知该批货物投保水渍险、战争险的保险费率合计为 0.8%。试计算该批货物的投保金额和保险费。

【解】 保险金额 = CIF × (1 + 加成费率) = 105 × (1 + 10%) = 115.5 美元

保险费 = 保险金额 × 保险费率 = 115.5 × 0.8% = 0.924 美元

三、常见的保险单据

保险单据是保险人与被保险人之间订立保险合同的证明文件，它反映了保险人与被保险人之间的权利和义务关系，也是保险人的承保证明。当发生保险责任范围内的损失时，它又是保险索赔和理赔的主要依据。在 CIF 和 CIP 合同中，保险单据是卖方必须向买方提供的主要单据之一。在国际贸易中，保险单据可以通过背书转让。

在进出口业务中，常用的保险单据主要有以下几种：

1. 保险单

保险单(Insurance Policy)，俗称大保单，是使用最广的一种保险单据。保险单正面载明货物的各种情况，如价值、数量、唛头、地点等。保险单的背面载明保险人与被保险人之间的权利与义务等方面的保险条款，也是保险单的重要内容。目前我国国内的保险公司大都出具保险单作为出口保险凭证。

2. 保险凭证

保险凭证(Insurance Certificate)，俗称小保单，是一种简单化的保险单据。保险凭证的内容，除背面未印有详细条款外，正面内容与保险单相同，在法律上与保险单具有同等法律效力。目前各国在信用证上的保险条款中一般都规定保险单与保险凭证均可接受，但信用证如规定提交单据为保险单时，则议付行不接受以保险凭证代替保险单凭证议付。

3. 联合凭证

联合凭证(Combined Certificate)，是一种将发票和保险单相结合的保险单据，它比保险凭证更为简化。这种单证只有我国采用，并且仅适用于对港、澳地区的出口业务。由于这种凭证与国际管理不符，现已很少使用。

4. 预约保单

预约保单(Open Policy)又称预约保险合同，它是被保险人(一般为进口人)与保险人之间订立的总合同，是经常有相同类型货物需要陆续分批装运时所采用的一种保险单。订立这种合同的目的是为了简化保险手续，又可使货物一经装运即可取得保障。在我国，常用于进口业务中。凡属预约保单规定范围的进口货物，一经起运，我国保险公司即自动按预约保单所订立的条件承保，这可以防止因漏保或迟保而造成无法弥补的损失。但被保险人在获悉每批货物装运时，应及时将装运通知书送交保险公司，并按约定办法缴纳保险费，即完成了投保手续。

5. 批单

批单(Endorsement)不是一种独立的保险单。当正式的保险单出立后，投保人如需要补充或变更其内容时，可根据保险公司的规定，向保险公司提出申请，经同意后即另出一种凭证，注明更改或补充的内容，这种凭证即称为批单。批单原则上须粘贴在保险单上，并加盖骑缝章，作为保险单不可分割的一部分，对保险人和被保险人都具有约束力。

四、保险索赔

货物在保险责任有效期内发生属于保险责任范围内的损失，被保险人按照保险单的有关规定向保险公司提出索赔要求，称为保险索赔（Insurance Claim）。在索赔工作中，被保险人应做好下列工作：

1. 索取货损或货差证明并及时通知保险公司

当被保险人获悉或发现被保险货物已遭损失，首先应向有关方索取货损或货差证明并及时通知保险公司，并申请检验检疫。保险公司或其代理人签发的检验建议报告是被保险人向保险公司申请索赔的重要证件。

2. 分清责任

承运人、码头、装卸公司、海关和港务局等各方都会以各种形式直接或间接参与国际货物运输，一旦出现货损或货差，就应该尽快分清责任，并向有关责任方提出索赔。

3. 向承运人等有关方面提出索赔

被保险人或其代理人在提货时发现被保险货物整件短少或有明显残损痕迹，除向保险公司报损外，还应立即向承运人或有关当局（如海关、港务局等）索取货损货差证明。如系承运人、码头或装卸公司责任，则应以书面形式向有关责任方提出索赔，并保留追偿权。

4. 采取合理的施救、整理措施

被保险货物受损后，保险人应对受损的货物采取相应的施救、整理措施，以防止损失的扩大，由此而产生的施救费用，由保险公司负责赔偿，但施救费用以不超过该批被救货物的保险金额为限。

5. 备妥索赔单证

各种相关索赔的单证是向保险公司索赔时需要提供的重要的依据，通常提供的单证有保险单、提单等运输单证、发票、装箱单或磅码单、检验检疫报告、货损货差证明、海事报告和涉及索赔的来往函电等。

五、国际货物保险实务中应注意的一些问题

国际货物运输保险是国际贸易业务中的一个重要环节，保险业务的周到、细致将有助于国际货物销售合同的顺利执行。除以上阐述的应掌握的保险知识外，下面的一些相关保险知识和问题也是应该掌握和了解的。

1. 保险单的签发日期问题

在信用证支付的条件下，特别注意保险单据的出单日期不得迟于运输单据所列货物装船或发运或承运人接受监管的日期。因此，办理投保手续的日期也不得迟于货物装运日期。

2. 保险索赔中的免赔责任

保险公司的赔偿方式有两种，即不论损失程度均予以赔偿和规定免赔率。对有些在运输途中容易发生破碎或短少的瓷器、玻璃制品、矿砂等，保险公司在赔偿时一般有计免赔率

的规定。免赔率分为绝对免赔率和相对免赔率。绝对免赔率(Deductibles)是指保险公司只负责赔偿超过免赔率的部分损失;相对免赔率(Franchise)是指当损失超过规定的免赔率时则全部损失都赔,若未超过则不赔。有时投保人要求取消这种免赔率,即不论损失程度多少都赔,保险公司也可接受,不过要加收保险费。一般加收的标准是免赔率每降低1%,费率则增加0.5%。

【例题4-2】 某公司出口货物5件,保险金额共计USD 10 000,规定绝对免赔率为5%,货到目的地后,发现5件货物均有不同程度的损失,共计损失USD 740。问:保险公司应如何赔偿?

【解】 免赔额 = 保险金额 × 免赔率 = 10 000 × 5% = 500(美元)

故 保险公司赔偿额 = 740 − 500 = 240(美元)

3. 保险单的转让

保险单的转让一般是指保险单权利的转让,即被保险人将保险单赋予的损害赔偿请求权及相应的诉讼权转让给受让人。

对于国际货物运输保单的转让,各国海上保险法律一般有以下规定:

(1) 海运货物保险单可以不经过保险人的同意而自由转让。

(2) 海运货物保险单的转让,必须在保险标的所有权转移之前或转移的同时进行,如果所有权已经转移,事后再办理保险单的转让是无效的。

(3) 在海运货物保险单办理转让时,无论损失是否发生,只要被保险人对保险标的仍然具有可保利益,保险单均可有效转让。

(4) 保险单的受让人只能享有原保险人在保险单下享有相同的权利和义务。

(5) 保险单转让后,受让人有权以自己的名义向保险人进行诉讼,保险人也有权如同对原被保险人一样,对保险合同项下引起的责任进行辩护。

(6) 保险单的转让,可以采取由被保险人在保险单上背书或其他方式进行。

4. 海运货物的内在缺陷和自然损耗

在投保一般海运货物保险的条件下,除非另有特别约定,对于货物内在缺陷所致损失或费用以及运输途中的自然损耗,保险公司不予负责。

5. 委付

如果被保险货物发生严重损失,要求按推定全损赔偿时,被保险人必须向保险人发出委付通知。委付(Notice of Abandonment)就是被保险人愿意将保险货物及其一切权利和义务转移给保险人,并要求保险人按全部损失赔偿的行为。保险人已经接受委付就只能按推定全损赔偿,并取得处理残余货物的权利。如果被保险人不提出委付通知,保险人只按部分赔偿损失。但应明确,保险人可接受也可不接受委付。

本章小结

本章主要介绍了货物运输保险合同的订立原则、我国海运货物保险的承保范围、险别及伦敦保险业协会的《协会货物保险条款》等基本知识,讨论了国际货物买卖合同中运输保险条款的基本知识。掌握这些知识,学会订立相应的保险条款,对于整个交易的实现是至关重要的。

关键概念

◆ 保险标的(Subject Matter Insured)
◆ 海上风险(Perils of Sea)
◆ 外来风险(Extraneous Risk)
◆ 实际全损(Actual Total Loss)
◆ 推定全损(Constructive Total Loss)
◆ 共同海损(General Average)
◆ 单独海损(Particular Average)
◆ 平安险(Free From Particular Average)
◆ 水渍险(With Particular Average)
◆ 一切险(All Risks)

思考与练习

一、单项选择题

1. 依据 PICC 条款，一批货物投保了平安险，运输中发生下列损失(　　)，保险人予以赔偿。

A. 淡水雨淋　　B. 因船舶搁浅而水湿
C. 部分偷窃　　D. 台风雷击造成部分损失

2. 不属于一切险承保范围的险别是(　　)。

A. 偷窃提货不着险　　B. 渗漏险　　C. 交货不到险　　D. 包装破裂险

3. 由于运输工具搁浅、触礁、沉没、互撞等情况造成保险货物的全部和部分损失，是属于(　　)险别的保险范围。

A. 平安险　　B. 战争险　　C. 水渍险　　D. 一切险

4. 我公司按 CIF 条件出口棉花 300 包，货物在海运途中因货舱内水管渗漏，致使 50 包棉花遭水渍损失，在投保(　　)险别时，保险公司负责赔偿。

A. 平安险　　B. 战争险　　C. 水渍险　　D. 一切险

5. 根据现行伦敦保险协会条款之规定，承保风险最小的险别是(　　)。

A. ICC(A)　　B. ICC(B)　　C. ICC(C)　　D. ICC(D)

6. 为防止运输途中货物被窃，应该(　　)。

A. 投保一切险
B. 投保一切险，加保偷窃险
C. 投保水渍险，加保偷窃险
D. 投保一切险或平安险和水渍险中的一种，加保偷窃险

7. CIF 合同的货物在装船后因火灾被焚，应由(　　)。

A. 卖方负担损失　　B. 卖方请求保险公司赔偿
C. 买方请求保险公司赔偿　　D. 买方负担损失并请求保险公司赔偿

8. 下列风险中属于一般外来风险的是(　　)。

A. 地震、偷窃、战争　　B. 偷窃、串味、短量
C. 洪水、海啸、雨淋　　D. 受潮、雨淋、舱漏

9. 一批货物在海运途中发生承保范围内的损失，其修理费用超过货物修复后的价值，这种损失属于(　　)。

A. 实际全损　　B. 推定全损　　C. 共同海损　　D. 单独海损

10. 货物单独海损与共同海损区分的依据是(　　)。

A. 货物运输中发生损失的原因和后果　　B. 货物运输的区别

C. 货物的支付方式　　D. 货物运输的险别

二、判断题

1. 按照我国《海洋货物运输保险条款》规定，三种险别和战争险责任起讫适用“仓至仓”条款。(　　)

2. 按照我国《海洋货物运输保险条款》规定，投保一切险之后，就不需另行投保其他任何险别。(　　)

3. 我方按 CFR 术语进口一批货物，在国内投保了一切险，货物在装运港装上船之前发生损失，因该损失属于仓至仓条款规定的保险公司责任起讫范围，故保险公司应予赔偿。(　　)

4. 海上保险业务中的意外事故，仅限于发生在海上的意外事故。(　　)

5. 被保险货物由于自然灾害所造成的部分损失，在任何情况下平安险都不保。(　　)

6. 货运保险实际是一种经济补偿制度，属于财产保险范畴。(　　)

7. 海上风险不仅包括海上运输发生的全部风险，也不局限于海上发生的风险。(　　)

8. 共同海损仅限抛弃货物所造成的损失，如发生此类损失，应由有关方面分摊。(　　)

三、简答题

1. 投保人和保险人在订立保险合同时应遵循什么原则？

2. 构成共同海损的条件有哪些？共同海损与单独海损的区别主要表现在哪些方面？

3. 平安险、水渍险和一切险各自承保的责任范围有哪些？为什么要加保附加险？

4. 现行伦敦保险业协会货物保险条款有哪些险别？能否单独投保？

5. 国际货物买卖合同中的保险条款主要有哪些内容？

四、计算与案例分析题

1. 一出口公司以 CIF 价出口一批货物，原报价为 CIF 纽约每公吨 2 000 美元，按此价加一成投保一切险加战争险，费率分别为 1.2%和 0.3%。请问：

(1) 需交保险费多少？

(2) 如改报 CFR 价应为多少？

2. 某出口公司原报价为 CFR 汉堡每公吨 5 000 美元，现客户要求改报 CIF 价并按此价加一成投保平安险和破碎险，费率合计 0.8%。请计算：

(1) 应报 CIF 价为多少？

(2) 保险公司可赔付的最高限额是多少？

(3) 应缴纳的保险费是多少？

3. 上海某贸易公司以 CFR 价出口一批货物到日本神户，数量为 10 公吨，货物价值(成本)为 USD 99580，上海——神户班轮条款运价为 USD 200/公吨。国外买方要求卖方代为办理保险，加成 10%，将 CFR 价变更为 CIF 价，但未说明投保何种险别。卖方向中国人民财产保险公司投保了平安险(F. P. A)，保险费率为 0.2%。请计算：

(1) 该批货物的运费总额。

(2) 该批货物的 CFR 价总额。

(3) 该批货物的 CIF 价总额。

(4) 该批货物的保险金额。

(5) 该批货物的保险费。

4. 我某出口公司按 CIF 条件向某国出口一批草编制品，向中国人民保险公司投保了一切险，并规定用信用证方式付款。我出口公司交货并办理了议付。第二天接客户来电，称装货的海轮在海上失火，货物全部烧毁，要求我公司出面向中国人民保险公司索赔，否则要求我公司退回全部货款。问：对客户的要求我公司该如何处理？为什么？

5. 某公司出口一批货物，已投保一切险和战争险。船抵目的港开始卸货时，当地突然发生武装冲突，船上部分货物及部分已卸到岸上的货物被毁。问保险公司该如何赔偿？

6. 某出口公司曾按 CIF 条件向外商出售一批货物，合同中没有约定具体的投保险别，中方公司发货时代投保了平安险。后外商指责中方公司漏保战争险，其理由是既然货价中包括保险费，卖方就应加保战争险，双方因此引起争议。你认为，外商的指责和要求是否合理？中方应如何处理此事？

7. 在航行途中遇到流冰，船身出现裂缝，海水自裂缝涌入。为了船货的共同安全，船长下令启动备用发动机加速排水。为供应备用发动机的燃料而烧掉了部分货物。试分析这部分货物损失的性质。

8. 有一艘远洋轮船，船龄已达 20 年，投保价值为 5 800 万美元，船东将其租赁给 S 公司经营，本航次运费收入 25 万美元，船上装载 A、B、C、D、E 五家货物，A 货值 150 万美元，B 货值 130 万美元，C 货值 95 万美元，D 货值 80 万美元，E 货值 60 万美元。船舶航行途中触礁遇险，海水涌入，情况危急，为挽救船货及人员生命，船长下令抛货，以减轻载货重量，以便船浮起修理。当将 E 货全抛后，船舶基本可以修理，于是船长命令停止抛货。经船上工程技术人员奋力抢修，船继续航行。此次触礁，构成共同海损，试计算各方承担损失的金额。

9. 某外贸公司 CIF 条件出口一批货物，装运前已向保险公司按发票总值 110% 投保平安险，6 月初货物装妥顺利开航。载货船舶于 6 月 13 日在海上遇到暴风雨，致使一部分货物受到水渍，损失价值 2 100 美元。数日后，该轮又突然触礁，致使该批货物又遭到部分损失，价值为 8 000 美元。试问：保险公司对该批货物的损失是否赔偿？为什么？

10. 海轮的舱面上装有 1 000 台拖拉机，航行中遇大风浪袭击，450 台拖拉机被卷入海中，海轮严重倾斜，如不立即采取措施则有翻船的危险，船长下令将余下的 550 台拖拉机全部抛入海中。请问：这 1 000 台拖拉机的损失由谁承担？属于何种性质？

11. 我国 A 公司与美国某公司按 CIF 旧金山成交出口一批布料。货轮在海上运输途中，因触礁，某舱舱底出现裂口，舱内存放的 A 公司的布料全部严重受浸。因舱内进水，船长不得不将船就近驶入避风港修补裂口。如果将受水浸的布料漂洗后，再运至原定目的港旧金山所花费的费用已超过该批布料本身的价值。问：该批布料的损失属于什么性质的损失？

12. 某外贸公司与荷兰进口商签订了一份皮手套合同，价格条件为 CIF 鹿特丹，向中国人民保险公司投保一切险。生产厂家在生产的最后一道工序时将手套的湿度降低到了最低限度，然后用牛皮纸包好装入双层瓦楞纸箱，再装入 20 尺集装箱。货物到达鹿特丹后，检验结果表明，全部货物湿、霉、玷污、变色，损失价值达 8 万美元。据分析，该批货物的出口地不异常热，进口地鹿特丹不异常冷，运输途中无异常，完全属于正常运输。试问：保险公司对此损失是否赔偿？为什么？进口商对受损货物是否支付货款？为什么？你认为出口商应如何处理此事？

第五章 商品价格与核算

开篇案例

我某贸易公司拟出口化妆品到中东某国。正好该国某中间商主动来函与我贸易公司联系，表示愿意为推销化妆品提供服务，并要求按每笔交易的成交金额给予佣金5%。不久，经该中间商中介与当地进口商达成CIFC 5%总金额50 000美元的交易，装运期为订约后2个月内从中国港口装运，并签订了销售合同。合同签订后，该中间商即来电要求我贸易公司立即支付佣金2 500美元。我贸易公司复电称：佣金需待货物装运并收到全部货款后才能支付。于是，双方发生了争议。

以上案例反映了在外贸合同中如何规定佣金及其支付问题，这直接关系到价格对双方切身利益的影响。

在国际货物买卖中，商品的价格通常是买卖双方交易磋商的焦点问题，因为它直接涉及双方的经济利益。因此，在实际业务中，我外贸企业在与国外客户磋商和订约时，除应按照国际市场价格水平，结合经营意图和国别地区政策确定价格外，还应正确选择计价货币，适当地选用贸易术语，列明作价方法，必要时，还需规定价格调整条款。同时，对佣金和折扣应视交易的具体情况，正确地加以运用和规定，使进出口商品价格定得合理、有利，促成交易和便于履行合同。

学习目标

○ 了解国际货物买卖价格的作价原则和作价方法。

○ 能结合汇率变动选用合适的计价货币。

○ 掌握成本核算方法，学会计算及合理运用佣金与折扣。

○ 了解订立价格条款的注意事项，学会订立价格条款。

第一节　成本核算

成本核算是指有进出口业务的公司对本公司所开展的进出口业务的定期结算，总结和评价业务经济效益等。贸易应该获利，不能不计成本、不计盈亏和单纯追求成交量。

一、出口成本核算

为了控制亏损，增加盈利，在出口方面，必须加强成本核算，掌握出口总成本、出口销售外汇净收入和人民币净收入的数据，并计算和比较各种商品出口的盈亏情况。出口总成本是指外贸企业为出口商品而支付的国内总成本，它的构成要素有出口商品的进货成本加上出口前的一切费用和税金。出口销售外汇净收入是指出口商品按 FOB 价出售所得的外汇净收入。出口销售人民币净收入是指出口商品的 FOB 价所获得的外汇收入按当时外汇牌价折算成人民币的数额。根据出口商品成本的这些数据，可以计算出出口盈亏率、出口商品换汇成本和出口创汇率等考核外贸企业经营管理水平的重要指标。

1. 出口换汇成本

出口商品换汇成本是用来反映出口商品盈亏的一项重要指标，它是指以某种商品的出口总成本与出口所得的外汇净收入之比，得出用多少人民币换回 1 美元。出口商品换汇成本如高于银行的外汇买入价，则出口为亏损；反之，则说明出口有盈利。计算公式如下：

$$出口换汇成本 = \frac{出口总成本(元人民币)}{出口销售外汇净收入(美元)}$$

其中：

出口商品总成本(退税后) = 出口商品购进价(含增值税) + 定额费用 − 出口退税收入
定额费用 = 出口商品购进价(含增值税) × 费用定额率
退税收入 = 出口商品购进价(含增值税) ÷ (1 + 增值税率) × 出口退税率

2. 出口盈亏率

出口商品盈亏率是指出口商品盈亏额与出口总成本的比率。出口盈亏额是指出口销售人民币净收入与出口总成本的差额，前者大于后者为盈利；反之为亏损。计算公式如下：

$$出口盈亏率 = \frac{出口销售人民币净收入 - 出口总成本}{出口总成本} \times 100\%$$

【例题 5-1】 我某公司出口一批工艺品，FOB 总值为 12 000 美元。已知该批工艺品成本结构为：国内进货价 80 000 元人民币，商品加工费 6 000 元人民币，商品流通费 4 800 元人民币，税金支出 3 200 元人民币。问：①该批工艺品的出口总成本是多少？②该批工艺品的出口换汇成本是多少？③该批工艺品的出口盈亏率是多少？（结汇当天的汇率是：USD 100 = CNY 776.25～776.58）

【解】 ① 出口总成本 = 进货成本 + 出口前的一切费用 + 出口前的一切税金

$$= 80\,000 + 6\,000 + 4\,800 + 3\,200 = 94\,000(元人民币)$$

② 出口换汇成本 = 出口总成本 ÷ 出口销售外汇净收入

$$= 94\,000 \div 12\,500 = 7.52(元人民币 / 美元)$$

③ $$出口盈亏率 = \frac{出口销售人民币净收入 - 出口总成本}{出口总成本} \times 100\%$$

$$= \frac{12\,500 \times 7.762\,5 - 94\,000}{94\,000} \times 100\% = 3.22\%$$

3. 出口创汇率

出口创汇率又称外汇增值率，它是指成品出口后的外汇净收入与原料外汇成本之间的比率。出口创汇率指标是考核进口来料加工效益的指标，计算公式为：

$$出口创汇率=\frac{成品出口外汇净收入-原料外汇成本}{原料外汇成本}\times 100\%$$

在核算出口创汇率时应注意以下几个问题:①进口原料不论按何种价格成交,一律应折合成CIF价格计算;②成品出口时,不论按何种价格成交,一律应按FOB价格作为成品出口外汇净收入;③如果原辅料全是国产品或出口成品中部分辅料是国产的,其外汇成本应比照出口该原料的FOB价格计算。

二、进口成本核算

进口成本核算主要指进口原材料和机器设备的进口业务核算。一般来说,进口成本也由两个部分组成,即进口合同价和进口流通费用。

1. 进口合同价

进口合同价是进出口双方通过交易磋商确定的价格,它是进口成本中的主要组成部分。确定进口合同价时,要以平等互利的原则为基础,以国际市场价格水平为依据,结合企业的经营意图,制定进口商品的适当价格。

在具体交易中,进口商品的价格应按以下原则制定:①凡有国际市场价格的商品,按国际市场价格作价;②凡一时无法掌握国际市场价格的一般商品,则参考类似商品的国际市场价格作价;③进口机械设备之类的商品,应根据产品质量、技术性能等条件,经与其他产品比较,评估后再定价。

2. 进口流通费用

进口流通费用是指在进口商品中,从与国外出口商磋商起,一直到商品进口后转售给国内用户或其他企业为止,除了进口合同价以外所发生的一切费用开支。进口的费用包括很多内容,如果以FOB条件从国外装运为基础,有如下内容:①国外运输费用,从出口国港口、机构或边境到我国边境、港口、机场等的海、陆、空的运输费用。②运输保险费,上述运输途中的保险费用。③卸货费用,包括码头卸货费、起重机费、驳船费、码头建设费、码头仓租费等。④进口税,即货物在进口环节由海关征收(包括代征)的。⑤银行费用,我国进口贸易大多通过银行付款,银行要收取有关手续费,如开证费、结汇手续费等。⑥进口商品的检验费和其他公证费。⑦报关提货费。⑧国内运输费。⑨利息支出,即从开证付款至收回货款之间所发生的利息。⑩外贸公司代理进口费。还有其他费用,如杂费等。

第二节　商品作价的基本方法

国际货物买卖的作价方法,一般均采用固定作价,即在磋商交易中,把价格确定下来,事后不论发生什么情况均按确定的价格结算应付货款。但在实际业务中,有时也采用暂不固定价格、暂定价格和滑动价格等作价方法。

一、固定作价

固定价格即固定作价法,也叫"死价"、"一口价",是指交易双方在协商一致的基础上,对合同价格予以明确、具体的规定。

按照《公约》的有关规定,合同中的价格可以由当事人用明示的方法规定,也可以用默示的方法规定。只要当事人根据合同或事先约定可以将价格明确、具体地规定下来，都可以算作固定价格。即订约后买卖双方按此价格结算货款；即使在订约后市价有重大变化，任何一方不得要求变更原定价格。在有的合同中，也有对此作出明确规定的。例如：

No price increase shall be allowed after conclusion of this contract. 合同成立后，不得提高价格。

No price adjustment shall be allowed after conclusion of this contract. 合同成立后，不得调整价格。

固定价格的规定方法是国际市场上较常见的方法。这种做法明确、具体、肯定，也便于核算和执行。

但在实际业务中，采用固定价格的方法有两个明显的缺陷：一是合同缺乏稳定性；二是存在价格变动的风险。

因此，使用固定作价时需注意以下事项：

(1) 必须对影响商品供求的各种因素进行细致的研究，并在此基础上对价格的走势作出判断，以此作为决定合同价格的依据。

(2) 要通过各种途径了解客户的资信情况，慎重选择订约对象。

二、非固定价格

如果市场变化频繁，价格前景捉摸不定，客户对成交价格难以确定，为促成交易，在定价方面，也可采用一些灵活的变通做法，可采用非固定价格的方法，即一般业务上所说的“活价”。

1. 非固定价格的种类

(1) 具体价格待定

尽管价格波动频繁且幅度较大，但交易双方又有肯定的订约愿望，可以暂不固定具体价格，而约定将来如何确定价格的方法。

① 在价格条款中明确规定作价时间和作价方法。如“按提单日期的国际市场价格计算”。

② 在价格条款中只明确规定作价时间(适用于双方有长期交往，或是在作价原则上已有习惯做法的情况)。如“由双方在某年某月某日协商确定价格”。

(2) 暂定价格

对于那些市价变动较大的货物的远期交易，交易双方可先商定初步价格，作为开立信用证和初步付款的依据，待双方确定最后价格后再进行最后清算，多退少补。如“单价暂定为每打 100 英镑 CIF 伦敦，最后成交价于装运月份 15 天前由买卖双方另行协商确定。买方按此暂定价开立信用证。”

(3) 部分固定价格，部分非固定价格

为了照顾买卖双方的利益，解决在定价方法上可能存在的分歧，可以采用部分固定价格，部分非固定价格的方法。尤其是分期交货的合同，可以在订约时将交货期近的价格固定下来，其余的在交货前一定期限内由双方议定价格。

2. 采用非固定价格的利弊

(1) 有利之处

① 有助于暂时解决双方在价格方面的分歧，双方可先就其他条款达成协议，早日签约，

待日后再确定价格。

② 解除客户对价格风险的顾虑，使之敢于签订交货期长的合同，有利于巩固和扩大出口市场，有利于生产、收购和出口计划的完成。

③ 采用非固定价格，虽然不能完全排除双方的价格风险，但有利于出口方不失时机地做成生意，也有利于进口方保证一定的转售利润。

(2) 不利之处就是先订约后定价，给交易带来较大的不稳定性。

3. 使用非固定作价应注意的事项

(1) 明确规定作价标准。可根据不同商品，采用以下几种规定方法：

① 以有代表性的商品交易所公布的价格为准。

② 以国际市场价格为准。

③ 以国际市场结合销售地市场价格为准。

④ 由双方协商确定价格。

(2) 谨慎选择作价时间

① 在装船前作价。其好处是作价后交货，对出口及时收汇较有保障。

② 装船时作价。

③ 装船后作价。一般只应用于作价标准明确具体或买卖双方有特殊约定时，如可凭暂定价收汇的场合。

(3) 充分考虑采用非固定价格对合同成立的影响。要考虑各国法律及《公约》的有关规定。

三、滑动价格

在国际上，对于某些货物，如成套设备、大型机械，从合同成立到履行完毕需时较长，可能因原材料、工资等变动而影响生产成本，价格的升降幅度较大。为了避免承担过大的价格风险，保证合同的顺利履行，可采用滑动价格。所谓滑动价格，是指先在合同中规定一个基础价格(Basic Price)，交货时或交货前一定时间，按工资、原材料价格变动的指数作相应调整，以确定最后价格。在合同中对如何调整价格的办法，则一并具体订明。例如：

The above basic price will be adjusted according to the following formula based on the wage and price indexes published by the... (organization) as of... (month) 200×

以上基础价格将按下列调整公式根据××(机构)公布的200×年××月的工资指数和物价指数予以调整。

调整公式为：

$$P_1 = P_0 \times (a + b \times M_1/M_0 + c \times W_1/W_0)$$

式中 P_1——调整后的最后价格；

P_0——订约时的基础价格；

a——管理费用，基础价格的固定部分；

b——原材料成本，基础价格的可变部分；

c——工资成本，基础价格的可变部分；

M_1——若干月后交货时的原材料批发价指数；

M_0——订约时原材料批发价指数；

W_1——若干月后交货时的工资指数；

W_0——订约时的工资指数。

其中，a 指管理费用占货物单位价格的百分率；b 指各种主要原材料成本率（= 原材料成本 / 货物的单位价格）；c 指工资成本率（= 工资成本 / 货物的单位价格）。a、b 和 c 各占价格的若干百分比，由买卖双方于订约时商定。如：a 为 10%，b 为 60%，c 为 30%；a、b 和 c 三者相加，应为 100%。

第三节　主要贸易术语的价格换算

如果欲向国外客户出口某商品，以 FOB 条件报价，客户却来电要求报 CFR 或 CIF 价，怎样才能既迅速又准确地报出客户要求的价格呢？在国际贸易中，不同的贸易术语表示的价格构成因素不同，如 FOB 价不包括从装运港至目的港的运费和保险费；CFR 价包括从装运港至目的港的运费但不包括保险费；CIF 价包括从装运港至目的港的正常运费和保险费等等。当一方按某种贸易术语报价，而另一方要求按别的贸易术语报价，如上例那样将 FOB 价改报 CFR 价或 CIF 价，这就涉及价格的换算问题。作为外贸业务人员，一定要熟练掌握每种贸易术语代表的价格构成及不同价格的换算方法。

一、商品的价格构成

在价格构成中，通常包括三方面内容：进货成本、费用和净利润。进货成本是出口商品购进价。实际计算中应扣除出口退税收入。费用的核算最为复杂，包括国内费用和国外费用。

1. 国内费用

国内费用主要有：

① 加工整理费用。

② 包装费用。

③ 保管费用（包括仓库租赁费、火险等）。

④ 国内运输费用（仓库至码头、车站、空港、集装箱货运站、集装箱堆场等的运输费用）。

⑤ 证件费用（包括商检费、公证费、领事签证费、产地证费、许可证费、报关单费等）。

⑥ 装船费（装船、起吊费和驳船费等）——采用 FOB、CFR、CIF 装运港交货术语时；拼箱费（如果货物构不成一整集装箱）——采用 FCA、CPT、CIP 货交承运人术语时。

⑦ 银行费用（贴现利息、手续费等）。

⑧ 预计损耗（耗损、短损、漏损、破损、变质等）。

⑨ 邮电费（电报、电传、邮件等费用）。

2. 国外费用

国外费用主要有：

① 国外运费（自装运港至目的港的海上运输费用——采用 FOB、CFR、CIF 装运港交货术语；自出口国启运地至国外目的地的运输费用——采用 FCA、CPT、CIP 货交承运人术语时）。

② 国外保险费(海上货物运输保险)。

③ 如果有中间商,还包括支付给中间商的佣金。

净利润的大小往往根据商品、行业、市场需求以及企业的价格策略等因素来决定。与保险费、银行费用和佣金的计算不同,利润作为企业自己的收入,其核算的方法由企业自行决定,通常采用一定的百分比作为经营的利润率来核算。计算利润的基数,一般是出口成本,也有采用成交价格计算的。

计算公式如下:

FOB 价(FCA 价) = 进货成本 + 国内费用 + 预期利润

CFR 价(CPT 价) = 成本 + 国内费用 + 预期利润 + 国外运费(F)

= FOB 价 + F

CIF 价(CIP 价) = 成本 + 国内费用 + 预期利润 + 国外运费(F) + 国外保险费(I)

= FOB 价 + F + I = CFR 价 + I

保险金额 = CIF(或 CIP) 价 ×(1 + 保险加成率)

保险费= 保险金额 × 保险费率

= CIF(或 CIP) 价 ×(1 + 保险加成率)× 保险费率

或者,根据国际惯例:

保险费 = CIF(或 CIP) 价 ×(1 + 10%)× 保险费率

保险金额(又称投保金额)是货物发生保险范围内的损失时,保险公司向被保险人赔付的最高金额。按保险市场的习惯做法,保险金额一般是按照 CIF 或 CIP 价值的 110%计算,即在 CIF 或 CIP 金额上再加 10%。这 10%(一成)被称为"保险加成率",主要作为买方的预期利润。110%即所谓的"保险加成"。

二、主要贸易术语的价格换算

1. FOB、CFR 和 CIF 三种术语的换算

(1) FOB 价换算为其他价

CFR 价 = FOB 价 + 国外运费

CIF 价 = (FOB 价 + 国外运费)/(1 − 保险加成 × 保险费率)

(2) CFR 价换算为其他价

FOB 价 = CFR 价 − 国外运费

CIF 价 = CFR 价 /(1 − 保险加成 × 保险费率)

(3) CIF 价换算为其他价

FOB 价 = CIF 价 ×(1 − 保险加成 × 保险费率) − 国外运费

CFR 价 = CIF 价 ×(1 − 保险加成 × 保险费率)

2. FCA、CPT 和 CIP 三种术语的换算

(1) FCA 价换算为其他价

CPT 价 = FCA 价 + 国外运费

CIP 价 = (FCA 价 + 国外运费)/(1 − 保险加成 × 保险费率)

(2) CPT 价换算为其他价

FCA 价 = CPT 价 − 国外运费

CIP 价 = CPT 价 /(1 − 保险加成 × 保险费率)

(3) CIP 价换算为其他价

FCA 价 = CIP 价 ×(1 − 保险加成 × 保险费率) − 国外运费

CPT 价 = CIP 价 ×(1 − 保险加成 × 保险费率)

【例题 5-2】 我某公司出口货物 1 000 公吨，出口价格为每公吨 2 000 美元 CIF 纽约，现客户要求改报 FOB 上海价。已知该种货物每公吨出口运费为 150 美元，原报 CIF 价中，投保险别为一切险，保险费率为 1%，按 CIF 价的 110%投保。求应报的 FOB 上海价。

【解】 FOB 价= CIF 价 ×(1 − 保险加成 × 保险费率) − 国外运费

= 2 000 ×(1 − 110% × 1%) − 150

= 1 828(美元)

即应报每公吨 1 828 美元 FOB 上海。

第四节　佣金和折扣

佣金和折扣是国际贸易中普遍采用的习惯做法。正确掌握和运用佣金和折扣，可达到扩大销售、增加经济效益的目的。因此，这也是外贸企业应予重视的问题之一。

一、佣金和折扣的含义及作用

佣金(Commission)是卖方或买方付给中间商为其对货物的销售或购买提供中介服务的酬金。上述中间商通常为经纪人(Middleman, Broker)或代理人(Agent)。但在实际业务中，凡是为招揽生意、促成交易提供服务的企业或个人，都可能成为佣金的收受者。包含佣金的价格，称为含佣价。通常含佣价中会明确标注佣金率，叫做明佣。有时买方购货是为了中途转售，因而不希望他的买主了解价格的具体构成，这时就不在货价中标明含佣率，甚至连“佣金”字样也不标出，这种暗中约定佣金的做法叫做暗佣。

折扣(Discount, Allowance, Rebate)是卖方按照原价给买方一定百分比的价格减让，即在价格上给予适当的优惠。折扣直接关系到商品的价格，货价中是否包括折扣和折扣率的大小，都影响着商品价格。折扣率越高，商品价格越低。在货价中包含折扣的，称折扣价。通常折扣率要在合同中明确标明，称为“明扣”。有时也会不标出而另行约定，称为“暗扣”。暗扣的做法常被视为不公平竞争。需要注意的是，折扣在国内的写法与国际上的习惯不同。如商场打折优惠，同样是 100 元人民币的商品卖 80 元人民币，国内的习惯是写“8 折优惠”；而国外的写法是“less 20”或“20% off”。在国际贸易中，折扣价格的表示是按国外的习惯写法。

在外贸实践中，佣金和折扣使卖方的利润空间有所缩小，但如正确和灵活运用佣金和折扣，却能调动中间商和买方推销和经营出口货物的积极性，增强有关货物在国外市场的竞争力，从而扩大销售。正确使用佣金，有时还可提高售价。在实际业务中，佣金和折扣的名目很多,如销售佣金(Selling Commission)、累计佣金(Accumulative Commission)、数量折扣(Quantity Discount)、特别折扣(Special Discount)等。

二、佣金和折扣的表示方法

1. 佣金的表示方法

凡价格中包含佣金的,称为"佣金价"(Price Including Commission)。"含佣价"通常有两种表示方法:

(1) 用百分比表示,例如:

每公吨 335 美元 CIF 纽约包含佣金 2%。(US$335 per metric ton CIF New York including 2% commission.)

也可在贸易术语后面加注"佣金"的英文缩写字母"C"并注明佣金的百分比来表示。例如:每公吨 335 美元 CIFC2%纽约。(US$335 per metric ton CIFC2% New York.)

(2) 用绝对数表示,例如:

每公吨支付佣金 4 美元。(US$4 of commission will be paid from per metric ton.)

2. 折扣的表示方法

折扣的名目不同,内容繁简也会不同,一般是用文字具体表示。例如:

每公吨 300 美元 FOB 上海减折扣 2%。(US$300 per metric ton FOB Shanghai less 2% discount.)

支付条件为 3 个月内付清货款。如付现金,可按发票总额打 15%折扣。(The term of payment would be three month net, or 15% discount for cash on total invoice amount.)

在实际业务中,也有用如"CIFD"或"CIFR"来表示 CIF 价格中包含折扣。这里的"D"和"R"是"Discount"和"Rebate"的缩写。鉴于在贸易往来中加注的"D"或"R"含义不清,可能引起误解,所以最好不使用这种缩写语。

一般来说,含佣或给予折扣的价格,应用文字或简略的方法明白地表示出来。除非双方事先另有约定,如有关价格对含佣或给予折扣未作表示,通常应理解为不含佣或不给折扣的价格。不包含佣金或不给折扣的价格称为"净价"(Net Price),即卖方可照价全数收款,不另支付佣金或扣除折扣。有时为了明确起见,特地加列"净价"(Net)字样。例如:

每公吨 300 美元 FOB 上海净价。(US$300 per metric ton FOB Shanghai net.)

三、佣金和折扣的计算方法

1. 佣金的计算方法

在国际贸易中,计算佣金的方法不一。有的是按成交金额计算,也有的按成交商品的数量来计算,即按每一单位数量收取若干佣金计算。在按成交金额计算时,按国际贸易习惯,以发票总金额作为计算佣金的基数,如果发票金额为含佣价(如 CIFC3%),则计算佣金时就直接以该发票价格乘以佣金率,即:

$$佣金 = 含佣价 \times 佣金率$$

所以 $$净价 = 含佣价 - 佣金 = 含佣价 \times (1 - 佣金率)$$

上述公式还可演化为:

含佣价 = 净价 ÷(1 − 佣金率)

例如，CIF 发票金额为 10 000 美元，佣金率为 2%，应付佣金为 200 美元；或 CFR 发票金额为 9 900 美元，含佣率为 2%，则应付佣金为 198 美元。

【例题 5-3】 某出口公司对外报价某商品每公吨 2 000 美元 CIF 纽约，外商要求 4%佣金。在保持我方净收入不变情况下，应该报含佣价为多少？

【解】 含佣价 = 净价 ÷(1 − 佣金率)

= 2 000 ÷(1 − 4%) = 2 083.33(美元)

【例题 5-4】 对外报价为每公吨 2 000 美元 CIFC 2%纽约，外商要求将佣金率提高至 4%。在保持我方净收入不变的情况下，应报价多少？

【解】 净价 = 含佣价 ×(1 − 佣金率)

= 2 000 ×(1 − 2%) = 1 960(美元)

CIFC 4% = 净价 ÷(1 − 佣金率)

= 1 960 ÷(1 − 4%) = 2 041.67(美元)

总之，不管采用何种贸易术语，都按交易总额乘佣金率计算佣金。但也可按 FOB 或 FCA 价值计算佣金，即如按 CIF 或 CIP 术语成交，计算佣金时要先扣除运费和保险费，或如按 CFR 或 CPT 术语成交，应先扣除运费，然后按 FOB 或 FCA 价值计算佣金。是按交易额(发票金额)为基础计算佣金，还是按 FOB 或 FCA(FOB 或 FCA 发票金额)计算佣金，并无定则，主要由双方协商决定。有人认为，从理论上讲，以按 FOB 或 FCA 价值计算较为合理，否则，似乎卖方除对货物本身价值支付佣金外，不要对运费和保险费部分甚至对佣金本身支付佣金。其实，不管按何种价值，它只是作为给中间商以多少酬金的计算基础。而按交易额计算佣金，在操作上也比较简便，所以，在实践中使用较多。假如双方事先约定一切交易按 FOB 或 FCA 价值计算佣金，那么，就应同时商定，是按实际运费、保险费扣除，还是按商定的估计运费、保险费扣除，以求得 FOB 或 FCA 价值后计算佣金。按实际运费、保险费计算较为复杂，而按商定的估计运费、保险费(如运费按交易额的 10%估计；保险费按交易额的 1%估计)计算较为简便。

2. 折扣的计算方法

折扣通常是以发票总额为基础计算，其公式为：

折扣额 = 原价(或折扣价)× 折扣率

卖方净收入 = 原价 − 折扣额

【例题 5-5】 我 A 公司向美国出口某商品一批共 180 公吨，每公吨 FOB 大连 1 200 美元，含折扣 2%。请问 A 公司实际净收入是多少？

【解】 折扣额 = 原价 × 折扣率 = 1 200 × 2% = 24(美元)

A 公司实际净收入 = 原价 − 折扣额

= (1 200 − 24) × 180 = 211 680(美元)

四、佣金与折扣的支付方式

佣金支付有两种做法：

(1) 由中间商直接从货款中扣除。

(2) 在卖方收到全部货款后,再支付给中间商。

由于中间商的服务要延伸到督促买方履约、协助处理交易纠纷等,所以第二种方法较为常用。

折扣则一般由买方在支付货款时预先扣除。在有暗扣的业务中,也会暗中达成协议另行支付。

第五节　合同中的价格条款

货物的价格是国际货物买卖的主要交易条件,价格条款是买卖合同中必不可缺的合同条款。价格条款的确定不仅直接关系到买卖双方的利益,而且与合同中的其他条款也有密切联系。

一、价格条款的内容

合同的价格条款一般包括单价和总值两项基本内容。

1. 单价

单价由四个部分组成,即计量单位、单位价格金额、计价货币和价格术语。如:

每公吨	100	欧元	CIF 伦敦
计量单位	单位价格金额	计价货币	贸易术语

2. 总值

总值是一笔交易的货款总金额,等于单价和数量的乘积。

二、规定价格条款应注意的事项

合同中的价格条款是一个非常重要的条款,是各项主要交易条件的核心,因此在制定价格条款时要格外仔细、认真。为了使价格条款的规定明确合理,必须注意以下事项:

(1) 要在充分的市场调查、信息分析的基础上合理确定商品的单价,防止作价偏高或偏低,特别是不能盲目定价,没有依据地定价。

(2) 在销售合同中,价格条款并不单独出现,它通常与品名、规格、数量和贸易术语作为一个整体出现。这样订立的合同,使得合同中的主要条件更清晰和明确,有利于合同的执行。

(3) 根据经营意图的实际情况,在权衡利弊的基础上选用适当的贸易术语。

(4) 在国际贸易中,计价货币可选用出口国货币、进口国货币或第三国货币。进出口业务中,选择使用何种货币计价或支付,首先,要考虑货币是不是可以自由兑换的货币;其次,对可自由兑换的货币,需考虑其稳定性。在出口业务中,一般应尽可能争取多使用从成交至收汇这段时期内汇价比较稳定且趋势上浮的货币,即所谓"硬币"或称"强币"。而进口合同用软币(即疲软的货币)计价比较划算。如果买卖双方所在国签有贸易支付协定的应使用协定中所指定的货币。

(5) 灵活运用各种不同的作价办法,以规避价格变动的风险。

(6) 如交货品质和数量约定有一定的机动幅度,则对机动部分的作价也应一并规定。

(7) 参照国际贸易的习惯做法,注意佣金和折扣的合理运用。

(8) 单价中涉及的计量单位、计价货币、装卸地名称,必须书写正确、清楚,以利合同的履行。一般来说,计量单位应与数量条款中所用的计量单位相一致。如计价数量单位为"公吨",则数量和单价中均应用"公吨",而不要这一个用"公吨",另一个用"长吨"或"短吨"。另外,应按双方协商一致的价格,正确填写在书面合同中。如在出口合同中把金额写错,低于原来商定的金额,或在进口合同中错写成高于原来商定的金额,对方如将错就错,将使我方遭受损失。因为单位价格金额或书面合同中的其他条款如写错,而又经当事人双方签署确认,按国际贸易法律是可以因此而否定或改变磋商时谈定的条件的。

本章小结

作为合同的核心条款,价格条款直接决定交易的成败和一笔交易的盈利状况,因此如何正确地报价以及在合同中订立合理完善的价格条款就是国贸实务操作中的重中之重。

关键概念

- 计价货币(Money of Account)
- 支付货币(Money of Payment)
- 佣金(Commission)
- 折扣(Discount)
- 出口换汇成本(Export Cost)
- 含税采购成本(Purchase Cost Including VAT)

思考与练习

一、单选题

1. 采用非固定价格的前提是( )。

A. 选择作价时间　　B. 明确订立作价标准

C. 订立价格调整条款　　D. 做好盈亏分析

2. 国外中间商或买主为赚取"双头佣",往往采用( )。

A. 价格调整条款　　B. 折扣　　C. 明佣　　D. 暗佣

3. 国际货物买卖合同的核心条款是( )。

A. 品质条款　　B. 装运条款　　C. 价格条款　　D. 支付条款

4. 某合同价格条款规定如下:"每打 FOB 上海 15 英镑,总值 4 500 英镑"。则此时英镑为( )。

A. 计价货价　　B. 支付货币　　C. 硬币　　D. 软币

5. 按提单日期行市或装船月份的平均价作价的方式为( )。

A. 装船前作价　　B. 装船时作价　　C. 装船后作价　　D. 货到目的地作价

6. 通常出口成交价格的决定因素是( )。

A. 国际市场价格走势　　B. 国际市场价格水平　　C. 出口商经营意图　　D. 进口商经营意图

7. 我方某公司对外报价为 CIF 价 1 000 美元,外商要求改报 FOB 价,假设保险费率为 0.85%,运费为

60元，则我方应报价（　　）。

A. 930.65美元　　B. 990.65美元　　C. 903.65美元　　D. 935美元

8. 某公司对外报价为CIF价150美元，外商要求改报CIF 5%，我方应报价为（　　）。

A. 157.0美元　　B. 157.4美元　　C. 157.8美元　　D. 157.9美元

9. 某合同规定："每公吨1 000美元，CIF新加坡"，此种价格应是（　　）。

A. 后定价格　　B. 暂定价格　　C. 固定价格　　D. 待定价格

10. 衡量外贸企业和进出口交易盈亏的重要指标是（　　）。

A. 出口外汇净收入　　B. 出口成本价格　　C. 出口盈亏率　　D. 出口换汇成本

11. 某买卖合同中规定："如果卖方因国内原材料价格指数上升1%，对本合同未执行的数量，双方协商调整价格。"这是（　　）。

A. 固定价格　　B. 非固定价格　　C. 暂定价格　　D. 价格调整条款

12. 如果我方对外报价中包含有折扣，则折扣率越高，商品的实际价格（　　）。

A. 越高　　B. 越低　　C. 不变　　D. 不确定

13. 某合同价格条款规定为"每公吨CIF大阪100美元"，这种价格是（　　）。

A. 净价　　B. 含佣价　　C. 离岸价　　D. 成本价

14. 合同中规定佣金率时，其幅度通常应掌握在（　　）。

A. 1%以下　　B. 1%～5%　　C. 5%以上　　D. 5%～10%

15. 某出口合同中规定"CIF香港，每公吨1 000美元，折扣2%"，那么卖方净收入应为（　　）。

A. 960美元　　B. 1 020美元　　C. 980美元　　D. 1 040美元

二、简答与计算题

1. 简述出口盈亏率、出口换汇成本的含义。

2. 我国进出口商品的作价办法有哪几种？在选用各种作价办法时应注意什么问题？

3. 试简述国际贸易中佣金和折扣的含义和作用。

4. 进出口合同中的价格条款包括哪些内容？规定此条款时应注意什么问题？

5. 判断下列我方出口单价的写法是否正确，如有误，请更正并说明理由。

(1) 每打100欧元FOB净价减1%折扣

(2) 每公吨200美元FOB新港

(3) 2 000日元CIF大连包含佣金2%

(4) 每箱50元CIF伦敦

(5) 每台300欧元CIF上海

(6) 每辆40美元CFR新加坡

6. 某公司对外报价某商品每箱50美元CIFC 2%纽约，国外要求改报CFR纽约，并给予5%的佣金，设保险费率为1.05%，按发票金额的110%投保，应报多少美元？

7. 某外贸公司出口一批商品，出口报价2 000美元CIFC 2%伦敦，保险费率1%，运费100美元，国外厂商要求报价FOBC 5%上海，国内采购价共10 000元人民币（含17%增值税），加工费用支出1 500元人民币，商品流通费是1 000元人民币，退税率为13%（假设USD1＝CNY6.2356）。试计算：

(1) 该批商品的FOBC 5%上海报价是多少？

(2) 该批商品的出口销售换汇成本是多少？

(3) 该批商品的出口销售盈亏率是多少？

8. 我外贸公司出口某商品，对外报价为每打62.5美元CIFC 4%香港，若该批商品的运费是CIF含佣价的4%，保险费率为5%，现外商要求将价格改报为FOBC 6%。请问：

(1) 要维持出口销售外汇净收入不变，FOBC 6%应改报为多少？

(2) 已知进货成本为360元人民币/打，增值税率为17%，出口退税率10%，出口前的费用和税金合计

为 10 元人民币/打，该批商品的换汇成本和盈亏率各是多少？（USD1 = RMB 6.25）

9. 我某进出口公司向英国商人出口一批箱装货，共 10 公吨，400 箱，每箱长 45 cm，宽 40 cm，高25 cm，毛重 35 公斤，运费计算标准为 W/M，每运费吨基本运费 120 美元，并加收燃油附加费 20%，港口附加费 10%。对外报价每箱 50 美元 CFR 伦敦，后英商要求改报 FOBC 2%价，如接受英商要求，我方应报价多少？若该货每箱收购价人民币 240 元，增值税率 17%，出口退税率 10%，国内费用为收购价的 15%，求换汇成本和盈亏率各是多少？（外汇牌价：100 美元 = 625 人民币）

10. 我某出口公司希望扩大其产品在国外的市场份额，这时，进口国的某中间商主动来函与我出口公司联系，表示愿为推销产品提供服务，并要求按每笔交易的成交额给予 5%的佣金。不久，我出口公司经该中间商中介与当地的用户达成 CIFC 5%总金额 50 000 美元的交易，装运期为订约后 2 个月内从中国港口装运，并签订了销售合同。合同签订后，该中间商即来电要求我出口公司立即支付佣金 2 500 美元。我出口公司复称：佣金需待货物装运并收到全部货款后才能支付。于是，双方发生了争议。请问：这起争议发生的原因是什么？我方公司是否有失误？应接受什么教训？

11. 某欧洲客商对我某出口商品的接受价为每公吨 400 欧元 CIF 汉堡，而我公司对该商品内部掌握的价格为 FOB 中国某口岸每公吨人民币 1 980 元。当时，中国银行外汇牌价为每 100 欧元的买价为人民币 928.09 元，卖价为人民币 930.28 元。我公司备有现货，只要不低于公司内部掌握价即可出售。现该商品自中国某口岸至汉堡港的运费为每公吨人民币 600 元，保险费为每公吨人民币 100 元。请问我方能否接受？为什么？

12. 出口某商品 100 公吨，报价每公吨 1 950 美元 FOB 上海，客户要求改报 CFR 伦敦价，已知该货为 5 级货，计费标准为 W，每运费吨运费 70 美元。若要保持外汇净收入不变，应如何报价？若还需征收燃油附加费 10%、港口附加费 10%，又应如何计算？

13. 出口某商品 10 公吨，箱装，每箱毛重 25 公斤，体积 20 厘米×30 厘米×40 厘米，单价 CFR 马赛每箱 55 美元，查表知该货为 8 级，计算标准为 W/M，每运费吨运费 80 美元，另征收转船附加费 20%、燃油附加费 10%。该商品的出口总成本为 15 万元人民币，求盈亏率是多少。

14. 报价某商品 CIF 旧金山每公吨 2 000 美元，按发票金额的 110%投保，费率合计为 0.6%，客户要求按发票金额的 130%投保，我方应改报多少？

15. 某公司出口货物一批，单价为每公吨 1 200 美元 CIF 纽约。按发票金额的 110%投保，投保一切险，保险费率为 0.8%。现在客户要求改报 CFR 价。试计算在不影响我方收汇的前提下应报价多少。

16. 某外贸企业与英商达成一笔交易，合同规定我方出口某商品 500 公吨，每公吨 450 美元 CFRC 2%利物浦，海运运费每公吨 29 美元，出口收汇后出口企业向该英商汇付佣金。计算：(1)该出口企业向中国银行购买支付佣金的美元共需多少人民币？(2)该出口企业的外汇净收入为多少美元？（当时中行牌价：100 美元 = 629.45/630.15 人民币）

17. 我某公司出口商品一批共 1 000 公吨，出口价格为每公吨 2 000 美元 CIF××港。客户现要求改报 FOBC 5%上海价。查该商品总重量为 1 200 公吨，总体积 1 000 立方米，海运运费按 W/M 计收，每运费吨基本运费率为 120 美元，港口附加费 15%；原报价的保险金额按 CIF 价另加成 10%，保险险别为一切险，保险费率为 1%。试求该商品的 FOBC 5%上海价。

18. 鑫兴公司收到澳大利亚某客户来电，询购 1 000 只睡袋，要求按下列条件报出每只睡袋的 CIFC 3% 悉尼的美元价格。条件：睡袋国内购货成本为每只 50 元人民币，国内其他费用总计为 5 000 元人民币，鑫兴公司的预期利润为 10%。该睡袋为纸箱装，每箱 20 只。从装运港至悉尼的海运费为每箱 20 美元。海运出口保险按 CIF 价加一成投保一切险、战争险，费率为 0.8%（注：人民币对美元汇率为 6.25 元兑换 1 美元）。

19. 某货主在货物装船前，按发票金额的 110%办理了货物投保手续，投保一切险和战争险。该批货物的 CIF 总价格为 20.75 万美元，一切险保险费率为 0.4%，战争险为 0.2%。问：(1)该货主应交付的保险费是多少？(2)若其客户要求按 CIF 发票金额加 2 成投保相同险别，在不影响经济效益的情况下，CIF

报价应为多少?

20. 某公司出口一批陶瓷茶具到加拿大,购货价格中含17%增值税,出口退税率是9%,出口一个20英尺集装箱需发生的国内费用有:运杂费800元人民币,商检费150元,报关费50元,港区港杂费650元,公司业务费1 200元,其他费用900元。出口合同为CIF合同,其中海洋运费从上海至加拿大多伦多一个20英尺集装箱的包箱费率为1 750美元(一个货号装入一个集装箱),保险按CIF成交金额加10%投保海运一切险,费率为0.96%,客户佣金是成交价的5%,汇率是6.25元人民币兑换1美元。商品货名详细信息见下表:

货名	HX1111	HX2211	HX3311	HX6611
购货单价	152 CNY/SET	132 CNY/SET	144 CNY/SET	165 CNY/SET
包装方式	1SET/CNT	2SETS/CNT	1SET/CNT	SET/CNT
包装尺码	$40\times32\times36$(cm^3)	$40\times40\times35.5$(cm^3)	$54\times29\times36$(cm^3)	$75\times41\times32$(cm^3)
成交单价	USD 23.50/SET	USD 20.40/SET	USD 23.20/SET	USD 30.10/SET
成交数量	542 SETS	800 SETS	443 SETS	254 SETS
成交总额	US D12 737.00	USD 16 320.00	USD 10 277.60	USD 7 645.40

请根据上述成交条件计算该笔交易的出口换汇成本和出口盈亏率,要求详尽列出销售收入、退税收入、各项费用支出、购货成本等。

21. 某英商向我某公司求购牛仔服10 000件,要求我方报CIF London价,投保一切险。我公司向工厂收购牛仔服,每件30元人民币,公司流通费用15 000元,预期利润为10%,公司要求按1美元 = 6.25元换汇成本对外报价。试计算我公司应报价为多少。

(注:已知牛仔服每25件装一纸箱,箱规:46厘米×36厘米×25厘米,G. W.为25千克,N. W.为22千克。某装运港到伦敦运费:每运费吨USD 150.00,计费标准按W/M,投保一切险,保险费率为0.6%)

第六章 国际货款的收付

开篇案例

我国广西某出口公司按照FOB价格条件向中东某国出口水泥，合同支付条件为议付信用证。对方来证后，我公司因货源紧张，要求对方延迟派船，对方同意，但信用证未同时展期。后来对方船到接货时信用证已经到期，对方不同意展证，而中方又急于出货，故同意了对方信用证所要求的单据改为"随单托收"的方式。后来对方称货物失踪并拒不付款，导致中方货款两空。

从以上案例可以看出，支付方式是国际货款收付中的基本问题，如果对这个问题认识不深、解决不好，将会给买卖双方带来许多争议或纠纷。尤其是对卖方，不仅影响了资金的周转，而且牵扯了很多人力物力，最终甚至导致严重的损失。

学习目标

○ 掌握各种国际支付工具的特点。
○ 掌握各种国际支付方式的特点，特别是信用证支付方式。
○ 正确理解各种支付方式的风险程度和利弊，学会灵活选用支付方式。
○ 了解银行保函在复杂贸易中的运用。

在国际货物买卖中，按买卖合同支付货款是买方的基本义务，按时收取货款是卖方的主要权利。货款的收付直接影响到买卖双方的资金周转和融通，以及金融风险和费用的负担。它是销售合同中的一项重要条款。货款的收付涉及支付工具、付款时间、付款地点和支付方式等问题，买卖双方须对此达成共识，并在销售合同中予以明确规定。

第一节 国际贸易支付使用的票据

国际贸易支付，也叫国际贸易结算(Settlement of International Trade)，是指国际间办理收支调拨，以结清位于不同国家的当事人因经济贸易活动而发生的债权或债务行为。现代国际贸易结算主要是非现金结算，而进行非现金结算的主要工具就是票据。票据有广义和狭义之分，广义的票据是指所有可以作为权利凭证的单据，包括商业单据和资金票据；狭义的票据仅指资金票据。本章中的票据仅指狭义的票据，主要有汇票、本票、支票这三大金融票据。

一、票据概述

1. 票据的定义

票据是以支付金钱为目的的证券，是出票人依据票据法而签发的、规定由自己或自己委托人或受票人无条件支付一定金额货币的承诺或命令。

票据的权利、义务、行为、内容均由票据法加以规定，一旦违反适用的票据法的规定，该票据在法律上无效。

2. 票据的特点

票据是不同于股票和其他物权凭证的有价证券，具有以下性质和特点：

(1) 它是一种设权有价证券，票据权利是经过出票人的出票行为而产生，即由出票行为设立票据权利。凭票据上所记载的权利内容，票据持有人即可主张权利，取得财产——金钱；同时，票据是完全的有价证券，离开票据就不能主张权利。

(2) 它是一种金钱证券，票据给付的标的物是一定的金额。只要有健全的票据市场，票据债务人的资信是可靠的，持票人就可将票据视为现金。

(3) 它是一种要式和文义的证券，即票据的形式和内容必须符合法律的规范，法律关系人的权利义务只能依据票据上的文字记载来履行。

(4) 它是一种无因的债权证券，即票据流通过程中的持票人行使票据权利时可不明示其原因，只要占有了票据，就可以向票据所记载的债务人请求票据表示的金额。

(5) 它是一种流通证券，即票据可以经过背书或交付而自由转让。像这样自由转让的票据无需通知债务人，即无需将转让的行为通知对该票据负有责任的当事人。

票据上述性质和特点中最主要的是要式性、无因性、文义性和可流通性。票据的性质和特点使得票据能够在经济活动中更好地发挥信用工具的功能。

3. 票据的当事人

票据有三个基本当事人，即出票人、付款人和收款人。在流通过程中又产生了流通关系人，如背书人、承兑人、持票人等。每个关系人在票据上签名之后，即对票据的正当持有人负有付款或担保付款的责任。

(1) 出票人

出票人(Drawer)指签发票据的人，票据一经签发并交付，出票人即对受款人及正当持票人承担担保票据在提示时付款人一定付款或承兑的保证责任。如果票据遭到拒付，只要持票人或被迫付款的任何背书人按照法定程序向其追偿时，出票人应承担偿还票款的责任。

(2) 付款人

付款人(Payer)即受票人(Drawee)，指根据出票人的命令支付票款的人或票据开致的当事人。受票人对票据承担的付款责任不是法定的，但是票据一经受票人承兑，则该受票人即承担到期支付的法律责任。

(3) 收款人

收款人(Payee)即受款人，指收取票款的人，是票据的主要债权人。收款人有权向付款人要求付款和承兑，如遭拒付则有权向出票人追索。如果票据经过转让，同样承担担保票据的付款或承兑的责任。

(4) 承兑人

承兑人(Accepter)指付款人接受出票命令并在票据正面签字确认,这时付款人就成为承兑人。承兑人一经承兑,则承兑人就成为票据的主债务人,出票人退居从债务人的地位。

(5) 背书人

当收款人或持票人为了将票据转让给他人而在票据背面签名,这时收款人或持票人就成为背书人(Endorser)。背书人对继他之后成为票据当事人的各有关方以及持票人承担责任。如果受票人(或承兑人)拒付,背书人应承担付款责任,并担保其前手背书是真实的。背书人是被背书人的前手,被背书人(受让人)(Endorsee)或持票人则是背书人的后手。票据可以连续转让,被背书人可以在票据上再加上背书而转让,以此类推。

背书人如果想免除对票据承担责任,可在背书时,在票据上加注"不得追偿"(Without Recourse)字样。但这种票据难以流通,因为出票人将成为票据的唯一责任人。

(6) 持票人

持票人(Holder)指票据占有人,即票据的收款人、被背书人或持票来人。只有持票人才能向付款人或其他票据债务人要求履行票据所规定的义务。

(7) 正当持票人

正当持票人(Holder in Due Course),又称善意持票人(Bona Fide Holder),指票据的合法持有人,意即该人已经支付了与票据所列相等的动产或不动产,并凭以获得一张与他付出"对价"等值的表面完整、合格的票据。他未发现这张票据曾被退票,也未曾发现其前手在权利方面有任何缺陷。正当持票人的权利优于前手。

4. 票据的法律规范

为加强票据权利,确保票据付款来促进票据流通,西方各国大都制定了票据法。票据法是规定票据种类、形式和内容的法律规范的总称。票据法对票据的要件、转让、当事人的权利和义务、基本和附属行为、票据义务的解除及票据的遗失等都有详细的规定。票据法一般与民法联系较少,有相当的独立性和强制性。

目前世界上影响较大的票据法有两类。一类是以《英国票据法》(1882 年)为代表的英美法系;另一类是以《日内瓦统一法》为代表的日内瓦统一法系。《日内瓦统一法》是以欧洲大陆国家为主的 26 个国家协议的结果,其中形成的两个主要文件的全称是:《1930 年汇票和本票统一法公约》和《1931 年支票统一法公约》。英美等国从一开始就拒绝参加日内瓦公约。他们认为,日内瓦公约主要是按照大陆法的传统制定的,与英美法系传统和实践相矛盾,如果参加日内瓦公约,将会影响英美法系各国之间已经形成的统一局面,因而一直拒绝接受日内瓦公约。因此,现在世界上票据法已形成日内瓦统一法系与英美法系并存的局面。20 世纪 80 年代,联合国国际贸易法委员会在纽约和维也纳召开了关于制定《联合国国际汇票和国际本票公约》的会议,分别于 1982 年颁布了上述两个公约草案,联合国在 1988 年 12 月 9 日召开的第 43 届全体大会上,一致通过批准了上述两个公约的文本。

二、国际贸易结算使用的主要票据

国际贸易中使用的票据主要有汇票、本票、支票,其中汇票使用得最多。

1. 汇票

(1) 汇票的定义

汇票(Bill of Exchange/Draft)是出票人签发的,委托付款人在见票时或者在指定日期无条件支付确定金额给收款人或者持票人的票据,这是我国《票据法》对票据的定义。各国广泛引用或参考的英国票据法对汇票的定义是:“汇票是由一人签发给另一人的无条件书面命令,要求受票人见票时或于未来某一规定的或可以确定的时间,将一定金额的款项支付给某一特定的人或其指定人,或持票人。”

(2) 汇票的要式

所谓要式,即指汇票上必要的项目,必须符合票据法的规定。各国票据法对汇票内容规定不同,一般规定应包括下列基本内容:

① 表明“汇票”字样。

② 无条件支付命令委托。

③ 出票的地点和日期。

④ 付款时间。

⑤ 确定的金额。

⑥ 付款人名称和付款地点。

⑦ 出票人签章。

⑧ 收款人名称。

我国《票据法》第 22 条规定汇票必须记载上述除付款时间外的其他 7 个事项,缺少一个即为无效汇票;也规定汇票上未记载付款日期的,为见票即付。

实务中,汇票中除需要记载上述必备内容外,也允许记载其他内容,如利息和利率、付一不付二、禁止转让、免除做成拒绝证书、汇票编号、出票条款等。

(3) 汇票的种类

汇票从不同角度可以分为以下几种:

① 按出票人不同,汇票可分为银行汇票和商业汇票。

由银行签发的汇票为银行汇票(Banker's Bill),这种汇票的出票人和付款人都是银行。

由工商企业开出的汇票为商业汇票(Commercial Bill),这种汇票的付款人可以是工商企业,也可以是银行。

② 按付款时间的不同,汇票可分为即期汇票和远期汇票。

即期汇票(Sight Bill)是指在提示或见票时立即付款的汇票。

远期汇票(Time Bill)是指在一定期限内或特定日期付款的汇票。在实际业务中,远期汇票的付款时间有以下几种规定方式:见票后若干天付款(at... days after sight);出票后若干天付款(at... days after date);提单签发后若干天付款(at... days after B/L);指定日期付款(at fixed date)。

③ 按承兑人不同,汇票可分为商业承兑汇票和银行承兑汇票。

商业承兑汇票(Commercial Acceptance Draft)是由工商企业或个人承兑的远期汇票,以商业信用为基础。

银行承兑汇票(Banker's Acceptance Draft)是由银行承兑的远期汇票,以银行信用为基础。

④ 按是否附有货运单据，汇票可分为光票和跟单汇票。

光票(Clean Draft)是指出具的汇票不附有运输单据。光票的流通完全依靠出票人、付款人或背书人的资信。当事人信用较好的汇票易于在市场上流通。银行汇票多为光票。

跟单汇票(Documentary Draft)是指附有运输单据的汇票。汇票的付款人要取得代表货物所有权的货运单据，必须付清货款或承兑汇票。跟单汇票体现了货物与单据对流的原则，为进出口双方提供了一定的安全保障。因此，国际贸易的货款结算，绝大多数使用跟单汇票。

⑤ 按照汇票流通区域不同，汇票可分为国内汇票和国外汇票。

国内汇票(Inland Draft)的出票地点和付款地点同在一国境内，汇票的流通也在国内。

国外汇票(Foreign Draft)的出票地点和付款地点是一方在国外或双方均在国外，汇票的流通涉及两国以上。一张汇票通常同时具备几种属性。例如，一张商业汇票，同时又是即期的跟单汇票；一张远期的商业跟单汇票，同时又是银行承兑汇票。

(4) 汇票的使用

使用汇票支付货款，即期和远期汇票有所不同。即期汇票一般经过出票、提示和付款程序；远期汇票付款人还需办理承兑手续。汇票如需转让，通常要经过背书，遭到拒付时，还需做拒绝证书，行使追索权等。

① 出票(Draw/Issue)。是指出票人依照票据法的规定做成汇票并将其交给收款人的行为。出票由“做成”汇票和“交给”汇票两种行为构成。

出票上的抬头(即收款人)视不同交易的需要可做成以下几种方式：

A. 限制性抬头：例如“付××公司”(pay... Co. only)或有“不准转让”(Non-Transferable)字样。这种抬头的汇票不能流通转让，只有指名的公司才有权收取票款。

B. 指示性抬头：例如“付××公司或其指定人”(pay... Co. or order，或 pay to order of... Co.)，做成这种抬头的汇票可以经过持票人背书后转让给第三人。

C. 持票人或来人抬头：例如“付给来人”(pay bearer)或“付给持票人”(pay holder)，做成这种抬头的汇票，无需由持票人背书，仅凭交付即可转让。按照我国《票据法》规定，签发持票人或来人抬头的汇票无效。

② 提示(Presentation)。收款人或持票人将汇票提交付款人要求付款或承兑的行为，称做提示。付款人看到汇票，即为见票(Sight)。提示可分为两种：

A. 付款提示(Presentation for Payment)。即持票人提交汇票，要求即期汇票的付款人付款，或要求已经承兑的远期汇票的承兑人付款的行为。

B. 承兑提示(Presentation for Acceptance)。即持票人提交汇票，要求远期汇票的付款人承诺付款的行为。

无论是付款提示还是承兑提示，持票人必须在汇票有效期内作出提示程序。按票据法规定，汇票付款人的责任仅限于在汇票上载明的法定期限内进行。关于付款提示的合理时间，各国票据法不尽相同。对于即期汇票来讲，应视情况而定，可以向付款银行查询；对于远期汇票来讲，则必须在规定的付款到期日或以后向付款人提示付款，不得在到期日前提示要求付款。

此外，提示必须在汇票载明的付款地点向付款人提示。如果汇票没有载明付款地点，则向付款人的营业所提示；如果没有营业所，则向其居住所提示。

③ 承兑(Acceptance)。承兑是指汇票付款人承诺在汇票到期日支付汇票金额的票据行为。承兑是汇票特有的行为,本票和支票都不需要承兑。

承兑虽然是汇票特有的行为,但并不是所有的汇票都必须承兑。"见票即付"的汇票无需承兑。对需要承兑的汇票来讲,承兑是付款的必经程序,未经承兑的,付款人可以拒绝付款。

承兑的手续是由付款人在汇票正面盖上"承兑"(Accepted)戳记,写上承兑日期,不写到期日,经承兑人签字即可。

我国《票据法》规定,付款人承兑汇票后,应当承担到期付款的责任。因此,汇票一经承兑,付款人就成为汇票的承兑人,并成为汇票的主债务人,而出票人便成为汇票的从债务人。

④ 付款(Payment)。付款人向持票人支付汇票金额的行为称为付款。付款是汇票行为的最终目的。持票人在到期日,经付款人或承兑人正当付款(Payment in Due Course),汇票的使命即告完成。

例如,即期汇票提示日为付款到期日,见票后若干天/月付款的远期汇票从承兑日推算到期日。当持票人在到期日向付款人或承兑人做付款提示时,付款人应当即时付款。

⑤ 背书(Endorsement)。背书是指持票人以转让汇票权利为目的,在汇票背面记载有关文字并将汇票交付给受让人(被背书人)的行为。

背书有两个动作,一个是在汇票背面签字,另一个是将经背书的汇票交付给被背书人,只有经过交付,背书行为方为完成。

背书有以下几种方式:

A. 空白背书(Blank Endorsement),亦称不记名背书,即背书人在汇票背面签名盖章即可,不需写明被背书人。空白背书的汇票凭交付,权利即可转让。

B. 限制性背书(Restrictive Endorsement),即不可转让背书,指背书人对支付给被背书人的指示带有限制性的词语。例如,"仅付××公司"(pay to... Co. only)。凡做成限制性背书的汇票,只能由指定的被背书人凭票取款,而不能再行转让或流通。

C. 特别背书(Special Endorsement),即记名背书,指背书人在汇票背面载明背书人的姓名及签章外,还记载被背书人的名称。例如,"付给××银行或其他指定人"(pay... bank or order)。对这种特别背书,被背书人可以进一步凭背书交付而将汇票进行转让。

D. 有条件背书(Conditional Endorsement),指背书人在背书时带有条件,亦即只有在记载条件完成时方可把汇票交给被背书人。例如,"交出××检验检疫证明时付款给××公司或其指定人"(pay to... Co. or order of... upon his delivery of... inspection certificate)。

我国《票据法》规定,背书必须记载被背书人的名称,这就表明我国不允许对汇票做不记名背书。

⑥ 贴现(Discount)。远期汇票在到期之日,汇票的付款人(即承兑人)才需付款,汇票持有人如果想提前取得票款,可以办理汇票的贴现,即银行(或其他金融机构)买进未到期的票据(如远期汇票、国库券等),从票面金额中扣除从贴现日至到期日的利息后,将余额付给持票人的一种业务。贴现后余额的计算公式为:

贴现后余额 = 票面价值 −(票面价值 × 贴现率 × 天数 /360)− 有关费用

并非所有的票据均可进行贴现，一般来讲，只有信誉度较高的票据才能贴现，如银行签发的承兑汇票、国家发行的国库券、实力雄厚的企业所发行的债券等。

⑦ 拒付(Dishonor)与追索(Recourse)。拒付是指持票人向付款人提示汇票时，付款人拒绝付款或承兑，包括付款人死亡、逃匿和破产等情况。

持票人当汇票被拒绝时，可向承兑人追偿，还有权向所有“前手”中的一人直至出票人行使追索权，请求其偿还汇票金额和费用。

为了避免承担被追索的责任，出票人或出让人在出票或背书时可加注“不受追索”(Without Recourse)字样，但列明这种记载的汇票，一般不易在市场上流通和转让。

2. 本票

(1) 本票的定义

我国《票据法》对本票(Promissory Note)定义为：本票是出票人签发的，承诺自己在见票时无条件支付确定的金额给收款人或者持票人的票据。该票据即为银行本票。

(2) 本票的要式

构成本票的必要项目包括：表明“本票”的字样；无条件支付的承诺；确定的金额；收款人名称；出票日期；出票人签章。本票上未记载上述规定事项之一的，本票无效。同时，我国《票据法》还规定：本票上未记载付款地点的，出票人的营业场所为付款地，未记载出票地点的，出票人的营业场所为出票地。

(3) 本票的种类

① 本票因出票人的不同，可分为商业本票和银行本票。由工商企业或个人签发的本票为商业本票，由银行签发的本票叫银行本票。我国《票据法》规定，银行以外的企事业、其他组织和个人签发的本票(即商业本票)视为无效，而国外的票据法对商业本票是予以承认的。

② 本票按照付款时间又可分为即期本票和远期本票两种。即期本票见票即付，远期本票则承兑于未来某一规定的或可以确定的日期支付票款的本票。银行本票则是即期的，我国只允许开立自出票日起，付款期限不超过两个月的银行本票。

(4) 本票与汇票的区别

本票与汇票的主要区别在以下几个方面：

① 当事人不同。本票的当事人只有出票人和收款人两个，本票的付款人即出票人；而汇票有出票人、付款人和收款人三个当事人。

② 承兑不同。远期汇票须经过付款人承兑，以保证将来付款；而远期本票由出票人也即付款人本人签发，因此无须承兑。

③ 份数不同。汇票可以一式几份，注明“付一不付二”或“付二不付一”字样，即表示付款人只对其中一份承兑或付款，当对其中的一份承兑或付款后，另一份随即作废；而本票只能一式一份，不能多开。

④ 责任不同。汇票在承兑前由出票人负责，承兑后则由承兑人负主要责任，出票人负次要责任；而本票则自始至终由出票人负责到底。

⑤ 债权债务关系不同。本票是债务人对债权人的一种支付承诺；而汇票是债权人对债务人的一种支付命令。

3. 支票

(1) 支票的定义

支票(Check/Cheque)是由出票人签发,委托办理支票存款业务的银行或者其他金融机构在见票时无条件支付确定的金额给收款人或者持票人的票据。简言之,支票是以银行为付款人的即期汇票。

(2) 支票的要式

构成支票的必要项目包括:表示"支票"的字样;无条件支付的委托;确定的金额;付款人名称;出票日期;出票人签章。

(3) 支票的种类

我国《票据法》将支票分为以下几种:

① 现金支票和转账支票。我国《票据法》将支票分为现金支票和转账支票两种。现金支票只能用来提取现金,转账支票则只能通过银行收款入账。一张支票究竟属于现金支票还是转账支票,则需要在支票正面注明。

② 一般支票和划线支票。在大多数国家中,支票被分为一般支票和划线支票。一般支票也被称为未被划线支票,支票的持票人既可以通过银行将票款收入自己的账中,也可以凭票在付款行提取现金。票面左上角被划上两道平行线的支票就是划线支票。这种支票的持票人不能凭票提取现金,而只能通过银行收款入账。划线支票比一般支票更安全,若支票遗失或被窃,失主可以通过银行查询票款的下落,然后向冒领者讨还票款。在实际业务中,根据当事人的不同需要,支票既可以由出票人划线,也可以由收款人划线,还可以由代收银行划线。

(4) 支票与汇票的区别

支票与汇票的主要区别表现在以下几个方面:

① 支票是存款人对银行签发的无条件支付命令;而汇票则是由出票人对付款人签发的无条件支付命令,汇票的付款人既可以是银行,也可以是个人或企业。另外,汇票既可以是即期的,也可以是远期的;支票则均为见票即付,但支票的有效期较短,我国《票据法》规定为支票开出之日起10天内向银行提示,否则,银行不予付款。

② 支票的用途是结算;汇票的用途除结算外,还可以进行融资。

③ 支票只有一份;汇票可以一式几份。

④ 支票无承兑手续;而远期汇票则需承兑。

三、票据使用中的风险防范

在国际贸易业务中,应当防止用伪造票据进行诈骗。为杜绝这类事情的发生,有必要采取以下防范措施:

(1) 在出口业务中采用汇票方式时,应注意考察出票人的信誉和付款能力。特别是对于新客户,应做必要的资信调查,成交的金额也应适度。

(2) 对于外商寄来的票据应当仔细审核,有必要请求业务往来银行协助审核。

(3) 对于付款行是在进口国或第三国的票据,应当先委托当地银行查询票据的真伪,或等托收银行收妥票款后再履行发货义务。

(4) 对于外商用支票付款的,为防止对方开空头支票,可要求对方出具"保付支票",即由付款银行在支票上加盖“保付”戳记，以表明提示时一定付款；还可以在收到对方支票后，立刻委托我国内银行凭该支票向国外付款行付款，待支票面额收妥后方可发货。

第二节　汇付与托收支付方式

国际贸易的货款结算可以采用多种支付方式，其中建立在商业信用上的支付方式主要有汇付和托收。在以商业信用为基础的支付方式中，银行只提供服务，不提供信用，也不承担风险和责任。采用商业信用支付方式完全取决于买卖双方的一方对另一方的信任，对提供信用的一方而言有较大风险。

一、汇付

1. 汇付的定义

汇付(Remittance)就是汇款，是指付款人主动通过银行或其他途径将款项交给收款人。在实际业务中，如果销售合同规定采用汇付方式付款，一般由进口方按合同约定的条件填写汇款申请书，将货款交给出口方。

2. 汇付的种类

按照汇付使用的支付工具不同，汇付分电汇、信汇和票汇三种。

(1) 电汇(Telegraphic Transfer，T/T)

电汇是由汇款人委托汇出行用电报、电传、环球银行间金融电讯网络(SWIFT)等电讯手段发出付款委托通知书给收款人所在地的汇入行，委托它将款项解付给指定的收款人。汇出行在发给汇入行的电报上必须加注密押，以便汇入行核对证实电报的真伪。汇入行收到电报，核对密押无误后，缮制电汇通知书，通知收款人领款。

电汇的特点是付款速度快，但费用较高。不过，在实际业务中，如果采用汇付方式付款，则使用电汇方式居多。

(2) 信汇(Mail Transfer，M/T)

信汇是指进口方将货款交给本地银行，请该行用信件委托出口方所在地的分行或代理行付款给出口方。信汇的特点是费用低，但汇款时间长，不利于出口方及时收款。另外，银行还可能短期占用资金。

(3) 票汇(Remittance by Banker's Demand Draft，D/D)

票汇是指进口方向本地银行购买银行汇票，自行寄给出口方，出口方凭以向汇票上指定的银行收款。票汇除使用汇票外，也有使用本票与支票的。票汇方式的最大特点是取款灵活，在票汇方式下，汇出行在国外的任何一家代理行只要证明了汇票上出票人的签字真实可靠，都愿意对持票人支付现款。但票汇与信汇类似，汇款速度慢，也存有在途资金的问题。

【案例 6-1】 A 公司有位业务员在收到客户 T/T 付款的银行收据传真件后，立即书面指示船公司将货物电放给提单上的通知人，货给客户提走了，货款却未到账。经查，客户在银行办理了电汇业务的手续，取得了银行收据，立即传真给卖方，并要求立即电放货物，在拿到卖方给船公司的电放指示附件后，随即去银行撤销了这笔电汇业务，造成 A 公司 5 万美金的损失。试分析其原因。

【分析】 汇付是商业信用，银行是准予撤销的，只收取少量手续费。电汇下见到银行开出的付款收据不等于收到了货款,须以我方银行收到货款为准。

3. 汇付的当事人

汇付业务涉及四个当事人:

(1) 汇款人(Remitter),即付款人,通常就是进口方。

(2) 收款人(Payee),或称为受益人(Beneficiary),通常就是出口方。

(3) 汇出行(Remitting Bank),是接受汇款人的委托,代其汇出款项的银行。

(4) 汇入行(Receiving Bank),或称为解付行(Paying Bank),是接受汇出行委托,将款项付给收款人的银行。它通常是汇出行的代理行(Correspondent Bank),在收款人所在地的银行。

4. 汇付在国际货物贸易中的具体运用

在国际货物买卖中,采用汇付作为结算方式时,根据货款交付和货物运送先后时间的不同,有先收款后交货和先交货后收款两种。前者称为先结后出(Payment in Advance),实际业务中多采用电汇,所以俗称为“先 T/T”;后者称为先出后结(Payment after Arrival of Goods),同理,在采用电汇时,又有“后 T/T”之说。

(1) 先结后出。指进口方先将货款的一部分或全部汇付给出口方,待款到出口方账上后,出口方立即或在一定时间内发运货物。

(2) 先出后结。指出口方先发货,进口方后付款结算的方式。采用这种方式多用于新产品或滞销产品的出口,以利于在国外市场打开销路。

上述两种方式完全是建立在买卖双方中一方的信用上的,对于先结后出来讲,则进口方要承担出口方拖延发货或不发货的风险;对于先出后结来讲,则出口方要承担进口方不付款的风险,同时还要占压资金。无论采用上述哪种方式,都应根据实际情况,综合考虑买方或卖方的信誉、交易产品的特点、成交金额的大小等。

此外,凭单付汇(Remittance Against Documents)是进口人先通过当地银行(汇出行)将货款以信汇或电汇方式汇给出口地银行(汇入行),指示汇入行凭出口人提供的某些指定的单据和装运凭证付款给出口人。汇入行根据汇出行的指示向出口人发出汇款通知书,作为有条件的付汇的依据;出口人根据付款汇款通知书向汇入行提交与通知书规定相符的单据并凭此向汇入行取得汇款。这种凭单付汇通常只适用于现货交易。

汇付方式在买卖双方洽商时,由于当事人双方往往互不信任,在付款时间上很难达成一致,因此,这种方式在国际贸易中的作用有限,一般仅用于小额贸易、佣金、预付定金、尾款以及一些零星费用的支付上,或在分期付款、延期付款的交易中被用来支付各期的应付款项。

5. 对退汇的处理

退汇即在汇款解付前要求撤销汇款。退汇可由汇款人提出,也可由收款人提出,这里只介绍汇款人退汇情况。

在实际业务中,由于某种原因会发生付款人(即汇款人)要求退汇的情况。在电汇与信汇方式下,若汇款人提出退汇,汇出行应立即通知汇入行停止付款;若汇入行在收到退汇通知时已将汇款付出,汇款人只能直接向收款人要求退款,不能再通过银行办理退汇。

在票汇方式下,若汇款人要求退汇,要持汇票在汇出行办理有关手续;如果汇款人提出退汇是在其寄出汇票之后,银行一般不予办理。

二、托收

1. 托收的定义

托收(Collection)即委托收款,指出口方根据合同规定,开具汇票连同货运单据委托银行代向进口方收取货款的一种方式。在实际业务中,为与信用证支付方式相区别,有时也将这种方式称为“无证托收”。

2. 托收的种类

托收因提供的单据种类、银行交单条件及付款时间不同等因素,可分为不同名目的托收,具体有如下几种:

(1) 按随付单据与否,可分为光票托收和跟单托收

① 光票托收(Clean Collection),指不付货运单据的托收。通常用于尾款、小额交易、从属费用及索赔款等。

② 跟单托收(Documentary Collection),指附有提单、商业发票等货运单据的托收。一般贸易上指的托收都是跟单托收,其作用是把代表货物的货运单据与货款的支付当作对流条件。

(2) 按交单条件的不同,跟单托收可分为付款交单和承兑交单

① 付款交单(Document against Payment, D/P),是指卖方交单以买方付款为前提条件,即买方付款后才能从代收行领取货运单据。付款交单托收方式又有即期和远期之分。

A. 即期付款交单(D/P at Sight),是指卖方开具即期汇票,连同货运单据通过代收行向买方提示,买方见票(或见单)审核无误时即须付款,在付清货款时领取货运单据。在实际业务中,这种业务俗称为“付款赎单”。

B. 远期付款交单(D/P after Sight),是指卖方开具远期汇票,连同货运单据通过代收行向买方提示,买方见票(或见单)审核无误时,即在汇票上承兑,于汇票到期日付款赎单。汇票到期前,汇票和货运单据由代收行保管。

在远期付款交单方式下,为了鼓励进口方尽快付款,出口方往往要求在托收委托书中加列利息条款,规定若付款人在汇票到期日前付款,可以从应付票款中减去付款日与到期日之间的利息;若迟于汇票到期日付款,则要按一定的利率加收付款日与到期日之间的利息。利率的幅度,国际惯例一般是以 LIBOR(London Inter Bank Offered Rate)一个月的利率加 2%左右的幅度计算。

少数国家(地区)在交易中还有采用“凭单付现”(Cash against Document,简称 CAD)方式进行支付。CAD 与即期付款交单的做法很相似,但各国对 CAD 的理解不尽相同,也没有权威的国际惯例对其作出解释,有些国家将“D”解释为“交货”,买方在货到后才承担付款责任。因此,我国在进出口交易中应尽量避免使用 CAD 支付方式。如果对方坚持以这种方式结算,则应在合同的支付条款中将 CAD 的全文写出,并注明收款地点,以免日后交易双方在付款时间与付款地点的问题上产生争议。

② 承兑交单(Document against Acceptance, D/A),是指卖方交单于买方承兑汇票为前提条件,即买方在汇票上履行承兑手续后,即可向代收行取得货运单据,凭以提取货物,于汇票到期日付款。这种方式仅适用于远期汇票的托收。

3. 托收的当事人

托收方式有以下当事人：

(1) 委托人(Principal)，是指开出汇票，委托银行向国外付款人收款的客户，通常是卖方。

(2) 托收行(Remitting Bank)，是接受委托人的委托，转托国外银行向买方代为收款的银行，通常为卖方所在地银行。

(3) 代收行(Collection Bank)，是接受托收行的委托，代向买方收款的银行，通常为托收行在买方所在地的分行或其代理行。

(4) 付款人(Payer)，即汇票的受票人，一般为买方。

在托收业务中，有时还涉及“提示行”、“需要时的代理”等。提示行(Presenting Bank)是指向付款人(买方)提示汇票或单据并收取款项的银行。一般而言，提示行即代收行，但有时代收行或付款人会另外指定提示行。需要时的代理(Customer's Representation in Case of Need)是委托人指定的在付款地代为照料货物仓库、转售、运回或改变交单条件等事宜的代理人。根据《托收统一规则》规定，委托人如需指定需要时的代理，必须在委托书上写明该代理人的具体权限，否则银行将不再受理需要时的代理的任何指示。

4. 托收方式结算的基本程序

托收结算方式的传递方向与资金的流动方向相反，属于逆汇。跟单托收业务一般按照以下程序进行：

(1) 出口人将货运单据，连同做成的汇票，与托收申请书一并送交托收行，委托代收货款。

(2) 托收行根据出口人的指示，向代收行发出托收委托书，连同汇票、货运单据一同寄交代收行，要求按照申请书的指示代收货款。

(3) 代收行收到汇票和单据后，立即向进口人提示付款或承兑。

(4) 代收行收到货款后，应立即将货款拨付托收行。

(5) 托收行收到货款后即转交出口人。

托收方式结算程序如图 6-1 所示。

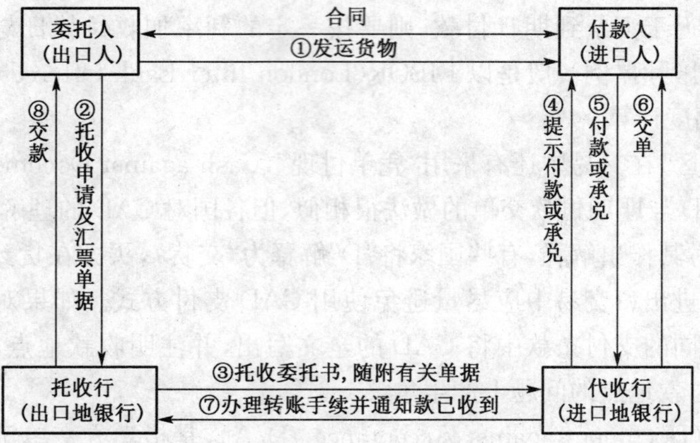

图 6-1　托收结算业务程序示意图

托收结算业务程序文字说明：

(1) 出口人按合同规定向进口人发货取得货运单据。

(2) 出口人填写托收申请书，并缮制汇票(根据合同规定签发即期、远期汇票等)，连同货运单据交付托收行委托代收货款。

(3) 托收行根据申请书缮制托收委托书连同汇票、货运单据寄交进口地代收行委托代收。

(4) 代收行按照委托书的指示向进口人提示汇票与单据，要求进口人付款或承兑。

(5) 进口人审单无误后付款或承兑。

(6) 代收行收款后交单。

(7) 代收行通知托收行货款收妥，并办理转账事宜。

(8) 托收行向出口人交款。

5. 托收方式的特点

(1) 商业信用性质

按照《托收统一规则》的规定，银行办理托收业务，只是作为委托人的代理人身份为交易双方提供有偿服务，并不保证买方一定付款，也不保证卖方提供的货运单据一定完整、正确。

(2) 出口方的风险大于进口方

在托收方式下，出口方只有在运出货物、取得货运单据后才能向买方要求付款。如果出现买方拒不赎单提货的情况，出口方仍需关心货物的安全，直到货物有了出路(降价、运回或销给他人)为止。所以，采用托收方式收取货款，对卖方有相当大的风险。

(3) 进口方的积极性高

在托收方式下，进口方既不承担风险，也不需要预垫资金；在承兑交单条件下，还可以利用出口方的资金进行无本买卖。因此，出口方可利用托收方式作为一种非价格竞争的手段，提高其产品的国际竞争力，并调动进口人的购买积极性。总之，使用托收方式，对出口方来说承担了较大风险，而对进口方来说则较有利。为此，出口方事先必须对进口方的资信情况以及进口地的商业习惯、海关、贸易和外汇管制等情况进行充分调查，以免遭受不应有的损失。

【案例 6-2】 我某公司进口马口铁皮一批，D/P 见票即付。对方通过银行将单据寄来我方银行托收，公司即向银行办妥付款赎单手续。一个月后，货物未到，连续发电向对方征询情况，均未作答。最后通过有关方面了解，方知卖方提供的单据是利用一家刚倒闭的船公司之物，卖方在取得货款后也不知去向。请问对这一损失，银行是否应负责？为什么？

【分析】 银行可以不负责。因为银行只负责核实单据表面是否与托收指示书所列一致，对单据的真伪没有检验的义务。

6. 托收方式下的资金融通

在托收方式下，出口方和进口方可分别采用出口押汇和凭信托收据借单两种方式向银行获得融资。

(1) 托收出口押汇

托收出口押汇(Collection Bill Purchased)是出口方按照合同规定发运货物后，开出以进口方为付款人的汇票，并连同全套货运单据交托收银行委托收取货款，托收银行即买入跟单汇票及其所附单据，按照汇票金额扣除从付款日（即买入汇票日）至预计收到票款日的利息及手续费，将款项先行付给出口方。托收银行作为汇票的善意持票人，将汇票和单据寄至代收行，并通过其向进口方提示，票款收到后归还托收银行的垫款。托收出口押汇的实质是出口方以代表货物所有权的单据作为抵押向托收行贷款。

托收出口押汇对托收行风险较大，在实际业务中，托收行会综合评估贸易双方的资信状况，酌情发放部分汇票金额的货款，例如，70%～80%不等。

(2) 凭信托收据

信托收据（Trust Receipt, T/R）又称进口押汇，是进口方借单时提供的一种书面信用担保文件，用以表示出具人愿意以代收银行的受托人身份代为提货、清关、存仓、保险、出售，同时承认货物的所有权仍属银行。其具体做法是由进口方在承兑汇票后出具信托收据，凭以向代收银行借取货运单据，并提取货物。货物售出后所得货款在汇票到期日偿还代收行，收回信托收据。

这种进口押汇与出口方和托收行无关，对代收行有一定的风险。代收行在接受这种借单要求时，通常先审查进口方的资信，并要求提供更多的担保或抵押品。如果在借出货运单据后，发生汇票到期不能收到货款，代收行应对出口方和托收行负全部责任。但如果是出口方主动通过托收行授权办理进口押汇，即"付款交单，凭信托收据借款"(D/P, T/R)则另当别论，一切风险由出口方自负。

【案例 6-3】 上海 A 出口公司出售货物一批给香港 B 商，CIF 条件，D/P 见票后 30 天付款，A 出口公司同意 B 商指定香港汇丰银行为代收行。A 公司在合同规定的装船期限内将货物装船，取得清洁单据，随即出具汇票，委托中国银行通过香港汇丰银行向 B 商收取货款。5 天后，货物安全抵达香港。因当时行市看好，B 商凭信托收据向汇丰银行借取提单，提取货物，并将部分货物出售。不料，由于货物过于集中，货物价格迅速下跌，B 商以缺少保单为由，在汇票到期时拒绝付款。你认为 A 公司应如何处理此事？说明理由。

【分析】 A 公司应向汇丰银行追索货款。因为汇丰银行凭信托收据将提单借给 B 商是银行自己向 B 商提供的信用便利，与 A 公司无关，所以银行必须承担 B 商到期不付款的风险。

7. 托收的法律规范

在国际贸易结算中，各国银行在办理托收业务时，银行与托收人之间的关系，托收银行与代收银行之间的关系，往往由于各方当事人对权利、义务和责任的解释不一致，而且不同的银行在具体做法上也有不同的习惯，因此容易导致误解，以致造成争议和纠纷，在一定程度上影响国际贸易的结算。为此，国际商会于 1958 年首次草拟了《商业单据托收统一规则》（国际商会第 192 号出版物），建议各银行采用，以期成为托收各方共同遵守的"惯例"。后又经过几次修改，最终修订稿于 1995 年 5 月由国际商会银行委员会一致通过，并定名为国际商会第 522 号出版物，即成为当今在票据法律规范方面有重要影响的《托收统一规则》(Uniform Rules for Collection, URC 522)。该规则已于 1996 年 1 月 1 日起正式实施。

《托收统一规则》的影响力仅次于《国际贸易术语解释通则》和《跟单信用证统一惯例》，这个规则已成为各国银行和委托人在办理托收时所遵循及参考的依据。需要注意的是，当《托收统一规则》条款的规定与托收指示书的内容发生抵触时，银行以托收指示书的内容为准。

第三节 信用证支付方式

在国际贸易结算方式中，以商业信用为基础的汇付和托收方式已很难适应各种客户对国际贸易结算的要求。特别是对初次进行交易的贸易双方而言，彼此之间在交货和付款方面都很谨慎，这样一来，以银行信用为保证的结算方式——信用证支付方式，在某种程度上消除了买卖双方的不信任感，同时还为交易双方提供了资金融通的便利。

在国际贸易结算中，信用证支付方式已有近百年的历史。信用证这一以银行作为付款保证的支付方式，长期以来一直处于国际结算方式的主导地位。当今，信用证结算方式在国际贸易领域中占有极其重要的位置，尤其在我国外贸企业中，信用证付款仍是我国外贸企业首选的支付方式。

一、信用证的概念

根据国际商会制定的《跟单信用证统一惯例》(最新版本为《国际商会500号出版物》，以下简称《UCP 600》)的规定，信用证(Letter of Credit, L/C)的含义包括以下几点：

(1) 信用证是开证行的一项书面承诺或约定，是开证行以自己的信用向受益人(卖方)所作出的一项书面保证。

(2) 信用证是开证行或者依据客户(买方)的申请，或者以自己的名义开出。信用证中所列的条款来自于产生债权债务关系的合同，如货物买卖合同。因此，信用证这一结算方式是银行信用为商业信用担保的方式。

(3) 开证行付款是有条件的，它必须在受益人完全履行信用证条款的条件下，提供的单据严格符合信用证的规定时才给予付款。因此，在信用证项下的开证行保证付款并非绝对和无条件。

(4) 开证行对受益人开出的跟单汇票进行承兑和/或付款，可以付款给受益人或其指定人，开证行也可以对汇票进行直接付款，也可以授权另一家银行付款或承兑。

简言之，信用证是指开证银行应申请人的要求并按其指示，向第三方开具的有条件的承诺付款的书面文件。按照进出口业务的通常做法，这里的“条件”指卖方交付符合信用证规定的全套合格单据，故称为跟单信用证。

二、信用证的特点

1. 银行信用

信用证是一种银行信用，信用证这种担保付款的书面承诺与一般保证合同不同，开证行开出信用证后，只要受益人履行了信用证的条款，提供与信用证规定表面相符的单据，开证行为主债务人。开证行不能以申请人不付款、拖延付款等理由，而对受益人拒绝付款或延迟付款。

2. 独立的契约

信用证是独立于据以产生债权债务的买卖合同，是一项独立的契约。信用证的条款虽然来源于销售合同，但信用证与其依据的销售合同在性质上是不同的交易。即使信用证中提及该合同，银行也与该合同无关，且不受其约束。所以，信用证是独立于有关合同以外的契约，是一种自足的文件。

3. 单据业务

在信用证方式之下，实行的是凭单付款的原则。《UCP 600》规定："在信用证业务中，各有关方面处理的是单据，而不是与单据有关的货物、服务及其他行为。"所以，信用证业务是一种纯粹的单据业务，银行处理的只是单据。在信用证业务中，只要受益人提交的单据符合信用证规定，开证行就应承担付款责任。反之，单据与信用证规定不符，银行有权拒绝付款。但应指出，按《UCP 600》规定，银行虽有义务"合理小心地审核一切单据"，但这种审核，只是用以确定单据表面上是否符合信用证条款，开证银行只根据表面上符合信用证条款的单据付款。

正是因为信用证的这些特点，也才使得信用证有其不足之处，如手续繁琐、费用多、业务成本高；审证、审单要求的技术性较强，稍有不慎就会造成损失。

【案例 6-4】 A 公司向 B 公司出口一批货物，CIF 条件成交。B 公司通过 C 银行开给 A 公司一张不可撤销的即期信用证。当 A 公司于货物装船后持全套货运单据向银行办理议付时，B 公司倒闭。同时传来消息，这批货物在离港后 24 小时后触礁沉没。问：C 银行能否以此为由拒绝付款？为什么？

【分析】 C 银行不能以此为理由拒绝付款，因为信用证是银行信用，与开证申请人的资信度无关，也与货物的实际状况无关，只要单证一致，银行必须付款。

三、信用证的作用

采用信用证支付方式，给买卖双方以及银行都带来一定的好处。信用证在国际贸易结算中的作用，主要表现在以下几个方面：

1. 对出口商的作用

(1) 保证出口商凭单据取得货款

信用证支付方式的原则是单证严格相符，出口商交货后提交的单据，只要做到与信用证规定相符，"单证一致，单单一致"，银行就保证支付货款。在信用证支付方式下，出口商交货后不必担心进口商到时不付款，因为这是由银行承担付款责任，这种银行信用要比商业信用可靠。因此，信用证支付为出口商收取货款提供了较为安全的保障。

(2) 可以取得资金融通

出口商在交货前，可凭进口商开来的信用证做抵押，向出口地银行借取打包贷款(Packing Credit)，用以收购、加工、生产出口货物和打包装船；或出口商在收到信用证后，按规定办理货物出运，并提交汇票和信用证规定的各种单据，权作押汇取得货款。这是出口地银行对出口商的资金融通，从而有利于出口商的资金周转，扩大出口。

2. 对进口商的作用

(1) 保证按时、按质、按量收到货物

进口商申请开证时可以通过控制信用证条款来约束出口商交货的时间、交货的品质和数量，如在信用证中规定最迟的装运期限以及要求出口商提交出口信誉良好的公证机构出具的品质、数量或重量证明书等，保证进口商按时、按质、按量收到货物。

(2) 获取资金融通

进口商在申请开证时，通常要交纳一定的押金，如果进口商在开证行享有较高的信誉，则进口商就有可能得到开证行较高的信誉额度，从而少交或免交部分押金，所以可以在没有过早、过多地占用资金的情况下就履行了开证的义务。如果采用远期信用证，进口商还可以凭信托收据向银行借单，先行提货、转售，到期再付款，这就为进口商提供了资金融通的便利。

3. 对银行的作用

开证银行接受进口商的开证申请，即承担开信用证和付款的责任，这是银行以自己的信用作出来的保证，以银行信用代替了进口商的商业信用。所以，进口商在申请开证时要向银行交付一定的押金或担保品，为银行利用资金提供便利。此外，在信用证业务中，银行每做一项服务均可取得各种利益，如开证费、通知费、保兑费、修改费等各种费用。因此，承办信用证业务是各银行业务的项目之一。在国际贸易结算中，信誉良好、作风正派的银行以其高质量的服务又促进了信用证业务的发展。

四、信用证的形式

信用证的开立可以采取信函的方式，也可以用电文方式，由此信用证可以划分为信开本(Mail Credit)和电开本(Cable Credit)两种形式。按照电文内容的详细与否，电开信用证又可分为简电本(Brief Cable)和详电本(Full Cable)。这里我们主要介绍在实际业务中使用居多的详电本。

电开本是指以电文格式开立并以电讯方式传递的。通常采用的电讯方式主要有电报、电传和 SWIFT。详电本又称为全电本，是指电文内容详细完整的信用证。目前，国际结算中越来越多地采用方便、迅速、安全、格式统一、条款明确的 SWIFT 信用证。

SWIFT 是环球银行财务电讯协会(Society for Worldwide Inter-bank Financial Telecommunication, SWIFT)的简称，该组织成立于 1973 年，目前，在全世界拥有会员国 130 多个，会员银行 4 000 多家，其环球计算机数据通讯网在荷兰和美国的运行中心、在各会员国的地区处理站，为 SWIFT 会员提供安全、可靠、快捷、标准化、自动化的通讯服务。SWIFT 专门从事传递各国之间非公开的国际金融电讯业务，其中包括外汇买卖、证券交易、开立信用证等业务。发电成本低廉是 SWIFT 通讯方式的一大特点。中国银行于 1983 年在国内同行业中率先加入 SWIFT 组织，并于 1985 年正式启用 SWIFT 信用证。目前，我国在电开信用证或收到信用证电开本中，SWIFT 信用证占很大比重。

在国际贸易结算中，SWIFT 信用证是正式的、合法的、被信用证各当事人所接受的、国际通用的信用证。SWIFT 信用证即指凡通过 SWIFT 系统开立或予以通知的信用证，它按照规定的报文格式 700(Message Type 700, MT 700)开立。采用 SWIFT 信用证必须遵守 SWIFT 的规定，亦必须使用 SWIFT 手册规定的代号“Tag”，而且信用证必须遵守《UCP 600》各项条款的规定。在 SWIFT 信用证中可省去开证行的承诺条款，但不能免除银行所应承担的义务。

SWIFT 信用证的特点是快捷、安全、准确、简明、可靠。

五、信用证的基本内容

信用证基本内容大致包括国际货物销售合同的有关条款与受益人提交的单据，还有银行的保证条款。通常主要包括以下内容：

1. 信用证本身的说明

如信用证编号、种类、开证日期、到期日和到期地点、交单期限等。

2. 兑付方式

说明即期付款、延期付款、承兑还是议付。

3. 信用证当事人

指开证人、开证行、受益人、通知行等。此外,有的信用证还有制定付款行、偿付行、承兑行、指定议付行等。

4. 汇票条款

包括汇票的种类、出票人、受票人、付款期限、出票条款及出票日期等。凡不需汇票的信用证无此内容。

5. 货物条款

包括货物的名称、规格、数量、包装、价格等。

6. 支付货币和信用证金额

包括币别和总额,币别通常应包括货币的缩写与大写,总额一般分别用大写和小写与阿拉伯数字书写。信用证金额是开证行付款责任的最高限额,有的信用证还规定有一定比率的上下浮动幅度。

7. 装运条款和保险条款

如装运港或启运地、卸货港或目的地、装运期限、可否分批装运、可否转运以及如何分批装运、转运的规定。以 CIF 和 CIP 贸易术语达成交易项下的保险要求,还需载明投保的金额和险别等。

8. 单据条款

通常要求提交商业发票、运输单据和保险单据,此外,还有装箱单、产地证、检验检疫证书等以及这些单据的份数。

9. 特殊条款

特殊条款视具体交易而定,常见的有要求通知行加保兑、限制某银行议付、限装某船或不许装某船、不准在某港口停靠等等。

10. 信用证开立责任条款

包括根据《跟单信用证统一惯例》开立的文句、开证行签字和密押、不符点罚款等。

六、信用证的当事人

一份信用证的基本当事人包括以下六个:

1. 开证申请人

开证申请人(Applicant)是指向银行申请开立信用证之人,又称为开证人,一般为进口人。

2. 开证行

开证行(Issuing Bank)指接受开证申请人委托开立信用证的银行,一般为进口地银行。开证行和开证申请人的权利和义务以开证申请书为依据。按信用证条款的规定,信用证一经开出,开证行即负有承担付款的责任。

3. 受益人

受益人(Beneficiary)指信用证中所指定的有权使用该信用证的人,一般为出口人或实际供货商。如果出口人交单后,开证行倒闭或无理拒付,受益人有权向进口人提出付款要求,进口人仍应负责付款。

4. 通知行

通知行(Advising Bank)指受开证行委托,将信用证转交出口人的银行。通知行通常是出口地银行,而且一般是开证行的代理行。如通知行接受委托通知事宜,则应谨慎核对信用证的真实性。通知行只鉴别信用证的真实性,不承担其他义务。

5. 议付行

议付行(Negotiating Bank)又称押汇银行、购票银行或贴现银行,指根据开证行的授权买入或贴现受益人开立和提交的符合信用证规定的汇票或单据的银行。议付行可以是指定的银行,也可以是非指定银行,具体由信用证条款来决定。

6. 付款行

付款行(Paying Bank)指开证银行指定代理执行信用证项下付款或充当汇票付款人的银行,一般就是开证行,也可以是它指定的另一家银行,这要根据信用证条款的规定来决定。

在实际业务中,要完成一笔信用证业务,还可能涉及其他当事人,如保兑行(Confirming Bank,是指应开证行请求或授权对信用证加具保兑的银行,具有与开证行相同的责任与地位,通常由通知行兼任)、偿付行(Remitting Bank,是指受开证行的指示或授权,对有关代付行或议付行的索偿予以照付的银行,但此偿付不视作开证行终局性的付款,因为偿付行并不审查单据,不负单证不符的责任)、转让行(Transferring Bank,是应受益人的委托,将可转让信用证转让给信用证的受让人的银行,一般为通知行)、第二受益人(Second Beneficiary,是接受转让的可转让信用证的受益人,又称为信用证的受让人或被转让人,一般为提供货物的生产者或供应商)等。

七、信用证的结算程序

信用证的收付程序随信用证类型的不同,其具体做法有所差异,但就其基本流程而言,信用证的收付程序大体要经过申请、开证、通知、议付、索偿、付款、赎单,如图 6-2 所示。

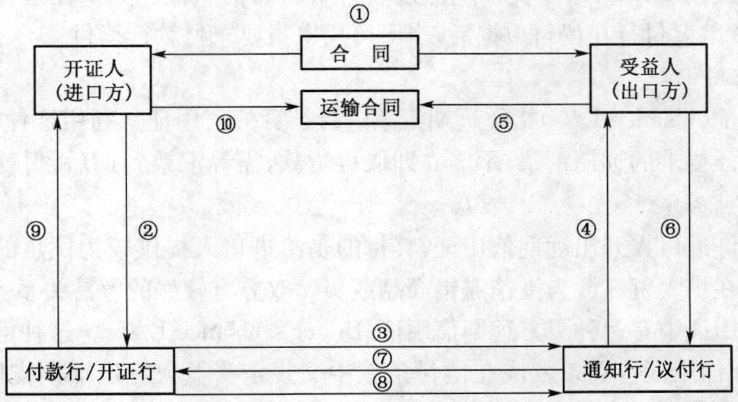

图 6-2 信用证结算流程图

结算业务程序文字说明：

① 进出口双方在贸易合同中明确以信用证方式结算货款，并确定信用证的种类、金额、到期日和开证日期等。

② 进出口在合同规定的时限内向当地银行申请开证，依照合同的各项有关规定，填写开证申请书，并交付押金或其他保证。

③ 开证行根据申请书的内容，开立以出口方为受益人的信用证，并寄交通知行。

④ 通知行收到信用证，即核对开证行的签字与密押，审核无误后，转交出口方。

⑤ 出口方审证，如发现与合同条款不符或其他错误，即通知进口方修改信用证。如审核无误，则按时装运货物取得货运单据。

⑥ 出口方在信用证有效期和交单期内，缮制汇票及信用证规定的各种单据，提交议付行办理议付。议付行审核单证一致后，根据汇票金额扣除利息，将货款垫付给出口方。"议付"就是指议付行向受益人购进由他开立的汇票及所附单据。议付行一般是出口地银行，也可由开证行在信用证中指定。

⑦ 议付行将汇票和全套单据寄交开证行或其他指定付款行索偿。

⑧ 开证行或付款行审核单据无误后，付款给议付行。

⑨ 开证行通知进口方付款赎单。进口方审核单据无误后，办理付款手续，获取全套单据。

⑩ 进口方凭货运单据向承运人提货。

八、信用证的种类

当前，在国际货物买卖中使用的信用证种类较多，但常见的有下列几种：

1. 不可撤销信用证

不可撤销信用证(Irrevocable L/C)指开证行开出信用证后，在其有效期内，未经受益人和其他有关当事人的同意，不得擅自撤销和修改内容的信用证。这种信用证对受益人较为有利，因此，在国际上，其使用范围与另外一种单方可撤销和修改的信用证即可撤销信用证相比要广泛得多。

2. 即期信用证

即期信用证(Sight L/C)指凭即期汇票收付货款的信用证。如果在这种信用证中加列"电报索偿条款"，议付行在议付单据后，当天可用电报要求付款行偿付。

3. 远期信用证

远期信用证(Usance L/C)指凭远期汇票进行结算的信用证。利用这种信用证，受益人提供符合信用证要求的远期汇票，不能立即取得货款，需等汇票到期后，付款行和开证行才履行付款责任。

出口人允许进口人开出远期信用证，其目的是给进口人提供较为优惠的付款条件。这种信用证一般在扩大贸易或为推销滞销商品或买卖双方有较好的贸易关系等情况下使用。

在远期信用证中有一种买方远期信用证(Buyer's Usance L/C)。这种信用证规定出具远期汇票，但在信用证特别条款或在偿付条款中又规定受益人可以即期支取货款，其贴现利息及其他有关费用由开证人承担。这种信用证从形式上看是远期信用证，但受益人可以即期收款，所以一般又称之为"假远期信用证"(Usance L/C Payable at Sight)。使用这种信用证对受益人来讲，能够即期收款，但要负一般承兑信用证汇票到期遭到拒付时被追索的风险。对开证申请人来讲，可以选择贴现率比较低的地方的银行开证或指定其为付款行。开证申请人在远期汇票到期时才向银行付款，所以，使用这种“远期”信用证，实际上是开证行或贴现银行对进口商融通资金。

4. 跟单信用证

跟单信用证(Documentary L/C)是指凭跟单汇票或只凭货运单据(如提单、商业发票、保险单、商检单等)付款的信用证。这种信用证在国际贸易中广为使用。

与跟单信用证相对应的就是不随付货运单据的信用证，即光票信用证(Clean L/C)，这种信用证一般用于非贸易结算或贸易从属费用结算。

5. 预支信用证

预支信用证(Anticipatory L/C)指允许受益人在装货和交单前事先支取部分或全部货款的信用证。这种信用证主要是出口人在发货前得到的一种资金融通的便利。

对于这种信用证，如果出口人取得款项后不履行信用证义务，其后果由开证人负责。预支信用证的预支条款，通常由开证行以红色笔书写或打印成红色字，所以这种预支信用证又被称为“红条款”信用证。但实际业务中的预支信用证也并非必须用红色表示。

6. 保兑信用证

保兑信用证(Confirmed L/C)指开证行开出的信用证，由另一家银行保证对符合信用证条款规定的单据履行付款义务的信用证。由于政治、资信等方面的原因或者由于来证金额超过开证行的资力，出口人可能要求进口人请开证行委托第三者对付款责任加以保证，即请第三者对信用证保证兑付。保兑行的义务和开证行一样，对受益人承担保证付款的责任。保兑信用证实际上是由双重银行来保证付款。

保兑信用证必须是不可撤销的信用证。如果信用证是可以撤销的，那么该信用证随时都有可能被银行单方面撤销，因此，不存在被第三家银行加以保兑的问题。与保兑信用证相对应的是不保兑信用证。在国际贸易买卖中，保兑与不保兑并不能说明信用证付款的绝对可靠性。一份信用证所规定的义务能否顺利履行，与银行的资信、买卖双方之间的业务关系等因素都有密切的关系。

【案例 6-5】 我出口企业收到国外开来的不可撤销信用证一份，由设在我国境内的某外资银行通知并加以保兑。我出口企业在货物装运后，正拟将有关单据交银行议付时，忽接该外资银行通知，由于开证行已宣布破产，该行不承担对该信用证的议付或付款责任，但可接受我出口公司委托向买方直接收取货款的业务。对此，你认为我方应如何处理？简述理由。

【分析】 我方可以不理会该外资银行的通知，直接凭信用证的保兑文句向其收取货款，因为保兑行承担与开证行相同的付款责任。

7. 不可转让信用证

信用证转让是指受益人有权把信用证金额的全部或部分转让给另一个或数个第三者(第二受益人)使用的信用证。

考虑到新客户的风险因素，一般来说买方并不情愿使用可转让信用证，因为对受让人的资信和经营能力并不了解，对受让人的商品质量也无把握。所以，除非有特殊需要和第一受益人的可靠保证，买方一般不同意开立可转让信用证。因此，在国际贸易结算中，使用不可转让信用证(Non-Transferable L/C)者居多。而按照《UCP 600》的规定,信用证除非注明为可转让信用证,否则将被视为不可转让信用证。

8. 循环信用证

循环信用证(Revolving L/C)是指受益人在一定时间内利用规定金额后,能重新恢复到原来金额并再度使用,周而复始,直至达到该规定次数或累计金额用完为止。

循环信用证一般用于定期分批均衡供货、分批结汇的长期合同。对进口方来说,可节省逐笔开证的手续和费用,减少押金,有利于资金周转;对出口方而言,可减少逐批催证审证的不便,又可获得收回全部货款的保证。

9. 对开信用证

在易货贸易或来料来件加工装配业务中常采用对开信用证(Reciprocal L/C),交易的双方都担心对方凭第一张信用证出口或进口后,另外一方不履行进口或出口的义务,于是采用这种互相联系、互为条件的开证办法,以彼此约束。其特点是:第一张信用证的开证人、开证行、通知行、受益人正好是回头信用证的受益人、通知行、开证行、开证人;两证金额可以相等,也可以不等;两证可以同时生效,也可以先后生效。采用这种信用证可使买卖双方彼此的利益都得到满足。

九、《跟单信用证统一惯例》

20世纪初,随着运输、通讯的发展以及CIF合同在国际贸易中的普遍运用,跟单信用证的结算方式已被广泛应用。但是,因为从事国际贸易的商人和有关的银行分处于不同国家或地区,法律规则和业务操作的习惯各不相同,特别是对信用证有关当事人的权利、责任以及所用条款及术语的定义等缺乏统一的解释和标准。因此,信用证的有关各方出现争议和纠纷的现象经常发生。为适应国际贸易不断发展的要求,进一步推广跟单信用证的使用规模,在客观上就产生了对跟单信用证业务应有统一、明确定义和解释的要求。根据美国代表的提议,国际商会于1927年拟就了一份《商业跟单信用证统一惯例》。后经过几次修订,最新版本为在2006年10月召开的国际商会(ICC)巴黎年会上通过并于2007年7月1日起实施的《跟单信用证统一惯例》(Uniform Customs and Practice for Documentary Credit),即国际商会第600号出版物,简称为《UCP 600》。

《UCP 600》并不是国际性的法律,但它已为世界上各国银行普遍接受和使用,并成为一种公认的国际惯例,至今已被170多个国家的银行所采用,可以说《UCP 600》的使用已具有全球性。有些国家将《UCP 600》作为裁决跟单信用证纠纷的法律依据或准则。为得到法律上的保护,开证行所开出的信用证必须注明:“本证根据国际商会《跟单信用证统一惯例》,即《UCP 600》开立。”

第四节 银行保函与备用信用证

随着国际经济交往的日益加深,全球经济的依存度加强,在以货物买卖为主流的国际贸易中,服务贸易的比重开始扩大,改变了国际贸易中单一的有形传统贸易的模式,使得各国之间的货物、劳务、技术和资金流动加快,交易的条件也更趋复杂。为了适应各类交易的国际结算,银行保函业务和备用信用证业务的使用日渐广泛。它们不仅适用于货物买卖,也使用于一些复杂的业务中，如承包工程项目、融资等国际经济合作业务。

一、银行保函

1. 银行保函的含义和作用

银行保函(Letter of Guarantee，L/G)又称银行保证书，是保函的一种。它是指银行应申请人的要求向受益人开立的，担保申请人一定履行某种义务，并在申请人未能按规定履行其责任和义务时，由担保行代其支付一定金额或作出一定经济赔偿的书面文件。它属于银行信用。

按受益人索偿条件，保函通常分为两种：一种为见索即付保函(First Demand Guarantee)，又称无条件保函(Unconditional Guarantee)，即指保证人在受益人第一次索偿时，就必须按保函所规定的条件支付款项。因此，见索即付保函的保证人承担的是第一性的、直接的付款责任。另一种为有条件保函(Conditional Guarantee)，这种保函是指保证人向受益人付款是有条件的，只有在符合保函规定的条件下，保证人才予以付款。因此，有条件保函的保证人承担的是第二性的、附属的付款责任。

在实际业务中，能够充当担保人并能开出保函的机构一般为信誉卓著的大银行和金融机构。本书仅涉及银行开立的保函。

银行保函具有两种不同的担保作用：

(1) 作为双方交易合同项下的价格得以支付的担保，即保证受益人在履行合同义务后，将可得到其应得到的合同价款。

(2) 作为违约事件发生进行赔偿的担保，即保证申请人将履行某种合同义务，一旦出现相反情况，负责对受益人作出赔偿。

2. 银行保函的当事人

银行保函的当事人主要有以下四个：

(1) 申请人(Applicant)

也称委托人，是向银行申请开立保函的人。它负担保函项下的一切费用及利息，并按银行要求预支部分或全部押金。在银行根据保函对受益人付款后，它要立即偿还银行的垫款。

(2) 受益人(Beneficiary)

是指收到保函并有权凭借保函及符合保函规定的各种文件向银行索偿的人。

(3) 担保行(Guarantee Bank)

是指按申请人的申请书为其开出保函的银行。它有义务按保函规定的条件对受益人付款，在申请人不能偿还垫款时有权处置申请人的押金或抵押品，并向其追偿不足部分。

(4) 通知行(Advising Bank)

是指受担保行的委托，向受益人通知保函的银行。

由于各国对保函的法律规定不同以及各国不同银行间对保函业务的习惯做法不同，因此，在保函项下经常还会出现一些其他有关的当事人，如转开行、保兑行、偿付行等，这里就不一一介绍了。

3. 银行保函的格式和主要内容

(1) 主要内容

银行保函产生于贸易双方的交易合同，由于交易合同的标的不同，加之各国(地区)的银行对保函业务的习惯做法不同，从而造成了格式内容各异。但从保函格式的基本要素来看，其主要内容包括：

① 保函的受益人名称及其地址。

② 保函申请人的名称及其地址。

③ 保函担保人的名称及其地址。

④ 保函的种类及保函的担保目的。

⑤ 与保函有关的合同号、协议号、招标号以及有关工程项目名称。

⑥ 担保的金额及其所使用的货币。

⑦ 保函的担保期限，即保函有效期。

⑧ 保函的赔付条款，即保函的付款承诺及有关索赔条件的具体规定。

(2) 附加条款

银行保函除上述内容外，还经常采用附加条款，对担保人的责任起着补充、完善的作用。常用的附加条款有：

① 保函的生效条款。

② 保函的减额条款，即随着交易合同的进行担保金额也逐渐递减。

③ 鉴定条款，即受益人的索赔权利需由某机构鉴定，以核实受益人的索赔文件的真实性。

④ 法律条款，即保函开出后，有关保函的纠纷处理适用哪一国的法律。

⑤ 保函的自动延展条款，即根据实际需要，制定该条件以约束申请人在保函到期时不致因此而中断履行其合约义务。

4. 银行保函的种类

银行保函的应用范围很广，在实际业务中，银行可凭借其信用为各种经济行为做担保。银行保函按其用途可分为投标保函、履约保函和借款保函。

(1) 投标保函

投标保函(Tender Guarantee)是指在以招标方式成交的购买和承建项目中，招标方为了达到制约各种投标人行为的目的而要求投标人通过其往来银行所出具的一种书面付款保证文件。凭此文件，担保人(银行)向招标人作出保证：在投标报价的有效期内，投标人将遵守其诺言，不撤标，不改标，不更改原报价条件，且一旦中标，将按招标文件规定，与招标人签约并提交履约保函。如果投标人违反上述约定，担保人(银行)将向招标人赔付一定金额作为补偿。

(2) 履约保函

履约保函(Performance Guarantee)是指担保人(银行)应出口或劳务方或承包人的请求而向进口方或业主所作出的一种履约保证承诺，即担保出口方、劳务方或承包人诚信、善意、及时地履约合约；倘若履约责任者日后未能如期履约，则担保人(银行)将向进口方或业主支付罚金，作为对其损害的补偿及作为对违约者的惩罚。

在国际货物买卖业务中，履约保函分出口履约保函和进口履约保函，前者为约束供货方保证按合同供货，后者则为约束进口方保证按合同接货、付款等。

(3) 借款保函

借款保函(Repayment Guarantee)是指银行或其他金融机构应借款人的要求，向贷款银行或其他贷款人所出具的一种旨在保证借款人按照借款合同的规定向贷款方归还所借款项以及支付由此而产生的利息的付款保证承诺，一旦出现借款人因某种原因（如破产、倒闭、资金周转困难、财务状况恶化、丧失企业资格）而无力偿还或拒绝偿还贷款的情况时，则由银行来负责履行偿还职责。

5. 银行保函与信用证的主要区别

银行保函与信用证都是由银行开立的，同属银行信用，而且都被用于国际贸易的货款支付，但两者有很大区别，主要表现在：

（1）就使用范围及用途看，保函的应用范围远远大于信用证。

（2）就付款责任属性而言，信用证项下，银行是第一性的付款责任；而银行保函既可以是第一性的（如见索即付保函），也可以是第二性的（如有条件保函）。

（3）就所支付款项性质而言，信用证通常用于国际货物买卖支付；而保函的支付则不仅包括货款，还包括各种违约赔款或退款。

（4）就要求的单据而言，信用证项下货运单据是付款的依据；而保函项下的支付依据一般为索赔书或其他文件。

（5）信用证的到期地点可以在开证行所在地，也可在受益人所在地；而银行保函的到期地点一般在担保人所在地。

（6）就与交易合同关系而言，信用证与交易合同是两个完全独立的契约，开证行仅对单据表面与合同相符负责，对合同履行的各个具体环节并不承担任何责任；而保函是银行在接到索赔书时，还必须证实索赔内容的真伪，这就使得银行被牵连到交易双方的合同纠纷中去。

6. 银行保函的法律规范

随着国际经济合作的发展，国际贸易也越来越复杂。而随着保函业务在国际金融、贸易、劳务输出、工程承包以及资金借贷等业务中应用日益频繁，随之而产生的纠纷乃至保函项下权利滥用现象也相应增多。由于各个国家的法律、法规对保函业务的认识不尽相同，使得银行担保面临来自不同法律、法规方面的限制和压力，而影响了担保业务的开展。1978 年 6 月，国际商会颁布了《合同担保统一规则》（Uniform Rules for Contract Guarantees），即国际商会第 325 号出版物，简称“URC 325”。1992 年 4 月，国际商会又颁布了《见索即付统一规则》（Uniform Rules for Demand Guarantees），即国际商会第 458 号出版物，简称“URDG 458”。这一规则明确规定取代《合同担保统一规则》NO. 325。第 458 号出版物的公布，受到了金融界和贸易界的重视，并认为其对实际业务具有现实指导意义。但在实际业务中，开立保函的银行并不怎么采用这个规则。在实际业务操作中，遇有不同解释时，往往只能按照保函本身的具体条文，按开立地的法律个别解决，因此，很容易引起纠纷。为此，一些国家法律为了不让银行介入商业纠纷，禁止银行开立保函。于是在这种情况下，备用信用证作为一种特殊的信用证就应运而生，并逐渐得到推广。

二、备用信用证

1. 备用信用证的含义

备用信用证（Standby L/C，S/C）是在商业信用证的基础上发展起来的一种担保文件。它是指开证行根据开证申请人的请求，对受益人开立承诺负责某项义务的凭证，故又称为担保信用证(Guarantee L/C)。即开证行保证在开证申请人未能履约时,受益人只要凭备用信用证的规定向开证行开具汇票(或不开汇票),并提交开证申请人未履约的证明文件,即可取得开证行的偿付。

备用信用证与银行保函的功能很相似,一般用于招标投标、预付货款、赊销等业务。备用信用证最早流行于美、日,因两国法律不允许银行开立保函,故使用备用信用证。备用信用证属于银行信用,作为一方违约补偿之用,如合同双方正常履约,该证就备而不用。

2. 备用信用证的性质

从备用信用证的含义可知,备用信用证既具备传统商业信用证的一般特点,又具有担保文件的特殊功能。备用信用证具有如下性质:

(1) 备用信用证是不可撤销的,所以,备用信用证开证人(银行)的义务是不能修改和撤销的,除非另有约定,或者是修改和撤销的要求征得另一方的同意。

(2) 备用信用证是独立的,开证人(银行)履行备用信用证项下义务不受交易双方具体业务中权利、义务的约束。

(3) 备用信用证是跟单的,开证人(银行)的义务是基于对备用信用证所要求的单据表面状况的审核决定是否付款。开证人(银行)仅审核表面是否与备用信用证条款相符,而一概不介入交易中去。

备用信用证所具有的传统信用证的特点和担保文件的特殊功能,使得它被广泛用于国际经济合作的各种交易中,除可用于国际货物买卖中,还可用于国际工程承包、国际资金融通、补偿贸易、加工贸易等业务。

3. 备用信用证与一般跟单信用证的主要区别

备用信用证是在商业信用证的基础上发展起来的,具有传统信用证的大部分特征。它与一般跟单信用证的区别主要表现在以下几个方面:

(1) 二者要求的单据不同

一般跟单信用证要求的是商业发票和运输单据等,其主要单据如代表货物所有权凭证的提单等,受益人是不能自行签发的;备用信用证要求的单据主要是开证申请人未履行其义务的证明文件或声明,其主要单据通常都由受益人自己制作。

(2) 二者的有效期不同

跟单信用证的有效期一般比较短,通常为几个月;备用信用证用于比较复杂的贸易,其交易过程比较长,因而其有效期限也较长。

(3) 二者使用的范围不同

一般跟单信用证主要用于国际货物买卖;备用信用证的应用范围则可以用于国际经济合作、工程承包、国际信贷等国际经济活动的各个领域。

(4) 二者的目的不同

一般跟单信用证是简单的结算和信用工具,是把由进出口人履行的付款责任转为由银行来履行付款,以银行信用取代商业信用,是解决买卖双方互不信任的手段。卖方按约定发运货物后,向银行提交单据,请求开证行首先付款,而非要求买方履行付款义务。

备用信用证是一种担保工具,它是开证人对申请人履行其义务的支持或保证,其目的是保证申请人付款或履行其他义务,而不是以支付为目的。只有当申请人不付款或不履行义务时,受益人才能向开证人提示单据要求付款,银行只是次债务人。因此,备用信用证经常备而不用。

(5) 适用的国际惯例范围不同

一般跟单信用证适用《跟单信用证统一惯例》；备用信用证可适用《跟单信用证统一惯例》，但可优先适用《国际备用证惯例》第590号。

4. 备用信用证与一般银行保函的区别

备用信用证有保函的作用，都是在申请人发生违约情况时使用。二者主要区别在于以下两点：

(1) 付款责任方面

备用信用证方式下，银行负第一性付款责任；而一般银行保函方式下，银行负第二性付款责任。

(2) 付款依据方面

备用信用证的付款依据是按规定提供某项凭证，同被保证人与受益人的合同无关；而一般银行保函的付款依据是某项合同或承诺是否已经履行，往往涉及合同的履行争议等。

第五节 支付方式的选择

在一般国际贸易买卖中，通常只单独使用某一种支付方式。但在实际业务中，为促成交易或加速资金周转或安全地收、付汇，也可以将不同的支付方式结合起来使用，如将信用证与汇付、托收以及备用信用证、银行保函等结合使用。在成交金额大、交货时间长的成套设备或飞机、船舶等运输工具的交易中，还可以结合使用分期付款、延期付款的支付方式。总之，根据不同国家(地区)、不同客户、不同交易的实际情况，正确和灵活地选用货款结算方式，无疑会促进交易的顺利进行。

常用的组合支付方式有以下几种：

一、信用证与汇付相结合

这种方式是指部分货款用信用证收付，尾款用汇付方式结算。这种支付方式一般用于成交数量大，交货数量机动幅度也比较大的商品。其主要部分用信用证方式支付，超过信用证部分采用汇付方式支付。有些交易的预付款用汇付方式支付，其余部分用信用证方式支付。例如，对于矿砂等初级产品的交易，双方约定：信用证规定凭装运单据先付发票金额的若干成，余数待货到目的地后，根据检验检疫的结果，按实际品质或重量计算出确切的余额，再用汇付方式支付。

二、信用证与托收相结合

这种支付方式是指部分货款用信用证方式支付，部分货款用托收方式支付。一般做法是，信用证规定出口人开立两张汇票，信用证部分凭光票付款，全套货运单据在托收部分的汇票项下，即按即期或远期付款交单方式托收。但信用证内必须注明“在发票金额全部付清后方可交单”的条款。

三、汇付、托收、信用证三者相结合

在成套设备、大型机械产品和交通工具的交易中，因为成交金额较大，产品生产周期较长，一般采用按工程进度和交货进度分若干期付清货款，即分期付款和延期付款的方法。它们一般采用汇付、托收和信用证相结合的方式。

1. 分期付款

分期付款(Installment)是买卖双方在合同中规定，在产品交易前，买方可采用汇付方式预付部分定金，其余货款根据商品生产进度或交货进度，买方开立不可撤销的信用证，即期付款。全部货款在货物交付完毕时付清或基本付清，货物所有权则在付清最后一笔货款时转移。

分期付款实际上是一种即期交易。按分期付款成交，买方在预付定金时，通常要求卖方通过银行出具保函或备用信用证，以确保买方预付金的安全。

2. 延期付款

延期付款(Deferred Payment)是买卖双方在合同中规定，买方在预付一部分定金后，其余大部分货款在卖方交货后相当长的时间内分期摊还。延期付款的那部分货款可采用远期信用证方式支付，所以延期付款实际上是卖方向买方提供的商业信誉，它带有赊销赊购的性质，因此买方应承担延期付款的利息。

远期信用证、信用证项下的分期付款、D/P 远期、D/A 等付款方式均属延期付款。

分期付款与延期付款的不同之处在于：

(1) 清偿货款的时间不同

分期付款方式下的货款在交货时已付清或已基本付清；而延期付款的大部分货款在交货后一个相当长的时间内分期摊付。

(2) 货物所有权转移的时间不同

分期付款必须付清最后一笔货款，物权才转移给买方；而延期付款，物权一般在交货时即行转移，亦即物权转移在先，货款付清在后。

(3) 支付利息

分期付款方式下，买方没有利用卖方的资金，因而不存在利息问题；延期付款方式下，由于买方利用了卖方的资金，所以买方需向卖方支付利息。

本章小结

作为外贸从业人员，必须认真学习和了解国际贸易的结算工具和结算方式的基本知识及相关国际惯例，在交易中选用有利的结算方式，推动交易的顺利执行。而通过本章的学习，可以实现上述目标，为正确选择结算方式、合理订立合同支付条款打下基础。

关键概念

- 汇付(Remittance)
- 托收(Collection)

◆ 信用证(Letter of Credit)
◆ 汇票(Bill of Exchange)
◆ 本票(Promissory Note)
◆ 支票(Check，Cheque)
◆ 银行保函(Banker's Letter of Guarantee)
◆ 备用信用证(Standby L/C)
◆ 付款交单(Document against Payment，D/P)
◆ 承兑交单(Document against Acceptance，D/A)

思考与练习

一、单选题

1. 由出口商签发的要求进口商或银行见票即付的汇票是(　　)。
A. 银行汇票　　B. 商业汇票　　C. 即期汇票　　D. 远期汇票

2. 信用证上如未明确付款人，则制作汇票时，受票人应为(　　)。
A. 开证申请人　　B. 开证银行　　C. 议付银行　　D. 受益人

3. 某人有四张汇票，其收款人抬头各不相同，其中须由持票人背书才能转让的汇票是(　　)。
A. pay to ABC co. only　　B. pay to the order of ABC co.
C. pay to Simith or order　　D. pay to bearer

4. 某公司签发一张汇票，上面注明"AT 90 DAYS AFTER SIGHT"，这是一张(　　)。
A. 即期汇票　　B. 远期汇票　　C. 光票　　D. 跟单汇票

5. 在我国出口业务中，L/C 或托收方式下的汇票，在填写收款人时，一般采用(　　)。
A. 指示性抬头　　B. 限制性抬头　　C. 持票人来人抬头　　D. 留空不填

6. 如果出票人想避免承担被追索的责任，也可以在汇票上加注(　　)。
A. 付一不付二　　B. 见索即偿　　C. 不受追索　　D. 单到付款

7. 使用托收方式时，托收行与代收行在货款收进方面(　　)。
A. 没有责任　　B. 承担部分责任　　C. 有责任　　D. 视情况分析

8. 承兑交单的起算日应为(　　)。
A. 出票日　　B. 付款人见票承兑日　　C. 付款日　　D. 托收日

9. 托收是出口人委托银行收取货款的一种支付方式，在托收下使用的汇票是(　　)，属于(　　)。
A. 商业汇票；商业信用　　B. 银行汇票；银行信用
C. 商业汇票；银行信用　　D. 银行汇票；商业信用

10. D/P・T/P 意指(　　)。
A. 付款交单　　B. 承兑交单
C. 付款交单凭信托收据借单　　D. 承兑交单凭信托收据借单

11. 当信用证与买卖合同不一致时，受益人应要求(　　)修改。
A. 开证行　　B. 开证申请人　　C. 通知行　　D. 议付行

12. 在 L/C、D/P、D/A 三种支付方式下，就买方风险而言，按由大到小顺序排列，正确的是(　　)。
A. L/C>D/A>D/P　　B. L/C>D/P>D/A　　C. D/A>D/P>L/C　　D. D/P>D/A>L/C

13. 银行审单议付的依据是(　　)。
A. 合同、信用证　　B. 合同、单据　　C. 单据、信用证　　D. 信用证、委托书

14. 信用证支付方式下，开证行对受益人履行付款责任，是以(　　)。

A. 卖方将货物装运完毕为条件的

B. 买方收到货物为条件的

C. 按时收到与信用证相符的全套单据为条件的

D. 收到卖方提供的代表货物所有权的提单为条件的

15. 信用证是依据买卖合同开立的，出口商要保证安全收汇，其提供的单据必须(　　)。

A. 与买卖合同的规定相符

B. 与信用证的规定相符

C. 在信用证与买卖合同不一致时，应以买卖合同的规定为主，适当参考信用证的有关规定

D. 与所交货物之间相符

16. 如付款方式下为 L/C 和 D/P 即期各半，为安全收汇，一般应在合同中规定(　　)。

A. 开两张汇票，随附一套等价的货运单据

B. 开两张汇票，L/C 项下为光票，全套货运单据随附在托收的汇票项下

C. 开两张汇票，托收项下为光票，全套货运单据随附在 L/C 的汇票项下

D. 开两张汇票，部分单据随附 L/C 的汇票项下，其余部分随附在汇票项下

二、判断题

1. 在汇票业务中，收款人是持以银行为受票人的银行汇票办理提款手续，所以，汇票业务属于银行信用。(　　)

2. 银行汇票的付款人是银行，而商业汇票的付款人可以是银行，也可以是商号、个人。(　　)

3. 汇票、本票和支票都可以分为即期和远期两种。(　　)

4. 不记名支票又称空白支票，取款时持票人必须在支票背后签章才可支取。(　　)

5. 如果一张汇票未注明“汇票”字样，并不影响此汇票的使用。(　　)

6. 在 D/P 方式下，银行交单以进口人付款为条件。如进口人不付款，货物所有权仍在出口人手中，所以 D/P 对出口人没有什么风险。(　　)

7. 光票托收是指金融单据不附有商业单据的托收，而跟单托收是指金融单据附有商业单据的托收。(　　)

8. UCP 600 规定，信用证修改通知书有多项内容时，只能全部接受或全部拒绝，不能只接受其中一部分而拒绝另一部分。(　　)

9. 保兑行审核单证无误而付款后，若开证行倒闭或无理拒付，保兑行有权向受益人索回货款。(　　)

10. 因为银行凭信托收据借单给买方，使其先行提货。因此，当汇票到期买方拒付时，应由银行付款给出口商。(　　)

11. 对背信用证开立后，原证即失去效用。(　　)

12. 可转让信用证与汇票一样，可以多次转让。(　　)

13. 如信用证中未注明“不可撤销”字样，则此信用证视为可撤销信用证(　　)

14. 在信用证交易中，银行根据信用证取代买方承担了作为第一付款人的义务，日后只要卖方提供了符合信用证的单据，卖方就能从银行得到付款保证，除非买方破产。(　　)

15. 信用证支付方式实际上是把进口人履行的付款责任转移给银行。(　　)

三、简答与案例分析题

1. 现代国际贸易结算有何特点？

2. 商业汇票与银行汇票有何区别？

3. 汇票抬头有哪几种方式？

4. 简述托收方式的程序及其特点。

5. 简述信用证方式的一般程序。

6. 在托收方式下有哪些资金融通方式?

7. 银行保函有哪几种?

8. 如何使用不同的结算方式?

9. 我某公司向日本某商以D/P见票即付方式推销某商品,对方答复:如我方接受D/P见票后90天付款,并通过其指定的A银行代收则可接受。试分析日方提出此项要求的出发点是什么?

10. 有一份CIF合同,以信用证方式支付。信用证规定,装运期不得迟于8月5日,信用证的有效期为8月31日。受益人于8月28日向议付行提交签发日期为8月5日的提单,但遭到了议付行的拒付。请问议付行有无拒付的权利?为什么?

11. 出口合同规定的支付条款为装运日前15天电汇付款,买方延至装运中始从邮局寄来银行汇票一张,为保证按期交货,出口企业于收到该汇票次日即将货物托运,同时委托银行代收票款。一个月后,接银行通知,因该汇票系伪造,已被退票。此时,货已抵达目的港,并已被买方凭出口企业自行寄去的单据提走。事后追偿,对方早已人去楼空。试分析出口企业应吸取的教训。

12. 甲交给乙一张经付款银行承兑的期票,作为向乙订货的预付款,乙在票据上背书后转让给丙以偿还原欠丙的借款,丙于到期日向承兑银行提示取款,恰遇当地法院公告该行于当天起进行破产清理,因而被退票。丙随即向甲追索,甲以乙所交货物质次为由予以拒绝,并称已于10天前通知银行止付,止付通知及止付理由也已通知了乙。在此情况下丙再向乙追索。乙以票据系甲开立为由推诿不理。丙遂向法院起诉,被告为甲、乙与银行三方。你认为法院将如何判决?

13. 国外贸易公司从我进出口公司购买小麦500吨,合同规定,1月30日前开出L/C,2月5日前装船。1月28日,买方开来L/C,有效期至2月10日。后由于卖方不能按期装船,故电请买方将装船期延至2月17日并将L/C有效期延至2月20日。买方回电表示同意,但未通知开证行。2月17日,货物装船后卖方到银行议付时遭到拒绝。试问:

(1) 银行是否有权拒绝付款?为什么?

(2) 作为卖方,应当如何处理此事?

14. A与B两家食品进出口有限公司共同对外成交出口货物一批,双方约定各交50%,各自结汇,由B公司对外签订合同。事后,外商开来以B公司为受益人的不可撤销信用证,证中未注明"可转让"字样,但规定允许分批装运。B公司收到信用证后及时通知了A公司,两家公司都根据信用证的规定各出口了50%的货物并以各自的名义制作有关的结汇单据。问:两家公司的做法是否妥当?为什么?

15. 我国广西某进出口公司按照FOB价格向中东某国出口水泥,合同支付条件为议付信用证。对方来证后,我公司因货源紧张,要求对方延迟派船,对方同意,但信用证未同时展期。后来对方船到接货时信用证已经到期,对方不同意展证,而中方又急于出货,故同意了对方信用证所要求的单据改为"随单托收"的方式。后来对方称货物失踪拒不付款,导致中方钱货两空。试分析中方出口方应从中吸取的教训。

16. 我国A公司向加拿大B公司以CIF术语出口一批货物,合同规定4月10日开来不可撤销信用证。此证按《UCP 600》规定办理。证内规定:装运期不得晚于4月15日。此时我方已来不及办理租船订舱,立即要求B公司将装运期延至5月15日。随后B公司来电称:同意展延船期,有效期也顺延一个月。A公司于5月15日装船,提单签发日5月10日,并于5月14日将全套符合信用证规定的单据交银行办理议付。试问:A公司能否顺利结汇?为什么?

17. 我某出口公司C某年2月向南非出口食糖。合同规定:数量为500公吨,120美元/公吨,3%溢短装,由卖方选择,增减部分按合同价格计算。如果在交货前食糖市场价格上涨,在不违反合同的情况下,卖方要想获利,可装多少公吨?如果市场价格下降呢?同年5月,C公司又向俄罗斯出口小麦,合同规定:数量为1 000公吨,100美元/公吨,以信用证方式支付。合同签订后,俄罗斯开来信用证,金额为100 000美元,问我方最多、最少可交多少公吨?

第七章　检验、索赔、不可抗力和仲裁

开篇案例

某年8月20日，一艘承载我国上海某贸易公司（本案买方）向某国出口商认购的一批进口钢材的外国货轮到达上海港。船在锚地进行“三检”时，发现钢材上层严重锈蚀。后据调查，该船到达前曾航行于赤道附近多日，并曾遇到过大雨，该钢材买卖合作采用的是CIF条件，付款方式为托收，但没有索赔条款。那么，作为买方，在收到受损的货物后，应当如何操作进口索赔呢？

1. 向出口人（卖方）索赔

卖方是国际货物买卖合同签订的主体和履行的主要当事人，因而也是在货物受损时买方索赔的主要对象。作为卖方，必须按合同规定的数量和规格来供应货物，否则即为违约。对于卖方违约，作为受害的一方，买方可根据合同、法律或公约的规定向卖方提出赔偿要求，这是国际贸易中普遍遵循的原则。

2. 向承运人索赔

承运人就是承担货物运输任务的公司。无论是买方还是卖方，只要和运输公司签订了运输合同，那么，运输公司在行使收取运费权利的同时，也必须承担相应的责任。

3. 向保险人索赔

货物从出口地到进口地，不可避免地会出现各种各样的风险，遭受各种各样的损失。为避免或减少损失，买卖双方一方会对运输途中的货物进行投保。

由此可知，在CIF条件下，买方在签订合同时要注意以下三点：一是在合同中详细规定品质规格，并要求卖方提供检验证明；二是对承运人的运输条件和质量提出具体要求；三是向保险公司投保时应尽量考虑到可能发生的风险事故。

学习目标

○ 掌握国际货物买卖合同中货物检验检疫条款的主要内容及订立方法。

○ 掌握索赔的含义、异议与索赔条款的含义与适用范围。

○ 掌握不可抗力的含义及范围的限定，法律后果及处理原则，以及不可抗力的规定方法。

○ 了解国际贸易中解决争议的方法，掌握仲裁在国际贸易争端解决中的应用。

在国际贸易中，货物的检验检疫是确定卖方交货是否符合合同规定和法律要求的必不可少的环节，国际买卖货物一般都要进行检验检疫。买卖双方中任何一方违约，受损害一方可根据合同条款及有关公约和惯例提出索赔，在履行合同过程中出现因不可抗力事件而导致不能履行或不能如期履行时，应根据合同中有关不可抗力条款的规定进行处理。买卖双方对履约过程中产生的争议如难以和解，可采取仲裁方式解决。因此，买卖双方在贸易合同中对检验检疫、索赔、不可抗力和仲裁等应作出明确而周到的规定。

第一节　国际货物的检验检疫

在国际贸易中，买方“收到”货物并不等于已经“接受”货物，卖方对外交货之后，也不意味着完成了货物的交接。国际惯例和一些国家的法律都认为，通常买方有权要求有合理的机会对所收到的货物进行检验检疫，并根据检验检疫的结果是否与合同规定相符来决定是否接受货物和判断卖方是否完成了交货义务。

一、买方对货物的检验检疫权

商品检验检疫(Commodity Inspection)是指在国际货物买卖中，对进出口商品的品质、数量、包装等进行检验检疫，以确定合同的标的是否符合销售合同的规定。货物的检验检疫还包括根据一国的法律规定对某些进出口货物或有关事项进行质量、数量、包装、卫生、安全等方面的强制性检验检疫。商品可以由买卖双方自行检验检疫。但在国际贸易中，大多数场合下买卖双方不是当面交接货物，而且在长途运输和装卸过程中，又可能由于各种风险和承运人的责任造成货损。为了便于分清责任，确认事实，往往需要由权威的、公正的商检机构对商品进行检验检疫并出具检验检疫证书以资证明。这种由商检机构出具的检验检疫证书，已成为国际贸易中买卖双方交接货物、结算货款、索赔和理赔的主要依据。

此外，各国法律和《联合国国际货物销售合同公约》都对买方的检验检疫权作了相似的规定：除非合同另有规定，当卖方履行交货义务以后，买方有权对货物进行检验检疫，如果发现货物与合同规定不符，而且确定是卖方的责任，买方有权向卖方表示拒收，并有权索赔。

我国《合同法》也认为，买方对收到的货物有检验检疫权。即买方收到标的物时应当在约定的检验检疫期间内检验检疫，没有约定检验检疫期间的，应当及时检验检疫。当事人约定检验检疫期间的，买方应当在检验检疫期内将标的物的数量或者质量不符合同约定的情形通知卖方。买方怠于通知书的，视为标的物的数量或者质量符合约定。当事人没有约定检验检疫期间的，买方应当在发现或者应当发现标的物的数量或者质量不符合约定的合理期间内通知卖方。

另外，在我国，实行商品检验检疫制度，是国家对进出口商品实施品质管制的重要措施。为了加强对进出口商品的检验检疫工作，国家颁布了《中华人民共和国商检法》、《中华人民共和国国境卫生检疫法》、《中华人民共和国进出境动植物检疫法》、《中华人民共和国食品卫生法》等，由国家质量监督检验检疫总局或由其指定的检验检疫机构，依法对进出口商品实施检验检疫。凡未经检验检疫的进口商品，不准销售、使用；凡未经检验检疫合格的出口商品，不准出口。我国商检机构担负着既把进出口商品质量关，又为促进对外贸易服务的两个职能。

二、货物检验检疫的时间和地点

如上所述，国际上一般都承认买方在国际货物检验检疫中的权利和义务。但是，对买卖双方在何时何地进行检验检疫，各国法律并无统一规定。然而，检验检疫的时间和地点关系着买卖双方的切身利益，因为它涉及检验检疫权、检验检疫机构以及有关的索赔问题。

在国际货物买卖合同中，关于检验检疫的时间和地点的规定有三种基本做法。

1. 在出口国检验检疫

这种做法可分为在产地检验检疫和装运前检验检疫或装运时在装运港或装运地检验检疫。

(1) 在产地检验检疫

即在货物运离生产地点之前，由卖方或其委托的检验检疫机构人员或买方的验收人员或买方委托的检验权威人员对货物进行检验检疫或验收。卖方只对商品离开产地前的品质负责。离开产地后运输途中的风险，由买方负责。

(2) 在装运港(地)检验检疫

货物在装运前或装运时由双方约定商检机构检验检疫，并出具检验检疫证明作为确认交货品质和重量(数量)的依据，这种规定称为以“离岸品质和离岸数量”为准。货物运抵目的港(地)后，虽然买方可以自行或委托检验检疫机构对货物进行复检，但无权向卖方就货物的品质和重量(数量)等提出任何异议和索赔。不过，如在运输过程中发生货损，买方仍然有权向有关责任方索赔。

2. 在进口国检验检疫

在进口国检验检疫是指货物运抵目的港或目的地卸货后检验检疫，或在买方营业处所或最终用户的所在地检验检疫。

(1) 目的港(地)检验检疫

货物在目的港(地)卸货后，由双方约定的商检机构检验检疫，并出具检验检疫证明，作为确认交货品质和数量的依据，这种规定称为以“到岸品质和到岸数量”为准。如果检验检疫证书证明货物与合同规定不符，且确认属于卖方责任，买方有权向卖方提出索赔，卖方应予负责。

(2) 买方营业处所或最终用户所在地检验检疫

对于那些密封包装、精密复杂的商品，不宜在使用前拆包检验检疫，需要安装调试后才能检验检疫的产品，可将检验检疫推迟至货到用户所在地，由双方认可的检验检疫机构检验检疫并出具证明。使用这种条件时，货物的品质和重量(数量)以用户所在地检验检疫为准。

3. 出口国检验检疫，进口国复验

货物须于装运前由双方约定的装运港或装运地的检验检疫机构进行检验检疫，其检验检疫证书作为卖方要求买方支付货款或要求银行支付、承兑或议付时递交的单据之一。在货物运抵目的港或目的地卸货后的一定时间内，买方有权复验。复验证书如证明货物不符合合同规定，且不属于承运人或保险公司的责任范围的，系卖方责任，买方有权在规定的时间内凭复验证书向卖方提出异议或索赔，甚至拒收货物。

上述几种做法，各有特点，应视具体的商品交易性质而定。但对大多数一般商品交易来说，“出口国检验检疫，进口国复验”的做法最为方便而且合理。因为这种做法一方面肯定了卖方的检验检疫证书是有效的交接货物和结算凭证，同时又确认买方在收到货物后有复验权，这符合各国法律和国际公约的规定。我国对外贸易中大多采用这一做法。

【案例 7-1】 中国某公司（买方）与美国某公司（卖方）签订了一份买卖成套机电设备的 CIF 合同。合同规定目的港为天津港，检验和索赔条款规定，买方有权在货物到达目的地后 90 天内根据商检报告提出索赔。卖方如期发运了货物。货到天津港后，买方没有申请商检，而是委托某汽车运输公司将货物运至最终用户所在地偏僻的 N 县城，并在当地申请商检局对货物进行检验，结果发现货物有某些残损，商检证书证明残损系发货前因素所致。买方依据商检证书，要求卖方赔偿损失。双方发生争议，提交仲裁。问：仲裁庭应如何裁决此案？

【分析】 (1) 委托某汽车运输公司将货物运至最终用户所在地过程中有没有对货物质量造成影响。

(2) 运输到达偏僻的 N 县城是否在合同规定检验期限内。

(3) 最好在港口提货检验。

三、商品检验检疫机构

1. 商品检验检疫机构

商品检验检疫机构指接受委托进行商品检验检疫和公证鉴定的专门机构。国际贸易中从事商品检验检疫的机构大致有以下几类：

(1) 官方机构。由国家设立的检验检疫机构。

(2) 非官方机构。由私人或同业公会、协会等开设的检验检疫机构，如公证人、公证行。

(3) 生产厂商或用货单位附设的检验检疫机构，如化验室、检测室等。

我国目前设立的官方检验检疫机构是中华人民共和国国家质量监督检验检疫总局，我国出入境检验检疫机构的基本任务是：

(1) 对重要进出口商品实施法定检验检疫

法定检验检疫(Legal Inspection)是指出入境检验检疫部门根据国家法律法规规定，对规定的重要国际买卖货物或有关的检验检疫事项实施强制性的检验检疫，未经检验检疫或检验检疫不符合法律法规规定要求的，不准输入或输出。

(2) 办理对外贸易公证鉴定业务

我国境内的检验检疫机构接受对外贸易企业以及国内外有关单位或者外国检验检疫机构的委托，办理规定范围内的进出口商品鉴定业务，签发各种鉴定证书，作为办理进出口商品的交接、结算、计费、理算、通关计税、索赔、仲裁等有效凭证。

(3) 对进出口商品的检验检疫工作实施监督管理

我国官方检验检疫机构通过行政管理手段，对进出口商品的收货人、发货人及生产、经营、储运单位以及官方机构指定并认可的检验检疫机构和认可的检验检疫人员的检验检疫工作进行监督管理，以推动和组织有关部门对进出口商品按规定要求进行检验检疫。

2. 检验检疫证书

检验检疫证书(Inspection Certificate)是进出口商品经检验检疫机构检验检疫、鉴定后出具的证明文件。常见的检验检疫证书有下列几种：

(1) 品质检验证书。运用各种检测手段，对进出口商品的质量、规格、等级进行检验后出具的书面证明。

(2) 重量检验证书。根据不同的计量方法证明进出口商品的重量，经检验后出具此证书。

(3) 数量检验证书。根据不同计量单位证明商品的数量，经检验后出具此证书。

(4) 兽医检验证书。证明动物产品在出口前经过兽医检验，符合检疫要求，如冻畜肉、皮张、毛类、绒类、猪鬃及肠衣等商品，经检验检疫后出具此证书。

(5) 卫生(健康)检验证书。证明出口供食用的动物产品、食品，如肠衣、罐头食品、蛋品、乳制品等商品，经卫生检验，未受传染疾病感染，可供食用。

(6) 消毒检验证书。证明出口动物产品经过消毒，使用此种证书的如猪鬃、马尾、羽毛、人发等商品。

(7) 产地检验证书。合同规定须出具产地证明，按给惠国要求，我方出具原产地证明时，由商检机构签发原产地证书。

(8) 价值检验证书。有些商品需要证明其价值时，证明出口商品价值或发货人提供的发票上价值完全正确，由商检机构出具的证书。

(9) 残损检验证书。证明进口商品残损情况，估定残损贬值程度，判断残损原因，供索赔时使用，由商检机构出具此证书。

(10) 验舱检验证书。证明船舱是否干净，如散装食用油，装船前对船舱检验检疫后出具此证书。

除上述各种检验检疫证书之外，还有证明其他检验、鉴定工作的检验检疫证书，如货载衡量检验证书、温度检验证书等。

在国际贸易中，究竟采用哪种检验检疫证书，应根据商品的种类、特性、政策与法律规定以及贸易习惯而定。为了明确要求，在检验检疫条款中应规定所需证书的类别。上述各种检验检疫证书，尽管类别不一，但其作用是基本相同的，商检证书的作用主要表现在下列几个方面：

(1) 作为证明卖方所交货物的品质、重量(数量)、包装以及卫生条件等是否符合合同规定的依据。

(2) 作为买方对品质、重量、包装等条件提出异议、拒收货物、要求索赔、解决争议的凭证。

(3) 作为卖方向银行议付贷款的单据之一。

(4) 作为海关通关验放的凭证。

(5) 作为证明货物在装卸、运输中的实际状况，明确责任归属的依据。

四、检验检疫依据与检验检疫方法

商品检验检疫的标准很多，例如，有生产国标准、进口国标准、国际通用标准以及买卖双方协议的标准等。商品检验检疫，一般按合同和信用证规定的标准作为检验检疫的依据，如合同信用证未规定或规定不明确时，进口商首先采用生产国现行标准；没有生产国标准的，则采用国际通用标准；这两项标准都没有时，可按进口国家的标准检验检疫。出口商品以买卖双方约定的标准作为检验检疫的依据，无约定或约定不明确的，按国家标准；无国家标准的，按部标准或按企业标准。

目前，我国有许多产品按国际标准生产和提供出口，并以此标准作为检验检疫商品的依据。例如，按国际标准化组织的"ISO 9000 质量管理和质量保证系列国际标准"、"国际羊毛局的纯羊毛标准"(International Wool Secretariat，IWS)和美国的"UL"(Underwriters Laboratory)等项标准。有的产品通过国际权威性检验检疫机构既有各项技术指标予以评定，并确认其质量已达到了国际标准要求。

检验检疫方法不同，其结果不一，容易引起争议。为避免争议，必要时应在合同中订明检验检疫方法。在我国，检验检疫方法的标准，由国家质量监督检验检疫总局制定。

五、国际货物检验检疫的一般程序

进出口货物检验检疫主要有报验、抽样、检验检疫和签发证书四个环节。

1. 报验

外贸关系人(指商品的供货商、收货商、运输、保险契约部门)向商检部门报请检验检疫，并填写"报验申请单"，注明检验检疫、鉴定项目和要求，同时提交合同及相关资料。

2. 抽样

商检部门接受报验后，根据"报验申请单"的要求派人员至货物存放地点抽取货物样品，并发给抽样收据。

3. 检验检疫

检验检疫是商检部门运用各种检测手段和不同计量方法来分析、验证"报验申请单"上所要求检验检疫的项目和内容。目前我国对进出口货物所采用的检验检疫方式主要有化学分析检验、物理检验、仪器分析检验、感官检验和微生物检验等。

4. 签发证书

进出口货物，经商检部门检验检疫、鉴定后，便可根据不同检验检疫项目，由商检部门签发相应的检验检疫证书或检验检疫情况通知单以及放行单，作为结算、通关、出口、索赔和进口的依据之一。

六、买卖合同中的检验检疫条款

商品检验检疫条款是买卖合同中十分重要的内容之一，它直接或间接地关系到交易的成败、利益的得失和信誉的优劣。因此，买卖合同中要规定好检验检疫条款，以利于出口交货或进口验收。国际货物买卖合同中的检验检疫条款，主要包括检验检疫时间与地点、复验期限与复验地点、检验检疫机构与检验检疫证书以及检验检疫标准与方法等内容。

1. 出口合同中的检验检疫条款

出口合同中的检验检疫条款有以下两种规定方式，但后一种较为常用。

(1) 以装运港的品质/数量检验检疫证书为最后依据。如"双方同意以装运港中国国家质量监督检验检疫总局所签发的品质/数量检验检疫证书为最后依据，对双方具有约束力"。

(2) 以装运港的品质/数量(重量)检验检疫证书为议付货款的依据，货到目的港后买方有权复验。如："买方同意以装运港中国国家质量监督检验检疫总局签发的品质或数量(重量)检验检疫证书作为信用证项下议付所提交单据的一部分。买方有权对货物的品质或数量(重量)进行复验。复验费用由买方负担。如发现品质或数量(重量)与合同不符,买方有权向卖方索赔,但须提供卖方同意的公证机构出具的检验检疫报告。索赔期限为货到目的港××天内。”

2. 进口合同中的检验检疫条款

进口合同的检验检疫条款有多种规定方法:

(1) 买卖双方同意以制造厂出具的品质及数量或重量检验检疫证明书作为有关信用证项下付款的单据之一。如:“货到目的港××天内经中国进出口商品检验检疫机构复验,如发现品质、数量或重量与本合同规定不符时,除属保险公司或船舶公司负责外,买方凭中国进出口商品检验检疫机构出具的检验检疫证明书,向卖方提出退货索赔。退货或索赔引起的一切费用(包括检验检疫费)及损失均由卖方负担。在此情况下,如果抽样是可行的,买方可应卖方要求,将有关货物的样品寄交卖方。”

(2) 以卖方同意的买方国家商检机构或公证行出具的品质及数量或重量证明书和买方派人监造、监运、监装的证明书共同作为检验议付单据。货物到达目的港××天内经中国国家质量监督检验检疫总局复检,如发现品质及数量或重量与本合同不符时,买方可凭中国国家质量监督检验检疫总局出具的检验证书,向除卖方之外有关当事人索赔。

(3) 按照国家发布的《进口商品质量监督管理办法》的规定,对于某些重要的进口商品,可以在不违反出口国有关法律情况下,根据合同的规定,到出口国进行装运前预先检验检疫、监造或监装,但是应当以到货后的检验为准。

3. 订立检验检疫条款应注意的问题

(1) 检验检疫条款应与合同中其他条款相一致,不能互相矛盾。特别是商检证书要做到货证相符、单证相符和证证相符,以确保合同的顺利履行和货款的安全收付。

(2) 应对复验的期限、地点和复验的机构作出明确说明。复验的期限实际上就是买方索赔期限,卖方只有在规定的期限内行使其权利,索赔才有效,否则无效。同时,复验地点的选择也涉及检验检疫的难易程度,如大型成套设备的检验检疫若在口岸检验检疫其难度是非常大的,而在用货地点检验检疫则相对容易。因此,应根据货物性质、运输港口等情况决定适宜的复验期限和地点。此外,复验机构的选择必须是政治上对我友好,业务能力强的商检和公证机构。

(3) 应明确规定商品检验检疫标准和检验检疫方法。商品检验检疫的标准有许多种,同一种商品,采用不同的检验检疫标准和不同的检验检疫方法,可能得出完全不同的结果,以致引起争议或纠纷。为了避免或减少这种现象的出现,应在检验检疫条款中明确检验检疫标准和检验检疫方法。

【案例 7-2】 我某外贸公司与德国签订了出口半漂布合同。根据合同规定,货物按我国国家标准进行验收。但是这批出口半漂布合同的品质条款规定“交货品质为一等品”,未说明一等品的含义。合同还规定:“每 100 米允许 10 个疵点,每个疵点让码 10 公分。”同时,还列出了近 20 个疵点的名称。由于合同品质规定实际是要求我方供应“0 分布”,与我国国家标准完全不符,我方半漂布出口后就遭到德方索赔。德方对我方 500 多万米出口半漂布几乎都判为二等品和等外品。德方有关人员也承认,这个合同的品质要求实际上是做不到的,但是既然已经签订了合同,就要赔偿。最后,我方向德方理赔了相当金额后才了结此案。

【分析】 签订合同时检验检疫条款应明确规定商品检验检疫标准和检验检疫方法并确保合理可行。

第二节　索　赔

在国际贸易中,由于主客观原因导致的交易失败时有发生,当交易一方不履行合同义务或不完全履行合同义务,致使另一方遭受损失时,受损方有权向违约方提出要求,给予损害赔偿。

一、争议与违约

1. 争议的含义

所谓争议(Dispute),是指交易的一方认为对方未能部分或全部履行合同规定的责任和义务而引起的纠纷。

由交易引起争议的原因很多,一般有以下几种情况:

(1) 出口方违约。例如,出口方不能按时、按质、按量交货,致使进口方受损。

(2) 进口方违约。例如,进口方不按合同规定日期开信用证或不开证,以及不按期接货或无理拒付货款,致使出口方受损。

(3) 双方都有违约行为。例如,合同条款订立不明确,致使双方的理解产生分歧,造成一方或双方都有违约行为,从而引起争议。

(4) 在履行合同过程中遇到了买卖双方不能预见或无法控制的情况,如某种不可抗力,双方有不一致的解释等。

由上述原因引起的争议,集中起来讲就是:是否构成违约,双方对违约的事实有分歧;对违约的责任及其后果的认识相悖。

2. 违约行为的鉴定

所谓违约(Breach of Contract),是指交易双方中的任何一方违反合同义务的行为。我国《合同法》第 107 条规定,违约是指"当事人一方不履行合同义务或者履行合同义务不符合约定的"。违约的性质一般有三种:①一方当事人的故意行为导致违约;②一方当事人的疏忽、过失或业务不熟而导致违约;③对合同义务不重视或玩忽职守而导致违约。

国际贸易合同是确定买卖双方权利和义务的法律文件。合同成立后,任何一方当事人如不履行合同,或履行合同不符合约定的条件,就构成了违约行为,在法律上要承担违约责任,受损方有权根据合同或有关法律的规定提出损害赔偿要求,这是国际贸易中普遍遵循的原则。但对不同性质的违约行为应承担的法律责任,各国法律有不同的解释。

(1) 英国的法律把违约分为"违反要件"和"违反担保"。"违反要件"是指违反合同中的主要条款,如卖方交货数量、品质不符合合同规定,或不按时交货,受损害的一方除了可要求损害赔偿外,还有权解除合同。"违反担保"是指违反合同中的次要条款,受损害的一方不可解除合同,但可要求损害赔偿。问题是合同中的条款哪些属于"要件",哪些属于"担保",英国的法律未作出具体的规定,要由法官在审理案件时根据合同的内容和推定双方当事人的意思作出判断,这样就有一定的不确定性。不过,在实际业务中,一般将商品的品质、数量、交货、付款等视为“要件”,与合同标的不直接联系的视为“担保”。

(2) 美国的法律把违约分为“重大违约”和“轻微违约”。“重大违约”是指一方违约,致使另一方无法获得该项交易的主要利益,由此,受损方有权解除合同,并提出损害赔偿。“轻微违约”,即违约情况较轻微,并未影响对方在该项交易中取得的主要利益,则受损方可要求损害赔偿,但不可解除合同。

(3)《联合国国际货物销售合同公约》把违约分为“根本性违约”和“非根本性违约”两种。“根本性违约”是指“一方当事人违反合同的结果,使另一方当事人蒙受损害,以至于实际上剥夺了他根据合同规定有权期待得到的东西”。这时,受损方可以宣告合同无效,同时向违约方要求损害赔偿。如违约的情况未达到根本性违约的程度,即为“非根本性违约”。对此,受损方只能要求损害赔偿而不能解除合同。

(4)《中华人民共和国合同法》规定:合同当事人一方违约后,另一方当事人可以要求违约方承担“继续履行、采取补救措施或者赔偿损失等违约责任”,也可以提出“解除合同”。其中违约方承担的违约责任可分为继续履行、补救措施、违约金、赔偿损失和定金五种形式,各类责任有各自适用的条件。

由于各国法律和国际公约对违约行为的区分有不同的方法,对于不同的违约行为应承担的责任有不同的法律规定,因此,为维护我方的权益,了解有关法律知识对订好进出口合同中的索赔条款,并在履行合同中加以正确运用,具有十分重要的意义。

二、索赔和理赔

所谓索赔(Claim),是指在国际货物买卖过程中,因一方违反合同规定,直接或间接地给另一方造成损失,受损方向违约方提出赔偿要求,以弥补其损失的行为。理赔(Settlement)是指违约方对受损方所提出的赔偿要求进行处理的行为。索赔和理赔是一个问题的两个方面,对受损方而言是索赔,对违约方而言是理赔。在进行对外索赔或理赔过程中,应注意以下几个主要问题:

1. 索赔依据

当事人在提出索赔时,必须要有充分的索赔依据。索赔依据包括法律依据和事实依据两个方面。法律依据是指相关法律规定和当事人签订的国际贸易合同。事实依据是指违约的事实和符合法律规定的书面证明。如果索赔时证据不足或出具证明的机构不符合要求等,都可能遭到对方拒赔。

2. 索赔期限

索赔期限是指受损方有权向违约方提出索赔的时效。按照各国法律和国际贸易惯例的规定,受损方只能在一定的索赔期限内提出索赔,否则丧失索赔权。索赔期限有约定和法定之分。约定的索赔期限是指贸易双方在合同中明确规定的索赔期限,其长短须视交易的具体内容而定;法定索赔期限是指根据有关法律规定,受损方有权向违约方要求损害赔偿的期限,一般自买方实际收到货物之日起两年之内。但约定索赔期限的法律效力优于法定索赔期限,只有在贸易合同中未约定索赔期限时,法定索赔期限才起作用。在索赔条款中,关于索赔期限的起算时间也要具体规定。通常有几种规定方法:

(1) 货物到达目的港后××天起算。

(2) 货物到达目的港卸离海轮后××天起算。

(3) 货物到达营业处所或用户处所后××天起算。

(4) 货物经检验后××天起算。

3. 索赔金额

如果贸易合同中规定了损害赔偿金额或损害赔偿金额的计算方法，通常按规定提出索赔金额。如果合同中未作具体规定，则根据以下原则确定索赔金额：

(1) 赔偿金额应与因违约而遭受的包括利润在内的损失额相等。

(2) 赔偿金额应以违约方在订立合同时可预料到的合理损失为限。

(3) 由于受损方未采取合理措施，致使产生有可能减轻而未减轻的损失，应在赔偿金额中扣除。

【案例 7-3】 某我国甲公司与阿联酋乙公司签订一份纺织品出口至阿联酋的合同，付款方式为 L/C 即期，贸易术语 CIF 迪拜。货物由 B 船公司承运。货到目的港后，乙公司发现底部货物由于集装箱进水，货物受潮、霉变，并由乙公司港口理货公司出具证明并附照片，乙公司要求甲公司找 B 船公司理赔。甲公司找 B 船公司的代理 C 公司，并由 C 公司具体和 B 船公司洽谈。可 B 船公司拒绝理赔，提出必须有进水现场的目击证人方可少量赔偿。

【分析】 首先，本案中使用 CIF 术语，且付款方式为 L/C 即期，因此，乙公司要求甲公司找 B 船公司理赔是不符合国际贸易惯例的。

其次，B 船公司提出要有进水现场的目击证人才能理赔的说法是不正确的。当然，作为货方，要想获得赔偿，除了提供港口理货公司出具的证明(附照片)外，还应提供有关货物检验机构出具的正式检验报告，并在货物交付时将货物灭失或者损坏的情况书面通知承运人。

三、合同中的索赔条款

贸易合同中的索赔条款，通常有下列两种规定方法：

1. 异议与索赔条款

异议与索赔条款(Discrepancy and Claim Clause)一般是针对出口方交货品质、数量或包装不符合合同规定而订立的。条款内容一般包括索赔依据、索赔期限以及索赔的处理方法。

【异议与索赔条款示例】

买方对货物的任何异议必须于装运货物的船只到达提单指定目的港××天内提出，并须提供经卖方同意的公证机构出具的检验报告。(Any claim by the Buyer regarding the goods shall be filed within ×× days after the arrival of the goods at the port of destination specified in the relative B/L and supported by a survey report issued by a surveyor approved by the Seller.)

2. 罚金条款

罚金条款(Penalty Clause)也称“违约金条款”，即在合同中规定合同的当事人一方未履行合同义务而向对方支付一定数额的违约金。从性质上看，罚金具有惩罚性和补偿性双重性质。

罚金条款一般适用于出口方延期交货，或者进口方迟开信用证或延期接受货物等情况。罚金的数额由贸易双方商定,可规定具体数额或计算罚金的方法,按实际情况支付罚金。按一般惯例,罚金数额以不超过货物总金额的5%为宜。

【罚金条款示例】

如卖方不能如期交货,在卖方同意由付款行从议付货款中扣除罚金或由买方于支付货款时直接扣除罚金的条件下,买方应同意延期交货。罚金按照每7天收取延期交货部分金额的0.5%,不足7天按7天计算。但罚金不得超过延期交货部分总金额的5%。如卖方延期交货超过合同规定的期限10周后,买方有权撤销合同,并要求卖方支付上述延期交货罚金。(Should the Sellers fail to make delivery on time as stipulated in the contract, the Buyers shall agree to postpone the delivery on the condition that the Sellers agree to pay a penalty which shall be deducted by the paying bank from the payment under negotiation, or by the Buyers direct at the time of payment. The rate of penalty is charged at 0.5% of the total value of the goods whose delivery has been delayed for every seven days, odd days less than seven days should be counted as seven days. But the total amount of penalty, however, shall not exceed 5% of the total value of the goods involved in the late delivery. In case the Sellers fail to make delivery ten weeks later than the time of shipment stipulated in the contract, the Buyers shall have the right to cancel the contract and the Sellers, in spite of the cancellation, shall pay the aforesaid penalty to the Buyers without delay.)

需要注意的是,各国法律对于贸易合同中的罚金条款有不同的解释和规定。法国、德国等一些国家的法律对于罚金条款予以承认和保护,美、英等国家的法律对于违约只能请求赔偿,不能予以惩罚,对于罚金条款不予承认和保护。我国现行的《合同法》中明确了违约金以补偿性为主,并在一定程度上保留了违约金的惩罚性。违约金支付与继续履行、补救措施不能同时使用,但当事人就迟延履行约定而违约的,违约方在支付了违约金后,还应当履行合同。

第三节　不可抗力

国际货物买卖合同成立以后,有时会因有关国家的政治、经济、军事、社会及自然因素等而发生非当事人所能控制或预料的意外事件,致使合同无法履行或履行不畅。对此,法律规定可以免除未履行或未完全履行合同一方对另一方的责任。但在实践中,要判断哪些事件可以使当事人免责是很困难的,而且各国法律的解释也不一致。因此,通常在合同中订立不可抗力条款以防止产生不必要的纠纷,维护当事人各自的利益。

一、不可抗力概述

1. 不可抗力的含义

不可抗力(Force Majeure)是国际贸易中通用的业务术语,也是许多国家的一项法律规则。它是指合同签订以后,不是由于任何一方当事人的过失或疏忽,而是由于发生了当事人不能预见、不能预防、不能避免和不能克服的事件,以致不能履行或不能如期履行合同。

2. 不可抗力事件的范围

一般来说，不可抗力事件主要包括两种类型：一种是自然力量引起的，如水灾、火灾、暴风、雨雪和地震等；另一种是社会力量引起的，如战争、罢工和政府禁令等。但是，对此也有各自不同的理解和解释。例如，美国不把社会力量引起的意外事件纳入不可抗力范畴，而仅指自然力量引起的意外事件，所以美国的买卖合同中一般不使用“不可抗力”，而称为“意外事故条款”。

一般来说，国际上对由于自然力量引起的各种灾害的解释比较一致，而对由社会力量引起的意外事件，在解释上并不一致。其原因在于：一方面，社会现象比较复杂，解释起来比较困难；另一方面，由于不可抗力条款是一项免责条款，买卖双方通常主要是卖方都可以援引它来解释自身承担的义务，这种援引在多数情况下是扩大不可抗力的范围。以减少自身的责任。有的卖方除把自然灾害列入外，还把火灾、爆炸等生产制作过程的意外事故、罢工、怠工、关闭工厂、流行病、货物运输中的事故、原材料缺乏、能源危机和原配件供应不及时等生产过程中的事故，以及航运、陆运机构的怠慢和未按预定日期出航等等，都统统归入不可抗力的范围。因此，从卖方角度出发，这种不可抗力范围的扩大，对卖方是有利的。然而，它对买方就产生了诸多的不利。所以，在签订合同时，如何确定不可抗力的含义以及内容，是买卖双方应该认真考虑的问题之一。

国际上对不可抗力的内容和范围并无统一的解释。从国际贸易实践和诸多国家判例来看，对其解释是非常严格的。如签约后交易中常发生而人们无法控制的货币贬值或增值，货物价格的上涨或下跌等现象，就不属于不可抗力范畴。在国际贸易实践中，对不可抗力的判定，一般根据合同条款的规定，视发生事故的时间、地点、原因、规模、后果以及可否事先预测，事后能否采取补救措施，事故发生程度是否导致合同无法履行等具体情况而确定。

二、不可抗力的法律后果

国际贸易实践过程中不可抗力造成的法律后果有两种情形：中止履行合同和解除合同。实际业务中对此判定一般要视事故对合同履行的影响程度而定。如果事故对合同履行只是在一定时期内起阻碍作用，则只能中止合同，或称为延期执行合同，而不能解除有关当事人履行合同的义务，一旦事故消除仍必须履行合同。只有那些经过一段时间后仍会对合同履行的根本基础起完全破坏作用的事故，致使合同履行已成为不可能，方可解除合同。

不可抗力既是国际货物买卖和国际经济合作的一项合同条款，又是一项法律原则，因而在国际贸易公约和各国法律上对此都有明确的说明和解释。

(1)《货物销售合同公约》规定：当事人不履行义务、不负责任，如果他能证明这种不履行义务，是由于某种非他所能控制的障碍，而且对于这种障碍，没有理由预期在他订立合同时能考虑和能避免或克服它所产生的后果，当事人则可免责。公约使用“障碍”这一概念，只有当“构成履行义务的障碍”存在时，当事人才能援引来免除责任。公约还就当事人的免责期限做了规定，这个期限就是中止履行义务的期限。仅限于障碍存在期限，障碍一旦消除，当事人应立即恢复履行义务。

(2) 英美法系国家的法律将不可抗力事故称为合同落空，其意思是说合同签订之后，不是由于当事人双方自身的过失，而是由于事后发生了当事人无法预见的意想不到的情况，致使签约的目的受到挫折，据此而未能履行合同的义务，当事人得以免除责任。但是特别注明构成“合同落空”是有特定条件的。构成合同落空的条件必须是：签约的情况发生了根本性的变化，达到了致使合同失去基础的程度，如货物灭失使履约成为不可能；由于战争、政府禁令等情况，继续履约将构成违法；情况的根本性变化，影响了合同的基础，造成无法履约。在上述情况下，未履约的一方当事人，得以免除其履约的责任。

(3) 大陆法系国家的法律则将不可抗力称为“情势变迁原则”或“契约失效原则”，意思是指由于履约的基础，不属当事人的原因，发生预测不到的变化，履行合同显然不合理，因此不可能再履行原合同所规定的义务，或对原来的法律效力须作出相应的变更。不过法院对于以上原则为理由请求免除履行责任的要求是很严格的。

(4)《中华人民共和国合同法》规定，当事人因不可抗力事件不能履行合同的全部或部分义务的，免除其全部或部分责任。当事人一方因不可抗力事件不能按合同约定的期限履行的，在事后的后果影响持续的期限内，免除其迟延履行的责任。

综上可见，尽管在国际贸易中有关的国际公约以及各国法律对不可抗力有不同的解释，在叫法上也不尽相同，但就其本质来看则大致相同。一般包括以下三个方面：意外事件必须发生在签订合同之后；意外事件不是由于合同当事人双方自身的过失或疏忽而造成的；意外事件是当事人双方所无法预见的、不可避免的、无法控制的。

此外，从上述各国法律和有关国际贸易条约对不可抗力的解释和规定来看，不可抗力事件的发生并非由于当事人的故意或过失造成的，也不是正常的贸易风险，而是偶然发生的人力不可抗拒的意外事故，致使一方当事人不能按合同规定履行义务，则该当事人得以援引合同中的不可抗力条款，免除其全部或部分的责任，免除其迟延履行的责任，另一方当事人不得对此要求损失赔偿。因此，合同中的不可抗力条款是一项免责条款，具有一定的法律意义。

【案例 7-4】 我某公司与外商商订一项进口大宗化工产品的合同。后外商生产化工产品的两个工厂之一遭受火灾而停产，这时，国际市场化工产品价格上扬，于是外商以不可抗力为由，要求解约，我方应如何对待？

【分析】 签约后外商生产化工产品的两个工厂之一遭受火灾而停产，除非合同有相反规定，一般来说，应属不可抗力事件。但并非所有的不可抗力事件都可导致合同的解除，因为不可抗力事件产生的后果有两种：一是解除合同；二是延迟履行合同。只有当不可抗力事件的发生使得合同的履行成为不可能时才能解除合同，否则，只能延迟履行合同。从本案例来看，发生火灾的只是外商生产化工产品的两个工厂之一，也就是说还有一家工厂仍在生产，所以，卖方履行合同并不是不可能。如果由于生产能力问题，卖方不能如期履行合同，可以提出延迟履行合同。由此可见，外商提出的解约的理由是不能成立的，我方应向对方明确提出不同意解约，但可适当延迟履约。

三、进出口合同中的不可抗力条款

国际货物买卖合同中关于不可抗力有关内容的规定，称为不可抗力条款。各国法律均承认其有效性，并允许当事人规定与法律规定不同的范围与内容。一般情况下，合同中的不可抗力条款包括以下几个方面的内容：不可抗力事故的范围，不可抗力事故的法律后果，出具事故证明的机构，事故发生后通知对方的期限。

1. 不可抗力事故的范围

对于此问题一般容易引起当事人的争议，所以应该尽可能地规定得细致一点，避免使用含糊不清的词语，防止一旦发生不可抗力事故，当事人双方产生不同理解和解释而发生争议。

2. 不可抗力事故的法律后果

此条款主要用于规定在何种情况下可以中止合同、解除合同以及买卖双方当事人可援引的不可抗力免责。我国的进出口货物买卖合同就不可抗力一般都规定："由于不可抗力事故的影响而不能履行合同时，可根据实际所受影响的事件延期履行合同的期限……如因不可抗力事故延迟履行合同达××天(如 90 天或 120 天)时，双方应就履行合同的有关问题进行协商。"

3. 不可抗力事故出具证明的机构

在进出口贸易中，一方当事人援引不可抗力条款要求免除责任时，都必须向对方提交一定机构出具的证明文件。在国外，一般是由事故发生地的商会或合法公证机构出具。在我国，一般是由中国国际贸易促进委员会或其设在口岸的分会出具。进出口合同中应明确规定出证机构。

4. 发生事故后通知对方的时限和方式

按照国际惯例，当发生不可抗力事故影响到合同履行时，当事人必须及时通知对方，对方也应及时答复，如有异议应及时提出。因而，合同中应明确规定一方发生事故后通知对方的时限和方式。如："遭受不可抗力事故后，应以电报通知对方，并应在 15 天内以航空特快专递提供事故的详情及影响合同履行程度的证明文件。"

5. 不可抗力条款的规定方法

在我国进出口买卖合同中不可抗力条款的规定大致有三种方法，即列举式、概括式和综合式。

(1) 列举式规定，即在不可抗力条款中明确规定哪些是不可抗力事故。凡合同中没有列明的均不能作为不可抗力事故援引。如："由于战争、洪水、地震、雪灾和暴风的原因致使卖方不能按时交货，则可推迟装运时间，或者撤销部分或全部合同，但卖方必须以电报通知对方，并在 15 日内向买方提交发生事故的证明书，该证明书由××机构出具。"

(2) 概括式规定，即在合同中没有具体规定哪些事件是不可抗力事故。如："由于公认的人力不可抗拒事故影响而不能履行合同的一方，在与另一方协商同意后，可根据实际所受影响的时间，延长履行合同的期限，对方对由此而产生的损失不得提出赔偿要求。"这种规定过于笼统和含糊，尽可能避免采用。

(3) 综合式规定，即采用列举式与概括式并举的方法。如："出于战争、洪水、地震、雪灾、暴风以及其他双方同意的人力不可抗拒的事故，致使一方不能履行合同时，遇有上述事故的一方，应立即将影响合同履行的不可抗力事故的情况以电报通知对方，并应在 15 天内以航空特快专递提供事故的详细情况以及影响合同履行程度的证明文件。此项文件如由卖方提出，应由发生不可抗力事故地区的商会出具；如由买方提出，应由中国国际贸易促进委员会出具。"这种规定方法既明确具体，又有一定的灵活性，比较科学适用。在我国进出口货物买卖合同中，大多采用这种规定方法。

四、援引不可抗力条款时的注意事项

1. 及时通知义务

发生不可抗力事故后，不论合同中是否明确规定，遭遇事故的一方负有及时通知的义务，将这一事件及时通知对方。《联合国国际货物销售合同公约》规定，不履行义务的一方必须将障碍及其对其履行义务能力的影响通知另一方。如果该项通知在不履行义务的一方已知道或理应知道此障碍后一段合理时间内未为另一方收到，则其对由于未收到通知而造成的损害负赔偿责任。《联合国国际货物销售合同公约》的这一规定，在于明确不履行义务的一方，应负有通知义务，并以对方收到为有效。如果当事人未尽到通知义务，他就不能援引该条款来免除履行合同的义务。对方接到通知后应及时答复，否则也要负违约责任。

2. 提供证明文件

对援引不可抗力事件条款时，通常都要求提供必要的证明文件，以作为免除责任的法律依据。在不可抗力条款中是否具体规定提供证明文件的期限和出具证明文件的机构，可视需要而定。如果合同中已做了规定的，则应按合同规定办理；合同中如无规定，应尽快提供证明文件。

第四节　仲　裁

在国际贸易中，买卖双方发生争议后的解决方式有友好协商（Negotiation）、调解（Conciliation）、仲裁（Arbitration）和诉讼（Litigation）等。采用友好协商的方法或第三者调解的方式，气氛比较友好，可以节省仲裁或诉讼的费用，有利于双方贸易的开展。这是买卖双方解决争议所常用的两种方法。如果这两种方式不能解决，则采用仲裁或诉讼的方式。

一、仲裁的含义

仲裁是由买卖双方根据双方达成的书面协议自愿把双方之间的争议提交双方同意的第三者进行裁决。仲裁是终局性的，裁决对双方都有法律约束力。

仲裁不同于司法诉讼，仲裁庭也不同于法庭。仲裁必须有双方当事人的仲裁协议才能进行，是自愿性的。而司法诉讼不需要双方当事人的协议，只要一方按照司法程序向有管辖权的法院提出诉讼，另一方就必须应诉，因此是强制性的。仲裁机构一般都是民间性组织，仲裁员不是由政府任命，而是由买卖双方当事人指定的。法院则是国家机器的重要组成部分，法官都是由国家任命的。

通过仲裁解决国际货物买卖过程中出现的争议，是当前国际上普遍采用的方式。因为其程序简单、费用较少、处理案件时间较短，更重要的是可以较少影响双方之间的关系。因此在国际贸易合同中大多订有仲裁条款，以便在争议无法协商解决时提交仲裁。

二、仲裁的形式与作用

1. 仲裁的形式

凡采用仲裁方式处理争议时，双方当事人必须订有仲裁协议。仲裁协议是双方当事人表示愿意将他们之间的争议交付仲裁解决的一种书面协议。它是仲裁机构受理争议案件的依据。它有两种形式：

一种是合同中的仲裁条款(Arbitration Clause)，是指在争议发生之前，合同当事人双方在买卖合同或其他经济合同中订立的仲裁条款。

另一种是以其他方式达成的提交仲裁协议(Submission Agreement)，是指双方当事人订立的提交仲裁的协议，一般在争议发生后由双方达成。

目前大多数国家都承认这两种协议具有同样的效力。

2. 仲裁的作用

在国际贸易实践中，仲裁协议的主要作用在于：

(1) 表明双方当事人自愿以仲裁的方式解决争议。双方当事人发生争议时，只能用仲裁方式解决而不得向法院起诉。

(2) 排除法院对有争议案件的管辖权。世界上绝大多数国家的法律都规定法院不受理争议双方订有仲裁协议的争议案件。

(3) 它是仲裁机构和仲裁员取得对争议案件的管辖权的依据。任何仲裁机构都无权受理没有仲裁协议的案件。

以上三个方面的作用是相互联系不可分离的。但是最重要的一点是排除法院的管辖权。这就是说，双方当事人有了仲裁协议，任何一方就不能把争议向法院提起诉讼，如果有一方当事人违反仲裁协议向法院提交诉讼，另一方当事人有权依据仲裁协议要求法院停止司法程序，把有关争议归还仲裁机构或仲裁员审理。

三、合同中的仲裁条款

国际贸易合同中的仲裁条款，主要包括仲裁地点、仲裁机构、仲裁程序、仲裁效力和仲裁费用等。

1. 仲裁地点

仲裁地点是进行仲裁的所在地。根据一些国家的法律解释，在哪个国家仲裁就适用哪个国家的仲裁规则或程序法。因此确定仲裁地点是仲裁条款的重要内容。国际上对仲裁地点的选择一般有以下几种情况：在买方国家、在第三国、在被诉方国家或原诉方国家、在货物所在地仲裁。我国各进出口公司在规定仲裁地点时主要有三种方式：在我国仲裁、在被诉方所在国仲裁、在双方所同意的第三国仲裁。一般来说，首先应当争取在我国进行仲裁，其次才考虑在被诉方所在国仲裁或在第三国进行仲裁。在选择第三国仲裁时，应注意所选择的国家必须在政治上对我方友好，仲裁机构有一定的业务能力，审理公平合理，我方对该国仲裁程序有所了解的。

2. 仲裁机构

国际贸易仲裁机构有临时仲裁机构和常设仲裁机构两种。临时仲裁机构是为了解决特定的争议而组成的仲裁庭。争议处理完毕，临时仲裁机构即告解散。常设仲裁机构又可分为国际性和全国性的特设机构。国际性的如国际商会仲裁院；全国性的如英国伦敦仲裁院、英国仲裁协会、美国仲裁协会、瑞典斯德哥尔摩商会仲裁院、瑞士苏黎世商会仲裁院、日本国际商事仲裁协会等。中国国际贸易促进委员会附设的对外经济贸易仲裁委员会，也属于全国性的常设仲裁机构。另一种是附设在特定的行业组织之内的专业性仲裁机构，如伦敦谷物商业协会等。常设仲裁机构有负责组织和管理有关事项的人员，为仲裁提供方便，因此在仲裁条款中通常都选用适当的常设机构。

如双方同意在中国仲裁，合同内应订明争议由中国国际贸易促进委员会对外经济贸易仲裁委员会仲裁。该委员会受理的案件可分四类：

(1) 对外贸易契约和交易中所发生的争议，特别是外国企业或者其他经济组织同中国企业或者其他经济组织间的争议。

(2) 当事人双方都是外国企业或者其他经济组织间的争议。

(3) 中国企业或者其他经济组织间的争议。

(4) 有关中外合资企业、中外合作经营企业、外商独资企业相互信贷等各种对外经济合作方面所发生的争执。

3. 仲裁程序

仲裁程序主要指进行仲裁的手续和做法，包括仲裁的申请、仲裁员的指定、仲裁条件的审理、仲裁裁决的效力和仲裁费用的支付等。各国常设的仲裁机构都订有自己的仲裁程序规则。为便于仲裁进行，仲裁条款应明确规定采用哪个仲裁机构的仲裁规则进行仲裁。我国各进出口公司的通常做法是规定在哪个国家的仲裁机构仲裁，就按哪个仲裁机构的仲裁规则办理。在有些国家，采用哪个仲裁规则可由双方当事人自由选择。

进行仲裁时涉及两种法律：一是上述仲裁程序规则，即程序法；二是确定双方当事人权利与义务的实体法。关于实体法问题，有些国家一般也允许双方当事人在合同中加以订明。如果没有订明，除仲裁所在国另有规定外，一般由仲裁员按仲裁所在国的法律冲突规则来确定。我国各进出口公司通常不在合同中规定适用的实体法。这就意味着由仲裁员按照上述法律冲突规则予以确定。根据这一原则，既有适用我国法律的可能，也有适用对方国家法律或第三国法律的可能，这点必须引起我们注意。

仲裁程序规则一般对仲裁的申请、仲裁员的指定、仲裁案件如何审理都有具体规定。例如，关于仲裁员的指定，我国的仲裁规则规定：仲裁员可由当事人在仲裁委员会委员中选出，也可委托仲裁委员会代为选定。

仲裁裁决的效力一般都规定为终局性的，对双方当事人都有约束力。但有些国家的法律允许当事人对明显违背法律的裁决向法院上诉。仲裁费用一般规定由败诉的一方负担。

仲裁的裁决应由当事人自动执行。对于由我国的对外经济贸易仲裁委员会的裁决，一方如果逾期不予执行，另一方可申请中国人民法院依法执行。外国仲裁机构的裁决可以根据具体情况向仲裁所在地国家的法院或向与仲裁地国家订有相互承认和执行仲裁公约或条约的国家申请执行。

【案例 7-5】 甲公司与乙公司订立了一份购销合同，甲公司为需方，乙公司为供方，合同标的是100公吨纶纱，合同也规定了单价及总金额，只是没有规定仲裁条款。在合同履行中，甲方没有按拟定给付货款，乙公司几次催要，甲公司借口纱不合格拖欠不给，乙方无奈到仲裁机构去申请仲裁。仲裁机构受理案件后通知甲方，并要求甲方进行答辩。甲方如期进行了答辩，在答辩中没有提出管辖问题。甲方答辩后，觉得在该案中做了被告，面子上不好看，因此又写了一份起诉书，递交到法院。法院受案后通知乙方答辩。乙方拒绝答辩，并向法院声明，仲裁机构已经受案，法院无权审理。法院对上述过程查清后，对此案到底该不该审理发生分歧。

【分析】 无仲裁条款，仲裁无效，法院可以管辖。因为仲裁协议要求要式，题中并未反映出签过书面的协议。

4. 合同中的仲裁条款

我国对外贸易合同中的仲裁条款(Arbitration Submission)常用的有下列三种:

(1) 规定在我国仲裁的条款

因执行合同所发生的或与合同有关的一切争议,双方应通过友好协商解决;如果协商不能解决,应提交北京中国国际贸易促进委员会对外经济贸易仲裁委员会根据该会的《仲裁程序暂行规则》进行仲裁,仲裁的裁决是终局的,对双方都有约束力。

(2) 规定在被诉方所在国仲裁的条款

因执行合同所发生的或与合同有关的一切争议,双方应通过友好协商解决;如果协商不能解决,应提交仲裁。仲裁在被诉人所在国进行,如在中国,由中国国际贸易促进委员会对外经济贸易仲裁委员会根据该会《仲裁程序暂行规则》进行仲裁。如在某国(被诉人所在国家名称),由某仲裁机构(被诉人所在国家的仲裁机构的名称)根据该机构的仲裁程序规则进行仲裁。仲裁裁决是终局的,对双方都有约束力。

(3) 规定在第三国仲裁的条款

因执行合同所发生的或与合同有关的一切争议,双方应通过友好协商解决;如果协商不能解决,应提交某国(第三国名称)某仲裁机构(第三国某地的仲裁机构的名称)根据该仲裁机构的仲裁规定进行仲裁。仲裁裁决是终局的,对双方都有约束力。

本章小结

在实际业务中,贸易双方由于各种各样的因素而发生纠纷是不可避免的。商品检验以及索赔、理赔都是通常要进行的业务操作,作为外贸从业人员必须认真学习和了解国际商品检验、索赔、不可抗力以及仲裁等方面的基本知识。通过本章的学习,可以实现上述目标,为正确、合理订立合同中的争议的预防和处理条款打下基础。

关键概念

- 商品检验(Commodity Inspection)
- 法定检验(Legal Inspection)
- 检验证书(Inspection Certificate)
- 索赔(Claim)
- 理赔(Settlement)
- 违约(Breach of Contract)
- 罚金条款(Penalty Clause)
- 不可抗力(Force Majeure)
- 协商(Negotiation)
- 调解(Conciliation)
- 仲裁协议(Arbitration Submission)
- 仲裁(Arbitration)

思考与练习

一、单选题

1. 以仲裁方式解决贸易争议的必要条件是(　　)。

A. 双方当事人订有仲裁协议　　B. 双方当事人订有合同

C. 双方当事人无法以协商解决　　D. 一方因诉讼无果而提出

2. "离岸重量、到岸品质"是指(　　)。

A. 装运港检验　　B. 目的港检验

C. 出口国检验,进口国复验　　D. 装运港检验重量,目的港检验品质

3. 在众多检验商品品质的方法中,最常用的是(　　)。

A. 装运港检验　　B. 目的港检验

C. 出口国检验,进口国复验　　D. 装运港检验重量,目的港检验品质

4. 在国际货物买卖合同中,作为卖方的A公司和作为买方的B公司,B在合同签订后将10万美元定金先付给A公司,后A公司没有履行合同,A公司应该返还B公司(　　)万美元。

A. 10　　B. 20　　C. 5　　D. 25

5. 短交在多数情况下,应该向(　　)索赔。

A. 保险公司　　B. 买方　　C. 卖方　　D. 承运人

6. 我国某粮油食品进出口公司与美国田纳西州某公司签订进口美国小麦合同,数量为100万公吨。麦收前田纳西州暴雨成灾,到10月份卖方应交货时小麦价格上涨,美方未交货。合同订有不可抗力条款,天灾属于该条款的范围,美方据此要求免责。此时,我方应(　　)。

A. 不可抗力,予以免责,并解除合同

B. 未构成不可抗力,坚持美方应按合同规定交货

C. 构成不可抗力,可以解除合同,但要求损害赔偿

D. 构成不可抗力,不要求损害赔偿,亦不解除合同,而推迟到下年度交货

7. 下列关于仲裁裁决的效力描述不正确的是(　　)。

A. 凡由中国国际经济贸易仲裁委员会作出的裁决一般是终局性的,对双方都有约束力

B. 在裁决中败诉的一方不执行裁决,仲裁机构可以强制执行

C. 若败诉方不执行裁决,胜诉方有权向有关法院起诉,请求法院强制执行

D. 我国现在已经加入了《承认与执行外国仲裁裁决公约》

8. 发生(　　),违约方可援引不可抗力条款要求免责。

A. 战争　　B. 世界市场价格上涨

C. 生产制作过程中的过失　　D. 货币贬值

9. 在国际货物买卖中,较常采用的不可抗力事故范围的规定方法是(　　)。

A. 概括规定　　B. 不规定　　C. 具体规定　　D. 综合规定

二、判断题

1. 按照我国商检法规定,法定检验的商品仅指《必须实施检验的进出口商品目录》中的商品。(　　)

2. 出口食品的卫生检验属于法定检验的范围。(　　)

3. 在使用EXW和DAP贸易术语时,买方一般在出口地检验货物。(　　)

4. 凡是出口商品都必须经过商检机构的检验才能出口。(　　)

5. 一方违反合同,没有违约一方所能得到的损失赔偿金额最多不超过违约方在订立合同时所能预见到的损失金额。(　　)

6. 在国际货物买卖合同中，罚金和赔偿损失是一回事。（　）

7. 援引不可抗力条款的法律后果是撤销合同或推迟合同的履行。（　）

8. 从西欧某商进口在当地通常可以买到的某化工产品，在约定交货前，该商所属生产上述产品的工厂之一因爆炸被毁，该商要求援引不可抗力免责条款解除交货责任。对此，我方应予同意。（　）

9. 买卖双方为解决争议而提请仲裁时，必须向仲裁机构递交仲裁协议，否则，仲裁机构不予受理。（　）

10. 仲裁协议必须由当事人在争议发生之前达成，否则不能提请仲裁。（　）

11. 根据我国现行做法，对外订立仲裁条款时应争取在我国仲裁。如对方不同意，也可接受在被告国仲裁。（　）

12. 若合同中无规定索赔条款，买方便无权提出索赔。（　）

13. 在进出口业务中，进口商收货后发现货物与合同规定不符，在任何时候都可向出口商提出索赔。（　）

14. 只要支付了罚金，即可不履行合同。（　）

15. 仲裁比诉讼的程序简单，处理问题比较迅速及时且费用也较为低廉。（　）

三、简答与案例分析题

1. 在国际货物买卖合同中，对货物检验的时间和地点有几种规定方法？

2. 法定检验与鉴定业务的基本内容及其区别是什么？

3. 国际货物买卖合同中的索赔条款有哪几种？

4. 什么是不可抗力？不可抗力事件是如何认定的？

5. 不可抗力的后果有哪几种？如何订立不可抗力条款？

6. 简述仲裁协议的形式与作用。

7. 涉外仲裁与诉讼有何异同？

8. 我国某出口企业以 CIF 纽约条件与美国某公司订立了 200 套家具的出口合同。合同规定某年 12 月交货。11 月底，我企业出口商品仓库发生雷击火灾，致使一半左右的出口家具烧毁。我企业以发生不可抗力事件为由，要求免除交货责任。美方不同意，坚持要求我方按时交货。我方无奈于次年 1 月交货，美方要求赔偿。试分析孰是孰非。

9. 我国内地某公司与香港一公司签订了一个进口香烟生产线合同，设备是二手货，共 18 套生产线，由 A 国某公司出售，总值 100 多万美元。合同规定，出售商保证设备在拆卸之前均在正常运转，虽然未经翻修，但能符合生产正常运转的要求，否则更换或退货。合同同时规定，如有卸件损坏，货到用货现场后 14 天内出具商检证明，办理更换或退货。问：该合同条款有无不妥之处？

10. 某进出口公司与外商签订出口合同一份，凭即期信用证付款。合同中的商检条款规定："双方同意以装运港中国进出口商品检验局签发的品质和数量检验证书作为信用证项下议付所提交单据的一部分。买方有权对货物的品质和数量进行复验。复验费由买方负担。如发现品质或数量与合同规定不符，买方有权向卖方索赔，但须提供经卖方同意的公证机构出具的检验报告。索赔期限为货物到达目的港××天内。"我方凭来证规定装运出口，备齐包括我商检局签发的品质合格证书在内的全套单据交中国银行转寄开证行电汇。货到目的港因单据未到，开证申请人（即买方）凭担保向船公司提走了货物。事后，买方以我方所交货物品质不符合规定提出索赔，开证行又同时来电称我单证不符而拒绝付款，加之信用证已经到期。问我方应如何处理？简述理由。

11. 有一份出售茶叶的合同，按卖方仓库交货条件买卖，数量为 10 000 千克，总值为 25 000 美元。合同规定买方应于 10 月份提取货物，卖方于 10 月 1 日已将提货单(Delivery Order)交付给买方，买方也付清了货款。但是，买方直到 10 月 31 日尚未提走货物，于是卖方将货物搬移至另一不适当的地方存放。由于茶叶与牛皮合存在同一地方，当买方于 11 月 15 日提货时，发现有 10%的茶叶已与牛皮串味而失去商销价值。双方因此发生争议。在上述情况下，各方应负何种责任？为什么？

12. 有一产地交货合同，出售新鲜荔枝 10 公吨，总值 150 000 美元。合同规定买方必须在 5 月 25 日至

31 日之间派冷藏集装箱车到产地接运货物。卖方虽多次催促对方派车，但直至 6 月 7 日也未见对方派车接收货物。于是卖方不得不在 6 月 8 日把这批货物卖给另一新买方，得价只有 100 000 美元。在上述情况下，卖方可有何种权利？为什么？

13. 有一份合同，出售中国丝苗大米 10 000 公吨。合同规定："自 2 月份开始，每月装船 1 000 公吨，分 10 批交货。"卖方从 2 月份开始交货，但交至第五批大米时大米品质有霉变，不适合人类食用，因而买方以此为理由，主张以后各批交货均应撤销。在上述情况下，买方能否主张这种权利？为什么？

14. 有一份出售成套设备的合同，合同规定分五批交货。但在第三批交货时，买方发现交货的品质有严重缺陷，根本达不到合同所规定的技术标准。因此，买方主张全部合同无效。在上述情况下，买方有无这种权利？为什么？

15. 有一份合同，卖方 A 工厂出售一批原料给买方 B 工厂，合同规定 6 月份交货。但 5 月 10 日 A 工厂失火，生产设备及仓库全部烧毁。到 7 月 1 日 B 未见来货，便向 A 查问，并催促交货。这时 A 才把失火的情况通知 B，并以不可抗力为理由，撤销合同。B 由于急需原料生产，于是立即从市场补进替代物。根据市场价格资料表明：5 月 15 日至 6 月 15 日的市价与合同价接近，此后市场价格逐步上涨，到了 7 月 1 日，市场价格比合同价上涨 40%。试问买方 B 在补进替代品后，能否要求 A 赔偿损失？此项损失又应包括哪些项目？为什么？

16. 某公司以 CFR 条件对德国出口一批小五金工具。合同规定货到目的港后 30 天内检验，买方有权凭检验结果提出索赔。我公司按期发货，德国客户也按期凭单支付了货款。可半年后，我公司收到德国客户的索赔文件，称上述小五金工具有 70%已锈损，并附有德国某内地一检验机构出具的检验证书。对德国客户的索赔要求，我公司应如何处理？

17. 我国某厂在日本有个办事处，此厂与日本某公司订购两批货(涤纶长丝和落简机)，出货时该厂检查品质良好。货到我国时，发现涤纶长丝有 20%不良品。(1)可否要求厂家赔偿？(2)落简机一直未到(船公司赔偿责任，依法需在一年内执行)，此情况下，我方如何处理？(3)一年后又在仓库内找到了落简机，船公司尚未采取索赔行动，仓租损失可观，该由谁负责？(4)机器投入使用了 6 个月后，发现运转不良，可否要求赔偿？该如何进行？

18. 我国向某国出口一批冷冻食品，到货后买方在合同规定的索赔有效期内向我方提出品质索赔，索赔额达数十万元人民币(约占合同总金额的半数以上)。买方附来的证件有：①法定商品检验证，注明该项商品变质现象(表面呈乌黑色)，但未注明货物的详细批号，也未注明变质货物的数量或比例。②官方化验机构根据当地某食品零售商店送验而作出的变质证明书。我方未经详细研究就函复对方，既未承认也未否认品质问题，只是含糊其辞地要求对方减少索赔金额。对方不应允，双方函电往来三年没有结果，对方遂派代表来京当面交涉，并称如得不到解决，将提交仲裁。对此索赔我方应不应受理？试问双方各有什么漏洞？我方应如何本着实事求是精神和公平合理原则来处理此案？(注：此批冷冻食品中我方误装了一小部分乌皮鸡，价值千余元)

19. A 公司委托 B 公司进口机器一台，合同规定索赔期限为货到目的港后 30 天。货到目的港卸船后，B 公司立即将货物转给 A 公司，因 A 公司厂房尚未建好，机器无法安装试车。半年后厂房完工，机器安装完毕进行试车，A 公司发现机器不能正常运转。经过商检机构检验证明，该机器是旧货。于是，A 公司要求 B 公司对外索赔，但外商拒绝赔偿，A 公司遭到了巨大的经济损失。问：我们应从中吸取什么教训？

20. 某公司以 CIF 鹿特丹出口食品 1 000 箱，即期信用证付款。货物装运后，凭已装船清洁提单和已投保一切险和战争险的保险单向银行收妥货款。货到目的港后经进口人复验发现下列情况：

(1) 该批货物共有 10 个批号，抽查 20 箱，发现其中 2 个批号涉及 200 箱内含沙门氏细菌，超过进口国标准。

(2) 收货人只实收 998 箱，短少 2 箱。

(3) 有 15 箱货物外表状况良好，但箱内货物共短少 60 千克。

试分析以上情况，进口人应分别向谁索赔？并说明理由。

第三篇

国际货物买卖合同的商订与履行

第八章 国际货物买卖合同的商订

开篇案例

马来西亚A商行于10月18日发来传真，向上海B公司发盘出售木材一批，发盘中列明各项必要条件(数量、价格等)，未规定有效期限。上海B公司于当天收到传真后，寻找国内实际用户，于10月22日上午11时对上述发盘向马来西亚A商行发去表示接受的传真。在此期间，因木材价格上涨，马来西亚A商行于22日下午1时给上海B公司发来传真，其内容如下："木材已售韩国公司，由于木材货源不足，我10月18日传真发盘撤销。"上海B公司回传真强调已与第三方签订合同，要求A商行履行合同。A商行则辩称，其发盘已撤销，与B公司间并不存在任何合同关系。上海B公司遂向中国某法院提起诉讼，要求A公司赔偿其所遭受的损失。A商行认为B公司的索赔主张缺乏依据。

本案涉及国际货物买卖合同订立过程中发盘的生效、撤回、撤销及效力等问题。A商行向B公司发出的要约中虽然未规定承诺的期限，但按《公约》第16条的规定，"被发价人有理由信赖该项发价是不可撤销的，而且被发价人已本着对该项发价的信赖行事"，即B公司只要在A商行在发盘撤回和撤销前作出了接受，A、B两公司的合同即告成立，"接受发价于表示同意的通知送达发价人时生效"。A商行在收到B公司接受通知后无权撤销其发盘。A商行将合同所涉货物出售给他人的行为属违约行为，应当向B公司承担赔偿责任。

本案中，A商行同时"向一个以上特定的人"发盘，若注明"以接受先到达者为准"，或"须以我公司最后确认为准"等字样，即发虚盘或要约邀请，则该项发盘即为有保留的发盘，对方接受后合同并不能马上成立，而必须等待发盘人的确认。因为A商行发的是实盘，所以需要承担违约赔偿责任。

学习目标

○ 了解国际贸易的准备过程。

○ 掌握国际贸易磋商的基本程序和内容。

○ 掌握国际货物买卖合同的形式和签订。

在国际贸易中，货物的买卖都是围绕合同展开的，交易包括合同的签订和履行两个部分。签订合同必须首先取得国外客户需求信息，其次对商品合同的商订制定周密的计划安排；履行合同主要指进行备货与报验、催证、审证和改证、租船订舱、报关、装运、保险、结汇等一系列程序。

第一节　国际贸易准备

国际市场相当复杂，竞争也越来越激烈。寻找贸易机会，需要开展国际市场调研，也就需要掌握获得信息资料的渠道和开展调研的方法。为了使贸易能够顺利地进行，还需制定开展国际贸易的计划。

一、国际市场调研

1. 国际市场环境调研

对国际市场环境的调研包括三个方面：经济环境、政治法律环境和社会文化环境。在调研时，要注意国际市场环境各方面、各要素之间的相互联系和相互影响。

(1) 经济环境

构成经济环境的主要内容有人口、收入、消费、自然条件和经济基础设施等。

① 人口是构成市场的基本要素，是分析市场的重要依据。对人口的调研不仅要看人口的数量，还要看人口的增长率、地理分布、年龄和性别结构、家庭结构、人口的流动性等。

② 收入是构成市场的另一个基本要素。对市场的分析，要把人口和收入结合起来。对一国或地区的收入状况要了解国民生产总值、人均收入以及收入分布，对一国或地区的个人收入状况则要了解个人总收入、个人可支配收入、个人可任意支配收入。

③ 消费是影响市场的重要因素。如果有一定规模的人口，有一定的收入水平，但没有消费需求，就仍然没有市场。从这个意义上说，消费也是构成市场的基本要素。对消费的调研包括消费水平、消费结构、消费偏好、消费信贷等。

④ 自然条件是指一国或地区的自然资源、地理结构和气候。自然条件对市场特点的形成，如消费需求偏好、产品的功能、产品的适应性等产生了重要影响。

⑤ 经济基础设施是指能源供应、交通运输、通讯设备、金融机构、广告公司等。一般来说，一个国家或地区的经济基础设施数量越充分、质量越好，开展国际贸易就越顺利。

(2) 政治法律环境

在现代国际贸易中，各国政府对本国的进出口贸易实行着不同程度的贸易保护，即用政治法律的手段制定经济政策和法规，对本国的进出口贸易进行干预，限制外国商品进口，鼓励本国商品出口，维护国内市场的经济秩序。开展国际贸易必须了解国内外的政治法律环境，最大限度地降低来自这方面的风险。政治法律环境的主要内容有限制进口的措施、鼓励本国商品出口的措施、限制本国商品出口的措施、各国的法律和法规、有关国际贸易的国际惯例。

① 限制进口的措施有关税、配额制、许可证制、外汇管制、歧视性政府采购规定、海关估价制、进口最低限价、进口押金制、技术标准、卫生检疫规定、包装标签规定、反倾销、反补助等。

② 鼓励本国商品出口的措施有出口信贷、出口补贴、出口奖励、外汇倾销等。

③ 限制本国商品出口的措施有出口许可证、出口商品检验等。实行出口限制的国家主要是资本主义发达国家。这些国家为了达到一定的政治、军事和经济目的，往往对某些商品，特别是战略物资和高技术产品，限制或禁止出口。

④ 有关国际贸易的国际惯例有《国际贸易条件解释通则》、《1932 年华沙-牛律规则》、

《1990 年美国对外贸易定义修正本》、《跟单信用证统一惯例》、《托收统一规则》、《约克-安特卫普规则》等。

(3) 社会文化环境

在现代国际贸易中，绝不能忽视社会文化环境对进出口贸易带来的影响。尤其要注意出口产品的设计，包括商标、包装上的颜色和图案文字，出口产品的广告及其他促销方式的应用等，都要适应进口国或地区的社会文化环境。适应进口国的社会文化环境，就有助于商品的销售；反之，商品就没有销路。

社会文化环境包括社会意识、价值观、风俗习惯、语言文字、教育水平、宗教信仰、社会阶层、相关群体等。

2. 国际商品市场调研

对国际商品市场调研，要从消费需求出发，不仅要设法满足现有的消费需求，更要努力挖掘和满足潜在的消费需求。国际商品市场调研的内容包括以下几个方面：

(1) 商品本身的特性，如品种、品级规格、自然属性、用途特点、包装、储存、运输。

(2) 商品生产，如生产周期、生产的季节性、生产技术条件。

(3) 商品消费，如消费周期、消费的季节性、消费需求的变化。

(4) 商品价格，如国外市场零售价、国外市场批发价、进出口贸易价、出厂价。对有些商品，还要了解有否垄断价、国际协定价、交易所价格、拍卖价等。

(5) 市场竞争，如市场上同类商品的供应者主要有哪些，竞争者在某一特定市场所占的地位如何，市场份额为多少，市场竞争的程度、竞争的手段怎样，替代商品、新产品和类似商品的发展情况等。

3. 国外客户调研

对国外客户的调研，要了解其资产状况，以达到"知彼"的目的。这一方面有利于把贸易风险降至最低，使进出口贸易合同建立在可靠的基础上，减少或避免损失；另一方面，可以更好地选择优良客户，调动积极因素，而且可以促进成交，扩大贸易往来。

对客户的调研要力求全面，主要内容包括以下几个方面：

(1) 公司概要。包括名称、地址、电话、传真、成立日期、公司性质、公司隶属关系、业务范围、注册资本、实收资本等。其中，要特别注意公司注册资料或商业登记资料，以确定对象的真实身份；注意注册资本和实投资本，以估计该公司的规模大小。

(2) 公司的背景。包括公司历史、公司组织形式、股东和管理人员的情况、产权和业务范围的变化、公司名称的变化等。

(3) 经营能力。指其经营范围和品种、业务地区、业务性质、销售渠道及企业的发展情况等。

(4) 付款记录。公司在以往贸易中的付款方式及所得到的最高信用额与信用期，可以反映其付款及资金流动情况。付款记录可以从企业的其他债权人那里得到，如企业的最高信用额是多少、企业的付款是否按时等。

二、收集国际市场信息的渠道

在开展我国对外贸易中，收集国际市场信息的渠道主要有以下几种：

(1) 我国驻外机构，如驻外商务处、驻外银行、驻外企业和办事处等机构。

(2) 国外的咨询公司。

(3) 出国小组的汇报。

(4) 参加国际贸易展览会。

(5) 向客户了解,利用业务洽谈的机会向客户询问有关情况。

(6) 向竞争者了解。

(7) 向消费者了解。

(8) 国内外有关报纸、杂志和统计资料。

(9) 国内科研、教育机构。

三、制定国际贸易计划

国际贸易包括出口和进口,因此,计划编制的内容也从这两个方面来阐述。

1. 出口计划

出口计划是在广泛调查研究的基础上,根据公司的经营政策和经营意图,结合自己以往经营的经验和国际市场趋势,在对外交易磋商之前,对制定的在一定时期内(半年、一年或更长时间)出口推销的设想、做法作出全面安排。

编制出口计划的目的在于加强业务领导,使出口业务的多个环节可以更好地协调配合,改善经营管理。当然,出口计划应该经常检查,及时补充、修改,使其符合客观实际。大宗商品和重点商品应作出计划,一般中小商品可作出价格方案。

出口计划的内容有:

(1) 国外市场情况,包括国外市场环境的特点,如市场大小、对产品的要求、市场销售和市场竞争状况、国外进口规定、今后一段时期内的发展趋势预测等。

(2) 出口经营情况,包括以前有无此类产品的出口经验、出口的具体品种和数量、出口地理方向等。

(3) 国内货源情况,如生产能力、技术水平、交货周期等。

(4) 销售安排,如市场安排、客户选用、广告宣传、贸易方式、支付条件的掌握。

(5) 成本和经济效益核算。

2. 进口计划

进口计划的主要内容包括品名、数量、时间和国别的安排、交易对象的选定、价格和佣金幅度的掌握等。总的要求是:在符合国家方针、政策的前提下,既要力争比较优惠的价格,又要不影响国内的需要;既要做到"货比三家",又要不失时机地进口。

第二节　国际贸易磋商的内容及基本程序

贸易磋商又称业务谈判(Business Negotiation),是指交易双方就买卖商品的有关条件进行协商的过程。磋商的目的是要订立合同。因此,磋商的结果直接影响着双方的经济利益,须慎重对待。

一、磋商的形式

交易磋商分为口头磋商和书面磋商两种形式。

口头磋商主要是指在谈判桌上面对面或通过国际电话等形式进行的交易磋商。口头磋商的特点在于能直接了解对方的诚意和态度，以便采取相应的对策，及时调整策略，争取达到预期目的。

书面磋商是指通过信件、电传、传真和电子邮件等通讯方式进行洽谈交易。随着现代通讯技术的发展，书面洽谈也越来越简便易行，费用比口头磋商也相对低廉，在实际业务中应用最多。

二、磋商的内容

交易磋商的内容是关于拟签订贸易合同的各项条款，包括品名、品质、数量、包装、价格、装运、支付、保险以及商品检验、索赔、仲裁和不可抗力等。其中前7项为主要交易条件，是进出口双方必须进行磋商并取得一致意见的内容。至于其他交易条件，特别是不可抗力和仲裁，并非是合同不可缺少的内容，但为了减少争议的发生以及便于解决可能发生的争议，买卖双方在交易磋商时也不容忽视。

然而，在实际业务中，并非每次磋商都需要对这些条款逐一商讨。这是因为，普通的商品交易一般都使用固定格式的合同，而条款中的商检、索赔、仲裁、不可抗力等通常作为一般交易条件印在合同中，只要对方没有异议，就不必进行协商。同时，在许多老客户之间，双方在长期的交易过程中已经形成一些习惯做法，也不需要在每笔交易中对各项条款一一重新协商。这对于加速磋商的进程，节约费用开支，都是有益的。

三、磋商的一般程序

在外贸业务中，出口交易磋商的一般程序可概括为“询盘”、“发盘”、“还盘”和“接受”四个环节。

1. 询盘

询盘(Enquiry)是指交易的一方有意购买或出售某一种商品而向对方询问买卖该商品的有关交易条件。

询盘是不定向发布自己的购买(或出售)意向，其内容可以是询问价格，也可询问其他一项或几项交易条件，而多数是询问价格，所以通常将询盘称作询价。询盘可以由买方发出，也可以由卖方发出。例如：

(1) 买方询盘：BOOKABLE MIDDLE SIZE T—SHIRT 2000 DOZEN PLEASE CABLE LOWEST PRICE EARLIEST DELIVERY.(拟电购中号T恤衫2 000打，请电告最低价格和最快交货期。)

(2) 卖方询盘：CAN SUPPLY T—SHIRT MARCH SHIPMENT CABLE INTERESTED.(可供T恤衫3月装，如有兴趣请电告。)

询盘对于询盘人和被询盘人均无法律上的约束力，而且不是交易磋商的必经步骤。但是，它往往是一笔交易的起点，所以作为被询盘的一方，应对接到的询盘给予重视，并及时作出适当的处理。

2. 发盘

(1) 发盘的定义

发盘(Offer)，又称报价，在法律上称为“要约”，是买卖双方中的一方向对方提出各项交易条件，并愿意按这些条件达成交易、订立合同的一种肯定表示。《联合国国际货物销售合同公约》(以下简称《公约》)认为："向一个或一个以上特定的人提出的订立合同的建议，如果十分确定并且表明发盘人在得到接受时承受约束的意旨，即构成发盘。"

例如，OFFER MIDDLE SIZE T—SHIRT 120PACKED IN CARTONS OF 10 DOZ EACH STERLING FORTY PER DOZEN CIF LONDON DECEMBER SHIPMENT IRREVOCABLE SIGHT L/C SUBJECT REPLY REACHING US FIFTEENTH.(兹发中号T恤衫120纸箱，每箱10打，每打40英镑CIF伦敦，12月装，即期不可撤销信用证支付，限15日复到我方。)

在实际业务中，发盘通常是一方在收到对方的询盘之后提出的，也可直接发出。发盘多由卖方发出，习称售货发盘(Selling Offer)；如是买方发出，被称作购货发盘(Buying Offer)或递盘。

(2) 构成发盘的条件

构成一项有效的发盘，必须具备下列四项条件：

① 发盘应向一个或一个以上特定的人提出。所谓"特定的人"，是指在发盘中指明个人姓名或企业名称的受盘人。而普通的商业广告或者外商寄发的商品目录、价目表和其他宣传品的行为不是针对"特定的人"，因而不构成发盘行为。

② 发盘的内容十分确定。《公约》规定：一项订立合同的建议，"如果写明货物并且明示或暗示地规定数量和价格，或规定如何确定数量和价格，即为十分确定"。但为了防止误解和可能发生的争议，在实际业务中，我们在对外发盘时，最好将品名、品质、数量、包装、价格、装运和支付条件等主要交易条件一一列明。

③ 表明发盘人受其约束。发盘人应在发盘中明确向对方表示，愿按发盘的条件与对方订立合同的意思。如果发盘人只是就某些交易条件建议同对方进行磋商，而根本没有受其建议约束的意思，就不能被认为是一项有效的发盘。

④ 传达受盘人。发盘必须被传达到受盘人时才生效。例如，发盘人用信件向受盘人发盘，如该信件在传递中遗失，以致受盘人未能收到，则该发盘无效。

(3) 发盘的有效期(Duration of Offer)

是指给予对方表示接受的时间限制。超过发盘规定的时限，发盘人即不受约束。发盘人对发盘有效期作明确的规定。例如，采用口头发盘时，除发盘人发盘时另有声明外，受盘人只能当场表示接受方为有效，采用函电成交时，可规定最迟接受的期限(如限5月31日复到此地)，或规定一段接受的期限(如发盘有效期为10天)。如果发盘中没有明确规定有效期，受盘人应在合理时间内接受，否则该发盘失效。所谓"合理时间"，应视交易的具体情况而定。

(4) 发盘的撤回(Withdrawal of Offer)

是指发盘人将尚未为受盘人收到的发盘予以取消的行为。按《公约》规定：一项发盘只要撤回通知先于发盘或与发盘同时到达受盘人，该发盘就可被撤回。"撤回"的实质是阻止发盘生效。因此，在实际业务中，发盘人因市场的变化需要修改发盘的内容时，就应用更快捷的方法将原发盘撤回。在现代通讯技术发达的当今社会，贸易商都用传真和电子邮件等方式进行发盘，撤回就无法实现，故需事先对发盘的内容做好周全的考虑。

(5) 发盘的撤销(Revocation of Offer)

是指发盘人将已经为受盘人收到的发盘予以取消的行为。《公约》第16条规定："在未成立合同之前，发盘得以撤销，如撤销通知于受盘人发出接受通知之前到达受盘人。但在下列情况下，发盘不得撤销：①发盘表明接受期限或以其他方式表示发盘是不可撤销的；②受盘人有理由信赖该发盘是不可撤销的，而应该本着对该发盘信赖行事。”

(6) 发盘的终止(Termination)

是指发盘法律效力的消失。在实际业务中，造成发盘终止的原因主要有：①受盘人作出还盘；②发盘人依法撤销发盘；③发盘中规定的有效期届满；④人力不可抗拒的意外事故造成发盘的失效，例如，政府宣布发盘中的商品禁止进口或出口；⑤在发盘被接受前，当事人丧失行为能力或死亡或法人破产等。

发盘是一项肯定的订约建议，构成有效的发盘必须具备上述四项条件，特别是“发盘的内容十分确定”和“表明发盘人受其约束”这两项。发盘的邀请则是一项不肯定的订约建议，不具备构成发盘所必需的四项条件。虽然发盘的邀请也可向一个或一个以上的特定的人作出，并送达对方，即使对方立即无条件同意发盘中所提出的全部条件，作出发盘邀请的一方也不承担与对方订立合同的义务。同时，发盘邀请的内容也不是“十分确定”的，即所含的交易条件是不明确的，或者不是终局性的。另外，发盘的邀请无有效期的规定，否则，应被视作发盘。

【案例 8-1】 1993 年 2 月 5 日，加拿大休顿电子有限公司(简称“休顿公司”)向我国 H 电子集团公司(简称“H 公司”)提出出售集成电路板 20 万块，每块 FOB 维多利亚港 25 美元的发盘。我方接到发盘后，于 2 月 7 日去电还盘，请求将集成电路板的数量减少到 10 万块，价格降为 20 美元/块，并要求对方即期装运。

2 月 10 日，休顿公司电传告知 H 公司，同意把集成电路板的数量减少到 10 万块，保证能即期装运，但集成电路板的价格每块只能降到 22 美元；同时规定，新发盘的有效期为 10 天。接到新发盘后，H 公司经多次研究，决定同意该新发盘，并于 2 月 15 日向休顿公司发出电传，表示接受新的发盘。

2 月 18 日，休顿公司再次发来电传，声称货已与其他公司签约售出，现已无货可供，要求取消 2 月 10 日的发盘。请问：休顿公司可以取消发盘吗？

【分析】 休顿公司不可以取消发盘，因为该公司的发盘表明了接受期限，在接受期限内无权单方面取消发盘。

3. 还盘

还盘(Counter-Offer)是指受盘人在接到发盘后，不同意或不完全同意发盘人在发盘中提出的条件，为了进一步磋商交易，对发盘提出修改意见。例如，YOURS OFFER PRICE TOO HIGH COUNTER-OFFER US DOLLERS THIRTY REPLY FOURTEENTH.(你方报价太高，还盘 30 美金，限 14 日复。)

贸易谈判中一方在发盘中提出的条件与对方能够接受的条件不完全吻合的情况是经常发生的，虽然从法律上讲，还盘并非交易磋商的必经环节，但在实际业务中，还盘却时常发生。有时一项交易须经过还盘、再还盘……才能最终达成。需要注意的是，从法律意义上说，还盘是对发盘的一种拒绝，还盘一经作出，原发盘即失去效力，发盘人不再受其约束。一项还盘等于是受盘人向原发盘人提出的一项新的发盘。

4. 接受

接受(Acceptance)在法律上称“承诺”，是买方或卖方同意对方在发盘中提出的各项交易条件，并愿按这些条件与对方达成交易，订立合同的一种肯定的表示。一方发盘经另一方接受，交易即告达成，双方就应分别履行其所承担的合同义务。

表示接受，一般用“接受”(Accept)、“同意”(Agree)和“确认”(Confirm)等术语。

例如，YOURS FIFTEENTH WE ACCEPT.(你方15日电我方接受。)

(1) 构成一项有效的接受，必须具备以下条件：

① 接受必须由受盘人作出。这一条件与发盘必须向特定的人发出是相对应的。因此，接受也只能由受盘人作出才有效力，其他任何人对发盘表示同意，不能构成接受，合同也就不会成立。

② 接受必须表示出来。接受必须以口头或书面的形式向发盘人明确表示，还可用行为表示接受。例如，某进口商向出口商发盘，出于发盘内容明确，所列条件又符合出口商的要求，出口商接到发盘后，马上将货物装运出去；或买方同意卖方在发盘中提出的交易条件，并随即支付货款或开出信用证。

在业务实践中，发盘人如果以口头形式发盘，受盘人一般以口头表示接受。发盘人如果以书面形式发盘，受盘人则应以书面形式来表示接受。

③ 接受必须在受盘的有效期内传达到发盘人。发盘中通常都规定有效期，它约束发盘人在有效期内不能任意撤销或修改发盘的内容。同时，对受盘人来说，只有在有效期内作出的接受才具备法律效力。如果发盘没有规定接受的时限，则受盘人应在合理时间内表示接受。

④ 接受必须与发盘相符。从原则上讲，接受必须是无条件地同意发盘的全部条件，才能达成交易，订立合同。在实际业务中，常有这种情况，受盘人在答复中使用了“接受”、“同意”等字眼，但又对发盘的商品价格、付款、质量、数量、交货地点和时间等实质性的内容作了增加、限制或修改，这在法律上不能构成有效的接受，其实质仍属于还盘。如果是属于非实质性的变更，除发盘人及时向受盘人表示反对外，仍可构成接受，合同得以成立，并按该项发盘的条件在接受中所载的变更为准。对此，《公约》也作了明确的规定：“对发盘表示接受但载有添加或不同条件的答复，如所载的添加或不同条件在实质上并不变更该项发价的条件，除发价人在不过分迟延的期间内以口头或书面形式通知反对其间的差异外，仍构成接受。如果发价人不作出这种反对，合同的条件就以该项发价的条件以及接受通知内所载的更改为准。”

(2) 逾期接受(Late Acceptance)是指超过发盘规定的有效期，或在未规定发盘有效期的条件下超过合理时间，才传递到发盘人的接受通知。逾期接受一般不具有法律效力，但也有例外的情况。按《公约》规定，如果发盘人明确通知受盘人该项逾期接受为有效的表示，仍可达成交易；如果载有逾期接受的信件是在传递正常并能及时送达发盘人的条件下寄发的，除非发盘人毫不迟延地通知受盘人该接受无效，否则，仍被视为有效的接受。

(3) 接受的生效是一个很重要的法律问题，但至今尚未有统一的认定。

英美法系的国家采取投邮主义的原则。认为如果接受是以信件或电报的形式传递，当信件投邮或电报交发，接受即告生效。也就是说，即使接受的函电在邮递途中延误或遗失，发盘人未能在有效期内收到，甚至根本没有收到，也不影响合同成立。但是，如果发盘人在发盘中明确规定接受必须在有效期内传达到发盘人，该接受的函电必须传递到发盘人才可生效。

大陆法系的国家则采取到达主义原则。认为表示接受的函电必须在发盘有效期内到达发盘人，接受才可生效。如果表示接受的函电在邮递中延误或遗失，合同就不能成立。

《公约》采纳了到达生效的原则,明确规定接受必须送达发盘人时生效。如果接受通知未在发盘规定的时限内送达发盘人,或者发盘没有规定时限,而在合理时间内未送达发盘人,接受则为无效。

(4) 接受的撤回。由于接受送达发盘人时才产生法律效力,因此,撤回接受的通知,只要先于或与原接受通知同时送达发盘人,该接受可以撤回。如果接受生效后,合同已经成立,接受则不予撤销。对此,《公约》也有相应的规定:"接受得以撤回,如果撤回通知于接受原应生效之前或同时送达发盘人。"

第三节 合同的签订

通过交易磋商,当一方发盘经另一方接受后,合同即告成立。在国际贸易中,合同有书面和口头两种形式。根据我国法律规定,买卖双方通常还需要另行签订一份有一定格式的书面合同。

按照《中华人民共和国合同法》规定,当事人采用合同书形式订立合同的,在双方当事人签字或者盖章时合同成立。当事人采用信件、数据电文等形式订立合同的,可以在合同成立之前要求签订确认书。

不过,在国际上,口头协议也算合同,不能认为未签署书面合同就可以不承担责任。《销售合同公约》第十一条也作了规定:"销售商向无需以书面订立或书面证明,在形式方面也不受任何其他条件的限制。销售合同可以用包括人证在内的任何方法证明。"但这一规定不符合我国法律,我国参加《销售合同公约》向联合国交存核准时也曾声明,对联合国上述有关规定作了保留。因此,我国外贸企业对外订立、更改或根据协议终止合同,都应采取书面形式。

一、合同有效成立的条件

合同需具备一定的条件才具有法律效力。不具法律效力的合同是不受法律保护的。一个合同究竟具备哪些条件才算有效成立,各国法律规定不尽相同。综合来看,主要应具备以下几项:

1. 当事人必须在自愿和真实基础上达成协议

我国《合同法》也就上述原则作出规定。如果发现一方用诈骗、威胁或暴力等行为使另一方接受而达成的合同,在法律上是无效的。

2. 当事人必须具有订立合同的行为能力

即与未成年人、精神病患者等不具有行为能力的人签订的合同无效。

3. 合同必须有对价或约因

国际货物销售合同是商务合同,是有偿的交换。有偿的交换是由国际货物销售合同的性质所决定的,英美法将此称作"对价"(Consideration),法国法将此称作"约因"(Cause)。所谓"对价"或"约因",是指当事人为了取得合同利益所付出的代价,即双方互为有偿。在买卖合同中,买方支付货款是为了得到卖方提交的货物;卖方提交货物是为了得到买方的货款。合同只有在有"对价"和"约因"情况下才是有效的法律的保障。

4. 合同的标的和内容必须合法

几乎所有国家都有上述要求。我国法律规定:“订立合同,必须遵守中华人民共和国法律,并不得损害中华人民共和国社会公共利益。”违反中华人民共和国法律或者社会公共利益的合同无效。我国政府订有一系列对外贸易的条例、法令和管制措施。一切对外销售合同都必须遵守而不得有任何违反。而有些国家的法律和行政法规,除规定合同的标的物必须合法外,还规定合同的目的、合同的内容必须合法,如规定违反公共政策的合同无效。

5. 合同形式必须符合法律规定的要求

《联合国国际货物销售合同公约》对国际货物买卖合同的形式,原则上不加以限制,但我国在核准该公约时对此提出保留,坚持必须采用书面方式。书面方式包括电传和电报。我国对出口合同的形式和内容都有相应的规定。

二、书面合同的签订

1. 合同的类型

(1) 买卖合同

买卖合同包括销售合同和购货合同。合同内容比较完整,主要包括商品名称、品质、数量、包装、价格、装运、保险、支付、商检、索赔、仲裁、不可抗力等条款。一般是一式两份。双方签字后,各自保存一份。

(2) 成交确认书

成交确认书包括销售确认书和购货确认书,双方通过函电或口头谈判的交易,在成交后,卖方或买方可以寄交对方确认书,列明达成交易的条件,作为书面证明。确认书内容较正式合同内容简单。确认书一式两份,由发出的一方填制并签字后寄交对方,经对方签字后,保存一份而将另一份寄回。经买卖双方签署的合同或确认书,都是法律上有效的文件,对买卖双方有同等的约束力。我国对外贸易使用这种形式较多。

(3) 订单

这是由客户拟制的货物订购单或委托订购单,是由代理商或中间商(佣金商)代客户购买货物的订购单。如果是经交易磋商认可后交来的订单,实际上是“购货确认书”。对未同我方磋商就直接寄来的货物订购单,应认真研究其内容,从而确定为发盘,或发盘邀请,并作及时答复,否则可能造成被动。

2. 合同签订的意义和作用

交易磋商达成协议后,签订一份有一定格式的书面合同有重要的意义和作用。

(1) 可以作为合同成立的证据

签订书面合同,解决了“空口无凭,立字为据”问题,为一旦发生争议提供公平解决的依据。特别是双方当事人发生仲裁或诉讼时,是否成立合同关系成为解决问题的关键。因此,我国法律要求在国际贸易交往中,都需签订书面合同。

(2) 可以作为合同生效的条件

在实际业务中合同生效是按合同条件规定进行的,只有按此规定生效,合同才成立,否则,就不能认为是合同生效。因此,在验定合同是否生效时,须验定是否按合同规定条件在运行。

(3) 作为履行合同的依据

签订合同就是双方承诺履行合同规定的责任和义务,这是对双方都具有约束力的法律文件。合同保证任何一方都必须承担责任,遵守合同。除不可抗力和其他免责范围外,任何违背合同事项的行为都是违约、非法。所以,合同签订后才真正维护了买卖双方的权益,维护了正常的国际交易秩序。

3. 签订合同应注意的问题

(1) 合同内容应依照我国有关法律规定,贯彻我国对外贸易的方针政策,体现平等互利的原则。对外开放、对内搞活是我国大力发展社会主义市场经济的基本方针,我们愿意扩大同国际上各个国家的贸易往来和其他经济合作。我们也不断总结完善,力图提高同国外经济交往的能力,使国际贸易合作达到新的水平。在签订经济合同时,必须贯彻和体现我国平等互利、参与国际分工的对外贸易方针和有关政策,与我国有经贸往来的客户,无论签订哪种经济合同,其条款和内容必须体现这种精神。

(2) 合同必须定得具体、明确、完善,条款之间不能互相矛盾。合同是一个有机整体,各种交易条件相互联系,只有具体、明确,才便于履行,发生争议也便于解决。如果条件相互矛盾,合同将难以执行。

(3) 合同文字要简练、严密,避免含糊不清的词句。同时,要注意合同的中外文本,两种文字的含义应一致,在法律上应具有同等效力。如果两种文本字意不符,不仅给履约造成困难,而且会导致索赔,从而带来更大的麻烦。

三、书面合同的基本内容

书面合同的基本内容,一般包括约首、本文和结束三部分。

1. 约首

约首是合同的首部。包括合同名称、编号、订约日期和地点、当事人名称和地址、双方法律关系以及合同成立的依据。

(1) 合同名称

按照交易性质及合同形式,冠以正确的合同名称,如购货合同、销售合同、购货确认书、销售确认书等。

(2) 合同签订的时间和地点

一般在合同右上角注明签订合同的地点、日期。重大交易合同则应在最后部分另列专条注明合同签订的地点和日期。

(3) 当事人名称和地址

应写明双方的全称及详细地址,包括国名及城市名。如对方仅有外文行名,在合同中适宜只采用外文行名。

(4) 法律关系

在当事人名称地址后,通常应注明双方所构成的法律关系。如甲方、乙方、买方、卖方。如对方缔约者在一个以上,应对其法律关系逐一明确。在正式合同签订前还应专门列有法律关系的文件,说明合同的经济目的及双方的权利义务等。

(5) 合同成立的依据

在简式合同中应注明达成交易依据的证件、文号、来函电的日期等,正式合同常应援引该合同的某种协议或定向书等。

2. 合同正文

包括交易条件和一般条款。

(1) 交易条件

包括合同标的、数量、包装条件、装运条件、价格、支付条件等。

① 合同标的,即双方买卖的商品,包括商品名称、规格、型号、质量。

② 合同的数量,应注意各国不同的度量衡制度和计量方法。

③ 包装条件,国外对包装要求严格,在交货时要严格符合所定包装条款。

价格条件、装运条件、支付方式都需在合同中作出明确、具体的规定。

(2) 一般条款

包括商检条款,人力不可抗拒条款,延期交货及罚款、索赔仲裁条款,保险条款等。

3. 约尾

即合同的结尾部分。说明合同的份数,使用的文字以及效力,订约时间、地点以及生效时间等。合同最后应由缔约双方当事人代表签字或盖章。

本章小结

本章分析了国际货物买卖的磋商过程、合同的形式、效力以及在具体业务中的法律适用问题。作为外贸从业人员,必须认真学习和了解这些基本知识,认识到国际贸易合同的签订既是一种经济行为,也是一种法律行为。

国际贸易合同的签订是指在对外经济贸易活动中,买卖双方为了达成某笔交易而就交易的各项条件进行协商的过程。国际贸易商定是国际货物买卖过程中必不可少的一个很重要的环节,也是签订买卖合同的必经阶段。在对外经济贸易活动中,商务谈判涉及有关交易的内容、价格、义务与责任以及其他条件。谈判的结果如何,直接关系到双方利益。双方通过谈判取得的协议,具有法律的约束力,不能轻易改变。

关键概念

- 询盘(Enquiry)
- 发盘 (Offer)
- 还盘(Counter-Offer)
- 接受(Acceptance)

思考与练习

一、选择题

1. 英国某买方向我轻工业出口公司来电"拟购美加净牙膏大号 1 000 罗,请电告最低价格,最快交货期",此来电属交易磋商的(　　)环节。

A. 发盘　　B. 询盘　　C. 还盘　　D. 接受

2. 国外某买主向我出口公司来电"接受你方 12 日发盘请降价 5%",此来电属交易磋商的(　　)

环节。

A. 询盘　B. 发盘　C. 还盘　D. 接受

3. 根据《公约》的规定,合同成立的时间是(　　)。

A. 接受生效的时间　B. 交易双方签订的书面合同的时间

C. 在合同获得国家批准时　D. 当发盘送达受盘人时

4. 某项发盘于某月12日以电报形式送达受盘人,但在此前的11日,发盘人以一传真告知受盘人,发盘无效,此行为属于(　　)。

A. 发盘的撤回　B. 发盘的修改　C. 一项新发盘　D. 发盘的撤销

5. A公司5月18日向B公司发盘,限5月25日复到有效。A公司向B公司发盘的第二天,A公司收到B公司5月17日发出的,内容与A公司发盘内容完全相同的交叉发盘,此时(　　)。

A. 合同即告成立

B. 合同无效

C. A向B或B向A表示接受,当接受送达对方时,合同成立

D. 必须是A公司向B公司表示接受,当接受通知送达B公司时合同成立

6. 接受和发盘(　　)。

A. 属于商业行为　B. 属于法律行为

C. 属于交易行为　D. 既属于商业行为也属于法律行为

7. 下列是发盘的选项是(　　)。

A. 请报装运期18日得到有效　B. 你19日电每公吨20英镑20日复到

C. 你10日电可供500打参考价每件8美元　D. 你17日电接受,但用L/C替代D/P可商量

8. 我某公司于某年11月15日上午8:50用电传向美国某公司发盘:11月20日复到我公司有效。11月18日上午10:00同时接到该公司的接受和撤回接受的传真。根据《公约》的规定,对此"接受"(　　)。

A. 可以撤回　B. 不得撤回,必须与我某进出口公司签约

C. 视为撤销　D. 在我某进出口公司同意的情况下,才可撤回

9. 下列条件中,(　　)不是构成发盘的必备条件。

A. 向一个或一个以上的特定人提出　B. 所有交易条件必须完整齐全

C. 发盘的内容必须十分确定　D. 表明订立合同的意思

10. 我6月10日向国外某客商发盘,限6月15日复到有效。6月13日接到对方复电称"你10日电接受,以获得进口许可证为准"。该接受(　　)。

A. 相当于还盘　B. 在我方缄默的情况下视为有效接受

C. 属于有效接受　D. 属于一份非实质性变更发盘条件的接受

11. 我公司星期一对外发盘,限星期五复到有效,客户于星期二回电还盘并邀我方电复,此时,国际市场价格上涨,我方未予答复。客户又于星期三来电表示接受我方星期一的发盘,则(　　)。

A. 接受有效　B. 接受无效

C. 如我方未提出异议,则合同成立　D. 属于有条件的接受

12. 某公司向欧洲某客户于3月16日发盘,限3月20日复到有效。3月18日对方来电称,"你方16日电接受,希望在5月装船"。我方未提出异议,于是(　　)。

A. 需经该公司确认后交易才达成　B. 这笔交易达成

C. 属于还盘,交易未达成　D. 属于有条件接受,交易未达成

13. 英国某商人3月15日向国外某客户用口头发盘,若英商与国外客户无特别约定,国外客户(　　)。

A. 任何时间表示接受都可以使合同成立　B. 应立即接受方可使合同成立

C. 当天表示接受方可使合同成立　D. 在两三天内表示接受可使合同成立

14. 一方在报纸杂志或广播电视中所做的内容明确完整的商业广告属于(　　)。

A. 邀请发盘　　B. 询盘　　C. 发盘　　D. 还盘

15. 根据《公约》的规定,发盘和接受的生效采取(　　)。

A. 投邮生效原则　　B. 签订书面合约原则

C. 口头协商原则　　D. 到达生效原则

二、判断题

1. 在交易磋商过程中,发盘都是由卖方作出的行为,接受都是由买方作出的行为。(　　)

2. 买方来电表示接受发盘,但要求将 D/P 即期改为 D/P 远期,卖方缄默,此时合同成立。(　　)

3. 根据《公约》规定,构成一项有效发盘,必须明确规定买卖货物的品质、数量、包装、价格、交付和货款的支付,六项主要交易条件缺一不可。(　　)

4. 根据《公约》规定,一项有效的发盘,一旦被受盘人在规定时间内无条件地全部接受,合同即告成立。(　　)

5. 还盘一经作出,原发盘即失效。(　　)

6.《公约》规定发盘生效的时间为发盘送达受盘人时。(　　)

7. 邀请发盘对买卖双方有约束力。(　　)

8. 若发盘未规定有效期,则受盘人可以在任何时间内表示接受。(　　)

9. 根据《公约》的规定,规定了有效期的发盘一旦到达受盘人,在有效期限内发盘人不得撤销该发盘。(　　)

10. 根据《公约》的规定,一项发盘发出后可以撤回,其条件是,发盘人的撤回通知,必须在受盘人发出接受通知之前送达受盘人。(　　)

11. 发盘必须明确规定有效期,未规定有效期的发盘无效。(　　)

12. 只要对发盘作出无条件的接受,则此项接受肯定为有效接受。(　　)

13. 根据《公约》的规定,如果撤回通知于原接受生效之前或同时送达发盘人,接受得以撤回。(　　)

14. 根据《公约》的规定,接受必须用声明或行动表示出来,沉默或不行动不等于接受。(　　)

15. 询盘又称询价,即一方向交易的另一方询问价格。(　　)

三、简答题

1. 构成一项有效发盘的条件有哪些?

2. 发盘与询盘有什么区别?

3. 合同有效成立的要件有哪些?

4.《联合国国际货物销售合同公约》对发盘内容有哪些基本要求?我们在外贸业务实践中对发盘内容应如何掌握?

5. 在发盘生效问题上国际上有哪些不同的规定?明确发盘生效的时间有何意义?

6. 发盘能否撤回和撤销?《联合国国际货物销售合同公约》对于发盘的撤回与撤销问题是怎样规定的?

7. 何谓接受?构成接受应具备哪些条件?

8. 在接受生效时间问题上,国际上有哪些不同的规定?

9. 何谓逾期接受?逾期接受的法律后果如何?《联合国国际货物销售合同公约》对逾期接受有何规定?

10. 接受能否撤回或修改?《联合国国际货物销售合同公约》对于接受撤回与修改问题有何规定?

第九章 国际货物买卖合同的履行

开篇案例

我国某公司与非洲某商按 CIF 条件签订一笔大宗商品出口合同，合同规定装运期为 7 月份，但未规定具体开证日期。外商拖延开证，我方见装运期快到，从 6 月底开始连续多次电催外商开证。7 月 5 日，收到开证的简电通知，我方因怕耽误装运期，即按简电办理装运。7 月 28 日，外方开来信用证正本，正本上对有关单据作了与合同不符的规定。我方审证时未予以注意，交银行议付时，银行发现单证不符，无法付款，建议改成 D/P 托收。买方提出按 D/P after 30 days T/R 办理，我方只好答应，最后买方以 T/R 将单据借走。借走后不见踪影，最后我方钱货两空。你认为，我方应从此事件中吸取哪些教训？

我方应吸取的教训有：

(1) 在出口合同中一般应明确规定买方开到信用证的期限，而在本合同中却未作出此项规定。

(2) 装运期为 7 月份，而出口公司直到 6 月底才开始催证，为时过晚。

(3) 7 月 5 日收到简电通知后即忙于装船，过于草率。

(4) 以信用证付款的交易，即使合同中未规定开证期限，按惯例，买方有义务不迟于装运期开始前一个月内将信用证送达卖方。而本案的信用证迟至装运期开始后第 28 天才送达，显然违反惯例。我出口公司理应向外商提出异议，并保留以后提出索赔的权利，而我方对此却只字未提。

(5) 收到信用证后理应认真地、逐字逐句地加以审核，而我方却如此疏忽。

学习目标

○ 掌握出口合同履行的一般程序。

○ 了解进口合同履行的一般程序。

在国际贸易中，买卖合同一经依法有效成立，有关当事人就必须履行合同规定的义务。所以，履行合同是当事人的共同责任。

履行合同是合同当事人按照合同规定履行各自义务的行为。我国《合同法》规定："依法成立的合同，当事人应当遵循诚实信用原则，根据合同的性质、目的和交易习惯履行通知、协助、保密等义务，不得擅自变更或者解除合同。"如果一方当事人不是由于发生不可抗力事件或属于免责范围内的原因而不履行合同义务，或不按合同规定行事，即构成违约，就应根据不同情况和后果承担相应的法律责任。

在买卖合同中，都规定了双方的权利和义务，由于成交的品种、贸易条件及所选用的惯例各不相同，每份合同中规定的当事人的权利和义务也有差异，但是，对交易双方的基本义务的规定是相似的。根据《联合国国际货物销售合同公约》的规定，卖方的基本义务是按照合同规定，交付货物，移交一切与货物有关的单据和转移货物的所有权；买方的基本义务是按照合同规定，支付货款和收取货物。

“重合同，守信用”是履行买卖合同时必须遵守的原则，也是我国对外贸易一贯遵守的一项原则。按时、按质、按量履行合同的规定，不仅关系到买卖双方行使和履行各自的权利和义务，而且关系到国家的对外信誉。因此，买卖双方必须严格履行合同。

第一节　出口合同的履行

在我国对外签订的出口合同中，多数按 CIF 条件成交，并采用信用证支付方式收取贷款。履行这类出口合同，一般包括备货、催证、审证、改证、租船订舱、报验、报关、投保、装船和制单结汇等环节的工作。在这些环节中，以货（备货）、证（催证、审证和改证）、船（租船、订舱）、款（制单结汇）四个环节的工作最为重要。只有做好这些环节的工作，使环环扣紧，才能提高履约率，争取多、快、好、省地完成出口任务。

一、备货与报验

备货工作是指卖方根据出口合同的规定，按时、按质、按量准备好应交的货物，并做好申请报验和领证工作。

1. 备货

按照合同规定交付货物是卖方的基本义务，做好备货工作，这是为履行出口合同准备物质基础。《联合国国际货物销售合同公约》第三十五条第(1)款明确规定：“卖方交付的货物必须与合同所规定的数量、质量和规格相符，并须按照合同所规定的方式装箱或包装。”第(2)款规定：“除双方当事人业已另有协议外，货物除非符合以下规定，否则即为与合同不符：(a)货物适用于同一规格货物通常使用的目的；(b)货物适用于订立合同时曾明示或默示地通知卖方的任何特定目的；(c)货物的质量与卖方向买方提供的货物样品或样式相同；(d)货物按照同类货物使用的方式装箱或包装，如果没有此种通用方式，则按照足以保全和保护货物的方式装箱或包装。”

因此，在备货工作中，应注意以下问题：

(1) 货物的品质、规格应与合同规定一致。

(2) 货物的数量应符合出口合同规定。交货的数量应按合同与信用证对数量的规定办理。如信用证规定交货数量为“约”量，按《UCP 600》第三十条规定，凡“约”、“大约”或类似文字用于信用证所列的数量时，应解释为允许该数量可有 10%的增减幅度。又规定，除非信用证规定的货物数量不得增减，只要支取的金额不超过信用证金额，也可有 5%的增减幅度，但当信用证规定的数量以包装单位或以个体计数时，则此幅度不能适用。

凡按重量计量的货物而在买卖合同或信用证中均未规定按何种方法计量者，按惯例应以净重计量。对此,《联合国国际货物销售合同公约》第五十六条也有如下规定:“如果价格是按货物的重量规定的,如有疑问,应按净重确定。”

(3) 货物的包装和唛头应符合合同与信用证规定。如合同对货物按同类货物通用的方式装箱或包装;如果没有此种通用方式,则应按照足以保全和保护货物的方式装箱或包装。为此,在备货过程中,对货物的内、外包装和装潢,均需认真核对和检查。唛头(运输标志)应按合同或信用证规定的式样刷制。

(4) 备货时间应根据信用证规定的交货时间和期限办理,货物的出运不能晚于信用证规定的期限,否则,会被拒付货款和拒收货物。

此外,在备货过程中,还应注意卖方所交货物必须是第三方不能提出任何权利或请求的。即卖方应保证对所售货物享有合法的完全的所有权。他应有权出售该项货物,并保证买方能安稳地占有和支配该货物而不受任何第三方的侵扰。也就是说,卖方不能把非法侵占他人权利得来的货物出售给买方,以致使买方遭到任何第三方(包括所有权和抵押权)的追索或指控。准备交付的货物还必须是第三方不能根据工业产权(商标、专利、实用新型的专有权)或其他知识产权(如著作权)主张任何权利或请求的。按照《联合国国际货物销售合同公约》的规定,此项权利或请求以卖方在订立合同时已经知道或不可能不知道的权利或要求为限。此外,此项权利或要求的发生,是由于卖方遵照买方所提供的技术图样、图案、程式或其他规格生产供应的,卖方可不承担上述义务。

2. 报验

凡属国家规定或合同规定必须经中国进出口商品检验局检验出证的商品,在货物备齐后,应向商品检验局申请检验,只有取得商检局发给合格的检验证书,海关才准放行。儿经检验不合格的货物,一律不得出口。

货物经检验合格,即由商检局发给检验证书,进出口公司应在检验证书规定的有效期内将货物出运。如超过有效期装运出口,应向商检局申请延期,并由商检局进行复验合格后才能出口。

二、催证、审证和改证

在履行以信用证支付贷款的合同时,催证、审证和改证是一项重要的工作。

1. 催证

在出口合同中,买卖双方如约定采用信用证方式付款,买方则应严格按照合同的规定按时开立信用证。如合同中对买方开证时间未作规定的,买方应在合理时间内开出,因为买方按时开证是卖方履约的前提。但在实际业务中,有时国外进口商在遇到市场发生变化或资金发生短缺的情况下往往会拖延开证。对此,我们应催促对方迅速办理开证手续。特别是大宗商品交易或按买方要求而特制的商品交易,更应结合备货情况及时进行催证,必要时也可请我驻外机构或有关银行协助代为催证。

2. 审证

信用证是依据合同开立的,信用证内容应与合同条款一致。但在实践中,由于种种因素,如工作的疏忽、电文传递的错误、贸易习惯的不同、市场行情的变化或进口商有意利用开证的主动权加列对其有利的条款等,往往会出现开立的信用证条款与合同规定不符。为确保收汇安全和合同顺利执行,防止导致经济上和政治上对我方不应有的损失,我们应该在国家对外政策的指导下，对不同国家、不同地区以及不同银行的来证，依据合同并参照《UCP 600》的规定进行认真的核对和审查。

审核信用证是银行与出口企业的共同责任。由于银行与出口企业的分工不同，审核内容各有侧重。银行着重审核有关开证行的资信、所承担的责任以及索汇路线等方面的条款和规定；出口企业着重审核信用证的条款是否与买卖合同的规定相一致。

在实际业务中，开证银行开出信用证后，该信用证可由开证银行寄交受益人，也可交由开证申请人转寄或当面交给受益人，但一般都通过出口企业所在地的银行，即通知行进行转送或通知。按惯例，通知行负有证明信用证的真实性的责任。《UCP 600》第九条规定："信用证及其修改可以通过通知行通知受益人。除非已对信用证加具保兑，通知行通知信用证不构成兑付或议付的承诺。通过通知信用证或修改，通知行即表明其认为信用证或修改的表面真实性得到满足，且通知准确地反映了所收到的信用证或修改的条款及条件。……如果一家被要求通知信用证或修改，但不能确定信用证、修改或通知的表面真实性，就必须不延误地告知向其发出该指示的银行。如通知行仍愿意通知受益人，则必须告知受益人它未能鉴别该证的真实性。"可见，凡是通过通知行转递或通知的信用证，只要通知行未作出对其真实性无法鉴别的声明，就说明该信用证具有真实性。凡是未经通知行转递或通知的信用证，则必须送银行审查，经证实认可后方能使用。对信用证审核的内容，一般应包括以下几方面：

(1) 从政策上审核。来证各项内容应符合我国方针政策，不得有歧视性内容，否则应根据不同情况向开证行交涉。

(2) 开证银行资信的审查。为了保证安全收汇，对开证行所在国家的政治经济状况、开证行的资信、经营作风等必须进行审查。对于资信不佳的银行，应酌情采取适当措施(如要求另一银行加以保兑、加列电报索偿条款等)，以确保安全收汇。

(3) 对开证银行付款责任的审查。对有些国家的来证，虽然注明有"不可撤销"的字样，但在证内对开证行付款责任方面加列"限制性"条款或"保留"条件的条款，受益人对此必须特别注意。如来证注明"以领到进口许可证后通知时方能生效"，电报来证注明"以领到进口许可证后通知时方能生效"、"另函详"等类似文句，应在接到上述生效通知书或信用证详细条款后方履行交货义务。

上述几点是银行审核的重点，进出口公司应加强与银行的联系，密切配合，防止不必要的经济损失。

(4) 对信用证不可撤销性的审核。为保证收汇的安全，买卖合同均规定采用不可撤销信用证。按《UCP 600》第三条规定，信用证是不可撤销的，即使信用证中对此未作指示也是如此。值得注意的是，有的来证虽然表明有与"不可撤销"相符合的条款，例如"信用证下的付款要在货物清关后才支付"、"开证行须在货物到达时没有接到海关禁止进口的通知才承兑汇票"、"货物在到达目的地并经主管当局检验合格方可支付"等，这些条款背离了信用证凭单付款的原则，尽管受益人完全做到了单证一致，但还是得不到收款的保障，使"不可撤销"名不副实。对这些加列的条款，一般不应接受，要求修改。

(5) 对信用证金额与货币的审查。信用证金额应与合同金额相一致。信用证金额总值的大、小写必须一致，来证所采用的货币应与合同规定相一致。信用证金额是银行承担付款责任的最高金额。因此，发票及汇票金额不能超过信用证规定金额，否则将被拒付。如合同中订有溢短装条款，信用证金额也应按溢短装比率进行调整。

(6) 对商品的品质、规格、数量、包装等条款的审查。信用证中有关商品名称、规格、数量、包装、单价等项内容必须和合同规定相符，特别是要注意有无另外的特殊条款，应结合合同内容认真审核。

(7) 对信用证规定的装运期、有效期、交单期和到期地点的审查。信用证规定的最迟装运日期是指卖方将全部货物装上运输工具或交付给承运人接管的最迟日期。卖方交货后，运输单据的出单日期不能晚于信用证所规定的装运日期。按《UCP 600》第三条规定，在表达装运日期时“不应使用诸如‘迅速’、‘立即’、‘尽可能快’及类似词语，如使用这类词语，银行将不予置理；如使用了‘于或约于’及类似词语，银行将解释为规定于所述日期前后各5天之内装运，起讫日均包括在内”。假如信用证未规定装运期，按《UCP 600》第十四条c款规定，受益人所提交的运输单据的装运日期不得迟于信用证的到期日。

《UCP 600》第六条d.i.款指出：“信用证必须规定提示单据的有效期限。规定的用于兑付或者议付的有效期限将被认为是提示单据的有效期限。”据此，未规定到期日的信用证是无效信用证，不能使用。凡晚于到期日提单的单据，银行有权拒收。信用证的到期日还涉及信用证的到期地点，即受益人员应向何地银行交单。ii.款指出：“可以有效使用信用证的银行所在的地点是提示单据的地点。对任何银行均为有效的信用证项下单据提示的地点是任何银行所在的地点。不同于开证行地点的提示单据的地点是开证行地点之外提交单据的地点。”这是《UCP 600》的新规定，据此，信用证的到期地点可以在出口地、进口地或第三国。在我国的出口业务中，原则上应争取在我国或我国交货口岸到期，以便在交货后能及时办理结汇。

信用证除规定一个交单到期日外，还应规定一个运输单据出单日期后必须向信用证指定的银行提交单据要求付款、承兑或议付的特定期限，即“交单期”。如信用证未规定交单期，按惯例，银行有权拒受迟于运输单据日期21天后提交的单据。但无论如何，单据也不得迟于信用证到期日。据此，说明信用证中有两个期限(有效期和交单期)约束卖方提交单据的时间，均不得超过，否则将被拒付。

信用证的到期日与最迟装运期应有一定的间隔，以便装运货物后能有足够时间办理制单、交单、议付等工作。在我国的出口业务中，通常要求信用证的议付到期日规定在装运期限后15天。有时来证规定的最后装运期和议付到期日为同一天，或未规定装运期限，在实践中，称作“双到期”。在这种情况下，应在信用证到期前几天将货物装上运输工具或交给承运人，以便留出足够时间制备单据向银行交单办理议付或支款手续。

(8) 对单据和其他特殊条款的审核。对于来证中要求提供的单据种类和份数及填制方法等要进行仔细审核，如发现有不正常规定，例如要求商业发票或产地证明须由国外第三者签证以及提单上的目的港后面加上指定码头等字样，都应慎重对待。

在审证时，除对上述内容进行仔细审核外，有时信用证内加列许多特殊条款，如指定船公司、船籍、船龄、船级等条款，或不准在某个港口转船等，一般不应轻易接受；但若对我方无关紧要，尚且也可办到的，还是可酌情灵活掌握。

3. 改证

对信用证进行审核以后，如发现有问题或发现有我方不能接受的条款，应及时向开证申请人提出要求进行修改。修改信用证条款涉及有关当事人权利义务的改变，所以凡是对不可撤销信用证的修改，必须得到有关各当事人的同意方能办理。在出口业务中，如发现来证条款必须修改时，应由我方向国外进口人（开证人）提出，征得其同意后，由进口人通过开证行办理修改手续。修改通知书的转递如同信用证的转递一样，须通过通知行办理，即由开证行邮寄修改通知书或以电报、电传等电讯工具通知通知行，由通知行转交受益人，而不能由开证行直接通知或由进口人径直寄给受益人。《UCP 600》第九条 d 款规定："如一家银行利用另一家通知行或第二通知行的服务将信用证通知给受益人，它也必须利用同一家银行的服务通知修改书。"在出口业务中，如同此种情况，应将修改通知书提交原证通知行核实。修改信用证的要求，除由出口人（受益人）提出外，有时也有由进口人主动向开证行提出的。对此，也须经开证行同意后，由开证行经通知行转告出口人，并经出口人同意接受后，方为有效。

按《UCP 600》第十条 b 款规定："自发出信用证修改书之时起，开证行就不可撤销地受其发出修改的约束。保兑行可将其保兑承诺扩展至修改内容，且自其通知该修改之时起，即不可撤销地受到该修改的约束。然而，保兑行可选择仅将修改通知受益人而不对其加具保兑，但必须不延误地将此情况通知开证行和受益人。"同时，在 c 款中对受益人接受或拒绝信用证修改的方法和期限作了如下规定："在受益人向通知修改的银行表示接受该修改内容之前，原信用证（或包含先前已被接受修改的信用证）的条款和条件对受益人仍然有效。受益人应发出接受或拒绝接受修改的通知。如受益人未提供上述通知，当其提交至被指定银行或开证行的单据与信用证以及尚未表示接受的修改的要求一致时，则该事实即视为受益人已作出接受修改的通知，并从此时起，该信用证已被修改。"据此，受益人应对信用证的修改作出接受或拒绝的表示。表示的方法有两种：一是向通知行作出明确的通知；二是在向指定银行或开证行交单时表示，如提交的单据符合信用证修改书的内容，即为接受其修改；如提交的单据只符合原证的内容，则为拒绝其修改。另外，e 款还规定："不允许部分接受修改，部分接受修改将被视为拒绝接受修改的通知。"

在办理改证工作中，凡需要修改的各项内容，应做到一次性向国外客户提出，尽量避免由于考虑不周而多次提出修改要求。否则，不仅会增加双方的手续和费用，而且将对外造成不良影响。

三、租船订舱、报关、装运、保险

各进出口公司在备货的同时，还必须做好租船订舱工作，办理报关、投保等手续。

1. *租船订舱*

在 CIF 或 CFR 条件下，租船订舱是卖方的责任之一。如出口货物数量较大，需要整船载运的，则要对外办理租船手续；对出口货物数量不大，不需整船装运的，则安排洽订班轮或租订部分舱位运输。

关于订舱工作的基本程序大致如下：

(1) 各进出口公司填写托运单，作为订舱依据。

所谓托运单是指托运人（发货人）根据贸易合同和信用证条款内容填写的向承运人（船公司一般为装运港的船方代理人）办理货物托运的单证。承运人根据托运单内容，并结合船舶的航线挂靠港、船期和舱位等条件考虑，认为合适后，即接受这一托运，并在托运单上签章，留存一份，退回托运人一份。至此，订舱手续即告完成，运输合同即告成立。

(2) 船公司或其代理人在接受托运人的托运单证后,即发给托运人装货单。

装货单的作用是通知托运人货物已配妥×航次×船、装货日期,允许备货装船,便于托运人向海关办理出口申报手续,海关凭以验放货物,作为命令船长接受该批货物装船的通知。

(3) 货物装船后,即由船长或大副签发收货单,即大副收据。

收货单是船公司签发给托运人的表明货物已装船舶的临时收据。托运人凭收货单向外轮代理公司交付运费并换取正式提单。如收货单上装运货物无任何不良批注,船公司即签发已装船清洁提单。收货单上如有大副批注,则在换取提单时,将该项大副批注转注在提单上,该提单则成为不清洁提单。

2. 报关

报关是指进出口货物装船出运前,向海关申报的手续。按照我国海关法规定:凡是进出国境的货物,必须经由设有海关的港口、车站、国际航空站进出,并由货物所有人向海关申报,经过海关放行后,货物才可提取或者装船出口。

当前,我国的进出口公司在办理报关时,必须填写出口货物报关单。必要时,还需提供出口合同副本、发票、装箱单或重量单、商品检验证书及其他有关证件,向海关申报出口。

3. 投保

凡是按 CIF 价格成交的出口合同,卖方在装船前须及时向保险公司办理投保手续,填制投保单。出口商品的投保手续,一般都是逐笔办理的。投保人在投保时,应将货物名称、保额、运输路线、运输工具、开航日期、投保险别等一一列明。保险公司接受投保后,即签发保险单或保险凭证。

从以上出口合同履行的环节可以看出,在出口合同履行过程中,货、证、船的衔接是一项极其细致而又复杂的工作。因此,进出口公司为做好出口合同的履行工作,必须加强对出口合同的科学管理,建立起能反映出口合同执行情况的进程管理制度,采取相应的合理措施,做好"四排"、"三平衡"工作。"四排"是指以买卖合同为对象,根据进程卡片反映的情况,其中包括信用证是否开到、货源能否落实,进行分析排队,并归纳为四类,即"有证有货、有证无货、无证有货、无证无货"。通过排队,发现问题,及时解决。"三平衡"是指以信用证为依据,根据信用证规定的货物装船期和信用证的有效期,结合货源和运输能力的具体情况,分别轻重缓急,力求做到证、货、船三方面的衔接和平衡,尽量避免交货期不准、拖延交货期或不交货等现象的产生。

四、制单结汇

出口货物装出后,进出口公司即应按照信用证的规定,正确制作各种单据。在信用证规定的交单有效期内,递交银行办理议付结汇手续。

1. 我国出口结汇的做法

在我国的出口业务中,使用信用证支付方式收汇,其结汇的做法主要有买单结汇、收妥结汇和定期结汇。

(1) 买单结汇,又称出口押汇,即国际上银行界通常所采用的"议付"做法。它是指议付行在审单无误的情况下,按信用证条款买入受益人(出口公司)的汇票和单据,从票面金额中扣除从议付日到估计收到票款之日的利息,将余款按议付日外汇牌价折成人民币,拨给出口公司。议付行向受益人垫付资金、买入跟单汇票后,即成为汇票持有人,可凭票向付款行索取票款。银行需作出口押汇,是为了对出口公司提供资金融通,有利于出口公司的资金周转。

(2) 收妥结汇,又称收妥付款,是指议付行收到出口公司的出口单据后,经审查无误,将单据寄交国外付款行索取货款,待收到付款行将货款拨入议付行账户的贷记通知书(Credit note)时,即按当日外汇牌价,折成人民币给出口公司。

(3) 定期结汇,是指议付行根据向国外付款行索偿所需时间,预先确定一个固定的结汇期限,到期后主动将票款金额折成人民币拨交出口公司。

2. 对出口单据的要求

《UCP 600》规定:"银行必须合理小心地审核信用证规定的一切单据,以确定是否表面与信用证条款相符,如单据表面与信用证条款不符,银行可以拒绝接受。"因此,对于出口结汇单据,要求做到"正确、完整、及时、简明、整洁"。

(1) 正确。制作的单据只有正确,才能够保证及时收汇。单据应做到"单、证一致"和"单、单一致",即单据与信用证一致、单据与单据一致。此外,单据与货物也应一致。这样,单据才能真实地代表货物,以免发生错装错运事故。

(2) 完整。必须按照信用证的规定提供各项单据,不能短少。单据的份数和单据本身的项目,如产地证明书上的原产国别、签章、其他单据上的货物名称、数量等内容,也必须完整,不能短缺或漏列。

(3) 及时。制作单据必须及时,应在信用证的到期日和交单期限内送交银行办理付款、承兑或议付结汇手续,争取尽早收汇。在可能情况下,最好在货物装运前,先将有关单据送银行预审,以便有充分的时间检查和改正单据中可能出现的差错;如发现重大问题,也可及早由出口企业与开证人联系修改信用证,避免在货物出口后,因单证不符不能收汇,造成被动和损失。

(4) 简明。单据的内容,应按信用证要求和国际惯例填写,力求简明,切勿加列不必要的内容,以免弄巧成拙。

(5) 整洁。单据布局要美观、大方,缮写或打印的字迹要规范,表面要洁净,更改的地方要加盖校对章,文字要注意规范化。有些重要的单据如提单、汇票等的金额、数量、件数、重量等主要项目不宜更改。

3. 常用的出口单据

出口单据的种类很多,究竟需用哪些单据,其内容、份数和制作方法,视不同的交易和信用证规定而定。以下是几种常用的出口单据及其使用和制作时应注意的一些问题。

(1) 汇票(Bill of Exchange Draft)

填制汇票时应注意:

① 汇票抬头即受款人,无论采用信用证方式还是托收方式,除个别来证另有规定外,汇票的受款人应为出口公司。

② 付款人。采用信用证支付方式时,汇票的付款人应按信用证的规定填写。如来证没有具体规定付款人名称,可理解为付款人是开证银行。采用托收方式付款时,汇票的付款人应填写国外的进口商。

③ 开具汇票的依据。开具汇票的依据,也就是汇票上的出票条款,如属信用证方式,应

按来证规定文句填写。如果信用证内没明确规定具体文句，可在汇票上注明开证行名称、地点、信用证号码及开证日期。属于托收方式的，汇票上注明合同号码及品名、数量等内容。

④ 汇票金额。汇票金额不能超过信用证金额，除非信用证规定允许有一定增减幅度的字样。汇票金额也应与发票金额一致。只有允许汇票提取发票金额的××%，或扣除佣金的金额时才可不一致。汇票上的大、小写金额一定要一致，大、小写金额均不能涂改。

汇票一般开具一式两份，两份具有同等效力，其中一份付讫，另一份自动失效。填写汇票应加盖出票人签章。

(2) 发票(Invoice)

① 商业发票。它是卖方开立的载有货物名称、数量、价格等内容的清单。它是买卖双方交接货物的主要单据，也是进出口报关完税的主要单据之一。发票种类很多，通常指的是商业发票，此外还有其他各种发票，如海关发票、领事发票和厂商发票等。

现行发票无统一格式，但主要项目基本相同，包括编号、出票日期、合同号码、收货人名称、装运工具、起讫地点、唛头、品名、规格、数量、付款条件、单价、总值和支付方式等。

制作发票要注意以下问题：

A. 发票抬头(即收货人)，如属信用证方式，除另有规定外，一般均应写来证的开证申请人(买方名称)；如属托收方式，收货人一般应为合同的买方。

B. 发票中的商品名称、规格、数量、单价、包装等，如属信用证方式的，填写都必须和信用证相符，不能有任何遗漏或改动。如信用证使用的是货物全称，不论字数多少，都必须按信用证开列。如来证没有详细的品质、规格，可按合同加注一些说明，但不能与来证有抵触或不符之处。商品数量(重量)不能超过信用证规定，除非订有溢短装条款，不能有超量或不足。如属托收方式，对上述内容可按合同规定，结合实际装运情况填制。

C. 发票金额总值不能超过信用证规定的最高金额。按银行惯例可以拒收超过信用证所许可的最高金额的发票。发票金额应完全按信用证规定缮制。信用证已扣佣金，发票内亦应扣除；信用证未扣，发票中也不应扣除(但应按信用证规定予以注明)。如信用证规定扣除“折扣”或佣金，发票应照抄而不应变动，既不能相互代替，更不能改变简化名称。

D. 如信用证规定“选港费”、“港口拥挤费”、“超额保险费”等由买方负担，并有凭本信用证支取的条款，可在发票金额内一起向开证银行收取。如信用证中未列此条款，就不能凭此信用证支取，应考虑用托收或其他方式来解决。

E. 如客户来证要求在发票内列船名、原产地、生产企业的名称、进口许可证号码等，可以一一照办。

F. 由于各国法令和习惯不同，有的来证要求在发票上加注“证明所列内容真实无误”(Certified)字样，或有关出口人国籍、原产地证明等文句，应在不违反我国有关政策方针情况下酌情予以考虑，但应注意在证实发票时应将发票下端通常印有的“E. &O. E”字样即“有错当查”划掉。

② 海关发票(Customs Invoice)。这是某些国家如美国、加拿大、新西兰、澳大利亚等国海关制定的一种“固定格式”的发票，由出口商填制，随其他单据递交议付行或托收银行转寄进口商在报关时使用，要求进口入境报关。其目的是除便于海关统计外，主要作为征收差别关税、估价完税和征收反倾销税的依据。这种发票较复杂，除有一般商业发票的内容

外，还有“原产国”和“出口国市价”两栏。海关发票有三种不同叫法：海关发票；估价和原产地证明书；根据××国海关法令的证实发票。

填写时应注意：

A. 不同国家地区的海关发票不能混用。

B. 海关发票和商业发票上的共有项目和内容必须完全一致。

C. 出口国国内市场价格，应填写该国货币金额，该价应低于FOB价格。这条是进口海关征收反倾销税的主要依据，填写时要根据有关规定慎重处理。

D. 出口价如是CIF价格，应分别写明FOB、运费和保险费。但这三者总和应和CIF价格相等。

E. 签字人和证明人均需以个人身份手签为效，不能是同一个人，而且不得为已在其他单上签字的人。

③ 领事发票(Consular Invoice)。一些拉美国家规定，凡输往该国货物，必须提供经该国领事签署的发票。有的国家还规定了固定格式的领事发票；有的则规定在出口人的商业发票上由该国领事签证。领事发票与海关发票作用大体相似。各国领事签发领事发票时均收一定的签证费。如国外来证让我方提供领事签证的条款一般不应接受，或由银行注明当地无对方机构，争取取消。特殊情况按经贸部规定办理。

④ 厂商发票(Manufacture's Invoice)。厂商发票是出口国货物制造厂商所出具的以本国货币计算的、用来证明出口国国内出厂价格的发票。目的是供进口国海关估价、核税和征收反倾销税之用。如国外来证要求厂商发票，应参照海关发票有关国内价格填制办法办理。

(3) 提单(Bill of Loading)

提单(主要是海运提单)是承运人(轮船公司)给托运人(出口公司)的收货证明，确认货物已在船上。它是最重要的货运单据。提单的种类很多，应按国外来证所要求的类别提供。在制作过程中应注意：

① 托运人即发货人。一般为出口商，有时即信用证受益人。来证如要求以第二者为发货人时，在出口单位同意下可以据以办理。

② 承运人。在提单上应有轮船公司名称。如无轮船公司名称只有船长签字，开证行会以此拒付货款。

③ 收货人(习惯上称为抬头人)。在信用证方式下提单一般在收货人栏内填“凭指示”或“凭交货人指示”为抬头，并由发货人背书后交单。在此，绝不能填以买方为收货人或指示人的提单。

此外，信用证也有规定以进口商为收货人的直接提单(记名提单)，这种提单必须发货人背书，是可转让的。银行不愿意接受这种提单，卖方也不愿意使用这种提单。

④ 提单上货物名称除信用证另含规定外，可以用概括的商品名称，不必一一列举。但注意不能与信用证所规定的货物特征相抵触。

⑤ 提单一般不填写运费金额，如成交价格为CIF或CFR条件，可在提单上注明“运费已付”；如成交价格为FOB条件，提单上可填写“运费到付”或“运费待到港付给”。如信用证规定提单列出运费，则应将运费费率和总运费一并列出。

⑥ 提单上的目的港和数量、唛头等，应该按信用证或贸易合同规定填写，原则上应与运

输标志上所列内容一致。如在装船时发生漏装少量件数，可在提单上运输标志件号前加“EX”字样，以示其中有缺件。如信用证指定了唛头规定，需按此规定缮制；没有规定，应按发票上的唛头缮制。

⑦ 信用证要求提供“清洁、已装船”提单。如果提供的提单“不清洁”，银行将不予接受。

⑧ 如来证规定在某地转船，应在提单加注转船地点，或由船公司出具转船证明。如来证未规定可否转船，按惯例，银行可以接受从装运港至目的港全程的转船提单或联运提单。

⑨ 提单签发份数。承运人一般签发正本提单两份，也可两份以上，都应在提单上注明。提单正本张数也应在正本上注明。每份正本提单效力相同。只要有一份凭以提货，其他备份立即失效。信用证规定要求出口人提供“全套提单”，就是指承运人签发的全部正本份数。

⑩ 有关装运的其他条款，如要求出口人提供航线证明、船籍证明、船龄证明，或指定装运船只、指定转运港、指定集装箱货轮等，可按我国有关部门规定和运输条件适当掌握。如难以达到的条款或属不合理要求，须向国外客户提出修改信用证。

(4) 保险单(Insurance Policy)

保险单又称“大保单”。填写保险单应注意以下问题：

① 如来证无其他规定，被保险人应是信用证的受益人。如信用证规定须过户给银行或第三者时，应在背书注明“××银行受益”。

② 如无其他规定，即以出口单位为被保险人，再由出口人单位在背面加具空白背书，便于保单办理转让。

③ 保险货物名称应如实填写，并与发票记载一致。保险险别和保险金额应与信用证规定一致。唛头、包装、数量、货名、船名、开航日期、装运港和目的港等内容应和提单一致。

④ 保险金额一般按发票金额的110%办理，最低保险金额也必须是货物的CIF总值。

⑤ 保险单上的签单日期，必须早于提单日期，至少也应与提单同一日。如晚于提单日期，开证行可以拒收，除非保险单注明承担自发船日起的风险。

(5) 产地证明书(Certificate of Origin)

产地证明书的内容如商品的品名、件数、金额、重量等必须与发票内容相一致。产地证明书一般由出口地的公证行或工商团体签发。我国可由中国进出口商品检验局或中国国际贸易促进会签发。产地证明书只是证明货物原产地或制造地的文件。有的国家凭此证明可确定对货物应征税率或作为实行差别待遇的依据。

(6) 装箱单和重量单(Packing List and Weight Memo)

这两种单据是用来补充商业发票内容的不足，便于国外买方报关检验，提货人识别提货和核对货物之用。装箱单又称花色码单，列明每批货物的花色搭配和内容，包括件号(箱号)、品名、规格、数量、尺码、花色、毛重、净重、唛头等，内容和总数应与提单完全一致。重量单只要列明每件货物的毛重、皮重、净重各多少。在实际业务中，卖方需要提供这两种单据中的哪一种，应根据国外来证规定或商品性质决定。

(7) 检验证书

各种检验证书是用以证明出口货物的品质、数量、重量、卫生等条件，一般应由进出口商品检验局出具。如合同或信用证未特别规定，也可由中国国际贸易促进会或进出口公司或工厂出具。但出具的证件，其检验结果和证明的内容项目必须符合合同和信用证的规定。

此外,过去我们曾使用过联合形式单据,但因不符合国际商业惯例,经常遭到国外拒收。因此,今后除信用证另有规定外,不宜再用。

(8) 普惠制单据(Genernalized System of Preferences Documents, GSP)

目前已有加拿大、新西兰、日本、欧盟等 30 多个国家给予我国普惠制待遇。对这些国家出口货物需提供普惠制单据,作为进口国减免关税的依据。目前使用普惠制的单据有:①表格 A 产地证。适用于一般商品,由出口公司填制,并经由中国进出口商品检验局签证出具。②纺织品产地证。运用于纺织品类,由中国进出口商品检验局签发。③纺织品出口证。适用于配额纺织品,限额品种控制严格,由出口地外贸主管部门签发。④手工制纺织品产地证。适用于手工制品纺织品类,由中国进出口商品检验局签发。⑤纺织品装船证明。适用于无配额的毛呢产品,由出口地外贸主管部门签发。对上述单据内容的填制,力求正确无误,并符合各个项目的要求。稍有差错,就可能丧失享受普惠制待遇的机会。普惠制产地证明书由出口公司自行填写。填写时应注意以下各点:

① 证书号。应填出口单位编号,签发地点为中华人民共和国某地。

② 出口商名称、地址、国家。必须填入全名和详细地址(包括城市、街道和门牌号码等)。

③ 收货人名称、地址、国家。一般应填受惠国的收货人,即信用证上规定的收货人。如不明确,可填提单的被通知人或发票的抬头人,不填中间商名称。

④ 起运和到达地点与运输工具。应将起运港(地)、到达港(地)和海运、空运或陆运填明,如海运转运亦应填转船地点。

⑤ 供应证机关使用。这一栏备出证单位(商检局)需要时填写,出口单位不必要在此栏填写。

⑥ 商品分类号。如商品有若干类,则应分别填 1,2,3,…;如为单项商品,只填"1"。

⑦ 唛头及包装号码、包装件数、种类及商品名称、发票号及日期,都应参照发票所列填入。

⑧ 原产地标准。这是进口地海关重点审核项目,必须按该证背面所列第三条规定缮制。其规定为:优惠产品必须按照目的地国家规定,完全产自于出口国,或经过出口国充分制作或加工以满足目的地国家原产地标准的要求。

⑨ 签证局的证明。由商检局盖公章,并由被授权签字人手签。签发日期不得早于发票日期和申报日期,但必须早于货物出运日期,即提单日期。

⑩ 出口商的申述。生产国应填"中国",进口国一般是收货人或目的港所在地的国家,应是给惠国。如货物运往欧盟而未明确具体国家的可填"欧盟"。

普惠制产地证,不同国家要求格式不同,要特别注意。普惠制产地证是我国官方的证书,不能涂改;如有更改只许一次,并需送商检局盖校正章。此外,制单日期应早于商检局签发日期和提单日期。

4. 结汇

结汇(Settlement of Exchange)是出口程序中的最后环节,也是出口合同双方是否履行义务的最后审核的工作。能否顺利结汇是该环节的主要问题。在单据制作完成后,应对各种单据进行预审,以便发现问题及时补救。预审分两个阶段:前阶段由出口公司负责进行;

后阶段由银行进行。但应以出口公司复核为主。复审包括信用证和单据两类。对信用证审核应以它的有效性、同合同内容一致性和各种附件是否齐全，以及有效期限等为内容；对单据复核，仍是以“单证”、“单货”、“单单”是否一致，以及有无遗漏或差错为内容。在货物装运及单据备妥并经预审后，便可向银行办理结汇手续，收取货款。收取货款是按合同规定的支付方式进行的，不同方式收汇程序不同。

(1) 使用电汇预付货款收汇方式

通常由卖方根据合同规定的货品、数量、价款金额及装船期等，在装船前以电报通知买方；买方通过银行电汇货款给卖方。卖方将各种单据在货品装船后径直寄给买方。

(2) 使用托收收汇方式

出口公司将货品装船并缮制各种单据后，向我国银行办理国外托收手续，委托银行到国外收款。

出口公司需填制托收清单，连同整套单据汇票送交我国银行如中国银行，让买方按期付款交单(D/P)或承兑交单(D/A)。

(3) 出口货物以信用证收汇的方式

出口公司按信用证所列条款制备各种单据，然后交银行议付结汇。我国的做法是出口公司向银行交单结汇时，应填制“申请买入汇票”(简称B/P)，注明信用证号码、开证行名称、发票号码、信用证有效期、货名、付款人、付款金额以及各种单据连同信用证正本、整套货运单据、汇票交我国银行办理。我国银行审查出口公司交付的信用证、单据、汇票无误后，立即寄往国外开证银行或指定付款银行办理付款手续。办妥后，我国银行再将货款交付出口公司。这里应注意在信用证有效期前交单结汇，习惯上在提单签发后的21天内。因为在信用证的有效期限内也会被认为是过期提单，银行也会拒付，故不应超过21天。

第二节 进口合同的履行

在国际贸易中，进口与出口是同一笔货物交易的两个方面，对出售货物的一方是出口业务，而对购入货物的一方则是进口业务。所以，进口合同履行与出口合同履行在多数情况下是相对的。在进口业务中，如果按FOB等贸易条件和即期信用证支付方式成交，进口合同履行的一般程序是：开立信用证、租船订舱、办理保险、货物装运、审单付款、报关接货、验收货物、拨交货物和进口索赔等。现将进口合同履行的主要环节分别介绍和说明如下。

一、开立信用证

1. 信用证的开立

在信用证支付方式下，进口合同签订后，进口企业应按照合同规定向开证银行办理申请开证手续，填写开证申请书。开证申请书的内容必须完整明确，其中对商品的品名、规格、数量、包装、价格、交货期限、装运条款和付款期限等内容，均应与合同条款一致。此外，开证申请书还必须明确说明据以付款、承兑或议付的单据种类、内容以及出具单据的机构等。开证行接受开证申请书，以合同为依据即可对外开证。

信用证的种类与开证时间，均应按合同规定办理。如合同规定在卖方确定交货期后开证，我方应在接到卖方上述通知后再行开证；如合同规定卖方领到出口许可证或支付履约保证金后开证，应在收到对方已领到许可证的通知，必要时应获得适当证明，或接到银行保证金已收妥的通知后再开证。

2. 信用证的修改

信用证开出后，如发现信用证内容与开证申请书不符，或因情况发生变化或其他原因，需对信用证进行修改，应立即通知开证行修改：如收到国外受益人的信用证修改通知书，要求修改信用证的某些条款，则应区别情况予以同意或不同意。如同意修改信用证，我方进口企业应及时通知开证行办理修改手续；如不同意修改信用证，也应及时通知出口人，督促其按原证条款履行。

二、租船订舱

按 FOB 价格条件成交的进口合同，应由买方负责派船到出口方口岸接运货物。卖方应在交货前一定时间内，将预计装运日期通知进口方。进口企业接到上述通知后，应及时向承运人办理租船订舱手续。办妥租船订舱手续后，应在规定的期限内及时向出口方发出派船通知，将承运人名称、联系方式以及船名和船期等通知出口方，以便出口方备货装船。在实际业务中，为了防止出现船货脱节情况的发生，应随时了解和掌握卖方备货的进程与装船前的各项准备工作情况，注意催促对方按时装运。在我国对外贸易中，对于数量较大或重要物资的进口，如有必要，可请我国对外机构就地了解，督促对方严格按合同或信用证规定履行交货义务，也可以派人前往出口地点监督装运。卖方装船后，应及时向进口方发出装船通知，以便进口方及时办理货物运输保险和接货等工作。

三、办理保险

按 FOB、CFR、FCA 和 CPT 条件成交的进口货物，由进口企业自行办理保险。目前，我国进口企业主要有以下两种办理保险的做法：

1. 订立“预保合同”

凡从事进口业务的外贸公司或长期进口货物的单位，可与保险公司就商品名称、承保险别、保险费率、适用条款以及保险费和赔款支付等条款签订海运、空运和邮运保险进口货物预约保险合同(Open Policy)。预保合同签订后，凡订货单位与外商成交并由买方投保的进口货物，保险公司就负有自动承担的责任，即属于承保合同范围内的货物一经装船，保险即开始生效。凡与保险公司签订预保合同的进口企业，一经获悉投保货物在国外港口起运后，将进口货物装船通知或发货通知、商品货款结算单或交货日报表等单证提供给保险公司，经保险公司审核签章作为投保单，完成投保手续。保险公司根据投保单计算保费，并按月向有关进口企业收取。

2. 逐笔投保

凡未与保险公司签订预保合同，需要临时办理进口货物运输保险的单位，在接到国外装船通知或发货通知后，立即向保险公司索取并填写《进口运输预约保险起运通知书》，注明有关保险标的物的内容、装运情况、保险金额和险别等交保险公司，经保险公司审核签章后，作为保险凭证，其中两份连同保险费收据退交投保人即进口企业，由投保人将保险费付至保险公司的银行账户，保险公司签发保险单。

四、审单付款

在信用证支付方式下，卖方在货物装运后，将汇票与全套货运单据经国外银行提交开证行或保兑行(如有)或其他被指定的银行。收到国外寄来的单据后，银行必须合理谨慎地审核信用证规定的所有单据，以确定单据是否表面上与信用证条款相符。如单据与信用证相符，开证行或保兑行或其他被指定的银行就必须按信用证规定进行即期付款，承担延期付款责任，承兑受益人开立的汇票或议付。开证行或保兑行或其他被指定的银行经审查后付款即无追索权。

如单据表面上与信用证规定不符，开证行应与进口企业联系，进口企业可予以接受，指示开证行对外付款，也可指示开证行对外提出异议，或由国外银行担保后付款，或改为货到经检验认可后付款。如单据表面上与信用证规定不符，《UCP 600》第十六条 c 款规定："当按照指定行事的被指定银行、保兑行(如有)或开证行决定拒绝兑付或议付时，必须一次性通知提示人。通知必须声明：银行拒绝兑付或议付；银行凭以拒绝兑付或议付的各个不符点；银行持有单据等候提示人进一步指示，或开证行持有单据直至收到申请人通知弃权并同意接受该弃权，或在同意接受弃权前从提示人处收到进一步指示，或银行退回单据，或银行按照先前从提示人处收到的指示行事。"d 款规定："通知必须以电讯方式发出，或者，如果不可能以电讯方式通知时，则以其他快捷方式通知，但不得迟于提示单据日期翌日起第五个银行工作日终了。"

五、报关接货

进口报关，是指进口货物的收货人或其代理人向海关交验有关单证，办理进口货物申报手续的法律行为。进口货物的收货人或其代理人在办理进口货物报关时，须注意以下方面：

1. 报关单填制

进口货物的收货人或其代理人在货物抵达卸货港后，即应填写《进口货物报关单》，随附提单、发票、包装清单、进口货物许可证和国家规定的其他批准文件，以及海关认为有必要提供的进口合同、厂家发票、产地证明和其他文件，向海关申报。

2. 报关期限

报关期限是指货物运到口岸后，法律规定收货人或其代理人向海关报关的时间。根据规定，进口货物的法定报关期限为从运输工具申报进境之日起 14 天内，由收货人或其代理人向海关报关，超过这个期限报关，由海关征收滞报金。滞报金是由于进口货物收货人或其代理人超过法定期限向海关报关而产生的一种费用，不是罚款，海关出具的滞报金收据也不是罚款通知书。

进境货物滞报金的起收日期为运输工具申报进境的第 15 天；转关运输货物为货物运抵指运地之日起的第 15 天；邮运进境的货物滞报金为收件人接到邮局通知之日起的第 15 天。滞报金的征收对象是进口货物的收货人及其代理人。日征金额为进口货物完税价格的 0.5‰，起征点为人民币 10 元，不足者不征。计算滞报金的公式为：

$$滞报金总额 = 货物的完税价格 \times 滞报天数 \times 0.5‰$$

进口货物的收货人自运输工具申报进境之日起超过3个月未向海关申报的，其进口货物由海关提取变卖处理。所得价款在扣除运输、装卸、存储等费用和税款后，尚有余款的，自货物变卖之日起1年内经收货人申请，予以发还；逾期无人申请的，上缴国库。确定误卸或者溢卸的进境货物除外。海关规定报关期限和征收滞报金是为了运用行政手段和经济手段，促使进口货物及时报关，加速口岸运输，使进口货物早日投入生产和使用，减少差错，防止舞弊。

3. 货物放行

进口货物在办完向海关申报、接受查验、缴纳关税后，由海关在货运单据上签字或盖章放行，收货人或其代理人持海关签章放行的货运单据提取进口货物。未经海关放行的货物，任何单位或个人不得提取。

六、验收货物

进口货物运抵目的港卸货时，港务局要对货物进行核对。如发现短缺，应及时填写“短缺报告”，交由船方签字认可，并根据短缺情况向船方提出保留索赔权的书面声明。卸货时如发现货物有残损，应将货物存放于海关指定的仓库，持保险公司会同检验检疫机构检验后作出处理。对于法定检验的进口货物，必须向卸货地或到达地的检验检疫机构报检，未经检验的货物不能投产、销售和使用。如进口货物经检验后发现有残损短缺，应凭检验检疫机构出具的证书对外索赔。

七、拨交货物

进口货物经检验无误后，如进口单位或用货单位在卸货港所在地，就地拨交货物；如进口单位或用货单位在内陆地，则委托货运代理企业将货物转运内陆地并转交给进口单位或用货单位。

八、进口索赔

如发现进口货物不符合合同或信用证的规定，进口企业应在索赔的有效期内，凭索赔的有效证据，及时向出口方提出索赔。

本章小结

本章分析了国际货物买卖双方在履行合同时各自应承担的义务以及合同履行的一般程序。作为外贸从业人员，必须认真学习和了解这些基本知识，认识到国际贸易合同的履行既是一种经济行为，也是一种法律行为。

在国际贸易中，买卖合同一经依法有效成立，有关当事人则必须履行合同规定的义务。履行合同是当事人双方共同的责任。在实际业务中，合同约定的双方权利和义务通常涉及多方面的问题。由于所买卖货物的品种不同、贸易条件不同、所选用的惯例不同，每份合同所规定的具体责任与义务当然会各不相同。按时、按质、按量履行合同的规定，不仅关系到买卖双方行使各自的权利和履行相应的义务，而且关系到企业、国家的对外信誉。因此，买卖双方必须本着“重合同、守信用”的原则，严格履行合同。在进出口贸易活动中，履行合同包括出口合同的履行和进口合同的履行。

关键概念

- ◆ 发票(Invoice)
- ◆ 备货(To Prepare the Goods)
- ◆ 议付(Negotiation)
- ◆ 结汇(Settlement of Exchange)

思考与练习

一、单选题

1. 海关发票及领事发票(　　)。

A. 都是由买方国家有关部门提供的　　B. 都是由卖方国家有关部门提供的

C. 前者由买方国家提供,后者由卖方国家提供　　D. 前者由卖方国家提供,后者由买方国家提供

2. 出口报关的时间应是(　　)。

A. 备货前　　B. 装船前　　C. 装船后　　D. 货到目的港后

3. 新加坡一公司于8月10日向我方发盘欲购某货物一批,要求8月16日复到有效。我方8月11日收到发盘后,未向对方发出接受通知而是积极备货,于8月13日将货物运往新加坡。不巧,遇到市场行情变化较大,该货滞销,此时(　　)。

A. 因合同未成立,新加坡客商可不付款

B. 因合同已成立,新加坡客商应付款

C. 我方应向新加坡客商发出接受通知后才发货

D. 我方应赔偿该批货物滞销给新加坡客商带来的损失

4. 根据《UCP 600》的规定,海运提单中货物的描述(　　)。

A. 必须与信用证规定完全一致

B. 必须使用货物的全称

C. 只要与信用证对货物的描述不相抵触,可使用货物的统称

D. 必须与商业发票的填写完全一致

5. 根据国际惯例,我国对出口商品实行出口退税制度,在出口单位办理出口退税手续时,要向国家税务机构提交(　　)。

A. "一单两票"　　B. "两单两票"　　C. "三单两票"　　D. "三单一票"

6. 信用证中只规定了议付的有效期,而未规定装运期,则根据《UCP 600》的规定,(　　)。

A. 装运的最终期限与信用证的到期日相同　　B. 信用证必须经过修改才能使用

C. 该证无效　　D. 装运期可视为与信用证有效期相差一个月

7. 一份CIF合同下,合同与信用证均没有规定投保何种险别,交单时保险单反映出投保了平安险,该出口商品为易碎品,而其他单据与信用证要求相符,因此(　　)。

A. 银行将拒收单据　　B. 买方将拒收单据　　C. 买方应接受单据　　D. 银行应接受单据

8. 审核信用证的依据是(　　)。

A. 合同及《UCP 600》的规定　　B. 一整套单据

C. 开证申请书　　D. 只能部分接受

9. 信用证修改通知书的内容在两项以上者，受益人(　　)。

A. 要么全部接受，要么全部拒绝　　B. 可选择接受

C. 必须全部接受　　D. 只能部分接受

10. 商业发票的抬头人一般是(　　)。

A. 受益人　　B. 开证申请人　　C. 开证银行　　D. 卖方

二、判断题

1. 信用证修改申请只能由受益人本人提出。(　　)
2. 汇票的抬头人通常是付款人，发票的抬头人是收货人，保险单的抬头是被保险人。(　　)
3. 不符点的出现只要征得议付行的同意并议付完毕，受益人即可不受追索地取得货款。(　　)
4.《UCP 600》规定商业发票无须签字。(　　)
5. 凡迟于信用证有效期提交的单据，银行有权拒付。(　　)
6. 不清洁提单上的批注是从大副收据上转来的。(　　)
7.《UCP 600》规定正本单据必须注有"Original"字样。(　　)
8. 海运提单要求空白抬头和空白背书，就是指不填写收货人和不要背书。(　　)
9. 在信用证未有规定的情况下，银行将接受以单独一份作为整套的正本出具的海运提单。(　　)
10. 修改信用证时，可不必经开证行而直接由申请人修改后交给受益人。(　　)
11. 信用证修改通知书有多项内容时，只能全部接受或全部拒绝，不能只接受其中的一部分，而拒绝另一部分。(　　)
12. 海关发票是出口国海关为了统计出口数量和金额，要求出口人填写的一种专门格式的发票。(　　)
13. L/C支付方式下，开具汇票的依据是L/C，而托收和汇付方式下，开具汇票的依据是买卖合同。(　　)
14. 由出口地银行审单认可购进出口商的汇票和所附的货运单据，扣除利息后将票款垫付给出口商的过程称为议付。(　　)
15. 在买方已经支付货款的情况下，即使买方享有复验权，也无权向卖方提出索赔。(　　)

三、简答与案例分析题

1. 简述出口合同履行程序。

2. 修改信用证应注意哪些问题？

3. 比较商业发票与海关发票的区别。

4. 6月5日出口公司甲对新加坡公司乙发盘：薄荷脑3 000公斤，每公斤单价CIFC3%新加坡12.50美元，7、8月船期，6月10日前复电有效。乙公司在洽销过程中有三户客商愿意购买共4 500公斤，因此乙于6月9日复电甲公司：你5日电接受4 500公斤，请电确认。此时因产地连续干旱，薄荷原油生产剧减，薄荷脑价上涨，甲公司去电拒绝：你9日电收，由于行情变化，我货已售出。乙公司对此提出异议。乙公司声称，3 000公斤的交易已经达成，乙公司6月9日电对3 000公斤已有效接受，合同关系成立，甲公司必须按原合同价向乙公司交货3 000公斤。双方因此而发生争议。试问，双方3 000公斤货物的合同关系是否成立？为什么？

5. 甲公司于5月7日上午用航空信向乙公司寄出一项发盘，发盘通知中注有"不可撤销"字样，规定在5月17日前答复有效。但甲公司又于5月10日下午用电报发出撤回发盘通知，该通知与发盘于5月11日上午同时送达乙公司。乙公司接到实盘和撤销通知后，立即用电报发出接受通知。事后双方就合同是否成立问题发生争议。试问甲公司与乙公司之间合同是否成立？为什么？

6. 甲公司准备向乙公司出售一架飞机。甲公司在发盘电报中说："确认出售一架马德拉水陆两用飞机(各项交易条件略)，请电汇5 000英镑。"乙公司立即复电："确认你方来电，我购买马德拉水陆两用飞机一架，各项交易条件按照你电报所提出条件。我已汇交你方开户银行5 000英镑，该款在你交货前代你方

保管，请确认。自本电之日起30天内交货。”但甲公司未做任何答复，并将这架飞机以更高价格卖给第三者。事后双方争论该项合同是否成立。在上述情况下，该合同是否成立？为什么？

7. 有一份FOB合同，芬兰A公司出口一批鹌鹑蛋给英国B公司，在合同中规定有如下条文：“卖方一旦领到出口许可证，立即装船。”但因A公司非所属经营该商业同行业协会的成员，根本无法向政府申请到出口许可证。事后，A公司以领不到许可证为理由，主张合同无效。试问有无道理？

8. 某外贸公司接到国外开来的信用证，证内规定：“数量共6 000箱，1～6月份分六批装运，每月装运1 000箱。”该信用证的受益人在1～3月份，每月装运1 000箱，银行已分批议付了货款。对于第四批货物，原定于4月25日装船出运，但由于台风登陆，该批货物延至5月1日才装船。当该公司凭5月1日的装船提单向银行交单议付时，却遭到银行拒绝。该公司曾以“人力不可抗拒”为由，要求银行通融，也遭到银行拒绝。试问在上述情况下，开证银行有无拒付的权利？该公司有无引用“不可抗力”条款要求银行付款的权利？为什么？

9. 某公司外销一批钢筋共400公吨到目的地B，约定在某年的2月底以前装运。由于到B地的船舶不稳定，所以在销售确认书上加注：在约定期间内装船，但以能取得舱位为前提。国外进口商开来的信用证有效期至3月15日，最后装船期为2月28日。后因船舱紧张，在2月底以前仅装出80公吨。由于信用证已过期，进口商便自动将信用证有效期延至6月30日，装船期延至6月15日。请问：(1)买卖契约是否于2月28日即失效？(2)2月28日前无法将400公吨全部运出时，对于未运出部分，出口商是否该负责？(3)进口商自动将信用证有效期及装船期延长，出口商有无在此展延期间内将剩余部分装船的义务？

10. 形式发票的期限为某年7月28日，该公司又于8月2日通知客户该形式发票因汇率变动而作废，但客户于9月9日开来信用证，对此信用证，该公司有无装船义务？又该公司在接到对方9月9日开出的信用证后，立即通知客户于9月底将差额货款汇来，结果无消息，该信用证已到期，应如何处理？

11. 有一份合同规定：“货物应于10月至11月份装船。”又规定：“买方应开出一张不可撤销的信用证，凭卖方提交的装运单证即期付款。”但是，合同未规定买方应开出信用证的具体日期。卖方于9月初向买方发出电报，催促买方开证。卖方等到9月10日未见信用证开到，于是又发电报给买方，声称：因买方未开出信用证而违反合同，他决定撤销合同。但是，就在9月10日下午，买方通过银行开来信用证，卖方却拒绝接受，认为合同已撤销。问在上述情况下，卖方能否撤销合同？为什么？

12. 申请人中国A公司与被申请人荷兰B公司于某年3月23日签订了花生仁买卖合同。合同规定，支付方式为由买方在装船期前15日内开出不可撤销的、可转让的信用证，装运期为当年4月到5月。申请人诉称：合同签订后，申请人按合同规定积极备货，并积极与被申请人共同看货，以便被申请人及早开出信用证，但被申请人始终没有开证。直至当年5月31日，被申请人以所剩时间来不及安排装船为理由，宣布解除其合同项下的义务。但申请人仍然希望被申请人能履行合同，并一直同被申请人联系。6月13日双方谈判破裂，6月16日申请人传真向被申请人提出索赔，并宣告合同解除。申请人因被申请人没有开立信用证，将花生仁榨成油后变卖，造成很大损失，因此被申请人应赔偿申请人全部500公吨的利润损失和其他损失。被申请人辩称：该合同签订后，被申请人一再催促申请人应在合同规定的装运期之前备妥货，以便双方验货后由被申请人开证。虽然申请人与被申请人共同验货，但是，由于验货结果不符合合同标准，直至5月30日申请人曾再次请求被申请人验货。这一事实证明，被申请人在与申请人长期贸易关系中，已确立被申请人开证时间应为双方共同验货合格后的合理时间这一惯例。双方在合同订立时均有明确表示，并作为双方长期合作的惯例一直被双方作为默示条件而遵照执行。因此，被申请人没有开证完全是由于申请人没有备妥合同所规定的货物所致，被申请人并没有违约。请分析被申请人是否违约？为什么？

第四篇

国际贸易方式

第十章　经销与代理

开篇案例

美国某公司与香港A公司签订一份独家代理协议,指定香港公司为独家代理。在订立协议时,美国公司正在试验改进现有产品的性能。不久美国公司试验成功,并把这项改进后的同类产品,指定香港另一家公司作独家代理。请问美国公司有无这种权利?为什么?

从以上案例来看,随着国际贸易发展日益趋向专业化、复杂化,贸易方式也在不断发生变化,任何人都很难做到对贸易的每个环节掌握得非常清楚。当事人往往由于对某一环节的疏漏或不谙熟有关的手续而事倍功半,甚至造成经济损失。多年来的事实证明,为了提高交易执行的效率,在销售轻、纺、机械、电器化、工艺品及其他一些产品时,往往采用经销和代理方式。

学习目标

○ 了解包销和代理的概念和特点、基本特征和运作过程及对当事人的利弊。

○ 能够根据自己的经营目的选择适合的贸易方式。

第一节　经　销

经销(Distributorship)是国际贸易中习惯采用的方式之一,它是指出口企业与国外经销达成书面协议,主要规定经销商品的种类、经销期限和地区范围,利用国外经销商就地推销商品的一种方式。出口企业和国外经销商订立经销协议(Distributorship Agreement),确立了经销业务,就可以凭借双方的密切合作达到推销约定商品的目的。

经销有一般经销和独家经销之分。在一般经销方式下,出口企业根据经销协议向国外经销商提供在一定地区、一定时期内某项(或某几项)商品的销售权,经销商则有义务维护出口企业的利益,必要时,还要对经销商品组织技术服务,进行宣传推广,而出口企业也需向经销商提供种种帮助。经销商虽享有经销权,在购货上能得到一些优惠,但没有专营权利,出口企业可以在同一地区指定几个经销商。

凡出口企业授予经销商在约定期限、约定地区对约定商品有独家经销专营权的,就是独家经销,又称包销。本节主要介绍包销方式。

一、包销的含义

包销(Exclusive Sales)指出口人通过协议把某一种商品或某一类商品在某一个地区和期限内的经营权单独给予某个客户或公司的贸易做法。包销同通常的单边逐笔出口不同。包销方式下,双方当事人通过协议建立起一种较为稳固的购销关系。

二、包销方式的优缺点

在包销方式下,因为国外包销商是用自己的名义买货,并自行负担盈亏和承担风险,他在其地区转售商品时,第三者和出口人不发生任何契约关系,同时包销商在包销地区内享有专营权,出口人负有不向该地区的客户直接售货的义务。因此,采用包销方式,通过专营权的给予,有利于调动包销商经营的积极性,有利于利用包销商的销售渠道达到巩固和扩大市场的目的,并可减少多头经营产生的自相竞争的弊病。

但另一方面,如果出口人不适当地运用包销方式,可能使出口商的经营活动受到不利的影响或者出现包而不销的情况。此外,包销商还可能利用其垄断地位,操纵价格和控制市场。

三、包销协议

采用包销方式,出口人与包销商之间的权利与义务是由包销协议所确定的。包销协议包括下列主要内容:

1. 包销协议的名称、签约日期与地点

2. 包销协议双方的关系

在包销协议中,都要明确包销商品与出口企业之间的关系是本人与本人的关系(Principal to Principal),即属买卖关系。

3. 包销商品的范围

出口企业经营商品种类繁多,即使同一类或同一种商品,其中也有不同的牌号与规格,因此,在包销协议中,双方当事人必须对包销商品的范围作出规定。

4. 包销地区

包销地区是指包销商行使经营权的地理范围。包销地区的约定方法,通常有:确定一个或数个国家;确定一个国家中几个城市,确定一个城市等。

5. 包销期限

包销期限的长短应明确规定。在我国出口业务中,通常为一年。但按有些国家的习惯做法,在包销协议中不规定期限,只是规定中止条款或续约条款等。

6. 专营权

专营权是指包销商行使专卖和专买的权利,它包括专卖权和专买权。前者是出口人将指定的商品在规定的地区和期限内给予包销商独家销售的权利,出口人负有不向该区域内的客户直接售货的义务;后者是包销商承担向出口人购买该项商品,而不得向第三者购买的义务。包销协议通常不需要同时规定专卖权和专买权作为对流条件,而只需单独规定专卖权或专买权即可生效。

7. 包销数量或金额

包销协议中除规定上述内容外，还应规定数量或金额。此项数量与金额对协议双方均有同等的约束力。有时在协议中规定最低数量与金额，则包销商必须承担向出口人购买规定数量和金额的义务，出口人必须承担向包销商出口上述数量和金额的责任。

8. 作价办法

包销商品的作价办法，有不同做法。通常采用的有两种：一种是在规定的期限内，一次作价。即无论协议内包销商品价格上涨、下落与否，以协议规定价格为准。另一种是在规定的包销期限内分批作价。由于国际商品市场的价格变化多端，因此采用分批作价较为普遍。

四、采用包销方式时应注意的问题

(1) 选择包销商时，既要考虑其政治态度，又要注意资信情况、经营能力及其在该地区的商业地位。对大众商品采用包销方式时，为了慎重起见，可以有一个试行阶段。

(2) 适当规定包销商品范围、地区及包销数量或金额。确定商品范围的大小，地区的大小，要同客户的资信能力和我们的经营意图相适应。在一般情况下，包销商品的范围不宜过大。规定包销数量或金额的大小，应参照我方货源的可能和市场的容纳量以及我们的经营意图来决定。

(3) 在协议中应规定中止或索赔条款。为了防止包销商垄断市场或经营不力、“包而不销”或“包而少销”的情况出现，应在包销协议中规定中止条款或索赔条款。

第二节 代 理

代理(Agency)是许多国家商人在从事进出口业务中习惯采用的一种贸易做法。在国际市场上存在着名目繁多的代理商，其中包括采购、销售、运输、保险、广告等多方面的代理商，本节介绍的只限销售代理。

一、代理的含义与性质

按照国际上的一般解释，代理人(Agent)是作为委托人(Principal)的国外代表，他和委托人的关系是委托代理关系。国际贸易中的销售代理，是指委托人授权代理人代表他向第三者招揽生产、签订合同或办理与交易有关的各项事宜，由此而产生的权利与义务直接对委托人发生效力。代理同包销的性质不同。前已述及包销商同出口商之间的关系是买卖关系，在包销方式下，由包销商自筹资金、自担风险和自负盈亏。而销售代理商同出口商之间的关系，因不是买卖关系，故销售代理商不垫资金、不担风险和不负盈亏，只获取佣金。

二、代理的种类

1. 总代理

总代理(General Agency)是在指定地区委托人的全权代表。总代理除了有权代表委托人进行签订买卖合同、处理货物等商务活动外，也可进行一些非商业性的活动。总代理有权指派分代理，并可享受分代理的佣金。

2. 独家代理

独家代理(Sole Agency)是在指定地区内,由其单独代表委托人行为的代理人。委托人在该指定地区内,不得委托其他第二个代理人。不过必须指出:独家代理具有的专营权与包销所具有的专营权并不完全一样。通常,除非协议另有约定,一般也可允许委托人直接向指定的代理地区的买主进行交易。为了不损害独家代理的利益,有些协议规定,凡委托人直接与指定代理地区的买主达成交易的,仍然向独家代理计付佣金。

3. 佣金代理

佣金代理(Commission Agency)又称一般代理,是指在同一代理地区、时间及期限内,同时有几个代理人代表委托人行为的代理人。佣金代理根据推销商品的实际金额或根据协议规定的办法和百分率向委托人计收佣金,委托人可以直接与该地区的实际买主成交,而无须向佣金代理支付佣金。

三、代理协议

代理协议是明确协议双方即委托人与代理人之间权利与义务的法律文件。其主要内容包括下列几项:

1. 协议双方当事人

2. 指定的代理商品

在协议中应明确说明代理商品的品名、规格等。

3. 指定的代理地区

代理地区是指代理人有权开展代理业务的地区。这种地区规定方法与前节所述包销协议规定方法相同。

4. 授予代理的权利

该条款的内容差异程度较大,取决于不同性质的代理方式。如独家代理协议,通常要规定提供专营的条款。

5. 协议有效期及中止条款

按照国际市场的一般习惯做法,代理协议既可以定期,也可以不定期。定期的1~5年。如不规定期限的话,双方当事人在协议中规定,其中一方不履行协议,另一方有权中止协议。

6. 代理人佣金条款

关于代理人的佣金条款,是代理协议的重要条款之一,其中包括下列内容:代理人有权索取佣金的时间、佣金率、计佣的基础以及偿付佣金方法等。

本章小结

本章主要介绍了经销方式中的包销和代理方式中的销售代理,理解和掌握这两种贸易方式时,要注意它们的性质和特点,以便在实际业务中灵活运用。

关键概念

◆ 经销(Distributorship)

◆ 包销(Exclusive Sales)
◆ 总代理(Shipping by Chartering)
◆ 独家代理(Sole Agency)
◆ 佣金代理(Commission Agency)

思考与练习

1. 包销协议包括哪些基本内容?
2. 利用包销方式应注意哪些问题?
3. 国际贸易中代理有哪些种类?
4. 代理协议有哪些基本内容?
5. 德克罗·沃尔将他的商品——装饰用花砖——在英国的独家销售权授予马克丁公司。但该合同没有订明期限有多长,而是凭合理的通知予以确定。在合同订立两年以后,德克罗·沃尔的商品在英国的销售点达780个。马克丁公司花在该产品的广告费用达到3万英镑,又额外雇佣了六个专门销售员。但是,由于马克丁公司付款稍迟,尽管最后也能清付全部货款,但在其提出新订单时,遭到德克罗·沃尔的拒绝。与此同时,德克罗·沃尔把该产品的专销权授予另一家公司,并指控马克丁公司因拖延付款而违反了合同,要求法院宣布马克丁公司不再是该产品的包销人。问德克罗·沃尔能否胜诉?为什么?

第十一章　招标与投标

开篇案例

招标机构接受委托，以国际公开招标形式采购一批机电产品。招标文件要求投标人制作规格和价格两份投标文件。开标时，先开规格标，对符合条件者，再定期开价格标，确定中标者。共有12家企业投标。到了开标期，先开规格标，经慎重筛选，初步选定7家，通知他们对规格标进行澄清，并要求将投标有效期延长两个月。7家中，有4家送来澄清函并同意延长有效期。另3家提出若延长有效期，将提高报价10%或更多；否则将撤销投标。招标机构拒绝了后3家的要求。到了价格标的开标日期，对仅有的4家开标后，却发现4家报价均过高，超过招标机构预订标底30%以上。无奈，招标机构只得依法宣布此次招标作废，重新招标。试分析此次招标失败的原因以及应吸取的教训。

招标与投标是国际贸易中常见的方式，这种方式买卖双方并不直接进行交易磋商，而是卖主之间的竞争。标的公开、竞争公开、成交迅速是这种贸易方式的特点。随着国际分工的进一步发展和各国经济相互依赖关系的日益加强，招标与投标在世界经济活动中的应用日益普遍。越来越多的国家将国际招标和投标看作是改善本国进出口贸易的有效手段。一些国家的政府机构面对庞大的公用事业部分开支，常以招投标方式采购物资、设备、勘探开发资源或招包工程项目。此外，世界银行贷款项目和国际间政府贷款项目，通常也在贷款协议中规定，运用这些贷款的采购必须采用国际竞争性招标方式。在世界贸易组织成员中，一些国家已签署了《政府采购协议》。我国政府采购市场也不断与世界接轨，这也促使招投标方式得到越来越广泛的应用。

学习目标

○ 了解招标与投标在国际贸易中的发展趋势。
○ 掌握招标与投标的特点与方式。
○ 熟悉招标与投标的一般程序。

第一节　招标与投标概述

招标与投标是国际贸易中一种常见的方式，常用于国际政府机构、国有企业或公用事业单位采购物资、器材或设备的交易中，而更多地用于国际承包工程。本节主要介绍货物买卖中的招标与投标。

一、招标与投标的含义

招标(Invitation to Tender)是指招标人(买方)在规定时间、地点发出招标公告或招标单，提出准备买进商品的品种、数量和有关买卖条件，邀请投标人(卖方)投标的行为。

投标(Submission of Tender)是指投标人(卖方)应招标人(买方)的邀请，根据招标公告或招标单的规定条件，在规定投标的时间内向招标人递盘的行为。

由此可见，招标与投标是一种贸易方式的两个方面。

二、招标的主要方式

目前，国际上采用招标方式归纳起来有下列几种：

1. 国际竞争性招标

国际竞争性招标(International Competitive Tendering)是指招标人邀请几个乃至几十个投标人参加投标，通过多数投标人竞争，选择其中对招标人最有利的投标人达成交易，它属于竞卖的方式。

2. 谈判招标

谈判招标(Negotiation Tending)又叫议标，它是非公开的，是一种非竞争性的招标。这种招标由招标人物色几家客商直接进行合同谈判，谈判成功，交易达成。它不属于严格意义上的招标方式。

3. 两段招标

两段招标是指无限竞争招标和有限竞争招标的综合方式，采用此类方式时，则是先用公开招标，再用选择性招标，分两段进行。

三、招标与投标的特点

同进出口贸易的一般做法不同，招标与投标具有明显的特点。

(1) 采用这种方式，双方当事人不必经过交易磋商，也不存在讨价还价的余地，而是由各投标人应邀同时采取一次递价的办法，而投标人能否中标，主要取决于投标时的递价是否有竞争力。因此，采用这种方式，投标人之间的竞争十分激烈，而招标人则处于较主动的地位。

(2) 招标方式下，投标是按照招标人规定的时间、地点和条件进行报盘。这种报盘对投标人有法律约束。招标人为防止投标人改标、撤标或中标不履行，一般都要求投标人交纳保证金或提供银行保函或备用信用证，若投标人未中标，招标人则将保证金退还给投标人。投标人在投标过程中如有违约行为，则招标人有权没收其投标保证金。

(3) 招标与投标业务是一种竞卖方式，一般来说，卖方竞争对于买方是有利的，使买方对于供货来源可有较多的比较和选择。在竞争激烈的情况下，买方还可以较为优惠的价格购进所需物资。这也是招标投标方式在大宗物资的采购中广泛运用的原因之一。

(4) 由于国际商品交易市场基本上是买方市场，因此，买方进行招标比较多。但也有一些是因卖方急需资金，将自己拥有的市场紧缺商品以招标方式出售，以争取一个更好的价格。

第二节　招标与投标业务的基本程序

招标、投标业务的基本程序包括:招标前的准备工作、投标、开标、评标、决标及中标签约等几个环节。

一、招标前的准备工作

一项成功的理想的国际招标,其成败的关键往往取决于招标前的准备工作。做好招标应有的准备工作十分重要。招标前准备工作很多,其中包括发布招标公告、资格预审、编制招标文件等。

1. 刊发招标公告

国际公开招标通常均在权威性的报刊或有关专业刊物上公布招标公告(Announcement of Tender),比如我国对外发行的《人民日报》(China Daily)、世界银行出版的援助项目的招标月刊等。

2. 资格预审

投标人应填写招标人编制的“资格预审表”,内容包括投标人的经营规模、人员设施概况、工程记录等,并提供有关证明文件和资料,由招标人确认其是否具有投标能力。资格预审是保证招标工作顺利进行的关键步骤。

3. 编制招标文件

招标伊始,招标人即组织有关人员制订招标书(Bidding Documents),说明采购商品的技术条件和贸易条件。

二、投标

1. 投标的准备工作

投标人取得标书后,应严格按照招标条件对商品所要求的质量、技术标准、交货期限等进行核算,并结合自身的条件和市场竞争态势,估计能否完全满足招标要求和能否提出有竞争性的报价。

2. 编制投标书和落实担保

投标书是投标人对招标人的一项不可撤销的发盘。其主要内容包括对招标条件的确认、商品的有关指标、技术说明和图纸、投标人应承担的责任,以及总价和单价分析表。招标人为防止投标人中标后拒不签约,通常要求投标人提交投标保证金,一般为总价的3%～10%。也可以银行保函或备用信用证代替现金作保。故投标人应在投标前落实担保人。

3. 递送投标文件

投标文件包括投标书、投标保函或备用信用证、关于投标书中单项说明的附件,以及其他必要文件。投标文件应密封后在规定的时间内送达指定地点,可以专人递交,也可以挂号邮寄。

三、开标、评标与决标

1. 开标

招标人在预先公布的时间和地点,当众开启密封的投标文件,宣读内容,允许在场的投标人做记录或录音。开标后，投标人不得更改投标内容。开标是对外公开标书内容，以保证招标工作公正进行的一种形式，并不当场确定中标人。

2. 评标和决标

除价格条件外，技术质量、工程进度或交货期，以及所提供的服务等各方面的条件都将影响投标的优劣。招标人必须对投标进行审核、比较，然后择优确定中标人选。其主要工作如下：

(1) 审查投标文件。其内容是否符合招标文件的要求，计算是否正确，技术是否可行等。

(2) 比较投标人的交易条件，可逐项打分或集体评议或投票表决，以确定中标人选。初步确定的中标人选，可以是一个或若干个替补人选。

(3) 对中标人选进行资格复审。如果第一中标人经复审合格，即成为该次招标的中标人选。否则依次复审替补中标人选。凡出现下列情况之一者，招标人可宣布招标失败，重新组织第二轮招标：参加投标人太少，缺乏竞争性；所有投标书和招标要求不符；投标价格均明显超过国际市场平均价格。

四、中标签约

中标是从若干投标人中选定交易对象，中标即为得标。中标者必须与招标人签约，否则保证金予以没收。但为了确保中标人签约后履约，招标人仍然要求中标人交纳履约保证金或保证函。

此外，根据国际招标惯例的有关规定，招标人在评标过程中，认为不能选定中标人，可以宣布招标失败，拒绝全部投标，这种行为称为拒绝投标。

本章小结

招标与投标是国际贸易中常见的方式，本章主要介绍了招标与投标的含义与特点，招标的主要方式及招标与投标的业务程序流程。

关键概念

◆ 招标(Invitation to Tender)
◆ 投标(Submission of Tender)
◆ 国际竞争性招标(International Competitive Tendering)
◆ 谈判招标(Negotiation Tending)

思考与练习

1. 简述招标投标的含义与特点。
2. 招标的主要方式有哪些?
3. 简述招标投标的基本程序。

第十二章 寄售、展卖与拍卖

开篇案例

某公司新研制出一种新产品，为打开产品的销路，公司决定将产品运往俄罗斯，采用寄售方式出售商品。在代售方出售商品后，我方收到对方的结算清单，其中包括商品在寄售前所花费的有关费用的收据。请问：寄售方式下，商品寄售前的有关费用应由谁承担？为什么？

又如，某公司在拍卖行经竞买获得精美瓷器一批。在商品拍卖时，拍卖条件中规定："买方对货物的过目与不过目，卖方对商品的品质概不负责。"该公司在将这批瓷器通过公司所属商行销售时，发现有部分瓷器出现网纹，严重影响这部分商品的销售。卖方因此向拍卖行提出索赔，却遭到拍卖行的拒绝。请问拍卖行的拒绝是否有道理？为什么？

从以上案例可以看出，为打开某些新产品或滞销商品的销路，在对外贸易中，可以运用寄售、展卖等贸易方式。而对于某些特殊商品，如品质难以标准化的产品，则适用拍卖方式。

学习目标

○ 了解寄售、展卖与拍卖的定义与特点。
○ 掌握寄售的利弊。
○ 熟悉拍卖的一般程序。

第一节 寄　售

一、寄售的概念和性质

寄售(Consignment)是指委托人(货主)先将货物运往寄售地，委托国外一个代销人(受托人)，按照寄售协议规定的条件，由代销人代替货主进行销售，在货物出售后，由代销人向货主结算货款的一种贸易做法。

二、寄售的特点

在国际贸易中采用的寄售方式，与通常的卖断方式相比，具有下列几个特点：

(1) 寄售人先将货物运至目的地市场(寄售地),然后经代销人在寄售地向当地买主销售。因此,它是凭实物进行买卖的现货交易。

(2) 寄售人与代销人之间是委托代售关系,而非买卖关系。代销人只能根据寄售人的指示处置货物。货物的所有权在寄售地售出之前仍属寄售人。

(3) 寄售货物在售出之前,包括运输途中和到达寄售地后的一切费用和风险,均由寄售人承担。

(4) 寄售货物装运出口后,在到达寄售地前也可采用出售路货的办法先行销售,即当货物尚在运输途中,由代销人寻找买方出售。

三、寄售的利弊

1. 寄售的优点

(1) 寄售货物出售前,寄售人拥有货物的所有权。因此,尽管货物已经运往寄售地,但对货物的销售处理和价格确定等大权仍掌握在寄售人手中,有利于随行就市。

(2) 寄售方式是凭实物买卖,货物与买主直接见面,有利于促进成交。

(3) 代销人不负担风险与费用,一般由寄售人垫资,代销人不占用资金,可以调动其经营的积极性。

2. 寄售的缺点

寄售对于委托人来讲,也有明显的缺点:

(1) 出口方承担的风险较大,费用较多,而且增加出口人的资金负担,不利于其资金周转。

(2) 寄售货物的货款回收较为缓慢,一旦代销人不守协议时,可能遭到货、款两空的危险。因此,若在我国出口业务中采用寄售方式时,必须严格选择代销人和寄售地,订好寄售协议。

第二节 展 卖

一、展卖的基本概念

展卖(Fairs and Sales)是利用展览会、博览会及其他交易会形式,对商品实行展、销结合的一种贸易方式。展卖方式灵活,可由货主自己举办,也可由货主委托他人举办。

在当前的经济学界,越来越多的专家学者开始关注展卖给展卖地区带来的经济效益,即理论界所说的会展经济效益。这种方式可以带来直接的和间接的经济效益和社会效益。所谓直接的经济效益,是指展览所成交的金额,如参展商的订单收益;所谓间接的经济效益,是指会展所带来的门票收入、广告收入以及餐饮、交通、宾馆收入等;所谓社会效益,是指会展双方以及会展所在地获得的社会影响力和示范效应。

随着全球经济一体化的发展,国际贸易的方式更加趋向多样化,国际货物贸易的方式与服务贸易联系更加紧密,特别是融入与会展紧密相关的旅游、餐饮、交通和金融等。因此,随着国际贸易的发展,当今的展卖日趋国际化、大型化和综合化,并作为一种较好的推销方式而为人们所接受。

二、展卖的特点

(1) 有利于宣传出口商品,扩大影响,促进交易。

(2) 有利于建立和发展客户关系。

(3) 有利于市场调研,听取客户意见,改进产品质量。

三、展卖方式

国际贸易中,展卖可在国外举行,也可在国内举行。

1. 在国外举行的展卖业务按其买卖方式可分为两种

(1) 通过签约的方式将货物卖给国外客户,由客户在国外举办展览会或博览会,货款在展卖后结算。

(2) 由货主与国外客户合作,在展卖时货物所有权仍属货主,并由货主决定价格,货物出售后,国外客户收取一定的佣金或手续费作为补偿,展卖结束后,未售出的货物折价处理或转为寄售。

2. 展卖方式按形式分又可分为国际博览会和国际展览会

(1) 国际博览会是一种以国家组织形式在同一地点定期由有关国家或地区的厂商举行的商品交易的贸易方式。参加者展出各种各样的产品和技术,以招揽国外客户签订贸易合同,扩大业务活动。

(2) 当代的国际展览会是不定期举行的,通常展示各国在产品、科技方面所取得的新成就。

当代的国际博览会和展览会不仅是一个商品交易场所,而且更多地具有介绍产品和新技术、广告宣传和打开销路的性质。参加展卖的各国商人除参加现场交易外,还大力地进行样品展览和广告宣传,以求同世界各地建立广泛的商业关系。

国际博览会或展览会按内容可分为:综合性博览会或展览会,可包括工农业各类产品,通常有许多国家参加;专业性博览会或展览会,通常是某项或某类工业品参加展出;国别博览会或展览会等。国际上著名的博览会,如莱比锡、布鲁塞尔、里昂、巴黎、蒙特利尔博览会,大多是综合性的博览会。随着国际贸易关系和技术的日益发展,通过博览会和展览会进行的展卖方式在国际市场上的地位日益重要,它为买卖双方了解市场,建立商品和技术联系提供了有利条件,成为各国商人签订贸易合同的重要场所。

第三节　拍　卖

拍卖(Auction)是一种具有悠久历史的交易方式,在今天的国际贸易中仍被采用。通过拍卖成交的商品通常是品质难以标准化或按传统习惯以拍卖出售的商品,如裘皮、茶叶、烟草、羊毛、木材、水果以及古玩和艺术品等。

一、拍卖的概念

拍卖是由经营拍卖业务的拍卖行接受货主的委托,在规定的时间和场所,按照一定的章程和规则,以公开叫价或密封出价的方法,把货物卖给出价最高的买主的一种贸易方式。

二、拍卖的交易流程特点

1. 拍卖是在一定的机构内有组织地进行的

拍卖一般都是在拍卖中心，在拍卖行的统一组织下进行。拍卖行可以是由公司或协会组成的专业拍卖行，专门接受货主委托从事拍卖业务，也可以是大贸易公司内部设立的拍卖行，还可以是由货主临时组织的拍卖会。

2. 拍卖具有自己独特的法律和规章

拍卖不同于一般的进出口交易。这不仅表现在交易磋商的程序和方式上，也表现在合同的成立和履行等问题上，许多国家的买卖法中对拍卖业务有专门的非同一般的规定。除此之外，各个拍卖行又订立了自己的章程规则供拍卖时采用。这些都使得拍卖方式形成了自己的特色。

3. 拍卖是一种公开竞买的现货交易

拍卖采用事先看货，当场叫价，落槌成交的做法。拍卖开始前，买主可以查看货物，做到心中有数。拍卖开始后，买主当场出价、公开竞买，由拍卖主持人代表货主选择交易对象。成交后，买主即可付款提货。

三、拍卖的出价方法

拍卖的出价方法有以下三种：

1. 增价拍卖

增价拍卖也称淘汰式拍卖，这是常用的一种拍卖方式。拍卖时，由拍卖人宣布预定的最低价格，然后由竞买者相继叫价，竞相加价，直到拍卖人认为无人再出更高的价格时，则用击槌动作表示竞买结束，将这批商品卖给最后出价最高的人。在拍卖人击槌前，竞买者可以撤销出价。

2. 减价拍卖

减价拍卖又称荷兰式拍卖，这种方法先由拍卖人喊出最高价格，然后逐渐减低叫价，直到有某一竞买者认为已经低到可以接受的价格，表示买进为止。

3. 密封递价拍卖

密封递价拍卖又称招标式拍卖，采用这种方法时，先由拍卖人公布每批商品的具体情况和拍卖条件等，然后由各买方在规定时间内将自己的出价密封递交拍卖人，以供拍卖人进行审查比较，决定将该货物卖给哪一个竞买者。这种方法不是公开竞买，拍卖人有时要考虑除价格以外的其他因素。

四、拍卖的一般程序

拍卖业务进行的程序，一般可分为三个阶段：

1. 准备阶段

参加拍卖的货主先要把货物运到拍卖地点，存入仓库，然后委托拍卖行进行挑选、分类、分级，并按货物的种类和品级分成若干批次。拍卖行为此要收取分批费。

准备拍卖的商品都存放在专门的仓库，在规定的时间内，允许参加拍卖的买主到仓库查看货物，有些还可抽取样品。查看货物的目的，是为了使买方进一步了解货物的品质状况，以便按质论价。

2. 正式拍卖

拍卖会在规定的时间和地点开始，并按照拍卖目录规定的先后顺序进行。拍卖一般采用由低到高的增价拍卖方式。从法律上讲，拍卖过程中也包含有发盘和接受两个环节。买方喊价相当于发盘，主持人落槌则属于接受。按照拍卖业务的惯例，在主持人的木槌落下之前，买主可以撤回其出价，这类似于一般买卖活动中，发盘人在受盘人表示接受前撤销其发盘。同样，货主在货物出售前也可以撤回要拍卖的货物。如果竞买者喊出的最高价仍低于货主所拟定的最低可接受价，货主无法接受，他可以要求主持人不敲木槌，将货物撤下来。

3. 成交与交货

拍卖以其特有的方式成交后，拍卖行的工作人员即交给买方一份成交确认书，由买方填写并签字，表明交易正式达成。在买方付清货款后，买方凭拍卖行开出的栈单或提货单到指定的仓库提货。提货也必须在规定的期限内进行。

本章小结

本章主要讲述了国际贸易方式中的寄售、展卖和拍卖的概念、特点。随着世界经济的发展，这三种方式在国际贸易中越来越受到重视，在实际业务中，要学会根据商品的性质灵活选用。

关键概念

- 寄售(Consignment)
- 展卖(Fairs and Sales)
- 拍卖(Auction)

思考与练习

1. 何为寄售？寄售方式有哪些特点？
2. 何为展卖？展卖方式有哪些特点？
3. 展卖有哪些方式？
4. 何为拍卖？一般来说，哪些商品适宜采用拍卖方式？
5. 拍卖有哪些出价方法？
6. 简述拍卖的一般程序。

第十三章　对销贸易

开篇案例

2004年3月12日，泰国海关向我国采购了5套“同方威视”集装箱检查系统。泰国海关署长与清华同方威视技术股份有限公司总裁代表双方在协议上签字。这是泰国海关首次向中国采购集装箱检查设备，此次采购是在两国政府合作框架下，采用对销贸易的方式完成的。以前我国通过对销方式出口的大多为原材料和初级产品，如今我们出口的是中国的高科技产品，而购回的是农产品。

对销贸易是一种既买又卖，买卖互为条件的国际贸易方式。其主要目的是以进带出，开辟各自的出口市场，求得每宗交易的外汇收支平衡或基本平衡。

学习目标

○ 了解易货贸易、互购贸易、产品回购及转手贸易的定义。
○ 掌握对销贸易的利弊。
○ 熟悉补偿贸易的特征与作用。

第一节　对销贸易

一、对销贸易的含义及其种类

对销贸易(Counter Trade)是一个松散的概念，尚无确定的定义和界限。对销贸易在我国经常译为“反向贸易”、“互抵贸易”和“对等贸易”，也有人把它笼统地称为“易货”。一般可以把对销贸易理解为包括易货、记账贸易、互购、产品回购、转手贸易等属于货物买卖范畴，以进出结合、出口抵补进口为共同特征的各种贸易方式的总称。

1. 易货贸易

就严格意义而言，易货贸易(Barter Trade)是指在买卖双方之间进行的货物或劳务等值或基本等值的直接交换，不涉及现金的收付，也没有第三者介入。在采用易货贸易方式交易时，买卖双方当事人以一份易货合同，确定交易商品的价值，以及作为交换的商品或劳务的种类、规格、数量等内容。在实际业务中，使用较多的是通过对开信用证的方式进行易货，即由交易双方先订易货合同，规定各自的出口商品均按约定价格以信用证方式付款。先开立的信用证以收到、认可对方开出的等值或基本等值的信用证为生效条件。为了减少交易商品以及用于交换的商品和劳务可能的价格波动所造成的影响，一般的易货贸易均为一次性交易，并且合同履约期较短。

通过易货贸易，交易双方可以在不增加外汇支出的情况下，以商品或劳务换回本国所需的各种物资，从而促进本国经济的发展和改善本国的贸易平衡状态。另外，国家间签订的换货清算协定实际上也是扩大了的易货方式。根据协定规定，任何一方的进口或出口，由双方政府的指定银行将货值记账，在一定时期内互相抵冲结算，其差额有的规定结转下一年度，有的规定以现汇支付超过约定摆动额部分的差额。

2. 互购贸易

互购也被称为对购(Reciprocal Trade)或平行交易(Parallel Trade)，是最简单、最常用的对等贸易形式。互购是一种现汇交易，是指一方向另一方出口商品和/或劳务的同时，承担以所得款项的一部分或全部向对方购买一定数量或金额商品和/或劳务的义务。在互购协定下，交易双方一般要签订两份相互独立的合同。第一份合同，也就是基础合同或主合同，规定出口方出口商品的质量、数量等有关内容。第二份合同则主要规定出口方购买对等贸易商品的义务。这两份合同由互购协定书联结起来。互购协定往往作为一揽子协定的一部分，并且常常与贷款协定、援助计划和部分现金支付方式结合使用。

3. 回购

回购(Counter Purchase)，由缔约的一方以赊销方式向对方提供机械设备，同时承诺购买一定数量或金额的由该项设备制造出来的产品，或其他产品。进口设备方用出售产品所得的货款，分期摊还设备的价款和利息。回购方式做法比较简单，而且有利于企业的成本核算，使用较为广泛。所回购的商品一般在卖方所在市场销售或用于制成品的生产，卖方对回购产品的质量也较为关心和重视。但是，由于回购商品要等进口的机器设备安装投产后才能进行，交易期限往往较长，有时长达5～10年，甚至更长。

4. 转手贸易

这是一种特殊的贸易方式。在记账贸易的条件下，人们采用转手贸易作为取得硬通货的一种手段。最简单的转手贸易是根据记账贸易办法买下的货物运到国际市场转售，从中取得硬通货。复杂的做法是在记账贸易项下握有顺差的一方将该项顺差(实际上是在相当的逆差国家购买货物的权利)转让给第三方，以换取他所需要的商品或设备，然后由该第三方利用该项顺差在相应的逆差国购买货物，运往其他市场销售，收回硬通货。

二、对销贸易的利弊

1. 对销贸易的有利因素

(1) 对销贸易是一种可以不动用外汇或少动用外汇就可以发展一国对外贸易的有力手段。

(2) 在贸易保护主义盛行的当代，通过对销贸易，有助于打破西方国家的贸易壁垒，为本国产品，尤其是发展中国家的工业制成品打开市场。

(3) 有些方式，如产品回购(补偿贸易)或抵消贸易，除了具有一般对销贸易所具有的平衡国际收支的作用外，还具有融通资金和吸收外国资本流入的功能。

(4) 由于对销贸易采用的是进出结合的做法,故核算其经济效益,可从进出口两方面结合起来通盘考虑。例如,进口盈利,出口亏损,但只要前者大于后者,还是有利可图的。加之,对销贸易是由交易双方私下进行的,这就更增加了决定价格时的灵活性和隐蔽性,而不易被他人所察觉,从而起到补贴出口而不遭报复的作用。

(5) 从发达国家角度看,通过对销贸易,承诺一定的回购,提供信贷或投资,不仅可以增强其市场竞争能力,而且有助于推销一些用现汇难以销售的产品、技术,争取到一些廉价的原材料或零部件供应。

2. 对销贸易的不利因素

(1) 对销贸易带有浓厚的双边性和封闭性,这其实是以限制性的措施来反对保护主义,其结果反而增加了贸易保护主义的气氛。

(2) 在上述模式下,决定交易的主要因素已不是商品的价格和质量,而是取决于回购的承诺,这就不可避免地削弱了市场机制的作用。

第二节 补偿贸易

补偿贸易是我国常见并常采用的主要贸易方式,它与对销贸易中的产品回购非常相似。现将补偿贸易的有关问题介绍如下。

一、补偿贸易的含义与种类

1. 补偿贸易的含义

补偿贸易(Compensation Trade),是指在信贷基础上进口设备,然后以回销产品或劳务所得价款,分期偿还进口设备的价款及利息。与上述的产品回购相比,我国的补偿贸易内涵更广,做法更灵活一些。

2. 补偿贸易的种类

在当前我国开展的补偿贸易中,按照用来偿付的标的不同,大体上可分为三类:

(1) 直接产品补偿。即双方在协议中约定,由设备供应方向设备进口方承诺购买一定数量或金额的由该设备直接生产出来的产品。这是补偿贸易最基本的做法。但是这种做法有一定的局限性,它要求生产出来的直接产品及其质量必须是对方所需的,或者在国际市场上是可销的,否则不易为对方所接受。

(2) 其他产品补偿。当所交易的设备本身不生产物质产品,或设备所生产的直接产品非对方所需或在国际市场上不好销时,可由双方根据需求和可能进行协商,用回购其他产品来代替。

(3) 劳务补偿。这种做法常见于同来料加工或来件装配相结合的中小型补偿贸易中,按照这种做法,双方根据协议,往往由对方代我方购进所需的技术、设备,货款由对方垫付。我方按对方要求加工生产后,从应收的工缴费中分期扣还所欠款项。

在实践中,上述三种做法还可结合使用,即进行综合补偿。有时,根据实际情况的需要,还可以部分用直接产品或其他产品或劳务补偿,部分用现汇支付等。

二、补偿贸易的特征与作用

1. 补偿贸易的特征

（1）信贷是进行补偿贸易必不可缺的前提条件。在实际业务中，信贷可以表现为多种形式，但大量出现的是商品信贷，即设备的赊销。

（2）设备供应方必须同时承诺回购设备进口方的产品或劳务，这是构成补偿贸易的必备条件。

应当明确的是，在信贷基础上进行设备的进口并不一定构成补偿贸易。例如，在延期付款方式下，进口所需的大部分货款是在双方约定的期限内分期摊付本金及利息。但是在这种方式下，货款的偿还与产品的销售本身没有直接的关系。所以，尽管交易也是在信贷基础上进行的，但并不构成补偿贸易。可见，补偿贸易，不仅要求设备供应方提供信贷，同时还要承诺回购对方的产品或劳务，以使对方用所得货款还贷款。这两个条件必须同时具备，缺一不可。

2. 补偿贸易的作用

（1）对设备进口方的作用

① 补偿贸易是一种较好的利用外资的形式。我国目前之所以要开展补偿贸易，其目的之一也就是想通过这种方式来利用国外资金，弥补我国建设资金的不足。

② 通过补偿贸易，可以引进先进的技术和设备，发展和提高本国的生产能力，加快企业的技术改造，使产品不断更新及多样化，增强出口产品的竞争力。

③ 通过对方回购，还可在扩大出口的同时，得到一个较稳定的销售市场和销售渠道。

（2）对设备供应方的作用

对于设备供应方来说，进行补偿贸易，有利于突破进口方支付能力不足，扩大出口，在当前市场竞争日益激烈的条件下，通过承诺回购义务加强自己的竞争地位，争取贸易伙伴，或者在回购中取得较稳定的原材料来源，或从转售产品中获得利润等方面，也能起到积极的作用。

本章小结

对销贸易、补偿贸易在我国贸易发展史中曾占据重要位置，现仍为不少发展中国家使用。本章简要介绍了对销贸易、补偿贸易的含义、种类、特点及作用。

关键概念

- 对销贸易（Counter Trade）
- 易货贸易（Barter Trade）
- 对购（Reciprocal Trade）
- 回购（Counter Purchase）

◆ 补偿贸易(Compensation Trade)

思考与练习

1. 什么是对销贸易？其基本形式有哪些？

2. 简述对销贸易的利弊。

3. 什么是补偿贸易？

4. 简述补偿贸易的作用。

5. 我国多次以补偿贸易方式从日本进口渔轮，用直接产品鱼产品偿付渔轮进口价款。20 世纪 80 年代某省一外贸公司又进口一艘渔轮，其具体做法是先出口鱼品积存外汇，在达到一定金额后，即用以购买新渔轮。该公司把这种做法报请主管机关给予补偿贸易的优惠待遇，遭到拒绝。请分析原因。

6. 1990 年，某市工业部门采取补偿贸易的方式从美国加州 CF 公司引进一套制造集装箱的流水线，价值 975 万美元，偿还期为 5 年，计利本金按逐年偿还额递减，年利率为 3%。其中 875 万美元由引进方用加工集装箱的加工费偿还，每年为输出方加工 5 000 个标箱(TEU)，每个箱子的加工费为 350 美元，一年的加工费为 175 万美元，5 年共为 875 万美元。其余 100 万美元用间接产品偿还，即由引进方按输出方的来样生产工作鞋(即大头鞋)，每年提供 1 万双，每双作价为 CIF 旧金山 20 美元，5 年共计 100 万美元。

集装箱的生产，根据合同规定，由输出方派驻技术人员监造、验收，故每次如数运出，均无问题。唯独工作鞋第一批出口 3 500 双即遭到美方退货。理由是：皮鞋式样与其来样不符。所谓的不符，是指皮鞋上系带用的扣眼之金属圈与原样不符。原样的扣眼为双边，并压有花纹，而我方生产皮鞋上的扣眼圈为单边且无花纹。美方坚决要求退货，我方解释这并非我们故意省料，而是生产人员的疏忽所致，为了弥补这一缺陷，我方宁可每双少算 1 美元，并保证以后的产品与原样相符。但美方不予合作，坚持退货，其他没有商量。最后我方只好同意退货，结果除造成来回运费及利息损失近 5 000 美元外，又因这批大头鞋和式样在国内也不好销，长期积压，损失惨重。试分析我方的教训。

第十四章 加工贸易

开篇案例

美国海关总署于1991年4月1日致电我国当时的对外经济贸易部，请调查上海C公司（港商独资企业）对美国出口一批"台湾制造"标签的服装案件。美国来电称：① 86 640件全棉男短裤，商标"HAMNDN"，产地标签"MADE IN TAIWAN"；② 9 120件棉涤长袖男衬衫，商标"MICHAEL PAGE"，产地标签"MADE IN TAIWAN"；③ 33 000件棉涤短袖男衬衫，商标"BLALR"，产地标签"MADE IN TAIWAN"。美国查实上述三批货物均在上海生产，由上海G公司从上海运往香港转口到美国。

经上海市经贸委对此案进行调查，情况属实。交易过程和涉及的关系人相当复杂。美国H公司下订单给台湾B公司。1990年3月，台湾B公司及其香港代理S公司与上海G公司三方初步洽谈。同年5月，这三家公司在厦门进一步面谈，并签订了合同。以后三方又多次以传真联系商标、产地标签、内外包装、唛头、付款条件等事项。经查实，所有商标、吊牌、产地标签、内包装塑料袋、外包装唛头均有"MADE IN TAIWAN"字样。货物是上海G公司委托上海数家服装厂生产的，于1990年9～12月分批运往香港，提单上收货人为上海G公司在香港的母公司，通知人为某船公司香港代理，最终收货人为美国H公司。

中国对美国的出口70%以上是加工贸易，即包括美国企业在内的外国投资企业在中国开办工厂，加工和装配从外国进口的原材料和零部件，然后再将成品出口到美国。这些原材料和零部件主要来自日本、韩国、新加坡等国家和中国台湾及中国香港。

学习目标

○ 了解对外加工装配业务的特点和作用。
○ 熟悉我国对外加工装配业务的相关规定。
○ 掌握订立对外加工装配业务合同的基本内容。

第一节 加工贸易

加工贸易是国际上普遍采用的一种方式，加工贸易在劳动力资源丰富、地理位置相对方便的国家（地区）的对外贸易中占有重要的地位。我国自改革开放以来，加工贸易在沿海地区尤其活跃。进入21世纪之后，世界经济重心逐渐向亚太地区转移，有着世界上最为丰富的劳动力资源的中国在经济重心转移中起着至关重要的作用。

我国加入WTO后，与世界经济融合的步伐开始加快，加工贸易在我国也必有更大的、新的发展。越来越多的跨国公司更加重视把中国作为其产品生产的一个环节，这就给了中国加工贸易以更大的发展机会；同时，中国企业也开始在海外投资，开展了境外加工的贸易方式，为我国的加工贸易输入了新的血液。

一、加工贸易的含义

加工贸易是一国通过各种不同的方式，进口原料、材料或零件，利用本国的生产能力和技术，加工成成品后再出口，从而获得以外汇体现的附加价值。

二、加工贸易的种类

加工贸易是以加工为特征的再出口业务，其方式多种多样，常见的加工贸易有：

1. 进料加工

进料加工(Processing With Imported Materials)又叫以进养出，指用外汇购入国外的原材料、辅料，利用本国的技术、设备和劳力，加工成成品后，销往国外市场。这类业务中，经营的企业以买主的身份与国外签订购买原材料的合同，又以卖主的身份签订成品的出口合同。两个合同体现为两笔交易，它们都是以所有权转移为特征的货物买卖。进料加工贸易要注意所加工的成品在国际市场上要有销路。否则，进口原料外汇很难平衡，从这一点看，进料加工要承担价格风险和成品的销售风险。

2. 来料加工

来料加工(Processing With Customer's Materials)通常是指加工一方由国外另一方提供原料、辅料和包装材料，按照双方商定的质量、规格、款式加工为成品，交给对方，自己收取加工费。有的是全部由对方来料；有的是一部分由对方来料，一部分由加工方采用本国原料的辅料。此外，有时对方只提出式样、规格等要求，而由加工方使用当地的原料、辅料进行加工生产，这种做法常被称为“来样加工”。

3. 来件装配

来件装配(Assembling With Customer's Parts)是指由一方提供装配所需设备、技术和有关元件、零件，有的还提供包装物料，委托承接方按其工艺设计要求进行装配，成品交委托方处置，承接方按约定收取工缴费(装配费)。

4. 协作生产

协作生产是指一方提供部分配件或主要部件，而由另一方利用本国生产的其他配件组装成一件产品出口。商标可由双方协商确定，既可用加工方的，也可用对方的。所供配件的价款可在货款中扣除。协作生产的产品一般规定由对方销售全部或一部分，也可规定由第三方销售。

第二节　对外加工装配业务

对外加工装配是来料加工和来件装配的总称，是一种委托加工的交易方式，是由外商提供一定的原材料、零部件、元器件，由我方按对方的要求进行加工和装配，成品交由对方处理，我方按约定收取工缴费。

一、对外加工装配业务的特点

对外加工装配业务与一般进出口交易相比，具有以下特点：

1. 对外加工装配业务是一种将进口和出口紧密结合的交易

对外加工装配业务包括两个贸易进程：一是进口原料；二是产品出口。但这两个过程是同一笔贸易的两个方面，而不是两笔交易。原材料的提供者和产品的接受者是同一家企业，交易双方不存在买卖关系，而是委托加工关系，加工一方赚取的是劳务费，因而这类贸易属于劳务贸易范畴。

2. 对外加工企业对来料、来件没有所有权

承接加工装配一方，对来料、来件不拥有所有权而只有使用权，即只能对来料进行加工，对来件进行装配，并收取一定的加工装配的工缴费。因此，如果对来料、来件使用不当，管理不善，或在加工装配时超过正常损耗，均需承担责任。

3. 对外加工企业"两头无忧"

加工企业既不用为采购原材料、零部件奔波并为采购筹措外汇资金，也不用承担成品销售的风险。国外委托方承担接受全部加工装配合格成品和支付约定工缴费的责任。

二、对外加工装配业务的作用

1. 对外加工装配业务对承接方的作用

(1) 加工一方可以发挥本国劳动力资源丰裕的优势，提供更多的就业机会。

(2) 可以补充国内原料不足，充分发挥本国的生产潜力。

(3) 可以通过引进国外的先进生产工艺，借鉴国外的先进管理经验，提高本国技术水平和产品质量，提高本国产品在国际市场的适销能力和竞争能力。

对外加工装配业务只是一种初级阶段的劳务贸易，加工方只能赚取加工费，产品从原料转化为成品过程中的附加价值，基本被对方占有。由于这种贸易方式比进料加工风险小，目前在我国开展得比较广泛，获得了较好的经济效益。

2. 对外加工装配业务对委托方的作用

(1) 委托方利用承接方廉价的劳动力，降低了产品的成本，增强了其产品的国际竞争力。

(2) 委托方所在国可以通过委托加工方式，将劳动密集型产品的生产转移出本国，进而对本国的产业结构进行优化调整。

三、对外加工装配合同的主要内容

对外加工装配业务是一种劳务贸易，有关合同的当事人是委托方和承接方，与一般货物买卖合同有许多不同之处，其主要内容如下：

1. 合同标的

买卖合同的标的是商品，而加工装配合同的标的是劳务，即为将原材料和元器件加工装配成指定的产品而付出的劳动以及一定的技术或工艺。为了说明标的——所提供的劳

务的性质，应具体规定加工装配业务的内容和要求。

2. 对来料、来件的规定

料件是实现提供劳务的物质基础，合同中应规定料件的品质、数量，还必须规定委托方送交制件的时间、地点。为了明确责任，对委托方不能按质、按量、按时提供料件的情况，应在合同中规定处理方法。

3. 对交付成品的规定

委托方对成品的品质规格均作严格规定，对交货数量和交货期限合同中也有明确规定，如承接方不能按合同规定交付成品应承担相应的损害赔偿责任。

4. 关于耗料率和残次品率的规定

耗料率指单位产品消耗原材料或元器件的数额。残次品率指不合格产品在全部产品中所占比率。这两项指标与产品成本直接相关，又受到加工方的技术水平和生产条件的限制，所以双方应协商规定一个合理的标准，超过规定的比率，应由加工方承担责任。

5. 关于工缴费的规定

加工装配业务本质上是一种劳务贸易，工缴费即体现了劳务的价值。工缴费的规定，应以国际劳务价格作为参照标准。对我国来说，则以东南亚地区的工资水平作为计算标准，参照加工企业所提供的劳务质量和生产效率，计收的工缴费应既有利可图又有竞争力。

6. 运输和保险

在加工装配贸易过程中，料件和成品的所有权不转移，始终为委托方所有。因而，原则上运输和保险的责任由委托方承担。在具体业务中，对出口成品的运输和保险，以及料件进口和存仓的保险，均可由承接方代办，费用由委托方另行支付或者计入工缴费内。

7. 付款方式

委托方向承接方支付工缴费的方式有两种：

(1) 料件和成品均不计价，由委托方通过信用证或汇付方式向承接方支付工缴费。

(2) 料件和成品分别计价，其差额即为工缴费，对此承接方应掌握“先收后付”的原则。具体的做法可以采用：①料件用 D/A，成品用 D/P 即期；②料件用 D/A，成品用即期信用证；③对开信用证方式，料件用远期信用证，成品用即期信用证。必须注意远期和即期的时间间隔应考虑加工全过程所需时间，以保证先收妥成品货款，再支付料件货款。

本章小结

加工贸易是国际上普遍采用的一种贸易方式，在我国对外贸易中亦占据重要位置。本章主要讲述了加工贸易的含义和种类，重点介绍了对外加工装配业务的特点、作用和主要内容。

关键概念

- 进料加工(Processing With Imported Materials)
- 来料加工(Processing With Customer's Materials)
- 来件装配(Assembling With Customer's Parts)

思考与练习

1. 加工贸易的种类有哪些?

2. 简述对外加工装配业务的特点。

3. 对外加工装配业务合同的基本内容有哪些?

4. 某企业与一家外国工厂签订来件装配一种家用电器 5 000 台的合同,规定采用对开信用证分别结算配件和成品的价款,由我方开出见票后 90 天付款的不可撤销远期信用证向对方购买配件,但须在对方开出向我方购买成品的即期回头信用证后方始生效。两份信用证总金额的差额即为外方付给我方的工缴费。上述合同按时执行后,双方又按原合同续订 5 万台分五批执行的新合同。第一、第二两批共 2 万台,双方均按时开出信用证,并顺利履行了合同。其后外商突然提出,由于我方开出的信用证中有须在我方收到回头信用证后方始生效的条款,当地银行认为有此附加条款的信用证不能视作已经生效信用证,因此,不能凭以融通资金,使其发生经营困难。为顺利履行余下三批的装配合同,要求我方开出的新证取消上述附加条款。我方企业认为上笔合同圆满履行,新合同也已执行 2/5,说明对方是可以信赖的,于是接受了对方要求,在开出的后三批 3 万台来件价款的信用证中取消了上述收到回头信用证方始生效的附加条款。外方按我方信用证规定向我方发送了配件,但回头信用证始终没有开来,我方银行到期被迫垫付来件价款×万元。在此期间,我方虽多次向外方提出交涉,但均无结果。事后查明,因该成品销路不佳,市价大跌,以至整机的售价还卖不到原定的配件价格。在此情况下,外方遂利用我方开出的信用证处理其剩余部件,而不履行购回成品的义务,造成我方以高价单边进口配件的巨额损失。对此,请分析我方的教训。

第十五章　商品期货交易

开篇案例

美国某贸易商在7月间与国内一农场主订立900公吨豆油购货合同,合同规定农场主在10月份向贸易商交货,价格为每磅18美分。贸易商打算11月份出口给国外某客户。该贸易商担心11月份国际市场价格下跌,随即在期货交易所以每磅18.5美分买入11月份的豆油期货合同30份。11月中旬,该贸易商把豆油出口给国外某客户,由于市场价格下跌,只售得每磅17.8美分,亏损了3 600美元。而此时期货市场的价格也趋于疲软,由于交割期到,无奈原先购进的30份期货合同抛出对冲,价格为每磅18.2美分,连同期货交易所收取的佣金100美元,该贸易商在期货交易中共亏损5 500美元。该贸易商的全部亏损为9 100美元。请分析该贸易商在以上的经营活动中应吸取什么教训。

从以上案例可以看出,在国际贸易中,为避免商品价格上涨或下跌带来的损失,可以在商品期货市场通过期货交易达到套期保值的目的。商品期货交易是在专门的商品交易场所由特定人员进行的,集中买卖某种期货合同的交易活动。由于交易中的标的物不是具体的商品,而是代表一定商品的合同,因此,这种交易方式又被称为纸合同交易。

学习目标

○ 了解期货交易的概念和特点。
○ 熟悉期货交易的功能和原理。
○ 正确理解期货交易在实际业务中的基本做法和作用。

第一节　期　　货

一、期货的概念

期货交易(Future Trading)是指在期货交易所内,按一定规章制度进行的期货合同的买卖。所谓期货,是指买卖双方约定在未来的某一时间交付的某种商品。而在期货市场内交易的期货特指按规定条件买入或卖出某种商品的标准合约。它是商品经济发展到一定阶段的必然产物,也是社会经济发展的客观要求。

二、期货的起源

最早的期货交易起源于13世纪的比利时，稍后在欧洲期货交易发展成为具有一定组织形式的市场。但是从严格上说，第一家真正意义的期货交易所应该是建立于1848年的美国芝加哥谷物交易所(Chicago Board of Trade，简称CBOT)。1833年，芝加哥还是一个小村落，由于地处五大湖地区，紧靠中西部产粮区，该地区得到迅速发展。1837年，芝加哥已经发展成为全美最大的粮食集散地。但是由于恶劣的气候条件，道路交通运输受到很大的影响，农场主和商人开始采用远期交货合约形式进行商品交易。水路运输商最早采用玉米远期交货合约，他们在秋季从农场主那里采购到玉米，储存一段时间，等待水分下降至一定程度和河流解冻后再将玉米运往外地。但是这种经营方式使他们面临着很大的市场风险，因此，部分运输商在购进玉米后就赶往芝加哥，与玉米商签订春季的远期交货合约。1859年之后，在远期交货合约的基础上逐步形成了标准化合约，对市场交易商品的数量、等级、交割时间、交割地点都作了统一的规定，但价格仍由交易商协商制定。

从期货合约的标的，我们可以将期货划分为商品期货、金融期货、外汇期货、利率期货和股票指数期货等。由于我国长期处于计划经济体制，在期货领域的探索起步比较晚，自从1990年10月12日新中国第一家期货交易所的雏形——郑州粮油批发市场诞生以来，仅经历短短的17年时间，目前国内各大交易所拥有的期货交易品种均属于商品期货的范畴。因此，本书着重阐述的也均是商品期货方面的内容。

三、期货交易和现货交易的区别

顾名思义，期货交易是相对于现货交易而言的。首先必须指出，这完全是两个截然不同的概念。现货交易是依据交易双方的谈判，按交易双方商定的付款方式买卖商品，并在一定时期内进行实物的交收，最终实现商品所有权的转移。对于一般消费者来说，现货交易与我们的现实生活比较接近，几乎在日常生活中均能够亲身体验。而期货交易则是指先交付一定数量的保证金，在商品交易所内，通过公开喊价的方式买进或卖出期货合约。一般情况下，期货合约并不涉及商品所有权的转移，而只是期货合约所有权的转移，目的是转移该商品价格波动的风险。买进期货合约或已经拥有现货商品者称多头；相反，卖出期货合约或将要买进现货商品者称空头。

表15-1　现货交易与期货交易的区别

区别	现货交易	期货交易
交易目的	通过一定价格买卖商品	套期保值或投机获利
交易地点	交易场所不固定	期货交易所
交易商品	所有商品，价格、质量不一定规范	必须具备一定的条件，明确规定质量、规格、交易时间、地点等
交易方式	根据交易双方商定的合同买卖商品，一手交钱，一手交货	公开竞价交易期货合约
交易者	生产、消费、经营者	套期保值者和投机者
保证金	不定	严格的保证金制度
商品所有权	买卖双方实现商品所有权的转移	一般情况下所有权不转移

由此可见，无论交易商是否拥有某商品，都可以进行期货交易，期货交易只是利用商品某一时期内的价格波动作为盈利手段，目的是套期保值和投机谋利。

四、期货交易的主要特征

1. 期货交易是在专门的期货交易所内进行，一般不允许场外交易

这里指的交易所不仅是单纯地理概念上的交易场所，而且它为期货交易者制定了一套完整的交易规则，同时它还为在交易所内完成的交易提供财务上的担保，保证期货交易的顺利履约。因此，私下进行场外交易被认为是不合法的。

2. 期货交易中期货合约是标准化的合约

该标准化的合约一般是由期货交易所制定的，即为某种商品的期货合约制定标准化的数量、交割地点、质量等级、交割月份等条款，目的是简化交易手续，防止交易双方因对合约条款有不同理解而产生分歧。

3. 一般情况下，实物交割占整个期货合约买卖很小的比例

这一特征与现货交易存在着明显的区别。由于期货交易在专门的期货交易所内进行，交易所内云集着众多的买家和卖家，因此期货合约在交易所内买进卖出都是十分方便的，这就使买卖双方能够方便地用一张期货合约去交换另一张期货合约，从而避免进行实物交割。这就是期货交易中所谓的对冲或平仓，即通过买(卖)合约，取得一个与最初交易部位相反，但数量相等的交易部位。

4. 期货交易的买卖双方并不直接在交易所内进行面对面的交易，而是通过场内经纪人进行交易

期货市场是一个公开、平等和竞争的市场，期货交易由期货交易所提供履约担保，保证交易的整个过程体现公开、公平和公正的原则。因此，即使合约的一方宣布破产，交易所也能够按照履约保证金制度和无负债结算制度对另一方进行赔偿。

5. 期货商品具有一定的特殊性

并非所有的商品都适合作期货商品，一般而言，进入期货市场的商品必须具备几个条件：商品的质量、规格、等级容易划分；交易量大；价格波动频繁；拥有众多的买者和卖者；易于仓储和运输。目前国内主要的期货交易品种有金属类(铜、铝、铅、锌、锡、镍)、谷物类(大豆、玉米、小麦、绿豆)、天然胶、胶合板等。

五、期货交易的功能

随着商品经济的发展，期货交易规模的不断扩大，交易者的队伍越来越壮大，交易量迅速增加。而期货交易之所以在世界各地被越来越多的人关注，是与它卓有成效的功能分不开的。突出表现在两个方面：

1. 价格发现的功能

期货市场作为一个公开的、规范的统一市场，云集了众多的买者和卖者，他们根据对商品供给和需求趋势的判断反映在每一笔交易上，即把众多来自各方面的影响供需的因素集中到期货市场上，因此期货价格比现货价格更能准确地反映供给与需求之间的变动趋势。交易所内通过买卖双方公开喊价竞争，将无数影响供需关系的因素迅速转化为一个价格，使期货交易所成为真实反映市场供需的晴雨表。国际上那些在交易所以外进行的交易，都

是以交易所内得出的每天结算价格作为其成交价格的基础。交易所每天公布的结算价格，成为国际贸易的重要价格依据。

2. 转移价格风险的功能

由于现货市场和期货市场的同时存在，为经营者提供了一条利用两个市场互相抵消风险的途径。也就是说，交易商可以在两个市场上同时下注，利用一个市场上盈利来弥补另一个市场上亏损。表面上看，所得盈利和亏损基本上是相互抵消的，交易商并没有从期货交易中得到什么好处。但是实质上，生产商可以通过上述交易锁定生产成本，从而达到转移价格风险的目的。

尽管参与期货交易的成员成千上万，但是目的却只有两个：

(1) 套期保值

套期保值(Hedging)是生产商、制造商等为了避免价格波动带来的损失，将现货与期货联系起来，力图将价格风险转移出去，确保稳定的生产效益。

(2) 投机谋利

投机商凭借对价格变动的预测和利用价格波动获利，他们是价格风险的主动承担者。正是由于投机商的投机行为，才有效地吸收了价格风险，为市场注入了资金活力。

另外，期货交易除了上述发现价格和转移价格风险的功能外，还有稳定价格的功能、扩大流通的功能、沟通产销的功能、节约费用的功能等。期货市场的产生是市场发展的必然结果，它反映了市场由低级向高级不断发展的规律。期货市场是一个开放性的市场，发展期货市场有助于推动市场的国际化进程。因此，在现代经济社会中，缺乏期货的市场，是肤浅的市场；缺乏期货市场体系，是不完善、不完整的市场体系。

第二节　期货投资

一、期货——一种特殊的投资媒介

首先我们必须阐明的是，期货是一种投资媒介，它具有与其他投资媒介共同的特征，诸如股票、债券、不动产、保险等，它能够通过参与期货交易，在一定时期内预期获得与风险成比例的适当收入。期货市场上交易者的行为主要有两种：套期保值和投机。套期保值的目的是为了避免价格波动带来的风险，如果套期保值者不进行期货交易，那么价格风险可能无法转移给投机商，导致本金可能在将来的某个时候受到损失，因此从这个意义上说，保值本质就是一种投资形式。而我们着重讨论的投资是期货交易的另一种行为——投机。一般认为，投资具有有限的风险，而投机具有较高的风险。但是事实上，这两者的界限是很难划分的。所谓风险的高低是以人们主观意愿来界定的，常带有较大的随意性。在期货买卖交易中，始终伴随着投机活动，它与投资很难截然分开，这方面有一句西方的谚语很能说明问题——良好的投资，就是成功的投机。

不可否认，参与期货交易就必须承担一定的市场风险，有时甚至是很大的风险。但是任何形式的投资都有风险，投资股票可能会遇到上市公司因经营业绩不佳而摘牌，投资房地产可能会受到某些政策面因素的影响，即使把现金存入银行还可能无法回避通货膨胀带来的风险。通常在大多数投资方式中，投资者承担的风险越大，那么获得高利润的可能性就越大，而期货投资就是这么一种风险相对较高、回报也相对较丰厚的投资方式。

二、期货投资的特点

1. 高风险

决定期货价格的因素很多，诸如市场供需、经济基本面、政治、利率、政府经济政策等，每一种因素发生变化均可能诱发期货价格发生激烈的变化。此外，由于期货交易采用保证金制度，保证金的水平由提供合约的交易所指定，通常为合约总值的5%～20%。因此，当期货价格受到外界基本面影响，产生哪怕上百分之几的小幅波动，均可能导致期货账户出现很大比例的盈利和亏损。并且期货账户是每日结算的，每天都可能需要调入资金，对资金调度的要求相当高，当然也增加了投资的风险。

2. 高收益

正因为期货交易采用保证金制度，这使得期货交易商能够以少量的资金(一般为总值的5%～20%)控制较大的投资。通常期货投资账户借款比例最高可达95%，因此投资回报是相当可观的。

【案例15-1】 1月12日，某交易商动用9万元交易保证金，买入100公吨期铜合约，每公吨单价18 000元。到3月份，期价上涨至19 000元/公吨，即每公吨价格上涨了5.56%。最终他卖出平仓后将获得111%的利润，即盈利10万元。

三、期货投资时应注意的问题

由于期货市场本身具有的高风险性，期货价格受到多方面不可控因素的影响，瞬间发生行情突变，账户上的盈利马上可能转为亏损，因此投资者必须时刻保持清醒的头脑。在此我们必须着重提及初涉期市者进行期货投资的时候，必须注意几个关键性的问题：

1. 应该充分了解将要介入的商品期货合约

在初涉期货市场时，千万不能抱着侥幸取胜的心理在期市上“赌一把”，也许运气好，开始能够有一些盈利，但是最终必将被市场抛弃。初次涉足期货市场的新手必须做好充分的准备，切不可贸然下“海”。每一笔成功的期货交易来源于对未来期价走势的正确判断，而正确的判断来源于交易商对影响期价因素的研究和分析。这里指的分析就是我们在期货交易中常常提及的基本分析和技术分析。

(1) 基本分析预测法(简称基本分析)，主要是利用市场供需关系的变化来解释和预测价格趋势，它从影响和决定期市的因素入手，对期市进行相关角度分析。基本分析属于长期分析，它着眼于汇率、利率、政策、市场消费、政治事件、供需关系等方面的研究，有助于投资者更好地把握商品价格的长期趋势。

(2) 技术性分析方法(简称技术分析)，利用期货市场统计资料中的历史价格、成交量、空盘量等数据，画出价格趋势图，借助于这些技术性资料和图形来预测未来的价格走势的方法。技术分析直接从期货市场的相关数据和图像入手，它所关心的只是价格的波动和如何获得预期的期货投资收益，帮助投资者选择适当的投资机会和投资方式。常用的技术工具有K线图、点数图、趋势线、移动平均线、KD指标、RSI强弱指标、成交量和空盘量等。

上述两种分析方法各有优点，也各有局限性，具体操作中常把两种方法结合起来使用。

2. 入市交易前应该有充分的心理准备,设立一个合理的获利和止损点

期货投资在参与期货交易时,必须尽量避免两个常见的“误区”:一是“贪心不足”;二是“犹豫不决”。当你在期市之中选择多头部位时,应该定出价格上涨到什么水平“获利回吐”,当价格下跌到什么位置时斩仓止损。当你选择空头部位时,也应该定出价格下跌到什么水平“获利回补”,当价格上涨到什么位置时空头止损。不少交易商一旦出现了账面亏损,往往犹豫不决,下不了平仓的决心,总是希望期价能够出现好转,减少亏损甚至扭亏为赢。但是常常是事与愿违,导致亏损越来越大。当然,根据期货行情的不断变化,盈利目标和亏损限度是可以修正的,但是交易者自己心中必须有一个合理的尺度,期货市场中没有只赚不亏的“常胜将军”,只要在一段时间内盈亏相抵,总账能够获利就算是投资成功。

3. 慎重选择入市时机

选择时机的总原则是在价跌时买进,价涨时卖出。但是,由于期货市场受到政治、经济、文化等多方面因素的影响,因此价格瞬息万变,选择时机是一件很困难的事。一般来说,当价格涨至相当高的水平时,尽管利好因素仍然存在,但价格可能继续有一定幅度的上升,此时不宜入市做空;反之,当价格下跌至相当低的位置时,尽管利空因素仍然存在,但价格可能继续惯性下跌一段过程,此时也不宜入市做多。通常情况下,当市场价格趋势与预期的情况相反或市场出现新的变化时,先应该暂时冷静观望,等待行情走出明显的趋势后再选择入市时机,切忌草率入市交易。

另外,投资者初涉期市还应该注意,期货交易中做多和做空是同等重要的操作,不能偏向于做多头交易,这也是期货区别于股票的地方。通常在最低点买入期货、最高点卖出期货的机会是不多的,期货买卖应选择相对比较好的价格水平。选择最佳入市时机,正确估量风险,只有在获利可能性极大的时候才入市买卖。

四、期货交易的程序

期货交易的具体程序如下:

1. 开设交易账户

期货交易人士欲进入期货市场,须首先选定一个期货经纪公司作为自己的交易代理,委托经纪公司为自己开设一个期货交易账户,缴纳一定数额的保证金。开立交易账户实际上是委托人(客户)与代理人(经纪公司)之间建立一种法律上的关系。客户必须与经纪公司签订委托协议和风险揭示声明书、基础商品交易账户等文件。经纪公司在接受客户开户申请时,对客户的风险承受能力、民事行为能力、财力状况和道德信誉都要进行严格的审查。对客户而言,从保护自身利益和提高交易质量等实际问题出发,选择合适的代理商是至关重要的,因此客户在开户前应该充分了解代理商的情况。一般来说,理想的代理商应该具备雄厚的资金实力、良好的商业信誉和先进的交易通讯设施。客户在选择经纪公司的同时还要选定具体的服务经纪人,作为自己委托交易的具体执行者。

2. 下单

客户进行开设交易账户的准备工作后,才能正式进入期货交易的实战操作。一般情况下,客户在认真研判市场行情的基础上欲入市买卖期货合约,须以电话、口头通知等形式向经纪公司发出交易订单。下单是一笔交易具体操作的起点,订单不仅记录了客户的交易意向、要求,而且还记录了客户指令执行过程的情况,因此订单是期货交易业务操作的重要原

始凭证。交易订单应注明买卖期货合约的数量、合约到期月份、价格限制条件、订单有效期限等内容。常见的订单类型有市价订单、限价订单、停止价订单、停止限价订单和限时订单等。

3. 审单和报单

经纪公司的场外经纪人接到客户订单后，必须在对订单的有效性和可操作性作出认定后才可以付诸执行。对于不符合规范要求的订单，经纪公司应要求客户进行修改或重新填写。经纪公司在审单无误后，应立即用电话、电传等方式尽快通知经纪公司驻在期货交易所的交易代表，并由场内经纪人负责将客户下达的订单在场内完成交易。随着交易进程的不断完善，下单、审单、报单几个环节的处理程序演化得十分简捷，大大地提高了工作效率。

4. 交易和成交回报

场内经纪人收到客户的交易订单后，应立即寻求机会予以执行，按客户指定的价格和数量进行特定期货合约的买卖。每一笔交易的成交，都要经过买卖双方所有经纪人的公开竞争，每个经纪人都有平等机会按照客户买卖合约的要求，以最有利的价格成交。交易指令的执行是买卖期货合约的关键一步，关系到客户的交易指令能否得到贯彻成为现实。因此，交易指令的执行要求场内经纪人具有很高的素质和能力。场内经纪人必须头脑敏捷，行动迅速，并忠实于客户，善于领会客户意图，才能较好地执行和完成客户的指令。

合约成交后，场内经纪人应将交易结果立即回传给经纪公司，再由经纪公司通知客户，以便客户确认指令已被执行。这样，一方面，可以避免为此引起不必要的纠纷；另一方面，更为重要的是客户可以及时了解自己在交易中所处的地位，尽早确定下一步的行动方案。与此同时，交易大厅的记录员在交易卡上记录每笔交易的交易情况，汇总到交易结算所进行核定、确认和登记，并向客户发出买卖合约通知书，至此，一笔期货交易才算正式完成。

5. 平仓了结

期货交易的了结方式主要有三种：对冲平仓、交割和现金结算。对冲平仓是期货交易的主要方式，期货交易中的绝大多数合约是通过这种方式了结的。它通过卖出或买进相同交割月份、相同数量的期货合约来了结先前所买进或卖出的合约。操作方法很简单，以前买进的现在卖出，以前卖出的现在买进。如果客户要求将手持的期货合约平仓，应以交易订单的形式通知经纪人，经纪人执行订单后，通过交易结算所核算出客户的实际盈亏额，并由经纪人通知客户。

6. 结算

每一笔交易的达成，只表明此笔合约交易完毕，并不意味交易过程全部结束，严格意义上说，每天期货交易整个程序完结是以当天合约全部清算为标志的。期货交易的结算是指交易所和经纪公司根据结算价格对当日所有未平仓合约的盈亏进行核算，并相应调整保证金账户的过程。由于期货交易实行“无负债制度”，如账面出现亏损，以致低于保证金水平的50%，客户就必须追加一笔保证金增加额，目的是防止某些客户因过度投机而丧失偿债能力；如有账面盈余，由经纪行把盈利差额退给客户，直到客户平仓时，再结算实际盈亏额。至此，一笔普通的期货合约的买卖过程才算全部结束。

本章小结

本章主要介绍国际货物买卖活动中比较特殊的期货贸易，重点讲述了期货贸易方式的特征、功能以及交易程序。

关键概念

◆ 期货贸易(Futures Trading)
◆ 套期保值(Hedging)

思考与练习

1. 什么是期货交易？期货交易具有哪些基本功能？
2. 期货交易与现货交易有何区别？
3. 什么是套期保值？
4. 期货投资时应注意哪些问题？

附录一　联合国国际货物销售合同公约

本公约于1988年1月1日生效。1981年9月30日我国政府代表签署本公约，1986年12月11日交存核准书。核准书载明，中国不受公约第一条第1款(b)、第十一条及与第十一条内容有关的规定的约束。

(1980年4月11日订于维也纳)

本公约各缔约国：

铭记联合国大会第六届特别会议通过的关于建立新的国际经济秩序的各项决议的广泛目标，

考虑到在平等互利基础上发展国际贸易是促进各国间友好关系的一个重要因素，认为采用照顾到不同的社会、经济和法律制度的国际货物销售合同统一规则，将有助于减少国际贸易的法律障碍，促进国际贸易的发展，兹协议如下：

第一部分　适用范围和总则

第一章　适用范围

第一条

(1) 本公约适用于营业地在不同国家的当事人之间所订立的货物销售合同：

(a) 如果这些国家是缔约国；或

(b) 如果国际私法规则导致适用某一缔约国的法律。

(2) 当事人营业地在不同国家的事实，如果从订立合同前任何时候或订立合同时，当事人之间的任何交易或当事人透露的情报均看不出，应不予考虑。

(3) 在确定本公约的适用时，当事人的国籍和当事人或合同的民事或商业性应不予考虑。

第二条

本公约不适用于以下的销售：

(a) 购供私人、家人或家庭使用的货物的销售，除非卖方在订立合同前任何时候或订立合同时不知道而且没有理由知道这些货物是购供任何这种使用；

(b) 经由拍卖的销售；

(c) 根据法律执行令状或其他令状的销售；

(d) 公债、股票、投资证券、流通票据或货币的销售；

(e) 船舶、船只、气垫船或飞机的销售；

(f) 电力的销售。

第三条

(1) 供应商待制造或生产的货物的合同应视为销售合同,除非订购货物的当事人保证供应这种制造或生产所需的大部分重要材料。

(2) 本公约不适用于供应货物一方的绝大部分义务在于供应劳力或其他服务的合同。

第四条

本公约只适用于销售合同的订立和卖方和买方因此种合同而产生的权利和义务。特别是,本公约除非另有明文规定,与以下事项无关:

(a) 合同的效力,或其任何条款的效力,或任何惯例的效力;

(b) 合同对所售货物所有权可能产生的影响。

第五条

本公约不适用于卖方对于货物对任何人所造成的死亡或伤害的责任。

第六条

双方当事人可以不适用本公约,或在第十二条的条件下,减损本公约的任何规定或改变其效力。

第二章 总 则

第七条

(1) 在解释本公约时,应考虑到本公约的国际性质和促进其适用的统一以及在国际贸易上遵守诚信的需要。

(2) 凡本公约未明确解决的属于本公约范围的问题,应按照本公约所依据的一般原则来解决。在没有一般原则的情况下,则应按照国际私法规定适用的法律来解决。

第八条

(1) 为本公约的目的,一方当事人所作的声明和其他行为,应依照他的意旨解释,如果另一方当事人已知道或者不可能不知道此一意旨。

(2) 如果上一款的规定不适用,当事人所作的声明和其他行为,应按照一个与另一方当事人同等资格、通情达理的人处于相同情况中,应有的理解来解释。

(3) 在确定一方当事人的意旨或一个通情达理的人应有的理解时,应适当地考虑到与事实有关的一切情况,包括谈判情形、当事人之间确立的任何习惯做法、惯例和当事人其后的任何行为。

第九条

(1) 双方当事人业已同意的任何惯例和他们之间确立的任何习惯做法,对双方当事人均有约束力。

(2) 除非另有协议,双方当事人应视为已默示地同意对他们的合同或合同的订立适用双方当事人已知道或理应知道的惯例,而这种惯例,在国际贸易上,已为有关特定贸易所涉同类合同的当事人所广泛知道并为他们所经常遵守。

第十条

为本公约的目的:

(a) 如果当事人有一个以上的营业地,则以与合同及合同的履行关系最密切的营业地为其营业地,但要考虑到双方当事人在订立合同前任何时候或订立合同时所知道或所设想的情况;

(b) 如果当事人没有营业地,则以其惯常居住地为准。

第十一条

销售合同无须以书面订立或书面证明,在形式方面也不受任何其他条件的限制。销售合同可以用包括人证在内的任何方法证明。

第十二条

本公约第十一条、第二十九条或第二部分准许销售合同或其更改或根据协议终止,或者任何发价、接受或其他意旨表示得以书面以外任何形式作出的任何规定不适用,如果任何一方当事人的营业地是在已按照本公约第九十六条作出了声明的一个缔约国内;各当事人不得减损本条或改变其效力。

第十三条

为本公约的目的,"书面"包括电报和电传。

第二部分　合同的订立

第十四条

(1) 向一个或一个以上特定的人提出的订立合同的建议,如果十分确定并且表明发价人在得到接受时承受约束的意旨,即构成发价。一个建议如果写明货物并且明示或暗示地规定数量和价格或规定如何确定数量和价格,即为十分确定。

(2) 非向一个或一个以上特定的人提出的建议,仅应视为邀请作出发价,除非提出建议的人明确地表示相反的意向。

第十五条

(1) 发价于送达被发价人时生效。

(2) 一项发价,即使是不可撤销的,得予撤回,如果撤回通知于发价送达被发价人之前或同时,送达被发价人。

第十六条

(1) 在未订立合同之前,发价得予撤销,如果撤销通知于被发价人发出接受通知之前送达被发价人。

(2) 但在下列情况下,发价不得撤销:

(a) 发价写明接受发价的期限或以其他方式表示发价是不可撤销的;或

(b) 被发价人有理由信赖该项发价是不可撤销的,而且被发价人已本着对该项发价的信赖行事。

第十七条

一项发价,即使是不可撤销的,于拒绝通知送达发价人时终止。

第十八条

(1) 被发价人声明或作出其他行为表示同意一项发价,即是接受。缄默或不行动本身不等于接受。

(2) 接受发价于表示同意的通知送达发价人时生效。如果表示同意的通知在发价人所规定的时间内,如未规定时间,在一段合理的时间内,未曾送达发价人,接受就成为无效,但须适当地考虑到交易的情况,包括发价人所使用的通讯方法的迅速程度。对口头发价必须立即接受,但情况有别者不在此限。

(3) 但是,如果根据该项发价或依照当事人之间确立的习惯做法或惯例,被发价人可以作出某种行为,例如与发运货物或支付价款有关的行为,来表示同意,而无须向发价人发出时通知,则接受于该项行为作出通知,但该项行为必须在上一款所规定的期间内作出。

第十九条

(1) 对发价表示接受但载有添加、限制或其他更改的答复,即为拒绝该项发价并构成还价。

(2) 但是,对发价表示接受但载有添加或不同条件的答复,如所载的添加或不同条件在实质上并不变更该项发价的条件,除发价人在不过分迟延的期间内以口头或书面通知反对其间的差异外,仍构成接受。如果发价人不作出这种反对,合同的条件就以该项发价的条件以及接受通知内所载的更改为准。

(3) 有关货物价格、付款、货物质量和数量、交货地点和时间、一方当事人对另一方当事人的赔偿责任范围或解决争端等等的添加或不同条件,均视为在实质上变更发价的条件。

第二十条

(1) 发价人在电报或信件内规定的接受期间,从电报交发时刻或信上载明的发信日期起算,如信上未载明发信日期,则从信封上所载日期起算。发价人以电话、电传或其他快速通讯方法规定的接受期间,从发价送达被发价人时起算。

(2) 在计算接受期间时,接受期间内的正式假日或非营业日应计算在内。但是如果接受通知在接受期间的最后一天未能送到发价人地址,因为那天在发价人营业地是正式假日或非营业日,则接受期间应顺延至下一个营业日。

第二十一条

(1) 逾期接受仍有接受的效力,如果发价人毫不迟延地用口头或书面将此种意见通知被发价人。

(2) 如果载有逾期接受的信件或其他书面文件表明,它是在传递正常、能及时送达发价人的情况下寄发的,则该项逾期接受具有接受的效力,除非发价人毫不迟延地用口头或书面通知被发价人:他认为他的发价已经失效。

第二十二条

接受得予撤回,如果撤回通知于接受原应生效之前或同时,送达发价人。

第二十三条

合同于按照本公约规定对发价的接受生效时订立。

第二十四条

为公约本部分的目的,发价、接受声明或任何其他意旨表示"送达"对方,系指用口头通知对方或通过任何其他方法送交对方本人,或其营业地或通讯地址,如无营业地或通讯地址,则送交对方惯常居住地。

第三部分　货物销售

第一章　总　　则

第二十五条

一方当事人违反合同的结果，如使另一方当事人蒙受损害，以至于实际上剥夺了他根据合同规定有权期待得到的东西，即为根本违反合同，除非违反合同一方并不预知而且一个同等资格、通情达理的人处于相同情况中也没有理由预知会发生这种结果。

第二十六条

宣告合同无效的声明，必须向另一方当事人发出通知，方始有效。

第二十七条

除非公约本部分另有明文规定，当事人按照本部分的规定，以适合情况的方法发出任何通知、要求或其他通知后，这种通知如在传递上发生耽搁或错误，或者未能到达，并不使该当事人丧失依靠该项通知的权利。

第二十八条

如果按照本公约的规定，一方当事人有权要求另一方当事人履行某一义务，法院没有义务作出判决，要求具体履行此一义务，除非法院依照其本身的法律对不属本公约范围的类似销售合同愿意这样做。

第二十九条

(1) 合同只需双方当事人协议，就可更改或终止。

(2) 规定任何更改或根据协议终止必须以书面作出的书面合同，不得以任何其他方式更改或根据协议终止。但是，一方当事人的行为，如经另一方当事人寄以信赖，就不得坚持此项规定。

第二章　卖方的义务

第三十条

卖方必须按照合同和本公约的规定，交付货物，移交一切与货物有关的单据并转移货物所有权。

第一节　交付货物和移交单据

第三十一条

如果卖方没有义务要在任何其他特定地点交付货物，他的交货义务如下：

(a) 如果销售合同涉及货物的运输，卖方应把货物移交给第一承运人，以运交给买方；

(b) 在不属于上一款规定的情况下，如果合同指的是特定货物或从特定存货中提取的或尚待制造或生产的未经特定化的货物，而双方当事人在订立合同时已知道这些货物是在某一特定地点，或将在某一特定地点制造或生产，卖方应在该地点把货物交给买方处置；

(c) 在其他情况下，卖方应在他于订立合同时的营业地把货物交给买方处置。

第三十二条

(1) 如果卖方按照合同或本公约的规定将货物交付给承运人,但货物没有以货物上加标记或以装运单据或其他方式清楚地注明有关合同,卖方必须向买方发出列明货物的发货通知。

(2) 如果卖方有义务安排货物的运输,他必须订立必要的合同,以按照通常运输条件,用适合情况的运输工具,把货物运到指定地点。

(3) 如果卖方没有义务对货物的运输办理保险,他必须在买方提出要求时,向买方提供一切现有的必要资料,使买方能够办理这种保险。

第三十三条

卖方必须按以下规定的日期交付货物:

(a) 如果合同规定有日期,或从合同可以确定日期,应在该日期交货;

(b) 如果合同规定有一段时间,或从合同可以确定一段时间,除非情况表明应由买方选定一个日期外,应在该段时间内任何时候交货;或者

(c) 在其他情况下,应在订立合同后一段合理时间内交货。

第三十四条

如果卖方有义务移交与货物有关的单据,他必须按照合同所规定的时间、地点和方式移交这些单据。如果卖方在那个时间以前已移交这些单据,他可以在那个时间到达前纠正单据中任何不符合同规定的情形。但是,此一权利的行使不得使买方遭受不合理的不便或承担不合理的开支。但是,买方保留本公约所规定的要求损害赔偿的任何权利。

第二节　货物相符与第三方要求

第三十五条

(1) 卖方交付的货物必须与合同所规定的数量、质量和规格相符,并须按照合同所定的方式装箱或包装。

(2) 除双方当事人业已另有协议外,货物除非符合以下规定,否则即为与合同不符:

(a) 货物适用于同一规格货物通常使用的目的;

(b) 货物适用于订立合同时曾明示或默示地通知卖方的任何特定目的,除非情况表明买方并不依赖卖方的技能和判断力,或者这种依赖对他是不合理的;

(c) 货物的质量与卖方向买方提供的货物样品或样式相同;

(d) 货物按照同类货物通用的方式装箱或包装,如果没有此种通用方式,则按照足以保全和保护货物的方式装箱包装。

(3) 如果买方在订立合同时知道或者不可能不知道货物不符合同,卖方就无须按上一款(a)项至(d)项负有此种不符合同的责任。

第三十六条

(1) 卖方应按照合同和本公约的规定,对风险移转到买方时所存在的任何不符合同情形负有责任,即使这种不符合同情形在该时间后方始明显。

(2) 卖方对在上一款所述时间后发生的任何不符合同情形也应负有责任,如果这种不符合同情形是由于卖方违反他的某项义务所致,包括违反关于在一段时间内货物将继续适用于其通常使用的目的或某种特定目的,或将保持某种特定质量或性质的任何保证。

第三十七条

如果卖方在交货日期前交付货物,他可以在那个日期到达前,交付任何缺漏部分或补足所交付货物的不足数量,或交付用以替换所交付不符合同规定的货物,或对所交付货物中任何不符合同规定的情形作出补救。但是,此一权利的行使不得使买方遭受不合理的不便或承担不合理的开支。但是,买方保留本公约所规定的要求损害赔偿的任何权利。

第三十八条

(1) 买方必须在按情况实际可行的最短时间内检验货物或由他人检验货物。

(2) 如果合同涉及货物的运输,检验可推迟到货物到达目的地后进行。

(3) 如果货物在运输途中改运或买方须再发运货物,没有合理机会加以检验,而卖方在订立合同时已知道或理应知道这种改运或再发运的可能性,检验可推迟到货物到达新目的地后进行。

第三十九条

(1) 买方对货物不符合同,必须在发现或理应发现不符情形后一段合理时间内通知卖方,说明不符合同情形的性质,否则就丧失声称货物不符合同的权利。

(2) 无论如何,如果买方不在实际收到货物之日起两年内将货物不符合同情形通知卖方,他就丧失声称货物不符合同的权利,除非这一时限与合同规定的保证期限不符。

第四十条

如果货物不符合同规定指的是卖方已知道或不可能不知道而又没有告知买方的一些事实,则卖方无权援引第三十八条和第三十九条的规定。

第四十一条

卖方所交付的货物,必须是第三方不能提出任何权利或要求的货物,除非买方同意在这种权利或要求的条件下,收取货物。但是,如果这种权利或要求是以工业产权或其他知识产权为基础的,卖方的义务应依照第四十二条的规定。

第四十二条

(1) 卖方所交付的货物,必须是第三方不能根据工业产权或其他知识产权主张任何权利或要求的货物,但以卖方在订立合同时已知道或不可能不知道的权利或要求为限,而且这种权利或要求根据以下国家的法律规定是以工业产权或其他知识产权为基础的:

(a) 如果双方当事人在订立合同时预期货物将在某一国境内转售或做其他使用,则根据货物将在其境内转售或做其他使用的国家的法律;或者

(b) 在任何其他情况下,根据买方营业地所在国家的法律。

(2) 卖方在上一款中的义务不适用于以下情况:

(a) 买方在订立合同时已知道或不可能不知道此项权利或要求;或者

(b) 此项权利或要求的发生,是由于卖方要遵照买方所提供的技术图样、图案、款式或其他规格。

第四十三条

(1) 买方如果不在已知道或理应知道第三方的权利或要求后一段合理时间内,将此一权利或要求的性质通知卖方,就丧失援引第四十一条或第四十二条规定的权利。

(2) 卖方如果知道第三方的权利或要求以及此一权利或要求的性质,就无权援引上一款的规定。

第四十四条

尽管有第三十九条第(1)款和第四十三条第(1)款的规定，买方如果对他未发出所需的通知具备合理的理由，仍可按照第五十条规定减低价格，或要求利润损失以外的损害赔偿。

第三节　卖方违反合同的补救办法

第四十五条

(1) 如果卖方不履行他在合同和本公约中的任何义务，买方可以：

(a) 行使第四十六条至第五十二条所规定的权利；

(b) 按照第七十四条至第七十七条的规定，要求损害赔偿。

(2) 买方可能享有的要求损害赔偿的任何权利，不因他行使采取其他补救办法的权利而丧失。

(3) 如果买方对违反合同采取某种补救办法，法院或仲裁庭不得给予卖方宽限期。

第四十六条

(1) 买方可以要求卖方履行义务，除非买方已采取与此一要求相抵触的某种补救办法。

(2) 如果货物不符合同，买方只有在此种不符合同情形构成根本违反合同时，才可以要求交付替代货物，而且关于替代货物的要求，必须与依照第三十九条发出的通知同时提出，或者在该项通知发出后一段合理时间内提出。

(3) 如果货物不符合同，买方可以要求卖方通过修理对不符合同之处作出补救，除非他考虑了所有情况之后，认为这样做是不合理的。修理的要求必须与依照第三十九条发出的通知同时提出，或者在该项通知发出后一段合理时间内提出。

第四十七条

(1) 买方可以规定一段合理时限的额外时间，让卖方履行其义务。

(2) 除非买方收到卖方的通知，声称他将不在所规定的时间内履行义务，买方在这段时间内不得对违反合同采取任何补救办法。但是，买方并不因此丧失他对迟延履行义务可能有的要求损害赔偿的任何权利。

第四十八条

(1) 在第四十九条的条件下，卖方即使在交货日期之后，仍可自付费用，对任何不履行义务作出补救，但这种补救不得造成不合理的迟延，也不得使买方遭受不合理的不便，或无法确定卖方是否将偿付买方预付的费用。但是，买方保留本公约所规定的要求损害赔偿的任何权利。

(2) 如果卖方要求买方表明他是否接受卖方履行义务，而买方不在一段合理时间内对此一要求作出答复，则卖方可以按其要求中所指明的时间履行义务。买方不得在该段时间内采取与卖方履行义务相抵触的任何补救办法。

(3) 卖方表明他将在某一特定时间内履行义务的通知，应视为包括根据上一款规定要买方表明决定的要求在内。

(4) 卖方按照本条第(2)和第(3)款作出的要求或通知，必须在买方收到后始生效力。

第四十九条

(1) 买方在以下情况下可以宣告合同无效：

(a) 卖方不履行其在合同或本公约中的任何义务，等于根本违反合同；或

(b) 如果发生不交货的情况，卖方不在买方按照第四十七条第(1)款规定的额外时间内交付货物，或卖方声明他将不在所规定的时间内交付货物。

(2) 但是，如果卖方已交付货物，买方就丧失宣告合同无效的权利，除非：

(a) 对于迟延交货，他在知道交货后一段合理时间内这样做；

(b) 对于迟延交货以外的任何违反合同事情：

① 他在已知道或理应知道这种违反合同后一段合理时间内这样做；或

② 他在买方按照第四十七条第(1)款规定的任何额外时间满期后，或在卖方声明他将不在这一额外时间履行义务后一段合理时间内这样做；或

③ 他在卖方按照第四十八条第(2)款指明的任何额外时间满期后，或在买方声明他将不接受卖方履行义务后一段合理时间内这样做。

第五十条

如果货物不符合同，不论价款是否已付，买方都可以减低价格，减价按实际交付的货物在交货时的价值与符合合同的货物在当时的价值两者之间的比例计算。但是，如果卖方按照第三十七条或第四十八条的规定对任何不履行义务作出补救，或者买方拒绝接受卖方按照该两条规定履行义务，则买方不得减低价格。

第五十一条

(1) 如果卖方只交付一部分货物，或者交付的货物中只有一部分符合合同规定，第四十六条至第五十条的规定适用于缺漏部分及不符合同规定部分的货物。

(2) 买方只有在完全不交付货物或不按照合同规定交付货物等于根本违反合同时，才可以宣告整个合同无效。

第五十二条

(1) 如果卖方在规定的日期前交付货物，买方可以收取货物，也可以拒绝收取货物。

(2) 如果卖方交付的货物数量大于合同规定的数量，买方可以收取也可以拒绝收取多交部分的货物。如果买方收取多交部分货物的全部或一部分，他必须按合同价格付款。

第三章　买方的义务

第一节　支付价款

第五十三条

买方必须按照合同和本公约规定支付货物价款和收取货物。

第五十四条

买方支付价款的义务包括根据合同或任何有关法律和规章规定的步骤和手续，以便支付价款。

第五十五条

如果合同已有效地订立，但没有明示或暗示地规定价格或规定如何确定价格，在没有任何相反表示的情况下，双方当事人应视为已默示地引用订立合同时此种货物在有关贸易的类似情况下销售的通常价格。

第五十六条

如果价格是按货物的重量规定的，如有疑问，应按净重确定。

第五十七条

(1) 如果买方没有义务在任何其他特定地点支付价款,他必须在以下地点向卖方支付价款:

(a) 卖方的营业地;或者

(b) 如凭移交货物或单据支付价款,则为移交货物或单据的地点。

(2) 卖方必须承担因其营业地在订立合同后发生变动而增加的支付方面的有关费用。

第五十八条

(1) 如果买方没有义务在任何其他特定时间内支付价款,他必须于卖方按照合同和本公约规定将货物或控制货物处置权的单据交给买方处置时支付价款。卖方可以支付价款作为移交货物或单据的条件。

(2) 如果合同涉及货物的运输,卖方可以在支付价款后方可把货物或控制货物处置权的单据移交给买方作为发运货物的条件。

(3) 买方在未有机会检验货物前,无义务支付价款,除非这种机会与双方当事人议定的交货或支付程序相抵触。

第五十九条

买方必须按合同和本公约规定的日期或从合同和本公约可以确定的日期支付价款,而无需卖方提出任何要求或办理任何手续。

第二节　收取货物

第六十条

买方收取货物的义务如下:

(a) 采取一切理应采取的行动,以期卖方能交付货物;和

(b) 接收货物。

第三节　买方违反合同的补救办法

第六十一条

(1) 如果买方不履行他在合同和本公约中的任何义务,卖方可以:

(a) 行使第六十二条至第六十五条所规定的权利;

(b) 按照第七十四条至第七十七条的规定,要求损害赔偿。

(2) 卖方可能享有的要求损害赔偿的任何权利,不因他行使采取其他补救办法的权利而丧失。

(3) 如果卖方对违反合同采取某种补救办法,法院或仲裁庭不得给予买方宽限期。

第六十二条

卖方可以要求买方支付价款、收取货物或履行他的其他义务,除非卖方已采取与此一要求相抵触的某种补救办法。

第六十三条

(1) 卖方可以规定一段合理时限的额外时间,让买方履行义务。

(2) 除非卖方收到买方的通知,声称他将不在所规定的时间内履行义务,卖方不得在这段时间内对违反合同采取任何补救办法。但是,卖方并不因此丧失他对迟延履行义务可能

享有的要求损害赔偿的任何权利。

第六十四条

(1) 卖方在以下情况下可以宣告合同无效：

(a) 买方不履行其在合同或本公约中的任何义务，等于根本违反合同；或

(b) 买方不在卖方按照第六十三条第(1)款规定的额外时间内履行支付价款的义务或收取货物，或买方声明他将不在所规定的时间内这样做。

(2) 但是，如果买方已支付价款，卖方就丧失宣告合同无效的权利，除非：

(a) 对于买方迟延履行义务，他在知道买方履行义务前这样做；或者

(b) 对于买方迟延履行义务以外的任何违反合同事情：

① 他在已知道或理应知道这种违反合同后一段合理时间内这样做；或

② 他在卖方按照第六十三条第(1)款规定的任何额外时间满期后或在买方声明他将不在这一额外时间内履行义务后一段合理时间内这样做。

第六十五条

(1) 如果买方应根据合同规定订明货物的形状、大小或其他特征，而他在议定的日期或在收到卖方的要求后一段合理时间内没有订明这些规格，则卖方在不损害其可能享有的任何其他权利的情况下，可以依照他所知的买方的要求，自己订明规格。

(2) 如果卖方自己订明规格，他必须把订明规格的细节通知买方，而且必须规定一段合理时间，让买方可以在该段时间内订出不同的规格，如果买方在收到这种通知后没有在该段时间内这样做，卖方所订的规格就具有约束力。

第四章　风险移转

第六十六条

货物在风险移转到买方承担后遗失或损坏，买方支付价款的义务并不因此解除，除非这种遗失或损坏是由于卖方的行为或不行为所造成。

第六十七条

(1) 如果销售合同涉及货物的运输，但卖方没有义务在某一特定地点交付货物，自货物按照销售合同交付给第一承运人以转交给买方时起，风险就移转到买方承担。如果卖方有义务在某一特定地点把货物交付给承运人，在货物于该地点交付给承运人以前，风险不移转到买方承担。卖方受权保留控制货物处置权的单据，并不影响风险的移转。

(2) 但是，在货物以货物上加标记，或以装运单据，或向买方发出通知或其他方式清楚地注明有关合同以前，风险不移转到买方承担。

第六十八条

对于在运输途中销售的货物，从订立合同时起，风险就移转到买方承担。但是，如果情况表明有此需要，从货物交付给签发载有运输合同单据的承运人时起，风险就由买方承担。尽管如此，如果卖方在订立合同时已知道或理应知道货物已经遗失或损坏，而他又不将这一事实告知买方，则这种遗失或损坏应由卖方负责。

第六十九条

(1) 在不属于第六十七条和第六十八条规定的情况下，从买方接收货物时起，或如果买

方不在适当时间内这样做,则从货物交给他处置但他不收取货物从而违反合同时起,风险移转到买方承担。

(2) 但是,如果买方有义务在卖方营业地以外的某一地点接收货物,当交货时间已到而买方知道货物已在该地点交给他处置时,风险方始移转。

(3) 如果合同指的是当时未加识别的货物,则这些货物在未清楚注明有关合同以前,不得视为已交给买方处置。

第七十条

如果卖方已根本违反合同,第六十七条、第六十八条和第六十九条的规定,不损害买方因此种违反合同而可以采取的各种补救办法。

第五章　卖方和买方义务的一般规定

第一节　预期违反合同和分批交货合同

第七十一条

(1) 如果订立合同后,另一方当事人由于下列原因显然将不履行其大部分义务,一方当事人可以中止履行义务:

(a) 他履行义务的能力或他的信用有严重缺陷;或

(b) 他在准备履行合同或履行合同中的行为。

(2) 如果卖方在上一款所述的理由明显化以前已将货物发运,他可以阻止将货物交付给买方,即使买方持有其有权获得货物的单据。本款规定只与买方和卖方间对货物的权利有关。

(3) 中止履行义务的一方当事人不论是在货物发运前还是发运后,都必须立即通知另一方当事人,如经另一方当事人对履行义务提供充分保证,则他必须继续履行义务。

第七十二条

(1) 如果在履行合同日期之前,明显看出一方当事人将根本违反合同,另一方当事人可以宣告合同无效。

(2) 如果时间许可,打算宣告合同无效的一方当事人必须向另一方当事人发出合理的通知,使他可以对履行义务提供充分保证。

(3) 如果另一方当事人已声明将不履行其义务,则上一款的规定不适用。

第七十三条

(1) 对于分批交付货物的合同,如果一方当事人不履行对任何一批货物的义务,便对该批货物构成根本违反合同,则另一方当事人可以宣告合同对该批货物无效。

(2) 如果一方当事人不履行对任何一批货物的义务,使另一方当事人有充分理由断定对今后各批货物将会发生根本违反合同,该另一方当事人可以在一段合理时间内宣告合同今后无效。

(3) 买方宣告合同对任何一批货物的交付为无效时,可以同时宣告合同对已交付的或今后交付的各批货物均为无效,如果各批货物是互相依存的,不能单独用于双方当事人在订立合同时所设想的目的。

第二节　损害赔偿

第七十四条

一方当事人违反合同应负的损害赔偿额，应与另一方当事人因他违反合同而遭受的包括利润在内的损失额相等。这种损害赔偿不得超过违反合同一方在订立合同时，依照他当时已知道或理应知道的事实和情况，对违反合同预料到或理应预料到的可能损失。

第七十五条

如果合同被宣告无效，而在宣告无效后一段合理时间内，买方已以合理方式购买替代货物，或者卖方已以合理方式把货物转卖，则要求损害赔偿的一方可以取得合同价格和替代货物交易价格之间的差额以及按照第七十四条规定可以取得的任何其他损害赔偿。

第七十六条

(1) 如果合同被宣告无效，而货物又有时价，要求损害赔偿的一方，如果没有根据第七十五条规定进行购买或转卖，则可以取得合同规定的价格和宣告合同无效时的时价之间的差额以及按照第七十四条规定可以取得的任何其他损害赔偿。但是，如果要求损害赔偿的一方在接收货物之后宣告合同无效，则应适用接收货物时的时价，而不适用宣告合同无效时的时价。

(2) 为上一款的目的，时价指原应交付货物地点的现行价格，如果该地点没有时价，则指另一合理替代地点的价格。但应适当地考虑货物运费的差额。

第七十七条

声称另一方违反合同的一方，必须按情况采取合理措施，减轻由于该另一方违反合同而引起的损失，包括利润方面的损失。如果他不采取这种措施，违反合同一方可以要求从损害赔偿中扣除原可以减轻的损失数额。

第三节　利　息

第七十八条

如果一方当事人没有支付价款或任何其他拖欠金额，另一方当事人有权对这些款额收取利息，但不妨碍要求按照第七十四条规定可以取得的损害赔偿。

第四节　免　责

第七十九条

(1) 当事人对不履行义务，不负责任，如果他能证明此种不履行义务，是由于某种非他所能控制的障碍，而且对于这种障碍，没有理由预期他在订立合同时能考虑到或能避免或克服它的后果。

(2) 如果当事人不履行义务是由于他所雇佣履行合同的全部或一部分规定的第三方不履行义务所致，该当事人只有在以下情况下才能免除责任：

(a) 他按照上一款的规定应免除责任；和

(b) 假如该款的规定也适用于他所雇佣的人，这个人也同样会免除责任。

(3) 本条所规定的免责对障碍存在的期间有效。

(4) 不履行义务的一方必须将障碍及其对他履行义务能力的影响通知另一方。如果该项通知在不履行义务的一方已知道或理应知道此一障碍后一段合理时间内仍未为另一方收到，则他对由于另一方未收到通知而造成的损害应负赔偿责任。

(5) 本条规定不妨碍任何一方行使本公约规定的要求损害赔偿以外的任何权利。

第八十条

一方当事人因其行为或不行为而使得另一方当事人不履行义务时，不得声称该另一方当事人不履行义务。

第五节 宣告合同无效的效果

第八十一条

(1) 宣告合同无效解除了双方在合同中的义务，但应负责的任何损害赔偿仍应负责。宣告合同无效不影响合同中关于解决争端的任何规定，也不影响合同中关于双方在宣告合同无效后权利和义务的任何其他规定。

(2) 已全部或局部履行合同的一方，可以要求另一方归还他按照合同供应的货物或支付的价款。如果双方都须归还，他们必须同时这样做。

第八十二条

(1) 买方如果不可能按实际收到货物的原状归还货物，他就丧失宣告合同无效或要求卖方交付替代货物的权利。

(2) 上一款的规定不适用于以下情况：

(a) 如果不可能归还货物或不可能按实际收到货物的原状归还货物，并非由于买方的行为或不行为所造成；或者

(b) 如果货物或其中一部分的毁灭或变坏，是由于按照第三十八条规定进行检验所致；或者

(c) 如果货物或其中一部分，在买方发现或理应发现与合同不符以前，已为买方在正常营业过程中售出，或在正常使用过程中消费或改变。

第八十三条

买方虽然依第八十二条规定丧失宣告合同无效或要求卖方交付替代货物的权利，但是根据合同和本公约规定，他仍保有采取一切其他补救办法的权利。

第八十四条

(1) 如果卖方有义务归还价款，他必须同时从支付价款之日起支付价款利息。

(2) 在以下情况下，买方必须向卖方说明他从货物或其中一部分得到的一切利益：

(a) 如果他必须归还货物或其中一部分；或者

(b) 如果他不可能归还全部或一部分货物，或不可能按实际收到货物的原状归还全部或一部分货物，但他已宣告合同无效或已要求卖方交付替代货物。

第六节 保全货物

第八十五条

如果买方推迟收取货物，或在支付价款和交付货物应同时履行时，买方没有支付价款，而卖方仍拥有这些货物或仍能控制这些货物的处置权，卖方必须按情况采取合理措施，以保全货物。他有权保有这些货物，直至买方把他所付的合理费用偿还给他为止。

第八十六条

(1) 如果买方已收到货物,但打算行使合同或本公约规定的任何权利,把货物退回,他必须按情况采取合理措施,以保全货物。他有权保有这些货物,直至卖方把他所付的合理费用偿还给他为止。

(2) 如果发运给买方的货物已到达目的地,并交给买方处置,而买方行使退货权利,则买方必须代表卖方收取货物,除非他这样做需要支付价款而且会使他遭受不合理的不便或需承担不合理的费用。如果卖方或受权代表他掌管货物的人也在目的地,则此一规定不适用。如果买方根据本款规定收取货物,他的权利和义务与上一款所规定的相同。

第八十七条

有义务采取措施以保全货物的一方当事人,可以把货物寄放在第三方的仓库,由另一方当事人担负费用,但该项费用必须合理。

第八十八条

(1) 如果另一方当事人在收取货物或收回货物或支付价款或保全货物费用方面有不合理的迟延,按照第八十五条或第八十六条规定有义务保全货物的一方当事人,可以采取任何适当办法,把货物出售,但必须事前向另一方当事人发出合理的意向通知。

(2) 如果货物易于迅速变坏,或者货物的保全牵涉到不合理的费用,则按照第八十五条或第八十六条规定有义务保全货物的一方当事人,必须采取合理措施,把货物出售。在可能的范围内,他必须把出售货物的打算通知另一方当事人。

(3) 出售货物的一方当事人,有权从销售所得收入中扣回为保全货物和销售货物而付的合理费用。他必须向另一方当事人说明所余款项。

第四部分　最后条款

第八十九条

兹指定联合国秘书长为本公约保管人。

第九十条

本公约不优于业已缔结或可能缔结并载有与属于本公约范围内事项有关的条款的任何国际协定,但以双方当事人的营业地均在这种协定的缔约国内为限。

第九十一条

(1) 本公约在联合国国际货物销售合同会议闭幕会议上开放签字,并在纽约联合国总部继续开放签字,直至1981年9月30日为止。

(2) 本公约须经签字国批准、接受或核准。

(3) 本公约从开放签字之日起开放给所有非签字国加入。

(4) 批准书、接受书、核准书和加入书应送交联合国秘书长存放。

第九十二条

(1) 缔约国可在签字、批准、接受、核准或加入时声明它不受本公约第二部分的约束或不受本公约第三部分的约束。

(2) 按照上一款规定就本公约第二部分或第三部分作出声明的缔约国,在该声明适用的部分所规定事项上,不得视为本公约第一条第(1)款范围内的缔约国。

第九十三条

(1) 如果缔约国具有两个或两个以上的领土单位，而依照该国宪法规定，各领土单位对本公约所规定的事项适用不同的法律制度，则该国得在签字、批准、接受、核准或加入时声明本公约适用于该国全部领土单位或仅适用于其中的一个或数个领土单位，并且可以随时提出另一声明来修改其所做的声明。

(2) 此种声明应通知保管人，并且明确地说明适用本公约的领土单位。

(3) 如果根据按本条作出的声明，本公约适用于缔约国的一个或数个但不是全部领土单位，而且一方当事人的营业地位于该缔约国内，则为本公约的目的，该营业地除非位于本公约适用的领土单位内，否则视为不在缔约国内。

(4) 如果缔约国没有按照本条第(1)款作出声明，则本公约适用于该国所有领土单位。

第九十四条

(1) 对属于本公约范围的事项具有相同或非常近似的法律规则的两个或两个以上的缔约国，可随时声明本公约不适用于营业地在这些缔约国内的当事人之间的销售合同，也不适用于这些合同的订立。此种声明可联合作出，也可以相互单方面声明的方式作出。

(2) 对属于本公约范围的事项具有与一个或一个以上非缔约国相同或非常近似的法律规则的缔约国，可随时声明本公约不适用于营业地在这些非缔约国内的当事人之间的销售合同，也不适用于这些合同的订立。

(3) 作为根据上一款所做声明对象的国家如果后来成为缔约国，这项声明从本公约对该新缔约国生效之日起，具有根据第(1)款所做声明的效力，但以该新缔约国加入这项声明，或作出相互单方面声明为限。

第九十五条

任何国家在交存其批准书、接受书、核准书或加入书时，可声明它不受本公约第一条第(1)款(b)项的约束。

第九十六条

本国法律规定销售合同必须以书面订立或书面证明的缔约国，可以随时按照第十二条的规定，声明本公约第十一条、第二十九条或第二部分准许销售合同或其更改或根据协议终止，或者任何发价、接受或其他意旨表示得以书面以外任何形式作出的任何规定不适用，如果任何一方当事人的营业地是在该缔约国内。

第九十七条

(1) 根据本公约规定在签字时作出的声明，须在批准、接受或核准时加以确认。

(2) 声明和声明的确认，应以书面提出，并应正式通知保管人。

(3) 声明在本公约对有关国家开始生效时同时生效。但是，保管人于此种生效后收到正式通知的声明，应于保管人收到声明之日起六个月后的第一个月第一天生效。根据第九十四条规定作出的相互单方面声明，应于保管人收到最后一份声明之日起六个月后的第一个月第一天生效。

(4) 根据本公约规定作出声明的任何国家可以随时用书面正式通知保管人撤回该项声明。此种撤回于保管人收到通知之日起六个月后的第一个月第一天生效。

(5) 撤回根据第九十四条作出的声明，自撤回生效之日起，就会使另一个国家根据该条所做的任何相互声明失效。

第九十八条

除本公约明文许可的保留外,不得作任何保留。

第九十九条

(1) 在本条第(6)款规定的条件下,本公约在第十件批准书、接受书、核准书或加入书、包括载有根据第九十二条规定作出的声明的文书交存之日起 12 个月后第一个月的第一天生效。

(2) 在本条第(6)款规定的条件下,对于在第十件批准书、接受书、核准书或加入书交存后才批准、接受、核准或加入本公约的国家,本公约在该国交存其批准书、接受书、核准书或加入本公约的国家,本公约在该国交存其批准书、接受书、核准书或加入书之日起 12 个月后的第一个月第一天对该国生效,但不适用的部分除外。

(3) 批准、接受、核准或加入本公约的国家,如果是 1964 年 7 月 1 日在海牙签订的《关于国际货物销售合同的订立统一法公约》(《1964 年海牙订立合同公约》)和 1964 年 7 月 1 日在海牙签订的《关于国际货物销售统一法的公约》(《1964 年海牙货物销售公约》)中一项或两项公约的缔约国,应按情况同时通知荷兰政府声明退出《1964 年海牙货物销售公约》或《1964 年海牙订立合同公约》或退出该两公约。

(4) 凡为《1964 年海牙货物销售公约》缔约国并批准、接受、核准或加入本公约和根据第九十二条规定声明或业已声明不受本公约第二部分约束的国家,应于批准、接受、核准或加入时通知荷兰政府声明退出《1964 年海牙货物销售公约》。

(5) 凡为《1964 年海牙订立合同公约》缔约国并批准、接受、核准或加入本公约和根据第九十二条规定声明或业已声明不受本公约第三部分约束的国家,应于批准、接受、核准或加入时通知荷兰政府声明退出《1964 年海牙订立合同公约》。

(6) 为本条的目的,《1964 年海牙订立合同公约》或《1964 年海牙货物销售公约》的缔约国的批准、接受、核准或加入本公约,应在这些国家按照规定退出该两公约生效后方始生效。本公约保管人应与 1964 年两公约的保管人荷兰政府进行协商,以确保在这方面进行必要的协调。

第一百条

(1) 本公约适用于合同的订立,只要订立该合同的建议是在本公约对第一条第(1)款(a)项所指缔约国或第一条第(1)款(b)项所指缔约国生效之日或其后作出的。

(2) 本公约只适用于在它对第一条第(1)款(a)项所指缔约国或第一条第(1)款(b)项所指缔约国生效之日或其后订立的合同。

第一百零一条

(1) 缔约国可以用书面正式通知保管人声明退出本公约,或本公约第二部分或第三部分。

(2) 退出于保管人收到通知 12 个月后的第一个月第一天起生效。凡通知内订明一段退出生效的更长时间,则退出于保管人收到通知后该段更长时间期满时起生效。

1984 年 4 月 11 日订于维也纳,正本一份,其阿拉伯文本、中文本、英文本、法文本、俄文本和西班牙文本都具有同等效力。

附录二　中华人民共和国合同法(摘要)

总　则

第一章　一般规定

第一条

为了保护合同当事人的合法权益,维护社会经济秩序,促进社会主义现代化建设,制定本法。

第二条

本法所称合同是平等主体的自然人、法人、其他组织之间设立、变更、终止民事权利义务关系的协议。婚姻、收养、监护等有关身份关系的协议,适用其他法律的规定。

第三条

合同当事人的法律地位平等,一方不得将自己的意志强加给另一方。

第四条

当事人依法享有自愿订立合同的权利,任何单位和个人不得非法干预。

第五条

当事人应当遵循公平原则确定各方的权利和义务。

第六条

当事人行使权利、履行义务应当遵循诚实信用原则。

第七条

当事人订立、履行合同,应当遵守法律、行政法规,尊重社会公德,不得扰乱社会经济秩序,损害社会公共利益。

第八条

依法成立的合同,对当事人具有法律约束力。当事人应当按照约定履行自己的义务,不得擅自变更或者解除合同。依法成立的合同,受法律保护。

第二章　合同的订立

第九条

当事人订立合同,应当具有相应的民事权利能力和民事行为能力。当事人依法可以委托代理人订立合同。

第十条

当事人订立合同,有书面形式、口头形式和其他形式。法律、行政法规规定采用书面形式的,应当采用书面形式。当事人约定采用书面形式的,应当采用书面形式。

第十一条

书面形式是指合同书、信件和数据电文(包括电报、电传、传真、电子数据交换和电子邮件)等可以有形地表现所载内容的形式。

第十二条

合同的内容由当事人约定,一般包括以下条款:

(一) 当事人的名称或者姓名和住所;

(二) 标的;

(三) 数量;

(四) 质量;

(五) 价款或者报酬;

(六) 履行期限、地点和方式;

(七) 违约责任;

(八) 解决争议的方法。

当事人可以参照各类合同的示范文本订立合同。

第十三条

当事人订立合同,采取要约、承诺方式。

第十四条

要约是希望和他人订立合同的意思表示,该意思表示应当符合下列规定:

(一) 内容具体确定;

(二) 表明经受要约人承诺,要约人即受该意思表示约束。

第十五条

要约邀请是希望他人向自己发出要约的意思表示。寄送的价目表、拍卖公告、招标公告、招股说明书、商业广告等为要约邀请。商业广告的内容符合要约规定的,视为要约。

第十六条

要约到达受要约人时生效。采用数据电文形式订立合同,收件人指定特定系统接收数据电文的,该数据电文进入该特定系统的时间,视为到达时间;未指定特定系统的,该数据电文进入收件人的任何系统的首次时间,视为到达时间。

第十七条

要约可以撤回。撤回要约的通知应当在要约到达受要约人之前或者与要约同时到达受要约人。

第十八条

要约可以撤销。撤销要约的通知应当在受要约人发出承诺通知之前到达受要约人。

第十九条

有下列情形之一的,要约不得撤销:

(一) 要约人确定了承诺期限或者以其他形式明示要约不可撤销;

(二) 受要约人有理由认为要约是不可撤销的,并已经为履行合同做了准备工作。

第二十条

有下列情形之一的,要约失效:

（一）拒绝要约的通知到达要约人；

（二）要约人依法撤销要约；

（三）承诺期限届满，受要约人未作出承诺；

（四）受要约人对要约的内容作出实质性变更。

第二十一条

承诺是受要约人同意要约的意思表示。

第二十二条

承诺应当以通知的方式作出，但根据交易习惯或者要约表明可以通过行为作出承诺的除外。

第二十三条

承诺应当在要约确定的期限内到达要约人。要约没有确定承诺期限的，承诺应当依照下列规定到达：

（一）要约以对话方式作出的，应当即时作出承诺，但当事人另有约定的除外；

（二）要约以非对话方式作出的，承诺应当在合理期限内到达。

第二十四条

要约以信件或者电报作出的，承诺期限自信件载明的日期或者电报交发之日开始计算。信件未载明日期的，自投寄该信件的邮戳日期开始计算。要约以电话、传真等快速通讯方式作出的，承诺期限自要约到达受要约人时开始计算。

第二十五条

承诺生效时合同成立。

第二十六条

承诺通知到达要约人时生效。承诺不需要通知的，根据交易习惯或者要约的要求作出承诺的行为时生效。采用数据电文形式订立合同的，承诺到达的时间适用本法第十六条第二款的规定。

第二十七条

承诺可以撤回。撤回承诺的通知应当在承诺通知到达要约人之前或者与承诺通知同时到达要约人。

第二十八条

受要约人超过承诺期限发出承诺的，除要约人及时通知受要约人该承诺有效的以外，为新要约。

第二十九条

受要约人在承诺期限内发出承诺，按照通常情形能够及时到达要约人，但因其他原因承诺到达要约人时超过承诺期限的，除要约人及时通知受要约人因承诺超过期限不接受该承诺的以外，该承诺有效。

第三十条

承诺的内容应当与要约的内容一致。受要约人对要约的内容作出实质性变更的，为新要约。有关合同标的、数量、质量、价款或者报酬、履行期限、履行地点和方式、违约责任和解决争议方法等的变更，是对要约内容的实质性变更。

第三十一条

承诺对要约的内容作出非实质性变更的,除要约人及时表示反对或者要约表明承诺不得对要约的内容作出任何变更的以外,该承诺有效,合同的内容以承诺的内容为准。

第三十二条

当事人采用合同书形式订立合同的,自双方当事人签字或者盖章时合同成立。

第三十三条

当事人采用信件、数据电文等形式订立合同的,可以在合同成立之前要求签订确认书。签订确认书时合同成立。

第三十四条

承诺生效的地点为合同成立的地点。采用数据电文形式订立合同的,收件人的主营业地为合同成立的地点;没有主营业地的,其经常居住地为合同成立的地点。当事人另有约定的,按照其约定。

第三十五条

当事人采用合同书形式订立合同的,双方当事人签字或者盖章的地点为合同成立的地点。

第三十六条

法律、行政法规规定或者当事人约定采用书面形式订立合同,当事人未采用书面形式但一方已经履行主要义务,对方接受的,该合同成立。

第三十七条

采用合同书形式订立合同,在签字或者盖章之前,当事人一方已经履行主要义务,对方接受的,该合同成立。

第三十八条

国家根据需要下达指令性任务或者国家订货任务的,有关法人、其他组织之间应当依照有关法律、行政法规规定的权利和义务订立合同。

第三十九条

采用格式条款订立合同的,提供格式条款的一方应当遵循公平原则确定当事人之间的权利和义务,并采取合理的方式提请对方注意免除或者限制其责任的条款,按照对方的要求,对该条款予以说明。格式条款是当事人为了重复使用而预先拟定,并在订立合同时未与对方协商的条款。

第四十条

格式条款具有本法第五十二条和第五十三条规定情形的,或者提供格式条款一方免除其责任、加重对方责任、排除对方主要权利的,该条款无效。

第四十一条

对格式条款的理解发生争议的,应当按照通常理解予以解释。对格式条款有两种以上解释的,应当作出不利于提供格式条款一方的解释。格式条款和非格式条款不一致的,应当采用非格式条款。

第四十二条

当事人在订立合同过程中有下列情形之一,给对方造成损失的,应当承担损害赔偿责任:

（一）假借订立合同，恶意进行磋商；

（二）故意隐瞒与订立合同有关的重要事实或者提供虚假情况；

（三）有其他违背诚实信用原则的行为。

第四十三条

当事人在订立合同过程中知悉的商业秘密，无论合同是否成立，不得泄露或者不正当地使用。泄露或者不正当地使用该商业秘密给对方造成损失的，应当承担损害赔偿责任。

第三章　合同的效力

第四十四条

依法成立的合同，自成立时生效。法律、行政法规规定应当办理批准、登记等手续生效的，依照其规定。

第四十五条

当事人对合同的效力可以约定附条件。附生效条件的合同，自条件成就时生效。附解除条件的合同，自条件成就时失效。当事人为自己的利益不正当地阻止条件成就的，视为条件已成就；不正当地促成条件成就的，视为条件不成就。

第四十六条

当事人对合同的效力可以约定附期限。附生效期限的合同，自期限届至时生效。附终止期限的合同，自期限届满时失效。

第四十七条

限制民事行为能力人订立的合同，经法定代理人追认后，该合同有效，但纯获利益的合同或者与其年龄、智力、精神健康状况相适应而订立的合同，不必经法定代理人追认。相对人可以催告法定代理人在一个月内予以追认。法定代理人未作表示的，视为拒绝追认。合同被追认之前，善意相对人有撤销的权利。撤销应当以通知的方式作出。

第四十八条

行为人没有代理权、超越代理权或者代理权终止后以被代理人名义订立的合同，未经被代理人追认，对被代理人不发生效力，由行为人承担责任。相对人可以催告被代理人在一个月内予以追认。被代理人未作表示的，视为拒绝追认。合同被追认之前，善意相对人有撤销的权利。撤销应当以通知的方式作出。

第四十九条

行为人没有代理权、超越代理权或者代理权终止后以被代理人名义订立合同，相对人有理由相信行为人有代理权的，该代理行为有效。

第五十条

法人或者其他组织的法定代表人、负责人超越权限订立的合同，除相对人知道或者应当知道其超越权限的以外，该代表行为有效。

第五十一条

无处分权的人处分他人财产，经权利人追认或者无处分权的人订立合同后取得处分权的，该合同有效。

第五十二条

有下列情形之一的，合同无效：

(一) 一方以欺诈、胁迫的手段订立合同,损害国家利益;
(二) 恶意串通,损害国家、集体或者第三人利益;
(三) 以合法形式掩盖非法目的;
(四) 损害社会公共利益;
(五) 违反法律、行政法规的强制性规定。

第五十三条

合同中的下列免责条款无效:
(一) 造成对方人身伤害的;
(二) 因故意或者重大过失造成对方财产损失的。

第五十四条

下列合同,当事人一方有权请求人民法院或者仲裁机构变更或者撤销:
(一) 因重大误解订立的;
(二) 在订立合同时显失公平的。

一方以欺诈、胁迫的手段或者乘人之危,使对方在违背真实意思的情况下订立的合同,受损害方有权请求人民法院或者仲裁机构变更或者撤销。

当事人请求变更的,人民法院或者仲裁机构不得撤销。

第五十五条

有下列情形之一的,撤销权消灭:

(1) 具有撤销权的当事人自知道或者应当知道撤销事由之日起一年内没有行使撤销权;

(2) 具有撤销权的当事人知道撤销事由后明确表示或者以自己的行为放弃撤销权。

第五十六条

无效的合同或者被撤销的合同自始没有法律约束力。合同部分无效,不影响其他部分效力的,其他部分仍然有效。

第五十七条

合同无效、被撤销或者终止的,不影响合同中独立存在的有关解决争议方法的条款的效力。

第五十八条

合同无效或者被撤销后,因该合同取得的财产,应当予以返还;不能返还或者没有必要返还的,应当折价补偿。有过错的一方应当赔偿对方因此所受到的损失,双方都有过错的,应当各自承担相应的责任。

第五十九条

当事人恶意串通,损害国家、集体或者第三人利益的,因此取得的财产收归国家所有或者返还集体、第三人。

第四章　合同的履行

第六十条

当事人应当按照约定全面履行自己的义务。当事人应当遵循诚实信用原则,根据合同的性质、目的和交易习惯履行通知、协助、保密等义务。

第六十一条

合同生效后，当事人就质量、价款或者报酬、履行地点等内容没有约定或者约定不明确的，可以协议补充；不能达成补充协议的，按照合同有关条款或者交易习惯确定。

第六十二条

当事人就有关合同内容约定不明确，依照本法第六十一条的规定仍不能确定的，适用下列规定：

（一）质量要求不明确的，按照国家标准、行业标准履行；没有国家标准、行业标准的，按照通常标准或者符合合同目的的特定标准履行。

（二）价款或者报酬不明确的，按照订立合同时履行地的市场价格履行；依法应当执行政府定价或者政府指导价的，按照规定履行。

（三）履行地点不明确，给付货币的，在接受货币一方所在地履行；交付不动产的，在不动产所在地履行；其他标的，在履行义务一方所在地履行。

（四）履行期限不明确的，债务人可以随时履行，债权人也可以随时要求履行，但应当给对方必要的准备时间。

（五）履行方式不明确的，按照有利于实现合同目的的方式履行。

（六）履行费用的负担不明确的，由履行义务一方负担。

第六十三条

执行政府定价或者政府指导价的，在合同约定的交付期限内政府价格调整时，按照交付时的价格计价。逾期交付标的物的，遇价格上涨时，按照原价格执行；价格下降时，按照新价格执行。逾期提取标的物或者逾期付款的，遇价格上涨时，按照新价格执行；价格下降时，按照原价格执行。

第六十四条

当事人约定由债务人向第三人履行债务的，债务人未向第三人履行债务或者履行债务不符合约定，应当向债权人承担违约责任。

第六十五条

当事人约定由第三人向债权人履行债务的，第三人不履行债务或者履行债务不符合约定，债务人应当向债权人承担违约责任。

第六十六条

当事人互负债务，没有先后履行顺序的，应当同时履行。一方在对方履行之前有权拒绝其履行要求。一方在对方履行债务不符合约定时，有权拒绝其相应的履行要求。

第六十七条

当事人互负债务，有先后履行顺序，先履行一方未履行的，后履行一方有权拒绝其履行要求。先履行一方履行债务不符合约定的，后履行一方有权拒绝其相应的履行要求。

第六十八条

应当先履行债务的当事人，有确切证据证明对方有下列情形之一的，可以中止履行：

（一）经营状况严重恶化；

（二）转移财产、抽逃资金，以逃避债务；

（三）丧失商业信誉；

（四）有丧失或者可能丧失履行债务能力的其他情形。

当事人没有确切证据中止履行的，应当承担违约责任。

第六十九条

当事人依照本法第六十八条的规定中止履行的，应当及时通知对方。对方提供适当担保时，应当恢复履行。中止履行后，对方在合理期限内未恢复履行能力并且未提供适当担保的，中止履行的一方可以解除合同。

第七十条

债权人分立、合并或者变更住所没有通知债务人，致使履行债务发生困难的，债务人可以中止履行或者将标的物提存。

第七十一条

债权人可以拒绝债务人提前履行债务，但提前履行不损害债权人利益的除外。债务人提前履行债务给债权人增加的费用，由债务人负担。

第七十二条

债权人可以拒绝债务人部分履行债务，但部分履行不损害债权人利益的除外。债务人部分履行债务给债权人增加的费用，由债务人负担。

第七十三条

因债务人怠于行使其到期债权，对债权人造成损害的，债权人可以向人民法院请求以自己的名义代位行使债务人的债权，但该债权专属于债务人自身的除外。代位权的行使范围以债权人的债权为限。债权人行使代位权的必要费用，由债务人负担。

第七十四条

因债务人放弃其到期债权或者无偿转让财产，对债权人造成损害的，债权人可以请求人民法院撤销债务人的行为。债务人以明显不合理的低价转让财产，对债权人造成损害，并且受让人知道该情形的，债权人也可以请求人民法院撤销债务人的行为。撤销权的行使范围以债权人的债权为限。债权人行使撤销权的必要费用，由债务人负担。

第七十五条

撤销权自债权人知道或者应当知道撤销事由之日起一年内行使。自债务人的行为发生之日起五年内没有行使撤销权的，该撤销权消灭。

第七十六条

合同生效后，当事人不得因姓名、名称的变更或者法定代表人、负责人、承办人的变动而不履行合同义务。

第五章　合同的变更和转让

第七十七条

当事人协商一致，可以变更合同。法律、行政法规规定变更合同应当办理批准、登记等手续的，依照其规定。

第七十八条

当事人对合同变更的内容约定不明确的，推定为未变更。

第七十九条

债权人可以将合同的权利全部或者部分转让给第三人，但有下列情形之一的除外：

（一）根据合同性质不得转让；
（二）按照当事人约定不得转让；
（三）依照法律规定不得转让。

第八十条

债权人转让权利的，应当通知债务人。未经通知，该转让对债务人不发生效力。债权人转让权利的通知不得撤销，但经受让人同意的除外。

第八十一条

债权人转让权利的，受让人取得与债权有关的从权利，但该从权利专属于债权人自身的除外。

第八十二条

债务人接到债权转让通知后，债务人对让与人的抗辩，可以向受让人主张。

第八十三条

债务人接到债权转让通知时，债务人对让与人享有债权，并且债务人的债权先于转让的债权到期或者同时到期的，债务人可以向受让人主张抵消。

第八十四条

债务人将合同的义务全部或者部分转移给第三人的，应当经债权人同意。

第八十五条

债务人转移义务的，新债务人可以主张原债务人对债权人的抗辩。

第八十六条

债务人转移义务的，新债务人应当承担与主债务有关的从债务，但该从债务专属于原债务人自身的除外。

第八十七条

法律、行政法规规定转让权利或者转移义务应当办理批准、登记等手续的，依照其规定。

第八十八条

当事人一方经对方同意，可以将自己在合同中的权利和义务一并转让给第三人。

第八十九条

权利和义务一并转让的，适用本法第七十九条、第八十一条至第八十三条、第八十五条至第八十七条的规定。

第九十条

当事人订立合同后合并的，由合并后的法人或者其他组织行使合同权利，履行合同义务。当事人订立合同后分立的，除债权人和债务人另有约定的以外，由分立的法人或者其他组织对合同的权利和义务享有连带债权，承担连带债务。

第六章　合同的权利义务终止

第九十一条

有下列情形之一的，合同的权利义务终止：

（一）债务已经按照约定履行；

（二）合同解除；

（三）债务相互抵消；

（四）债务人依法将标的物提存；

（五）债权人免除债务；

（六）债权债务同归于一人；

（七）法律规定或者当事人约定终止的其他情形。

第九十二条

合同的权利义务终止后，当事人应当遵循诚实信用原则，根据交易习惯履行通知、协助、保密等义务。

第九十三条

当事人协商一致，可以解除合同。当事人可以约定一方解除合同的条件。解除合同的条件成就时，解除权人可以解除合同。

第九十四条

有下列情形之一的，当事人可以解除合同：

（一）因不可抗力致使不能实现合同目的；

（二）在履行期限届满之前，当事人一方明确表示或者以自己的行为表明不履行主要债务；

（三）当事人一方迟延履行主要债务，经催告后在合理期限内仍未履行；

（四）当事人一方迟延履行债务或者有其他违约行为致使不能实现合同目的；

（五）法律规定的其他情形。

第九十五条

法律规定或者当事人约定解除权行使期限，期限届满当事人不行使的，该权利消灭。法律没有规定或者当事人没有约定解除权行使期限，经对方催告后在合理期限内不行使的，该权利消灭。

第九十六条

当事人一方依照本法第九十三条第二款、第九十四条的规定主张解除合同的，应当通知对方。合同自通知到达对方时解除。对方有异议的，可以请求人民法院或者仲裁机构确认解除合同的效力。法律、行政法规规定解除合同应当办理批准、登记等手续的，依照其规定。

第九十七条

合同解除后，尚未履行的，终止履行；已经履行的，根据履行情况和合同性质，当事人可以要求恢复原状、采取其他补救措施，并有权要求赔偿损失。

第九十八条

合同的权利义务终止，不影响合同中结算和清理条款的效力。

第九十九条

当事人互负到期债务，该债务的标的物种类、品质相同的，任何一方可以将自己的债务与对方的债务抵消，但依照法律规定或者按照合同性质不得抵消的除外。当事人主张抵消的，应当通知对方。通知自到达对方时生效。抵消不得附条件或者附期限。

第一百条

当事人互负债务，标的物种类、品质不相同的，经双方协商一致，也可以抵消。

第一百零一条

有下列情形之一，难以履行债务的，债务人可以将标的物提存：

（一）债权人无正当理由拒绝受领；

（二）债权人下落不明；

（三）债权人死亡未确定继承人或者丧失民事行为能力未确定监护人；

（四）法律规定的其他情形。标的物不适于提存或者提存费用过高的，债务人依法可以拍卖或者变卖标的物，提存所得的价款。

第一百零二条

标的物提存后，除债权人下落不明的以外，债务人应当及时通知债权人或者债权人的继承人、监护人。

第一百零三条

标的物提存后，毁损、灭失的风险由债权人承担。提存期间，标的物的孳息归债权人所有。提存费用由债权人负担。

第一百零四条

债权人可以随时领取提存物，但债权人对债务人负有到期债务的，在债权人未履行债务或者提供担保之前，提存部门根据债务人的要求应当拒绝其领取提存物。债权人领取提存物的权利，自提存之日起五年内不行使而消灭，提存物扣除提存费用后归国家所有。

第一百零五条

债权人免除债务人部分或者全部债务的，合同的权利义务部分或者全部终止。

第一百零六条

债权和债务同归于一人的，合同的权利义务终止，但涉及第三人利益的除外。

第七章　违约责任

第一百零七条

当事人一方不履行合同义务或者履行合同义务不符合约定的，应当承担继续履行、采取补救措施或者赔偿损失等违约责任。

第一百零八条

当事人一方明确表示或者以自己的行为表明不履行合同义务的，对方可以在履行期限届满之前要求其承担违约责任。

第一百零九条

当事人一方未支付价款或者报酬的，对方可以要求其支付价款或者报酬。

第一百一十条

当事人一方不履行非金钱债务或者履行非金钱债务不符合约定的，对方可以要求履行，但有下列情形之一的除外：（一）法律上或者事实上不能履行；（二）债务的标的不适于强制履行或者履行费用过高；（三）债权人在合理期限内未要求履行。

第一百一十一条

质量不符合约定的，应当按照当事人的约定承担违约责任。对违约责任没有约定或者约定不明确，依照本法第六十一条的规定仍不能确定的，受损害方根据标的的性质以及损失的大小，可以合理选择要求对方承担修理、更换、重做、退货、减少价款或者报酬等违约责任。

第一百一十二条

当事人一方不履行合同义务或者履行合同义务不符合约定的，在履行义务或者采取补救措施后，对方还有其他损失的，应当赔偿损失。

第一百一十三条

当事人一方不履行合同义务或者履行合同义务不符合约定，给对方造成损失的，损失赔偿额应当相当于因违约所造成的损失，包括合同履行后可以获得的利益，但不得超过违反合同一方订立合同时预见到或者应当预见到的因违反合同可能造成的损失。经营者对消费者提供商品或者服务有欺诈行为的，依照《中华人民共和国消费者权益保护法》的规定承担损害赔偿责任。

第一百一十四条

当事人可以约定一方违约时应当根据违约情况向对方支付一定数额的违约金，也可以约定因违约产生的损失赔偿额的计算方法。约定的违约金低于造成的损失的，当事人可以请求人民法院或者仲裁机构予以增加；约定的违约金过分高于造成的损失的，当事人可以请求人民法院或者仲裁机构予以适当减少。当事人就迟延履行约定违约金的，违约方支付违约金后，还应当履行债务。

第一百一十五条

当事人可以依照《中华人民共和国担保法》约定一方向对方给付定金作为债权的担保。债务人履行债务后，定金应当抵作价款或者收回。给付定金的一方不履行约定的债务的，无权要求返还定金；收受定金的一方不履行约定的债务的，应当双倍返还定金。

第一百一十六条

当事人既约定违约金，又约定定金的，一方违约时，对方可以选择适用违约金或者定金条款。

第一百一十七条

因不可抗力不能履行合同的，根据不可抗力的影响，部分或者全部免除责任，但法律另有规定的除外。当事人迟延履行后发生不可抗力的，不能免除责任。本法所称不可抗力，是指不能预见、不能避免并不能克服的客观情况。

第一百一十八条

当事人一方因不可抗力不能履行合同的，应当及时通知对方，以减轻可能给对方造成的损失，并应当在合理期限内提供证明。

第一百一十九条

当事人一方违约后，对方应当采取适当措施防止损失的扩大；没有采取适当措施致使损失扩大的，不得就扩大的损失要求赔偿。当事人因防止损失扩大而支出的合理费用，由违约方承担。

第一百二十条

当事人双方都违反合同的，应当各自承担相应的责任。

第一百二十一条

当事人一方因第三人的原因造成违约的，应当向对方承担违约责任。当事人一方和第三人之间的纠纷，依照法律规定或者按照约定解决。

第一百二十二条

因当事人一方的违约行为，侵害对方人身、财产权益的，受损害方有权选择依照本法要求其承担违约责任或者依照其他法律要求其承担侵权责任。

第八章　其他规定

第一百二十三条

其他法律对合同另有规定的，依照其规定。

第一百二十四条

本法分则或者其他法律没有明文规定的合同，适用本法总则的规定，并可以参照本法分则或者其他法律最相类似的规定。

第一百二十五条

当事人对合同条款的理解有争议的，应当按照合同所使用的词句、合同的有关条款、合同的目的、交易习惯以及诚实信用原则，确定该条款的真实意思。合同文本采用两种以上文字订立并约定具有同等效力的，对各文本使用的词句推定具有相同含义。各文本使用的词句不一致的，应当根据合同的目的予以解释。

第一百二十六条

涉外合同的当事人可以选择处理合同争议所适用的法律，但法律另有规定的除外。涉外合同的当事人没有选择的，适用与合同有最密切联系的国家的法律。在中华人民共和国境内履行的中外合资经营企业合同、中外合作经营企业合同、中外合作勘探开发自然资源合同，适用中华人民共和国法律。

第一百二十七条

工商行政管理部门和其他有关行政主管部门在各自的职权范围内，依照法律、行政法规的规定，对利用合同危害国家利益、社会公共利益的违法行为，负责监督处理；构成犯罪的，依法追究刑事责任。

第一百二十八条

当事人可以通过和解或者调解解决合同争议。当事人不愿和解、调解或者和解、调解不成的，可以根据仲裁协议向仲裁机构申请仲裁。涉外合同的当事人可以根据仲裁协议向中国仲裁机构或者其他仲裁机构申请仲裁。当事人没有订立仲裁协议或者仲裁协议无效的，可以向人民法院起诉。当事人应当履行发生法律效力的判决、仲裁裁决、调解书；拒不履行的，对方可以请求人民法院执行。

第一百二十九条

因国际货物买卖合同和技术进出口合同争议提起诉讼或者申请仲裁的期限为四年，自当事人知道或者应当知道其权利受到侵害之日起计算。因其他合同争议提起诉讼或者申请仲裁的期限，依照有关法律的规定。

分　则

……

第十五章　承揽合同

第二百五十一条

承揽合同是承揽人按照定作人的要求完成工作，交付工作成果，定作人给付报酬的合同。承揽包括加工、定作、修理、复制、测试、检验等工作。

第二百五十二条

承揽合同的内容包括承揽的标的、数量、质量、报酬、承揽方式、材料的提供、履行期限、验收标准和方法等条款。

第二百五十三条

承揽人应当以自己的设备、技术和劳力，完成主要工作，但当事人另有约定的除外。承揽人将其承揽的主要工作交由第三人完成的，应当就该第三人完成的工作成果向定作人负责；未经定作人同意的，定作人也可以解除合同。

第二百五十四条

承揽人可以将其承揽的辅助工作交由第三人完成。承揽人将其承揽的辅助工作交由第三人完成的，应当就该第三人完成的工作成果向定作人负责。

第二百五十五条

承揽人提供材料的，承揽人应当按照约定选用材料，并接受定作人检验。

第二百五十六条

定作人提供材料的，定作人应当按照约定提供材料。承揽人对定作人提供的材料，应当及时检验，发现不符合约定时，应当及时通知定作人更换、补齐或者采取其他补救措施。承揽人不得擅自更换定作人提供的材料，不得更换不需要修理的零部件。

第二百五十七条

承揽人发现定作人提供的图纸或者技术要求不合理的，应当及时通知定作人。因定作人怠于答复等原因造成承揽人损失的，应当赔偿损失。

第二百五十八条

定作人中途变更承揽工作的要求，造成承揽人损失的，应当赔偿损失。

第二百五十九条

承揽工作需要定作人协助的，定作人有协助的义务。定作人不履行协助义务致使承揽工作不能完成的，承揽人可以催告定作人在合理期限内履行义务，并可以顺延履行期限；定作人逾期不履行的，承揽人可以解除合同。

第二百六十条

承揽人在工作期间，应当接受定作人必要的监督检验。定作人不得因监督检验妨碍承揽人的正常工作。

第二百六十一条

承揽人完成工作的，应当向定作人交付工作成果，并提交必要的技术资料和有关质量证明。定作人应当验收该工作成果。

第二百六十二条

承揽人交付的工作成果不符合质量要求的，定作人可以要求承揽人承担修理、重作、减少报酬、赔偿损失等违约责任。

第二百六十三条

定作人应当按照约定的期限支付报酬。对支付报酬的期限没有约定或者约定不明确，依照本法第六十一条的规定仍不能确定的，定作人应当在承揽人交付工作成果时支付；工作成果部分交付的，定作人应当相应支付。

第二百六十四条

定作人未向承揽人支付报酬或者材料费等价款的，承揽人对完成的工作成果享有留置权，但当事人另有约定的除外。

第二百六十五条

承揽人应当妥善保管定作人提供的材料以及完成的工作成果，因保管不善造成毁损、灭失的，承揽人应当承担损害赔偿责任。

第二百六十六条

承揽人应当按照定作人的要求保守秘密，未经定作人许可，不得留存复制品或者技术资料。

第二百六十七条

共同承揽人对定作人承担连带责任，但当事人另有约定的除外。

第二百六十八条

定作人可以随时解除承揽合同，造成承揽人损失的，应当赔偿损失。

第十六章　建设工程合同

第二百六十九条

建设工程合同是承包人进行工程建设，发包人支付价款的合同。建设工程合同包括工程勘察、设计、施工合同。

第二百七十条

建设工程合同应当采用书面形式。

第二百七十一条

建设工程的招标投标活动，应当依照有关法律的规定公开、公平、公正进行。

第二百七十二条

发包人可以与总承包人订立建设工程合同，也可以分别与勘察人、设计人、施工人订立勘察、设计、施工承包合同。发包人不得将应当由一个承包人完成的建设工程肢解成若干部分发包给几个承包人。总承包人或者勘察、设计、施工承包人经发包人同意，可以将自己承包的部分工作交由第三人完成。第三人就其完成的工作成果与总承包人或者勘察、设计、施工承包人向发包人承担连带责任。承包人不得将其承包的全部建设工程转包给第三人或者将其承包的全部建设工程肢解以后以分包的名义分别转包给第三人。禁止承包人将工程分包给不具备相应资质条件的单位。禁止分包单位将其承包的工程再分包。建设工程主体结构的施工必须由承包人自行完成。

第二百七十三条

国家重大建设工程合同,应当按照国家规定的程序和国家批准的投资计划、可行性研究报告等文件订立。

第二百七十四条

勘察、设计合同的内容包括提交有关基础资料和文件(包括概预算)的期限、质量要求、费用以及其他协作条件等条款。

第二百七十五条

施工合同的内容包括工程范围、建设工期、中间交工工程的开工和竣工时间、工程质量、工程造价、技术资料交付时间、材料和设备供应责任、拨款和结算、竣工验收、质量保修范围和质量保证期、双方相互协作等条款。

第二百七十六条

建设工程实行监理的,发包人应当与监理人采用书面形式订立委托监理合同。发包人与监理人的权利和义务以及法律责任,应当依照本法委托合同以及其他有关法律、行政法规的规定。

第二百七十七条

发包人在不妨碍承包人正常作业的情况下,可以随时对作业进度、质量进行检查。

第二百七十八条

隐蔽工程在隐蔽以前,承包人应当通知发包人检查。发包人没有及时检查的,承包人可以顺延工程日期,并有权要求赔偿停工、窝工等损失。

第二百七十九条

建设工程竣工后,发包人应当根据施工图纸及说明书、国家颁发的施工验收规范和质量检验标准及时进行验收。验收合格的,发包人应当按照约定支付价款,并接收该建设工程。建设工程竣工经验收合格后,方可交付使用;未经验收或者验收不合格的,不得交付使用。

第二百八十条

勘察、设计的质量不符合要求或者未按照期限提交勘察、设计文件拖延工期给发包人造成损失的,勘察人、设计人应当继续完善勘察、设计,减收或者免收勘察、设计费并赔偿损失。

第二百八十一条

因施工人的原因致使建设工程质量不符合约定的,发包人有权要求施工人在合理期限内无偿修理或者返工、改建。经过修理或者返工、改建后,造成逾期交付的,施工人应当承担违约责任。

第二百八十二条

因承包人的原因致使建设工程在合理使用期限内造成人身和财产损害的,承包人应当承担损害赔偿责任。

第二百八十三条

发包人未按照约定的时间和要求提供原材料、设备、场地、资金、技术资料的，承包人可以顺延工程日期，并有权要求赔偿停工、窝工等损失。

第二百八十四条

因发包人的原因致使工程中途停建、缓建的，发包人应当采取措施弥补或者减少损失，赔偿承包人因此造成的停工、窝工、倒运、机械设备调迁、材料和构件积压等损失和实际费用。

第二百八十五条

因发包人变更计划，提供的资料不准确，或者未按照期限提供必需的勘察、设计工作条件而造成勘察、设计的返工、停工或者修改设计，发包人应当按照勘察人、设计人实际消耗的工作量增付费用。

第二百八十六条

发包人未按照约定支付价款的，承包人可以催告发包人在合理期限内支付价款。发包人逾期不支付的，除按照建设工程的性质不宜折价、拍卖的以外，承包人可以与发包人协议将该工程折价，也可以申请人民法院将该工程依法拍卖。建设工程的价款就该工程折价或者拍卖的价款优先受偿。

第二百八十七条

本章没有规定的，适用承揽合同的有关规定。

……

附　　则

第四百二十八条

本法自 1999 年 10 月 1 日起施行，《中华人民共和国经济合同法》、《中华人民共和国涉外经济合同法》、《中华人民共和国技术合同法》同时废止。

附录三 2000年国际贸易术语解释通则(摘要)

EXW 工厂交货

使用说明

该术语可适用于任何运输方式,也可适用于多种运输方式。它适合国内贸易,而FCA一般则更适合国际贸易。

“工厂交货”是指当卖方在其所在地或其他指定地点(如工厂、车间或仓库等)将货物交由买方处置时,即完成交货。卖方不需将货物装上任何前来接收货物的运输工具,需要清关时,卖方也无需办理出口清关手续。

特别建议双方在指定交货地范围内尽可能明确具体交货地点,因为在货物到达交货地点之前的所有费用和风险都由卖方承担。买方则需承担自此指定交货地的约定地点(如有的话)收取货物所产生的全部费用和风险。

EXW(工厂交货)术语代表卖方最低义务,使用时需注意以下问题:

a) 卖方对买方没有装货的义务,即使实际上卖方也许更方便这样做。如果卖方装货,也是由买方承担相关风险和费用。当卖方更方便装货物时,FCA一般更为合适,因为该术语要求卖方承担装货义务,以及与此相关的风险和费用。

b) 以EXW为基础购买出口产品的买方需要注意,卖方只有在买方要求时,才有义务协助办理出口,即卖方无义务安排出口通关。因此,在买方不能直接或间接地办理出口清关手续时,不建议使用该术语。

c) 买方仅有限度地承担向卖方提供货物出口相关信息的责任。但是,卖方则可能出于缴税或申报等目的,需要这方面的信息。

A 卖方义务

A1 卖方一般义务

卖方必须提供符合买卖合同约定的货物和商业发票,以及合同可能要求的其他与合同相符的证据。

A1—A10中所指的任何单证在双方约定或符合惯例的情况下,可以是同等作用的电子记录或程序。

A2 许可证、授权、安检通关和其他手续

如适用时,经买方要求,并承担风险和费用,卖方必须协助买方取得出口许可或出口相关货物所需的其他官方授权。

如适用时,经买方要求,并承担风险和费用,卖方必须提供其所掌握的该项货物安检通关所需的任何信息。

A3　运输合同与保险合同

a）运输合同

卖方对买方无订立运输合同的义务。

b）保险合同

卖方对买方无订立保险合同的义务。但应买方要求并由其承担风险和费用（如有的话），卖方必须向买方提供后者取得保险所需的信息。

A4　交货

卖方必须在指定的交付地点或该地点内的约定点（如有的话），以将未置于任何接收货物的运输工具上的货物交由买方处置的方式交货。若在指定交货地没有约定点，且有了几个点可供使用时，卖方可选择最适合于其目的的点。卖方必须在约定日期或期限内交货。

A5　风险转移

除按照 B5 的灭失或损坏情况外，卖方承担按照 A4 完成交货前货物灭失或损坏的一切风险。

B　买方义务

B1　买方一般义务

买方必须按照买卖合同约定支付价款。

B1—B10 中所指的任何单证在双方约定或符合惯例的情况下，可以是同等作用的电子记录或程序。

B2　许可证、授权、安检通关和其他手续

如适用时，应由买方自负风险和费用，取得进出口许可或其他官方授权，办理相关货物出口的海关手续。

B3　运输合同与保险合同

a）运输合同

买方对卖方无订立运输合同的义务。

b）保险合同

买方对卖方无订立保险合同的义务。

B4　收取货物

当卖方行为与 A4、A7 相符时，买方必须收取货物。

B5　风险转移

买方承担按照 A4 交货时起货物灭失或损坏的一切风险。

如果买方未能按照 B7 给予卖方通知，则买方必须从约定的交货日期或交货期限届满之日起，承担货物灭失或损坏的一切风险，但以该项货物已清楚地确定为合同项下之货物者为限。

A6　费用划分

卖方必须支付按照 A4 完成交货前与货物相关的一切费用，但按照 B6 应由买方支付的费用除外。

A7　通知买方

卖方必须给予买方其收取货物所需的任何通知。

A8　交货凭证

卖方对买方无义务。

A9　查对一包装一标记

卖方必须支付为了按照 A4 进行交货，所需要进行的查对费用（如查对质量、丈量、过磅、点数的费用）。

除非在特定贸易中，某类货物的销售通常不需包装，卖方必须自付费用包装货物。

除非买方在签订合同前已通知卖方特殊包装要求，卖方可以适合该货物运输的方式对货物进行包装。包装应做适当标记。

A10　协助提供信息及相关费用

如适用时，应买方要求并由其承担风险和费用，卖方必须及时向买方提供或协助其取得相关货物出口和/或进口、和/或将货物运输到最终目的地所需要的任何文件和信息，包括安全相关信息。

B6　费用划分

买方必须支付

a）自按照 A4 交货时起与货物相关的一切费用；

b）由于其未收取已处于可由其处置状态货物或未按照 B7 发出相关通知而产生的额外费用，但以该项货物已清楚地确定为合同项下之货物者为限；

c）如适用时，货物出口应交纳的一切关税、税款和其他费用及办理海关手续的费用；及

d）对卖方按照 A2 提供协助时所产生的一切花销和费用的补偿。

B7　通知卖方

当有权决定在约定期限内的时间和/或在指定地点内的接收点时，买方必须向卖方发出充分的通知。

B8　交货证据

买方必须向卖方提供其已收取货物的相关凭证。

B9　货物检验

买方必须支付任何强制性装船前检验费用，包括出口国有关机构强制进行的检验费用。

B10　协助提供信息及相关费用

买方必须及时告知卖方任何安全信息要求，以便卖方遵守 A10 的规定。

买方必须偿付卖方按照 A10 向买方提供或协助其取得文件和信息时发生的所有花销和费用。

FCA 货交承运人

使用说明

该术语可适用于任何运输方式，也可适用于多种运输方式。

“货交承运人”是指卖方在卖方所在地或其他指定地点将货物交给买方指定的承运人或其他人。由于风险在交货地点转移至买方，特别建议双方尽可能清楚地写明指定交货地内的交付点。

如果双方希望在卖方所在地交货，则应当将卖方所在地址明确为指定交货地。如果双方希望在其他地点交货，则必须确定不同的特定交货地点。

如适用时，FCA 要求卖方办理货物出口清关手续。但卖方无义务办理进口清关，支付任何进口税或办理任何进口海关手续。

A　卖方义务

A1　卖方一般义务

卖方必须提供符合买卖合同约定的货物和商业发票，以及合同可能要求的其他与合同相符的证据。

A1—A10 中所指的任何单证在双方约定或符合惯例的情况下，可以是同等作用的电子记录或程序。

A2　许可证、授权、安检通关和其他手续

如适用时，卖方必须自负风险和费用，取得所有的出口许可或其他官方授权，办理货物出口所需的一切海关手续。

A3　运输合同与保险合同

a) 运输合同

卖方对买方无订立运输合同的义务。但若买方要求，或依商业惯例，且买方未适时作出相反指示，卖方可以按照通常条件签订运输合同，由买方负担风险和费用。在以上两种情形下，卖方都可以拒绝签订运输合同，如予拒绝，卖方应立即通知买方。

b) 保险合同

卖方对买方无订立保险合同的义务。但应买方要求并由其承担风险和费用(如有的话)，卖方必须向买方提供后者取得保险所需信息。

A4　交货

卖方必须在约定日期或期限内，在指定地点或指定地点的约定点(如有约定)，将货物交付给买方指定的承运人或其他人。

以下情况，交货完成：

a) 若指定地点是卖方所在地，则当货物被装上买方提供的运输工具时；

b) 在任何其他情况下，则当货物虽仍处于卖方的运输工具上，但已准备好卸载，并已交由承运人或买方指定的其他人处置时。

B　买方义务

B1　买方一般义务

买方必须按照买卖合同约定支付价款。

B1—B10 中所指的任何单证在双方约定或符合惯例的情况下，可以是同等作用的电子记录或程序。

B2　许可证、授权、安检通关和其他手续

如适用时，应由买方自负风险和费用，取得所有进口许可或其他官方授权，办理货物进口和从他国过境运输所需的一切海关手续。

B3　运输合同与保险合同

a) 运输合同

除了卖方按照 A3 a)签订运输合同情形外，买方必须自付费用签订自指定的交货地点起运货物的运输合同。

b）保险合同

买方对卖方无订立保险合同的义务。

B4　收取货物

当货物按照 A4 交付时，买方必须收取。

如果买方未按照 B7d）明确指定交货地点内特定的交付点，且有数个交付点可供使用时，卖方则有权选择最适合其目的的交货点。

除非买方另行通知，卖方可采取符合货物数量和/或性质需要的方式将货物交付运输。

A5　风险转移

除按照 B5 的灭失或损坏情况外，卖方承担按照 A4 完成交货前货物灭失或损坏的一切风险。

A6　费用划分

卖方必须支付

a）按照 A4 完成交货前与货物相关的一切费用，但按照 B6 应由买方支付的费用除外；及

b）如适用时，货物出口所需海关手续费用，出口应交纳的一切关税、税款和其他费用。

B5　风险转移

买方承担自按照 A4 交货时起货物灭失或损坏的一切风险。

如果

a）买方未按照 B7 规定通知 A4 项下的指定承运人或其他人，或发出通知；或

b）按照 A4 指定的承运人或其他人未在约定的时间接管货物；

则买方承担货物灭失或损坏的一切风险：

（ⅰ）自约定日期起，若无约定日期的，则

（ⅱ）自卖方在约定期限内按照 A7 通知的日期起；或若没有通知日期的，则

（ⅲ）自任何约定交货期限届满之日起。

但以该项货物已清楚地确定为合同项下之货物者为限。

B6　费用划分

买方必须支付

a）自按照 A4 交货时起与货物相关的一切费用，如适用时，A6b）中出口所需的海关手续费用，及出口应交纳的一切关税、税款和其他费用除外；

b）由于以下原因之一发生的任何额外费用：

（ⅰ）买方未能指定 A4 项下承运人或其他人，或

（ⅱ）买方指定的 A4 项下承运人或其他人未接管货物，或

（ⅲ）买方未能按照 B7 给予卖方相应的通知，

但以该项货物已清楚地确定为合同项下之货物者为限；及

c）如适用时，货物进口应交纳的一切关税、税款和其他费用，及办理进口海关手续的费用和从他国过境运输的费用。

A7　通知买方

由买方承担风险和费用，卖方必须就其已经按照 A4 交货或买方指定的承运人或其他人未在约定时间内收取货物的情况给予买方充分的通知。

A8　交货凭证

卖方必须自付费用向买方提供已按照 A4 交货的通常证据。

应买方要求并由其承担风险和费用，卖方必须协助买方取得运输凭证。

A9　查对一包装一标记

卖方必须支付为了按照 A4 进行交货所需要进行的查对费用（如查对货物质量、丈量、过磅、点数的费用），以及出口国有关机构强制进行的装运前检验所产生的费用。

除非在特定贸易中，某类货物的销售通常不需包装，卖方必须自付费用包装货物。

除非买方在签订合同前已通知卖方特殊包装要求，卖方可以适合该货物运输的方式对货物进行包装。包装应做适当标记。

A10　协助提供信息及相关费用

如适用时，应买方要求并由其承担风险和费用，卖方必须及时向买方提供或协助其取得相关货物进口和/或将货物运输到最终目的地所需要的任何文件和信息，包括安全相关信息。

卖方必须偿付买方按照 B10 提供或协助取得文件和信息时所发生的所有花销和费用。

B7　通知卖方

买方必须通知卖方以下内容：

a）按照 A4 所指定的承运人或其他人的姓名，以便卖方有足够时间按照该条款交货；

b）如适用时，在约定的交付期限内所选择的由指定的承运人或其他人收取货物的时间；

c）指定人使用的运输方式；及

d）指定地点内的交货点。

B8　交货证据

买方必须接受按照 A8 提供的交货凭证。

B9　货物检验

买方必须支付任何强制性装船前检验费用，但出口国有关机构强制进行的检验除外。

B10　协助提供信息及相关费用

买方必须及时告知卖方任何安全信息要求，以便卖方遵守 A10 的规定。

买方必须偿付卖方按照 A10 向买方提供或协助其取得文件和信息时发生的所有花销和费用。

如适用时，应卖方要求并由其承担风险和费用，买方必须及时向卖方提供或协助其取得货物运输和出口及从他国过境运输所需要的任何文件和信息，包括安全相关信息。

CPT 运费付至

使用说明

该术语可适用于任何运输方式,也可适用于多种运输方式。

“运费付至”是指卖方将货物在双方约定地点(如果双方已经约定了地点)交给卖方指定的承运人或其他人。卖方必须签订运输合同并支付将货物运至指定目的地所需费用。

在使用 CPT、CIP、CFR 或 CIF 术语时,当卖方将货物交付给承运人时,而不是当货物到达目的地时,即完成交货。

由于风险转移和费用转移的地点不同,该术语有两个关键点。特别建议双方尽可能确切地在合同中明确交货地点(风险在这里转移至买方),以及指定的目的地(卖方必须签订运输合同运到该目的地)。如果运输到约定目的地涉及多个承运人,且双方不能就交货点达成一致时,可以推定:当卖方在某个完全由其选择且买方不能控制的点将货物交付给第一个承运人时,风险转移至买方。如双方希望风险晚些转移的话(例如在某海港或机场转移),则需要在其买卖合同中订明。

由于卖方需承担将货物运至目的地具体地点的费用,特别建议双方尽可能确切地在指定目的地内明确该点。建议卖方取得完全符合该选择的运输合同。如果卖方按照运输合同在指定的目的地卸货发生了费用,除非双方另有约定,卖方无权向买方要求偿付。

如适用时,CPT 要求卖方办理货物的出口清关手续。但是卖方无义务办理进口清关,支付任何进口税或办理进口相关的任何海关手续。

A　卖方义务

A1　卖方一般义务

卖方必须提供符合买卖合同约定的货物和商业发票,以及合同可能要求的其他与合同相符的证据。

A1—A10 中所指的任何单证在双方约定或符合惯例的情况下,可以是同等作用的电子记录或程序。

A2　许可证、授权、安检通关和其他手续

如适用时,卖方必须自负风险和费用,取得所有的出口许可或其他官方授权,办理货物出口和交货前从他国过境运输所需的一切海关手续。

A3　运输合同与保险合同

a) 运输合同

卖方必须签订或取得运输合同,将货物自交货地内的约定交货点(如有的话)运送至指定目的地或该目的地的交付点(如有约定)。必须按照通常条件订立合同,由卖方支付费用,经由通常航线和习惯方式运送货物。如果双方没有约定特别的点或该点不能由惯例确定,卖方则可选择最适合其目的的交货点和指定目的地内的交货点。

b) 保险合同

卖方对买方无订立保险合同的义务。但应买方要求并由其承担风险和费用(如有的话),卖方必须向买方提供后者取得保险所需的信息。

A4　交货

卖方必须在约定日期或期限内，以将货物交给按照 A3 签订的合同承运人方式交货。

A5　风险转移

除按照 B5 的灭失或损坏情况外，卖方承担按照 A4 完成交货前货物灭失或损坏的一切风险。

B　买方义务

B1　买方一般义务

买方必须按照买卖合同约定支付价款。

B1—B10 中所指的任何单证在双方约定或符合惯例的情况下，可以是同等作用的电子记录或程序。

B2　许可证、授权、安检通关和其他手续

如适用时，应由买方自负风险和费用，取得所有的进口许可或其他官方授权，办理货物进口和从他国过境运输所需的一切海关手续。

B3　运输合同与保险合同

a) 运输合同

买方对卖方无订立运输合同的义务。

b) 保险合同

买方对卖方无订立保险合同的义务。但应卖方要求，买方必须向卖方提供其取得保险所需信息。

B4　收取货物

当货物按照 A4 交付时，买方必须收取，并在指定目的地自承运人收取货物。

B5　风险转移

买方承担按照 A4 交货时起货物灭失或损坏的一切风险。

如买方未按照 B7 给予卖方通知，则买方必须从约定的交货日期或交货期限届满之日起，承担货物灭失或损坏的一切风险，但以该货物已清楚地确定为合同项下之货物者为限。

A6　费用划分

卖方必须支付

a) 按照 A4 完成交货前与货物相关的一切费用，但按照 B6 应由买方支付的费用除外；

b) 按照 A3a)所发生的运费和其他一切费用，包括根据运输合同规定由卖方支付的装货费和在目的地的卸货费用；及

c) 如适用时，货物出口所需海关手续费用，出口应交纳的一切关税、税款和其他费用，以及按照运输合同规定，由卖方支付的货物从他国过境运输的费用。

A7　通知买方

卖方必须向买方发出已按照 A4 交货的通知。

卖方必须向买方发出任何所需通知，以便买方采取收取货物通常所需要的措施。

A8　交货凭证

依惯例或应买方要求，卖方必须承担费用，向买方提供其按照 A3 订立的运输合同通常的运输凭证。

此项运输凭证必须载明合同中的货物，且其签发日期应在约定运输期限内。如已约定

或依惯例,此项凭证也必须能使买方在指定目的地向承运人索取货物,并能使买方在货物运输途中以向下家买方转让或通知承运人方式出售货物。

当此类运输凭证以可转让形式签发且有数份正本时,则必须将整套正本凭证提交给买方。

B6 费用划分

在不与A3a)冲突的情况下,买方必须支付

a) 自按照A4交货时起,与货物相关的一切费用,如适用时,按照A6c)为出口所需的海关手续费用,及出口应交纳的一切关税、税款和其他费用除外;

b) 货物在运输途中直至到达约定目的地为止的一切费用,按照运输合同该费用应由卖方支付的除外;

c) 卸货费,除非根据运输合同该项费用应由卖方支付;

d) 如买方未按照B7发出通知,则自约定发货之日或约定发货期限届满之日起,所发生的一切额外费用,但以该货物已清楚地确定为合同项下之货物者为限;及

e) 如适用时,货物进口应交纳的一切关税、税款和其他费用,及办理进口海关手续的费用和从他国过境运输费用,除非该费用已包括在运输合同中。

B7 通知卖方

当有权决定发货时间和/或指定目的地或目的地内收取货物的点时,买方必须向卖方发出充分的通知。

B8 交货证据

如果凭证与合同相符的话,买方则必须接受按照A8提供的运输凭证。

A9 查对—包装—标记

卖方必须支付为了按照A4进行交货,所需要进行的查对费用(如查对质量、丈量、过磅、点数的费用),以及出口国有关机构强制进行的装运前检验所发生的费用。

除非在特定贸易中,某类货物的销售通常不需包装,卖方必须自付费用包装货物。

除非买方在签订合同前已通知卖方特殊包装要求,卖方可以适合该货物运输的方式对货物进行包装。包装应做适当标记。

A10 协助提供信息及相关费用

如适用时,应买方要求并由其承担风险和费用,卖方必须及时向买方提供或协助其取得相关货物进口和/或将货物运输到最终目的地所需要的任何文件和信息,包括安全相关信息。

卖方必须偿付买方按照B10提供或协助取得文件和信息时发生的所有花销和费用。

B9 货物检验

买方必须支付任何强制性装船前检验费用,但出口国有关机构强制进行的检验除外。

B10 协助提供信息及相关费用

买方必须及时告知卖方任何安全信息要求,以便卖方遵守A10的规定。

买方必须偿付卖方按照A10向买方提供或协助其取得文件和信息时发生的所有花销和费用。

如适用时,应卖方要求并由其承担风险和费用,买方必须及时向卖方提供或协助其取得货物运输和出口及从他国过境运输所需要的任何文件和信息,包括安全相关信息。

CIP 运费和保险费付至

使用说明

该术语可适用于任何运输方式，也可适用于多种运输方式。

“运费和保险费付至”是指卖方将货物在双方约定地点（如双方已经约定了地点）交给其指定的承运人或其他人。卖方必须签订运输合同并支付将货物运至指定目的地的所需费用。

卖方还必须为买方在运输途中货物的灭失或损坏风险签订保险合同。买方应注意到，CIP 只要求卖方投保最低险别。如果买方需要更多保险保护的话，则需与卖方明确就此达成协议，或者自行作出额外的保险安排。

在使用 CPT、CIP、CFR 或 CIF 术语时，当卖方将货物交付给承运人时，而不是当货物到达目的地时，即完成交货。

由于风险转移和费用转移的地点不同，该术语有两个关键点。特别建议双方尽可能确切地在合同中明确交货地点（风险在这里转移至买方），以及指定目的地（卖方必须签订运输合同运到该目的地）。如果运输到约定目的地涉及多个承运人，且双方不能就特定的交货点达成一致时，可以推定：当卖方在某个完全由其选择且买方不能控制的点将货物交付给第一个承运人时，风险转移至买方。如双方希望风险晚些转移的话（例如在某海港或机场转移），则需要在其买卖合同中订明。

由于卖方需承担将货物运至目的地具体地点的费用，特别建议双方尽可能确切地在指定目的地内明确该点。建议卖方取得完全符合该选择的运输合同。如果卖方按照运输合同在指定的目的地卸货发生了费用，除非双方另有约定，卖方无权向买方要求偿付。

如适用时，CIP 要求卖方办理货物的出口清关手续。但是卖方无义务办理进口清关，支付任何进口税或办理进口相关的任何海关手续。

A 卖方义务

A1 卖方一般义务

卖方必须提供符合买卖合同约定的货物和商业发票，以及合同可能要求的其他与合同相符的证据。

A1—A10 中所指的任何单证在双方约定或符合惯例的情况下，可以是同等作用的电子记录或程序。

A2 许可证、授权、安检通关和其他手续

如适用时，卖方必须自负风险和费用，取得所有的出口许可或其他官方授权，办理货物出口和交货前从他国过境运输所需的一切海关手续。

A3 运输合同与保险合同

a）运输合同

卖方必须签订或取得运输合同，将货物自交货地内的约定交货点（如有的话）运送至指定目的地或该目的地的交付点（如有约定）。必须按照通常条件订立合同，由卖方支付费用，经由通常航线和习惯方式运送货物。如果双方没有约定特别的点或该点不能由惯例确定，卖方则可选择最适合其目的的交货点和指定目的地内的交货点。

b) 保险合同

卖方必须自付费用取得货物保险。该保险需至少符合《协会货物保险条款》Institute Cargo Clauses,LMA/IUA)“条款(C)”(Clauses C)或类似条款的最低险别。保险合同应与信誉良好的承保人或保险公司订立。应使买方或其他对货物有可保利益者有权直接向保险人索赔。

当买方要求且能够提供卖方所需的信息时,卖方应办理任何附加险别,由买方承担费用,如果能够办理,诸如办理《协会货物保险条款》(Institute Cargo Clauses,LMA/IUA)“条款(A)或(B)”(Clauses A or B)或类似条款的险别,也可同时或单独办理《协会战争险条款》(Institute War Clauses)和/或《协会罢工险条款》(Institute Strikes Clauses,LMA/IUA)或其他类似条款的险别。

保险最低金额是合同规定价格另加10%(即110%),并采用合同货币。

B　买方义务

B1　买方一般义务

买方必须按照买卖合同约定支付价款。

B1—B10中所指的任何单证在双方约定或符合惯例的情况下,可以是同等作用的电子记录或程序。

B2　许可证、授权、安检通关和其他手续

如适用时,应由买方自负风险和费用,取得所有的进口许可或其他官方授权,办理货物进口和从他国过境运输所需的一切海关手续。

B3　运输合同与保险合同

a) 运输合同

买方对卖方无订立运输合同的义务。

b) 保险合同

买方对卖方无订立保险合同的义务。但应卖方要求,买方必须向卖方提供后者应买方按照A3b)要求其购买附加险所需信息。

保险期间为货物自A4和A5规定的交货点起,至少到指定目的地止。

卖方应向买方提供保单或其他保险证据。

此外,应买方要求并由买方承担风险和费用(如有的话),卖方必须向买方提供后者取得附加险所需信息。

A4　交货

卖方必须在约定日期或期限内,以将货物交给按照A3签订的合同承运人方式交货。

A5　风险转移

除按照B5的灭失或损坏情况外,卖方承担按照A4完成交货前货物灭失或损坏的一切风险。

A6　费用划分

卖方必须支付

a) 按照A4完成交货前与货物相关的一切费用,但按照B6应由买方支付的费用除外;

b) 按照A3a)所发生的运费和其他一切费用,包括根据运输合同规定由卖方支付的装货费和在目的地的卸货费用;

c）根据 A3b）发生的保险费用；及

d）如适用时，货物出口所需海关手续费用，出口应交纳的一切关税、税款和其他费用，以及按照运输合同规定，由卖方支付的货物从他国过境运输的费用。

B4 收取货物

当货物按照 A4 交付时，买方必须收取，并在指定目的地自承运人收取货物。

B5 风险转移

买方承担按照 A4 交货时起货物灭失或损坏的一切风险。

如买方未按照 B7 通知卖方，则自约定的交货日期或交货期限届满之日起，买方承担货物灭失或损坏的一切风险，但以该货物已清楚地确定为合同项下之货物者为限。

B6 费用划分

在不与 A3a）冲突的情况下，买方必须支付

a）自按照 A4 交货时起，与货物相关的一切费用，如适用时，按照 A6d）为出口所需的海关手续费用，及出口应交纳的一切关税、税款和其他费用除外；

b）货物在运输途中直至到达约定目的地为止的一切费用，按照运输合同该费用应由卖方支付的除外；

c）卸货费，除非根据运输合同该项费用应由卖方支付；

d）如买方未按照 B7 发出通知，则自约定发货之日或约定发货期限届满之日起，所发生的一切额外费用，但以该货物已清楚地确定为合同项下之货物者为限；

e）如适用时，货物进口应交纳的一切关税、税款和其他费用，及办理进口海关手续的费用和从他国过境运输费用，除非该费用已包括在运输合同中；及

f）应买方要求，按照 A3 和 B3 取得附加险别所发生的费用。

A7 通知买方

卖方必须向买方发出已按照 A4 交货的通知。

卖方必须向买方发出所需通知，以便买方采取收取货物通常所需要的措施。

A8 交货凭证

依惯例或应买方要求，卖方必须承担费用，向买方提供其按照 A3 订立的运输合同通常的运输凭证。

此项运输凭证必须载明合同中的货物，且其签发日期应在约定运输期限内。如已约定或依惯例，此项凭证也必须能使买方在指定目的地向承运人索取货物，并能使买方在货物运输途中以向下家买方转让或通知承运人方式出售货物。

当此类运输凭证以可转让形式签发且有数份正本时，则必须将整套正本凭证提交给买方。

A9 查对一包装一标记

卖方必须支付为了按照 A4 进行交货，所需要进行的查对费用（如查对质量、丈量、过磅、点数的费用），以及出口国有关机构强制进行的装运前检验所发生的费用。

除非在特定贸易中，某类货物的销售通常不需包装，卖方必须自付费用包装货物。

除非买方在签订合同前已通知卖方特殊包装要求，卖方可以适合该货物运输的方式对货物进行包装。包装应做适当标记。

A10 协助提供信息及相关费用

如适用时,应买方要求并由其承担风险和费用,卖方必须及时向买方提供或协助其取得相关货物进口和/或将货物运输到最终目的地所需要的任何文件和信息,包括安全相关信息。

卖方必须偿付买方按照 B10 提供或协助取得文件和信息时发生的所有花销和费用。

B7 通知卖方

当有权决定发货时间和/或指定目的地或目的地内收取货物的点时,买方必须向卖方发出充分的通知。

B8 交货证据

如果凭证与合同相符的话,买方必须接受按照 A8 提供的运输凭证。

B9 货物检验

买方必须支付任何强制性装船前检验费用,但出口国有关机构强制进行的检验除外。

B10 协助提供信息及相关费用

买方必须及时告知卖方任何安全信息要求,以便卖方遵守 A10 的规定。

买方必须偿付卖方按照 A10 向买方提供或协助其取得文件和信息时发生的所有花销和费用。

如适用时,应卖方要求并由其承担风险和费用,买方必须及时向卖方提供或协助其取得货物运输和出口及从他国过境运输所需要的任何文件和信息,包括安全相关信息。

DAT 运输终端交货

使用说明

该术语可适用于任何运输方式,也可适用于多种运输方式。

“运输终端交货”是指当卖方在指定港口或目的地的指定运输终端将货物从抵达的载货运输工具上卸下,交由买方处置时,即为交货。“运输终端”意味着任何地点,而不论该地点是否有遮盖,例如码头、仓库、集装箱堆积场或公路、铁路、空运货站。卖方承担将货物送至指定港口或目的地的运输终端并将其卸下的一切风险。

由于卖方承担在特定地点交货前的风险,特别建议双方尽可能确切地约定运输终端,或如果可能的话,在约定港口或目的地的运输终端内的特定的点。建议卖方取得完全符合该选择的运输合同。

此外,如果双方希望由卖方承担由运输终端至另一地点间运送和受理货物的风险和费用,则应当使用 DAP 或 DDP 术语。

如适用时,DAT 要求卖方办理出口清关手续。但卖方无义务办理进口清关、支付任何进口税或办理任何进口海关手续。

A 卖方义务

A1 卖方一般义务

卖方必须提供符合买卖合同约定的货物和商业发票,以及合同可能要求的其他与合同相符的证据。

A1—A10 中所指的任何单证在双方约定或符合惯例的情况下,可以是同等作用的电子记录或程序。

A2　许可证、授权、安检通关和其他手续

如适用时，卖方必须自负风险和费用，取得所有的出口许可和其他官方授权，办理货物出口和交货前从他国过境运输所需的一切海关手续。

A3　运输合同与保险合同

a）运输合同

卖方必须自付费用签订运输合同，将货物运至约定港口或目的地的指定运输终端。

如未约定特定的运输终端或该终端不能由惯例确定，卖方则可在约定港口或目的地，选择最适合其目的的运输终端。

b）保险合同

卖方对买方无订立保险合同的义务。但应买方要求并由其承担风险和费用（如有的话），卖方必须向买方提供后者取得保险所需信息。

A4　交货

卖方必须在约定日期或期限内，以在 A3a）指定港口或目的地运输终端，将货物从抵达的运输工具上卸下，并交由买方处置的方式交货。

A5　风险转移

除按照 B5 的灭失或损坏情况外，卖方承担按照 A4 完成交货前货物灭失或损坏的一切风险。

B　买方义务

B1　买方一般义务

买方必须按照买卖合同约定支付价款。

B1—B10 中所指的任何单证在双方约定或符合惯例的情况下，可以是同等作用的电子记录或程序。

B2　许可证、授权、安检通关和其他手续

如适用时，买方必须自负风险和费用，取得所有进口许可或其他官方授权，办理货物进口的一切海关手续。

B3　运输合同与保险合同

a）运输合同

买方对卖方无订立运输合同的义务。

b）保险合同

买方对卖方无订立保险合同的义务。但应卖方要求，买方必须向卖方提供取得保险所需信息。

B4　收取货物

当货物按照 A4 交付时，买方必须收取。

B5　风险转移

买方承担按照 A4 交货时起货物灭失或损坏的一切风险。

如果

a）买方未按照 B2 履行义务，则承担因此造成的货物灭失或损坏的一切风险；或

b）买方未按照 B7 通知卖方，则自约定的交货日期或交货期限届满之日起，买方承担货

物灭失或损坏的一切风险。

但以该货物已清楚地确定为合同项下之货物者为限。

A6　费用划分

卖方必须支付

a) A3 a)发生的费用,以及按照A4交货前与货物相关的一切费用,但按照B6应由买方支付的费用除外;及

b) 如适用时,在按照A4交货前发生的、货物出口所需海关手续费用,出口应交纳的一切关税、税款和其他费用,以及货物从他国过境运输的费用。

A7　通知买方

卖方必须向买方发出所需通知,以便买方采取收取货物通常所需要的措施。

A8　交货凭证

卖方必须自付费用,向买方提供凭证,以确保买方能够按照A4/B4收取货物。

A9　查对—包装—标记

卖方必须支付为了按照A4进行交货,所需要进行的查对费用(如查对质量、丈量、过磅、点数的费用),以及出口国有关机构强制进行的装运前检验所发生的费用。

除非在特定贸易中,某类货物的销售通常不需包装,卖方必须自付费用包装货物。

除非买方在签订合同前已通知卖方特殊包装要求,卖方可以适合该货物运输的方式对货物进行包装。包装应做适当标记。

A10　协助提供信息及相关费用

如适用时,应买方要求并由其承担风险和费用,卖方必须及时向买方提供或协助其取得相关货物进口和/或将货物运输到最终目的地所需要的任何文件和信息,包括安全相关信息。

卖方必须偿付买方按照B10提供或协助取得文件和信息时所发生的所有花销和费用。

B6　费用划分

买方必须支付

a) 自按照A4完成交货之时起,与货物相关的一切费用;

b) 买方未按照B2履行其义务或未按照B7发出通知导致卖方发生的任何额外费用,但以该货物已清楚地确定为合同项下之货物者为限;及

c) 如适用时,办理进口海关手续的费用,以及进口需交纳的所有关税、税款和其他费用。

B7　通知卖方

当有权决定在约定期间内的具体时间和/或指定运输终端内的收取货物的点时,买方必须向卖方发出充分的通知。

B8　交货证据

买方必须接受按照A8提供的交货凭证。

B9　货物检验

买方必须支付任何强制性装船前检验费用,但出口国有关机构强制进行的检验除外。

B10　协助提供信息及相关费用

买方必须及时告知卖方任何安全信息要求,以便卖方符合A10的规定。

买方必须偿付卖方按照 A10 向买方提供或协助其取得文件和信息时发生的所有花销和费用。

如适用时，应卖方要求并由其承担风险和费用，买方必须及时向卖方提供或协助其取得货物运输和出口及从他国过境运输所需要的任何文件和信息，包括安全相关信息。

DAP 目的地交货

使用说明

该术语可适用于任何运输方式，也可适用于多种运输方式。

“目的地交货”是指当卖方在指定目的地将仍处于抵达的运输工具之上，且已做好卸载准备的货物交由买方处置时，即为交货。卖方承担将货物运送到指定地点的一切风险。

由于卖方承担在特定地点交货前的风险，特别建议双方尽可能清楚地约定指定目的地内的交货点。建议卖方取得完全符合该选择的运输合同。如果卖方按照运输合同在目的地发生了卸货费用，除非双方另有约定，卖方无权向买方要求偿付。

如适用时，DAP 要求卖方办理出口清关手续。但是卖方无义务办理进口清关、支付任何进口税或办理任何进口海关手续。如果双方希望卖方办理进口清关、支付所有进口关税，并办理所有进口海关手续，则应当使用 DDP 术语。

A　卖方义务

A1　卖方一般义务

卖方必须提供符合买卖合同约定的货物和商业发票，以及合同可能要求的其他与合同相符的证据。

A1—A10 中所指的任何单证在双方约定或符合惯例的情况下，可以是同等作用的电子记录或程序。

A2　许可证、授权、安检通关和其他手续

如适用时，卖方必须自负风险和费用，取得所有的出口许可和其他官方授权，办理货物出口和交货前从他国过境运输所需的一切海关手续。

A3　运输合同与保险合同

a）运输合同

卖方必须自付费用签订运输合同，将货物运至指定目的地或指定目的地内的约定的点（如有的话）。如未约定特定的点或该点不能由惯例确定，卖方则可在指定目的地内选择最适合其目的的交货点。

b）保险合同

卖方对买方无订立保险合同的义务。但应买方要求并由其承担风险和费用（如有的话），卖方必须向买方提供后者取得保险所需的信息。

A4　交货

卖方必须在约定日期或期限内，在约定的地点（如有的话）或指定目的地，以将仍处于抵达的运输工具之上且已做好卸载准备的货物交由买方处置的方式交货。

A5　风险转移

除按照 B5 的灭失或损坏情况外，卖方承担按照 A4 完成交货前货物灭失或损坏的一切风险。

B 买方义务

B1 买方一般义务

买方必须按照买卖合同约定支付价款。

B1—B10 中所指的任何单证在双方约定或符合惯例的情况下,可以是同等作用的电子记录或程序。

B2 许可证、授权、安检通关和其他手续

如适用时,买方必须自负风险和费用,取得所有进口许可或其他官方授权,办理货物进口的一切海关手续。

B3 运输合同与保险合同

a) 运输合同

买方对卖方无订立运输合同的义务。

b) 保险合同

买方对卖方无订立保险合同的义务。但应卖方要求,买方必须向卖方提供取得保险所需信息。

B4 收取货物

当货物按照 A4 交付时,买方必须收取。

B5 风险转移

买方承担按照 A4 交货时起货物灭失或损坏的一切风险。

如果

a) 买方未按照 B2 履行义务,则承担因此造成的货物灭失或损坏的一切风险;或

A6 费用划分

卖方必须支付

a) 因 A3 a)发生的费用,以及按照 A4 交货前与货物相关的一切费用,但按照 B6 应由买方支付的费用除外;

b) 运输合同中规定的应由卖方支付的在目的地卸货的任何费用;及

c) 如适用时,在按照 A4 交货前发生的货物出口所需海关手续费用,出口应交纳的一切关税、税款和其他费用,以及货物从他国过境运输的费用。

A7 通知买方

卖方必须向买方发出所需通知,以便买方采取收取货物通常所需要的措施。

A8 交货凭证

卖方必须自付费用,向买方提供凭证,以确保买方能够按照 A4/B4 收取货物。

A9 查对—包装—标记

卖方必须支付为了按照 A4 进行交货,所需要进行的查对费用(如查对质量、丈量、过磅、点数的费用),以及出口国有关机构强制进行的装运前检验所发生的费用。

除非在特定贸易中,某类货物的销售通常不需包装,卖方必须自付费用包装货物。

除非买方在签订合同前已通知卖方特殊包装要求,卖方可以适合该货物运输的方式对货物进行包装。包装应做适当标记。

b) 买方未按照 B7 通知卖方,则自约定的交货日期或交货期限届满之日起,买方承担货

物灭失或损坏的一切风险。

但以该货物已清楚地确定为合同项下之货物者为限。

B6 费用划分

买方必须支付

a) 自按照 A4 交货时起与货物相关的一切费用;

b) 在指定目的地从到达的运输工具上,为收取货物所必须支付的一切卸货费用,但运输合同规定该费用由卖方承担者除外;

c) 买方未按照 B2 履行义务或未按照 B7 发出通知导致卖方发生的任何额外费用,但以该货物已清楚地确定为合同项下之货物者为限;及

d) 如适用时,办理进口海关手续的费用,以及进口需交纳的所有关税、税款和其他费用。

B7 通知卖方

当有权决定在约定期间内的具体时间和/或指定目的地内的收取货物的点时,买方必须向卖方发出充分的通知。

B8 交货证据

买方必须接受按照 A8 提供的交货凭证。

B9 货物检验

买方必须支付任何强制性装船前检验费用,但出口国有关机构强制进行的检验除外。

A10 协助提供信息及相关费用

如适用时,应买方要求并由其承担风险和费用,卖方必须及时向买方提供或协助其取得相关货物进口和/或将货物运输到最终目的地所需要的任何文件和信息,包括安全相关信息。

卖方必须偿付买方按照 B10 提供或协助取得文件和信息时发生的所有花销和费用。

B10 协助提供信息及相关费用

买方必须及时告知卖方任何安全信息要求,以便卖方遵守 A10 的规定。

买方必须偿付卖方按照 A10 向买方提供或协助其取得文件和信息时发生的所有花销和费用。

如适用时,应卖方要求并由其承担风险和费用,买方必须及时向卖方提供或协助其取得货物运输和出口及从他国过境运输所需要的任何文件和信息,包括安全相关信息。

DDP 完税后交货

使用说明

该术语可适用于任何运输方式,也可适用于多种运输方式。

"完税后交货"是指当卖方在指定目的地将仍处于抵达的运输工具上,但已完成进口清关,且已做好卸载准备的货物交由买方处置时,即为交货。卖方承担将货物运至目的地的一切风险和费用,并且有义务完成货物出口和进口清关,支付所有出口和进口的关税和办理所有海关手续。

DDP 代表卖方的最大责任。

由于卖方承担在特定地点交货前的风险和费用,特别建议双方尽可能清楚地约定在指定目的地内的交货点。建议卖方取得完全符合该选择的运输合同。如果按照运输合同卖方在目的地发生了卸货费用,除非双方另有约定,卖方无权向买方索要。

如卖方不能直接或间接地完成进口清关,则特别建议双方不使用 DDP。

如双方希望买方承担所有进口清关的风险和费用,则应使用 DAP 术语。

除非买卖合同中另行明确规定,任何增值税或其他应付的进口税款由卖方承担。

A　卖方义务

A1　卖方一般义务

卖方必须提供符合买卖合同约定的货物和商业发票,以及合同可能要求的其他与合同相符的证据。

A1—A10 中所指的任何单证在双方约定或符合惯例的情况下,可以是同等作用的电子记录或程序。

A2　许可证、授权、安检通关和其他手续

如适用时,卖方必须自负风险和费用,取得所有的进出口许可和其他官方授权,办理货物出口、从他国过境运输和进口所需的一切海关手续。

A3　运输合同与保险合同

a) 运输合同

卖方必须自付费用签订运输合同,将货物运至指定目的地或指定目的地内的约定的点(如有约定)。如未约定特定的交付点或该交付点不能由惯例确定,卖方则可在指定目的地内选择最适合其目的的交货点。

b) 保险合同

卖方对买方无订立保险合同的义务。但应买方要求并由其承担风险和费用(如有的话),卖方必须向买方提供后者取得保险所需的信息。

A4　交货

卖方必须在约定日期或期限内,在约定的地点(如有的话)或指定目的地,以将仍处于抵达的运输工具之上且已做好卸载准备的货物交由买方处置的方式交货。

A5　风险转移

除按照 B5 的灭失或损坏情况外,卖方承担按照 A4 完成交货前货物灭失或损坏的一切风险。

B　买方义务

B1　买方一般义务

买方必须按照买卖合同约定支付价款。

B1—B10 中所指的任何单证在双方约定或符合惯例的情况下,可以是同等作用的电子记录或程序。

B2　许可证、授权、安检通关和其他手续

如适用时,应卖方要求并由其承担风险和费用,买方必须协助卖方取得货物进口所需所有进口许可或其他官方授权。

B3　运输合同与保险合同

a) 运输合同

买方对卖方无订立运输合同的义务。

b）保险合同

买方对卖方无订立保险合同的义务。但应卖方要求，买方必须向卖方提供取得保险所需信息。

B4　收取货物

当货物按照 A4 交付时，买方必须收取。

B5　风险转移

买方承担按照 A4 交货时起货物灭失或损坏的一切风险。

如果

a）买方未按照 B2 履行义务，则承担因此造成的货物灭失或损坏的一切风险；或

b）买方未按照 B7 通知卖方，则自约定的交货日期或交货期限届满之日起，买方承担货物灭失或损坏的一切风险，

但以该货物已清楚地确定为合同项下之货物者为限。

A6　费用划分

卖方必须支付

a）除 A3 a)发生的费用，以及按照 A4 交货前与货物相关的一切费用，但按照 B6 应由买方支付的费用除外；

b）运输合同中规定的应由卖方支付的在目的地卸货的任何费用；及

c）如适用时，在按照 A4 交货前发生的，货物进出口所需海关手续费用，出口和进口应交纳的一切关税、税款和其他费用，以及货物从他国过境运输的费用。

A7　通知买方

卖方必须向买方发出所需通知，以便买方采取收取货物通常所需要的措施。

A8　交货凭证

卖方必须自付费用，向买方提供凭证，以确保买方能够按照 A4/B4 收取货物。

A9　查对一包装一标记

卖方必须支付为了按照 A4 进行交货，所需要进行的查对费用（如查对质量、丈量、过磅、点数的费用），以及进出口国有关机构强制进行的装运前检验所发生的费用。

除非在特定贸易中，某类货物的销售通常不需包装，卖方必须自付费用包装货物。

除非买方在签订合同前已通知卖方特殊包装要求，卖方可以适合该货物运输的方式对货物进行包装。包装应做适当标记。

A10　协助提供信息及相关费用

如适用时，应买方要求并由其承担风险和费用，卖方必须及时向买方提供或协助其取得自指定目的地将货物运输到最终目的地所需要的任何文件和信息，包括安全相关信息。

卖方必须偿付买方按照 B10 提供或协助取得文件和信息时所发生的所有花销和费用。

B6　费用划分

买方必须支付

a）自按照 A4 交货时起与货物相关的一切费用；

b）在指定目的地从到达的运输工具上，为收取货物所必须支付的一切卸货费用，但运输合同规定该费用由卖方承担者除外；及

c) 买方未按照 B2 履行义务或未按照 B7 发出通知导致卖方产生的任何额外费用，但以该货物已清楚地确定为合同项下之货物者为限。

B7　通知卖方

当有权决定在约定期间内的具体时间和/或指定目的地内收取货物的点时，买方必须向卖方发出充分的通知。

B8　交货证据

买方必须接受按照 A8 提供的交货凭证。

B9　货物检验

买方对卖方不承担义务支付任何进出口国有关机构装运前强制进行的检验费用。

B10　协助提供信息及相关费用

买方必须及时告知卖方任何安全信息要求，以便卖方遵守 A10 的规定。

买方必须偿付卖方按照 A10 向买方提供或协助其取得文件和信息时产生的所有花销和费用。

如适用时，应卖方要求并由其承担风险和费用，买方必须及时向卖方提供或协助其取得货物运输、进出口以及从他国过境运输所需要的任何文件和信息，包括安全相关信息。

附录四 适用于海运和内河水运的术语

FAS 船边交货

使用说明

该术语仅用于海运或内河水运。

“船边交货”是指当卖方在指定的装运港将货物交到买方指定的船边（例如，置于码头或驳船上）时，即为交货。货物灭失或损坏的风险在货物交到船边时发生转移，同时买方承担自那时起的一切费用。

由于卖方承担在特定地点交货前的风险和费用，而且这些费用和相关作业费可能因各港口惯例不同而变化，特别建议双方尽可能清楚地约定指定装运港内的装货点。

卖方应将货物运至船边或取得已经这样交运的货物。此处使用的“取得”一词适用于商品贸易中常见的交易链中的多层销售（链式销售）。

当货物装在集装箱里时，卖方通常将货物在集装箱码头移交给承运人，而非交到船边。这时，FAS 术语不适合，而应当使用 FCA 术语。

如适用时，FAS 要求卖方办理出口清关手续。但卖方无义务办理进口清关、支付任何进口税或办理任何进口海关手续。

A 卖方义务

A1 卖方一般义务

卖方必须提供符合买卖合同约定的货物和商业发票，以及合同可能要求的其他与合同相符的证据。

A1—A10 中所指的任何单证在双方约定或符合惯例的情况下，可以是同等作用的电子记录或程序。

A2 许可证、授权、安检通关和其他手续

如适用时，卖方必须自负风险和费用，取得所有的出口许可或其他官方授权，办理货物出口所需的一切海关手续。

A3 运输合同与保险合同

a）运输合同

卖方对买方无订立运输合同的义务。但若买方要求，或是依商业实践，且买方未适时作出相反指示，卖方可以按照通常条件签订运输合同，由买方负担风险和费用。在以上两种情形下，卖方都可拒绝签订运输合同，如予拒绝，卖方应立即通知买方。

b）保险合同

卖方对买方无订立保险合同的义务。但应买方要求并由其承担风险和费用（如有的话)，卖方必须向买方提供后者取得保险所需信息。

A4　交货

卖方必须在买方指定的装运港内的装船点(如有的话)，以将货物置于买方指定的船舶旁边，或以取得已经在船边交付的货物的方式交货。在其中任何情形下，卖方都必须在约定日期或期限内，按照该港的习惯方式交货。

如果买方没有指定特定的装货地点，卖方则可在指定装运港选择最适合其目的的装货点。如果双方已同意交货应当在一段时间内进行，买方则有权在该期限内选择日期。

B　买方义务

B1　买方一般义务

买方必须按照买卖合同约定支付价款。

B1—B10 中所指的任何单证在双方约定或符合惯例的情况下，可以是同等作用的电子记录或程序。

B2　许可证、授权、安检通关和其他手续

如适用时，应由买方自负风险和费用，取得所有进口许可或其他官方授权，办理货物进口和从他国过境运输所需的一切海关手续。

B3　运输合同与保险合同

a) 运输合同

除了卖方按照 A3 a)签订运输合同情形外，买方必须自付费用签订自指定的装运港起运货物的运输合同。

b) 保险合同

买方对卖方无订立保险合同的义务。

B4　收取货物

当货物按照 A4 交付时，买方必须收取。

A5　风险转移

除按照 B5 的灭失或损坏情况外，卖方承担按照 A4 完成交货前货物灭失或损坏的一切风险。

A6　费用划分

卖方必须支付

a) 按照 A4 交货前与货物相关的一切费用，但按照 B6 应由买方支付的费用除外；及

b) 如适用时，货物出口所需海关手续费用，以及出口应交纳的一切关税、税款和其他费用。

A7　通知买方

由买方承担风险和费用，卖方必须就其已经按照 A4 交货或船舶未在约定时间内收取货物给予买方充分的通知。

A8　交货凭证

卖方必须自付费用向买方提供已按照 A4 交货的通常证据。

B5　风险转移

买方承担按照 A4 交货时起货物灭失或损坏的一切风险。

如果

a）买方未按照 B7 发出通知；或

b）买方指定的船舶未准时到达，或未收取货物，或早于 B7 通知的时间停止装货；

则买方自约定交货日期或约定期限届满之日起承担所有货物灭失或损坏的一切风险，但以该货物已清楚地确定为合同项下之货物者为限。

B6　费用划分

买方必须支付

a）自按照 A4 交货之时起与货物相关的一切费用，如适用时，A6b）中为出口所需的海关手续费用，及出口应交纳的一切关税、税款和其他费用除外；

b）由于以下原因之一发生的任何额外费用：

（ⅰ）买方未能按照 B7 发出相应的通知，或

（ⅱ）买方指定的船舶未准时到达，未能收取货物或早于 B7 通知的时间停止装货，

（ⅲ）但以该货物已清楚地确定为合同项下之货物者为限；及

c）如适用时，货物进口应交纳的一切关税、税款和其他费用，及办理进口货物海关手续的费用和从他国过境运输费用。

B7　通知卖方

买方必须就船舶名称、装船点和其在约定期间内选择的交货时间（如需要时）向卖方发出充分的通知。

B8　交货证据

买方必须接受按照 A8 提供的交货凭证。

除非上述证据是运输凭证，否则，应买方要求并由其承担风险和费用，卖方必须协助买方取得运输凭证。

A9　查对一包装一标记

卖方必须支付为了按照 A4 进行交货，所需要进行的查对费用（如查对质量、丈量、过磅、点数的费用），以及出口国有关机构强制进行的装运前检验所发生的费用。

除非在特定贸易中，某类货物的销售通常不需包装，卖方必须自付费用包装货物。

除非买方在签订合同前已通知卖方特殊包装要求，卖方可以适合该货物运输的方式对货物进行包装。包装应做适当标记。

A10　协助提供信息及相关费用

如适用时，应买方要求并由其承担风险和费用，卖方必须及时向买方提供或协助其取得相关货物进口和/或将货物运输到最终目的地所需要的任何文件和信息，包括安全相关信息。

卖方必须偿付买方按照 B10 提供或协助取得文件和信息时所发生的所有花销和费用。

B9　货物检验

买方必须支付任何强制性装船前检验费用，但出口国有关机构强制进行的检验费用除外。

B10　协助提供信息及相关费用

买方必须及时告知卖方任何安全信息要求，以便卖方遵守 A10 的规定。

买方必须偿付卖方按照 A10 向买方提供或协助其取得文件和信息时发生的所有花销和费用。

如适用时，应卖方要求并由其承担风险和费用，买方必须及时向卖方提供或协助其取得货物运输和出口以及他国过境运输所需要的任何文件和信息，包括安全相关信息。

FOB 船上交货

使用说明

该术语仅用于海运或内河水运。

“船上交货”是指卖方以在指定装运港将货物装上买方指定的船舶或通过取得已交付至船上货物的方式交货。货物灭失或损坏的风险在货物交到船上时转移，同时买方承担自那时起的一切费用。

卖方应将货物在船上交付或者取得已在船上交付的货物。此处使用的“取得”一词适用于商品贸易中常见的交易链中的多层销售(链式销售)。

FOB 可能不适合于货物在上船前已经交给承运人的情况，例如用集装箱运输的货物通常是在集装箱码头交货。在此类情况下，应当使用 FCA 术语。

如适用时，FOB 要求卖方出口清关。但卖方无义务办理进口清关、支付任何进口税或办理任何进口海关手续。

A　卖方义务

A1　卖方一般义务

卖方必须提供符合买卖合同约定的货物和商业发票，以及合同可能要求的其他与合同相符的证据。

A1—A10 中所指的任何单证在双方约定或符合惯例的情况下，可以是同等作用的电子记录或程序。

A2　许可证、授权、安检通关和其他手续

如适用时，卖方必须自负风险和费用，取得所有的出口许可或其他官方授权，办理货物出口所需的一切海关手续。

A3　运输合同与保险合同

a) 运输合同

卖方对买方无订立运输合同的义务。但若买方要求，或是依商业实践，且买方未适时作出相反指示，卖方可以按照通常条件签订运输合同，由买方负担风险和费用。在以上两种情形下，卖方都可拒绝签订运输合同，如予拒绝，卖方应立即通知买方。

b) 保险合同

卖方对买方无订立保险合同的义务。但应买方要求并由其承担风险和费用(如有的话)，卖方必须向买方提供后者取得保险所需的信息。

A4　交货

卖方必须在指定的装运港内的装船点(如有的话)，以将货物置于买方指定的船舶之上方式，或以取得已在船上交付的货物的方式交货。在其中任何情形下，卖方都必须在约定日期或期限内，按照该港的习惯方式交货。

如果买方没有指定特定的装货点，卖方则可在指定装运港选择最适合其目的的装货点。

A5　风险转移

除按照 B5 的灭失或损坏情况外，卖方承担按照 A4 完成交货前货物灭失或损坏的一切风险。

B　买方义务

B1　买方一般义务

买方必须按照买卖合同约定支付价款。

B1—B10 中所指的任何单证在双方约定或符合惯例的情况下，可以是同等作用的电子记录或程序。

B2　许可证、授权、安检通关和其他手续

如适用时，应由买方自负风险和费用，取得所有进口许可或其他官方授权，办理货物进口和从他国过境运输所需的一切海关手续。

B3　运输合同与保险合同

a) 运输合同

除了卖方按照 A3 a)签订运输合同情形外，买方必须自付费用签订自指定的装运港起运货物的运输合同。

b) 保险合同

买方对卖方无订立保险合同的义务。

B4　收取货物

当货物按照 A4 交付时，买方必须收取。

A6　费用划分

卖方必须支付

a) 按照 A4 完成交货前与货物相关的一切费用，但按照 B6 应由买方支付的费用除外；及

b) 如适用时，货物出口所需海关手续费用，以及出口应交纳的一切关税、税款和其他费用。

A7　通知买方

由买方承担风险和费用，卖方必须就其已经按照 A4 交货或船舶未在约定时间内收取货物给予买方充分的通知。

如果

a) 买方未按照 B7 通知指定的船舶名称；或

b) 买方指定的船舶未准时到达导致卖方未能按 A4 履行义务，或该船舶不能够装载该货物，或早于 B7 通知的时间停止装货；

买方则按下列情况承担货物灭失或损坏的一切风险：

(ⅰ) 自约定之日起，或如没有约定日期的，

(ⅱ) 自卖方在约定期限内按照 A7 通知的日期起，或如没有通知日期的，

(ⅲ) 自任何约定交货期限届满之日起。

但以该货物已清楚地确定为合同项下之货物者为限。

B6　费用划分

买方必须支付

a) 自按照 A4 交货之时起与货物相关的一切费用，如适用时，按照 A6b)出口所需海关手续的费用，及出口应交纳的一切关税、税款和其他费用除外；

b) 由于以下原因之一发生的任何额外费用：

(ⅰ) 买方未能按照 B7 给予卖方相应的通知，或

(ⅱ) 买方指定的船舶未准时到达，不能装载货物或早于 B7 通知的时间停止装货，

但以该货物已清楚地确定为合同项下之货物者为限；及

c) 如适用时，货物进口应交纳的一切关税、税款和其他费用，及办理进口海关手续的费用和从他国过境运输费用。

B7　通知卖方

买方必须就船舶名称、装船点及其在约定期间内选择的交货时间(如需要时)，向卖方发出充分的通知。

A8　交货凭证

卖方必须自付费用向买方提供已按照 A4 交货的通常证据。

除非上述证据是运输凭证，否则，应买方要求并由其承担风险和费用，卖方必须协助买方取得运输凭证。

A9　查对—包装—标记

卖方必须支付为了按照 A4 进行交货，所需要进行的查对费用(如查对质量、丈量、过磅、点数的费用)，以及出口国有关机构强制进行的装运前检验所发生的费用。

除非在特定贸易中，某类货物的销售通常不需包装，卖方必须自付费用包装货物。

除非买方在签订合同前已通知卖方特殊包装要求，卖方可以适合该货物运输的方式对货物进行包装。包装应做适当标记。

A10　协助提供信息及相关费用

如适用时，应买方要求并由其承担风险和费用，卖方必须及时向买方提供或协助其取得相关货物进口和/或将货物运输到最终目的地所需要的任何文件和信息，包括安全相关信息。

卖方必须偿付买方按照 B10 提供或协助取得文件和信息时所发生的所有花销和费用。

B8　交货证据

买方必须接受按照 A8 提供的交货凭证。

B9　货物检验

买方必须支付任何强制性装船前检验费用，但出口国有关机构强制进行的检验除外。

B10　协助提供信息及相关费用

买方必须及时告知卖方任何安全信息要求，以便卖方遵守 A10 的规定。

买方必须偿付卖方按照 A10 向买方提供或协助其取得文件和信息时发生的所有花销和费用。

如适用时，应卖方要求并由其承担风险和费用，买方必须及时向卖方提供或协助其取得货物运输和出口及从他国过境运输所需要的任何文件和信息，包括安全相关信息。

CFR 成本加运费

使用说明

该术语仅用于海运或内河水运。

成本加运费是指卖方在船上交货或以取得已经这样交付的货物方式交货。货物灭失或损坏的风险在货物交到船上时转移。卖方必须签订合同,并支付必要的成本和运费,将货物运至指定的目的港。

当使用 CPT、CIP、CFR 或者 CIF 时,卖方按照所选择术语规定的方式将货物交付给承运人时,即完成其交货义务,而不是货物到达目的地之时。

由于风险转移和费用转移的地点不同,该术语有两个关键点。虽然合同通常都会指定目的港,但不一定都会指定装运港,而这里是风险转移至买方的地方。如果装运港对买方具有特殊意义,特别建议双方在合同中尽可能准确地指定装运港。

由于卖方要承担将货物运至目的地具体地点的费用,特别建议双方应尽可能确切地在指定目的港内明确该点。建议卖方取得完全符合该选择的运输合同。如果卖方按照运输合同在目的港交付点发生了卸货费用,则除非双方事先另有约定,卖方无权向买方要求补偿该项费用。

卖方需要将货物在船上交货,或以取得已经这样交付运往目的港的货物的方式交货。此外,卖方还需签订一份运输合同,或者取得一份这样的合同。此处使用的"取得"一词适用于商品贸易中常见的交易链中的多层销售(链式销售)。

CFR 可能不适合于货物在上船前已经交给承运人的情况,例如用集装箱运输的货物通常是在集装箱码头交货。在此类情况下,应当使用 CPT 术语。

如适用时,CFR 要求卖方办理出口清关。但卖方无义务办理进口清关、支付任何进口税或办理任何进口海关手续。

A　卖方义务

A1　卖方一般义务

卖方必须提供符合买卖合同约定的货物和商业发票,以及合同可能要求的其他与合同相符的证据。

A1—A10 中所指的任何单证在双方约定或符合惯例的情况下,可以是同等作用的电子记录或程序。

A2　许可证、授权、安检通关和其他手续

如适用时,卖方必须自负风险和费用,取得所有的出口许可或其他官方授权、办理货物出口所需的一切海关手续。

A3　运输合同与保险合同

a) 运输合同

卖方必须签订或取得运输合同,将货物自交货地内的约定交货点(如有的话)运送至指定目的港或该目的港的交付点(如有约定)。必须按照通常条件订立合同,由卖方支付费用,经由通常航线,由通常用来运输该类商品的船舶运输。

b) 保险合同

卖方对买方无订立保险合同的义务。但应买方要求并由其承担风险和费用(如有的话),卖方必须向买方提供后者取得保险所需信息。

A4　交货

卖方必须以将货物装上船,或者以取得已装船货物的方式交货。在其中任何情况下,卖方都必须在约定日期或期限内,按照该港的习惯方式交货。

A5　风险转移

除按照 B5 的灭失或损坏情况外,卖方承担按照 A4 完成交货前货物灭失或损坏的一切风险。

B　买方义务

B1　买方一般义务

买方必须按照买卖合同约定支付价款。

B1—B10 中所指的任何单证在双方约定或符合惯例的情况下,可以是同等作用的电子记录或程序。

B2　许可证、授权、安检通关和其他手续

如适用时,应由买方自负风险和费用,取得所有的进口许可或其他官方授权,办理货物进口和从他国过境运输所需的一切海关手续。

B3　运输合同与保险合同

a) 运输合同

买方对卖方无订立运输合同的义务。

b) 保险合同

买方对卖方无订立保险合同的义务。但应卖方要求,买方必须向卖方提供取得保险所需信息。

B4　收取货物

当货物按照 A4 交付时,买方必须收取,并在指定的目的港自承运人收取货物。

B5　风险转移

买方承担按照 A4 交货时起货物灭失或损坏的一切风险。

如买方未按照 B7 通知卖方,则买方从约定的交货日期或交货期限届满之日起,承担货物灭失或损坏的一切风险,但以该货物已清楚地确定为合同项下之货物者为限。

A6　费用划分

卖方必须支付

a) 按照 A4 完成交货前与货物相关的一切费用,但按照 B6 应由买方支付的费用除外;

b) 按照 A3a)所发生的将货物装上船的运费和其他一切费用,包括将货物装上船和根据运输合同规定由卖方支付的在约定卸载港的卸货费;及

c) 如适用时,货物出口所需海关手续费用,出口应交纳的一切关税、税款和其他费用,以及按照运输合同规定,由卖方支付的货物从他国过境运输的费用。

A7　通知买方

卖方必须向买方发出所需通知,以便买方采取收取货物通常所需要的措施。

A8　交货凭证

卖方必须自付费用,不得延迟地向买方提供到约定目的港的通常的运输凭证。

此运输凭证必须载明合同中的货物，且其签发日期应在约定运输期限内，并使买方能在指定目的港向承运人索取货物。同时，除非另有约定，该项凭证应能使买方在货物运输途中以向下家买方转让或通知承运人的方式出售货物。

当此类运输凭证以可转让形式签发并有数份正本时，则必须将整套正本凭证提交给买方。

A9　查对—包装—标记

卖方必须支付为了按照 A4 进行交货，所需要进行的查对费用(如查对质量、丈量、过磅、点数的费用)，以及出口国有关机构强制进行的装运前检验所发生的费用。

B6　费用划分

在不与 A3a)冲突的情况下，买方必须支付

a) 自按照 A4 交货时起与货物相关的一切费用，如适用时，按照 A6c)为出口所需的海关手续费用，及出口应交纳的一切关税、税款和其他费用除外；

b) 货物在运输途中直至到达约定目的港为止的一切费用，按照运输合同该费用应由卖方支付者的除外；

c) 包括驳运费和码头费在内的卸货费，除非根据运输合同该费用应由卖方支付者外；

d) 如买方未按照 B7 发出通知，则自约定运输之日或约定运输期限届满之日起，所发生的一切额外费用，但以该货物已清楚地确定为合同项下之货物者为限；及

e) 如适用时，货物进口应交纳的一切关税、税款和其他费用，及办理进口海关手续的费用和从他国过境运输费用，除非该费用已包括在运输合同中。

B7　通知卖方

当有权决定货物运输时间和/或指定目的港内收取货物点时，买方必须向卖方发出充分的通知。

B8　交货证据

如果凭证与合同相符的话，买方必须接受按照 A8 提交的运输凭证。

除非在特定贸易中，某类货物的销售通常不需包装，卖方必须自付费用包装货物。

除非买方在签订合同前已通知卖方特殊包装要求，卖方可以适合该货物运输的方式对货物进行包装。包装应做适当标记。

A10　协助提供信息及相关费用

如适用时，应买方要求并由其承担风险和费用，卖方必须及时向买方提供或协助其取得相关货物进口和/或将货物运输到最终目的地所需要的任何文件和信息，包括安全相关信息。

卖方必须偿付买方按照 B10 提供或协助其取得文件和信息时所发生的所有花销和费用。

B10　协助提供信息及相关费用

买方必须及时告知卖方任何安全信息要求，以便卖方遵守 A10 的规定。

买方必须偿付卖方按照 A10 向买方提供或协助其取得文件和信息时发生的所有花销和费用。

如适用时，应卖方要求并由其承担风险和费用，买方必须及时向卖方提供或协助其取得货物运输和出口及从他国过境运输所需要的任何文件和信息，包括安全相关信息。

CIF 成本、保险费加运费

使用说明

该术语仅用于海运或内河水运。

成本、保险费加运费是指卖方在船上交货或以取得已经这样交付的货物方式交货。

货物灭失或损坏的风险在货物交到船上时转移。卖方必须签订合同，并支付必要的成本和运费，以将货物运至指定的目的港。

卖方还要为买方在运输途中货物的灭失或损坏风险办理保险。买方应注意到，在 CIF 下卖方仅需投保最低险别。如买方需要更多保险保护的话，则需与卖方明确达成协议，或者自行作出额外的保险安排。

当使用 CPT、CIP、CFR 或者 CIF 时，卖方按照所选择的术语规定的方式将货物交付给承运人时，即完成其交货义务，而不是货物到达目的地之时。

由于风险转移和费用转移的地点不同，该术语有两个关键点。虽然合同通常都会指定目的港，但不一定都会指定装运港，而这里是风险转移至买方的地方。如果装运港对买方具有特殊意义，特别建议双方在合同中尽可能准确地指定装运港。

由于卖方需承担将货物运至目的地具体地点的费用，特别建议双方应尽可能确切地在指定目的港内明确该点。建议卖方取得完全符合该选择的运输合同。如果卖方按照运输合同在目的港发生了卸货费用，则除非双方事先另有约定，卖方无权向买方要求补偿该项费用。

卖方需要将货物在船上交货，或以取得已经这样交付运往目的港的货物方式交货。此外，卖方还需签订一份运输合同，或者取得一份这样的合同。此处使用的“取得”一词适用于商品贸易中常见的交易链中的多层销售(链式销售)。

CIF 可能不适合于货物在上船前已经交给承运人的情况，例如用集装箱运输的货物通常是在集装箱码头交货。在此类情况下，应当使用 CIP 术语。

如适用时，CIF 要求卖方办理出口清关。但卖方无义务办理进口清关、支付任何进口税或办理任何进口海关手续。

A　卖方义务

A1　卖方一般义务

卖方必须提供符合买卖合同约定的货物和商业发票，以及合同可能要求的其他与合同相符的证据。

A1—A10 中所指的任何单证在双方约定或符合惯例的情况下，可以是同等作用的电子记录或程序。

A2　许可证、授权、安检通关和其他手续

如适用时，卖方必须自负风险和费用，取得所有的出口许可或其他官方授权，办理货物出口所需的一切海关手续。

A3　运输合同与保险合同

a) 运输合同

卖方必须签订或取得运输合同，将货物自交货地内的约定交货点(如有的话)运送至指定目的港或该目的港的交付点(如有约定)。必须按照通常条件订立合同,由卖方支付费用,经由通常航线,由通常用来运输该类商品的船舶运输。

b) 保险合同

卖方必须自付费用取得货物保险。该保险需至少符合《协会货物保险条款》(Institute Cargo Clauses,LMA/IUA)"条款(C)"(Clauses C)或类似条款的最低险别。保险合同应与信誉良好的承保人或保险公司订立。应使买方或其他对货物有可保利益者有权直接向保险人索赔。

当买方要求且能够提供卖方所需的信息时,卖方应办理任何附加险别,由买方承担费用,如果能够办理,诸如《协会货物保险条款》(Institute Cargo Clauses,LMA/IUA)"条款(A)或(B)"(Clauses A or B)或类似条款的险别,也可同时或单独办理《协会战争险条款》(Institute War Clauses)和/或《协会罢工险条款》(Institute Strikes Clauses,LMA/IUA)或其他类似条款的险别。

保险最低金额是合同规定价格另加10%(即110%),并采用合同货币。

B 买方义务

B1 买方一般义务

买方必须按照买卖合同约定支付价款。

B1—B10 中所指的任何单证在双方约定或符合惯例的情况下,可以是同等作用的电子记录或程序。

B2 许可证、授权、安检通关和其他手续

如适用时,应由买方自负风险和费用,取得所有的进口许可或其他官方授权,办理货物进口和从他国过境运输所需的一切海关手续。

B3 运输合同与保险合同

a) 运输合同

买方对卖方无订立运输合同的义务。

b) 保险合同

买方对卖方无订立保险合同的义务。买方必须向卖方提供后者应买方按照 A3b)要求其购买附加险所需信息。

保险期间应从货物自 A4 和 A5 规定的交货点起,至少到指定目的港止。

卖方应向买方提供保单或其他保险证据。

此外,应买方要求并由买方承担风险和费用(如有的话),卖方必须向买方提供后者取得附加险所需信息。

A4 交货

卖方必须以将货物装上船,或以取得已经这样交付的货物的方式交货。在其中任何情况下,卖方都必须在约定日期或期限内,按照该港的习惯方式交货。

A5 风险转移

除按照 B5 的灭失或损坏情况外,卖方承担按照 A4 完成交货前货物灭失或损坏的一切风险。

A6 费用划分

卖方必须支付

a) 按照 A4 完成交货前与货物相关的一切费用，但按照 B6 应由买方支付的费用除外；

b) 按照 A3a)所发生的运费和其他一切费用，包括将货物装上船和根据运输合同规定由卖方支付的和在约定卸载港的卸货费；

c) 按照 A3b)规定所发生的保险费用；及

d) 如适用时，货物出口所需海关手续费用，出口应交纳的一切关税、税款和其他费用，以及按照运输合同规定，由卖方支付的货物从他国过境运输的费用。

B4　收取货物

当货物按照 A4 交付时，买方必须收取，并在指定的目的港自承运人收取货物。

B5　风险转移

买方承担按照 A4 交货时起货物灭失或损坏的一切风险。

如买方未按照 B7 通知卖方，则买方必须从约定交货日期或交货期限届满之日起，承担货物灭失或损坏的一切风险，但以该货物已清楚地确定为合同项下之货物者为限。

B6　费用划分

在不与 A3a)冲突的情况下，买方必须支付

a) 自按照 A4 交货时起，与货物相关的一切费用，如适用时，按照 A6d)为出口所需的海关手续费用，及出口应交纳的一切关税、税款和其他费用除外；

b) 货物在运输途中直至到达目的港为止的一切费用，按照运输合同该费用应由卖方支付的除外；

c) 包括驳运费和码头费在内的卸货费，除非根据运输合同该费用应由卖方支付者外；

d) 如买方未按照 B7 发出通知，则自约定运输之日或约定运输期限届满之日起，所发生的一切额外费用，但以该货物已清楚地确定为合同项下之货物者为限；及

e) 如适用时，货物进口应交纳的一切关税、税款和其他费用，及办理进口海关手续的费用和从他国过境运输费用，除非该费用已包括在运输合同中；及

f) 按照 A3b)和 B3b)，应卖方要求办理附加险所产生的费用。

A7　通知买方

卖方必须向买方发出所需通知，以便买方采取收取货物通常所需要的措施。

A8　交货凭证

卖方必须自付费用，不得延迟地向买方提供到约定目的港的通常的运输凭证。

此运输凭证必须载明合同该项货物，且其签发日期应在约定运输期限内，并使买方能在指定目的港向承运人索取货物。同时，除非另有约定，该项凭证应能使买方在货物运输途中以向下家买方转让或通知承运人的方式出售货物。

当此类运输凭证以可转让形式签发并有数份正本时，则必须将整套正本凭证提交给买方。

A9　查对—包装—标记

卖方必须支付为了按照 A4 进行交货，所需要进行的查对费用(如查对质量、丈量、过磅、点数的费用)，以及出口国有关机构强制进行的装运前检验所发生的费用。

除非在特定贸易中，某类货物的销售通常不需包装，卖方必须自付费用包装货物。

除非买方在签订合同前已通知卖方特殊包装要求，卖方可以适合该货物运输的方式对货物进行包装。包装应做适当标记。

A10　协助提供信息及相关费用

如适用时，应买方要求并由其承担风险和费用，卖方必须及时向买方提供或协助其取得相关货物进口和/或将货物运输到最终目的地所需要的任何文件和信息，包括安全相关信息。

卖方必须偿付买方按照B10提供或协助取得文件和信息时所发生的所有花销和费用。

B7　通知卖方

当有权决定货物运输时间和/或指定目的港内收取货物点时，买方必须向卖方发出充分的通知。

B8　交货证据

如果凭证与合同相符的话，买方必须接受按照A8提交的运输凭证。

B9　货物检验

买方必须支付任何强制性装船前检验费用，但出口国有关机构强制进行的检验除外。

B10　协助提供信息及相关费用

买方必须及时告知卖方任何安全信息要求，以便卖方遵守A10的规定。

买方必须偿付卖方按照A10向买方提供或协助其取得文件和信息时发生的所有花销和费用。

如适用时，应卖方要求并由其承担风险和费用，买方必须及时向卖方提供或协助其取得货物运输和出口及从他国过境运输所需要的任何文件和信息，包括安全相关信息。

第一条　UCP的适用范围

《跟单信用证统一惯例——2007年修订本，国际商会第600号出版物》(简称"UCP")乃一套规则，适用于所有在其文本中明确表明受本惯例约束的跟单信用证(下称信用证)(在其可适用的范围内，包括备用信用证)。除非信用证明确修改或排除，本惯例各条文对信用证所有当事人均具有约束力。

第二条　定义

就本惯例而言

通知行　指应开证行的要求通知信用证的银行。

申请人　指要求开立信用证的一方。

银行工作日　指银行在其履行受本惯例约束的行为的地点通常开业的一天。

受益人　指接受信用证并享受其利益的一方。

相符交单　指与信用证条款、本惯例的相关适用条款以及国际标准银行实务一致的交单。

保兑　指保兑行在开证行承诺之外作出的承付或议付相符交单的确定承诺。

保兑行　指根据开证行的授权或要求对信用证加具保兑的银行。

信用证　指一项不可撤销的安排，无论其名称或描述如何，该项安排构成开证行对相符交单予以承付的确定承诺。

承付　指：

a/如果信用证为即期付款信用证，则即期付款。

b/如果信用证为延期付款信用证，则承诺延期付款并在承诺到期日付款。

c/如果信用证为承兑信用证，则承兑受益人开出的汇票并在汇票到期日付款。

开证行 指应申请人要求或者代表自己开出信用证的银行。

议付 指指定银行在相符交单下,在其应获偿付的银行工作日当天或之前向受益人预付或者同意预付款项,从而购买汇票(其付款人为指定银行以外的其他银行)及/或单据的行为。

指定银行 指信用证可在其处兑用的银行,如信用证可在任一银行兑用,则任何银行均为指定银行。

交单 指向开证行或指定银行提交信用证项下单据的行为,或指按此方式提交的单据。

交单人 指实施交单行为的受益人、银行或其他人。

第三条 解释

就本惯例而言

如情形适用,单数词形包含复数含义,复数词形包含单数含义。

信用证是不可撤销的,即使未如此表明。

单据签字可用手签、摹样签字、穿孔签字、印戳、符号或任何其他机械或电子的证实方法为之。

诸如单据须履行法定手续、签证、证明等类似要求,可由单据上任何看似满足该要求的签字、标记、印戳或标签来满足。

一家银行在不同国家的分支机构被视为不同的银行。

用诸如"第一流的"、"著名的"、"合格的"、"独立的"、"正式的"、"有资格的"或"本地的"等词语描述单据的出单人时,允许除受益人之外的任何人出具该单据。

除非要求在单据中使用,否则诸如"迅速地"、"立刻地"或"尽快地"等词语将被不予理会。

"在或大概在"(on or about)或类似用语将被视为规定事件发生在指定日期的前后五个日历日之间,起讫日期计算在内。

"至"(to)、"直至"(until,till)、"从……开始"(from)及"在……之间"(between)等词用于确定发运日期时包含提及的日期,使用"在……之前"(before)及"在……之后"(after)时则不包含提及的日期。

"从……开始"(from)及"在……之后"(after)等词用于确定到期日时不包含提及的日期。

"前半月"及"后半月"分别指一个月的第一日到第十五日及第十六日到该月的最后一日,起讫日期计算在内。

一个月的"开始"(beginning)、"中间"(middle)及"末尾"(end)分别指第一到第十日、第十一日到第二十日及第二十一日到该月的最后一日,起讫日期计算在内。

第四条 信用证与合同

a/就其性质而言,信用证与可能作为其开立基础的销售合同或其他合同是相互独立的交易,即使信用证中含有对此类合同的任何援引,银行也与该合同无关,且不受其约束。因此,银行关于承付、议付或履行信用证项下其他义务的承诺,不受申请人基于其与开证行或与受益人之间的关系而产生的任何请求或抗辩的影响。

b/开证行应劝阻申请人试图将基础合同、形式发票等文件作为信用证组成部分的做法。

第五条　单据与货物、服务或履约行为

银行处理的是单据，而不是单据可能涉及的货物、服务或履约行为。

第六条　兑用方式、截止日和交单地点

a/信用证必须规定可在其处兑用的银行，或是否可在任一银行兑用。规定在指定银行兑用的信用证同时也可以在开证行兑用。

b/信用证必须规定其是以即期付款、延期付款、承兑还是议付的方式兑用。

c/信用证不得开成凭以申请人为付款人的汇票兑用。

d/ⅰ. 信用证必须规定一个交单的截止日。规定的承付或议付的截止日将被视为交单的截止日。

ⅱ. 可在其处兑用信用证的银行所在地即为交单地点。可在任一银行兑用的信用证其交单地点为任一银行所在地。除规定的交单地点外，开证行所在地也是交单地点。

e/除非如第二十九条 a 款规定的情形，否则受益人或者代表受益人的交单应在截止日当天或之前完成。

第七条　开证行责任

a/只要规定的单据提交给指定银行或开证行，并且构成相符交单，则开证行必须承付，如果信用证为以下情形之一：

ⅰ. 信用证规定由开证行即期付款、延期付款或承兑；

ⅱ. 信用证规定由指定银行即期付款但其未付款；

ⅲ. 信用证规定由指定银行延期付款但其未承诺延期付款，或虽已承诺延期付款，但未在到期日付款；

ⅳ. 信用证规定由指定银行承兑，但其未承兑以其为付款人的汇票；或虽承兑了汇票，但未在到期日付款；

ⅴ. 信用证规定由指定银行议付但其未议付。

b. 开证行自开立信用证之时起即不可撤销地承担承付责任。

c. 指定银行承付或议付相符交单并将单据转给开证行之后，开证行即承担偿付该指定银行的责任。对承兑或延期付款信用证下相符交单金额的偿付应在到期日办理，无论指定银行是否在到期日之前预付或购买了单据。开证行偿付指定银行的责任独立于开证行对受益人的责任。

第八条　保兑行责任

a. 只要规定的单据提交给保兑行，或提交给其他任何指定银行，并且构成相符交单，保兑行必须：

ⅰ. 承付，如果信用证为以下情形之一：

a）信用证规定由保兑行即期付款、延期付款或承兑；

b）信用证规定由另一指定银行即期付款，但其未付款；

c）信用证规定由另一指定银行延期付款，但其未承诺延期付款，或虽已承诺延期付款但未在到期日付款；

d）信用证规定由另一指定银行承兑，但其未承兑以其为付款人的汇票，或虽已承兑汇票但未在到期日付款；

e）信用证规定由另一指定银行议付，但其未议付。

ⅱ. 无追索权的议付，如果信用证规定由保兑行议付。

b. 保兑行自对信用证加具保兑之时起即不可撤销地承担承付或议付的责任。

c. 其他指定银行承付或议付相符交单并将单据转往保兑行之后，保兑行即承担偿付该指定银行的责任。对承兑或延期付款信用证下相符交单金额的偿付应在到期日办理，无论指定银行是否在到期日之前预付或购买了单据。保兑行偿付指定银行的责任独立于保兑行对受益人的责任。

d. 如果开证行授权或要求一银行对信用证加具保兑，而其并不准备照办，则其必须毫不延误地通知开证行，并可通知此信用证而不加保兑。

第九条 信用证及其修改的通知

a. 信用证及其任何修改可以经由通知行通知给受益人。非保兑行的通知行通知信用证及修改时不承担承付或议付的责任。

b. 通知行通知信用证或修改的行为表示其已确信信用证或修改的表面真实性，而且其通知准确地反映了其收到的信用证或修改的条款。

c. 通知行可以通过另一银行（第二通知行）向受益人通知信用证及修改。第二通知行通知信用证或修改的行为表明其已确信收到的通知的表面真实性，并且其通知准确地反映了收到的信用证或修改的条款。

d. 经由通知行或第二通知行通知信用证的银行必须经由同一银行通知其后的任何修改。

e. 如一银行被要求通知信用证或修改但其决定不予通知，则应毫不延误地告知自其处收到信用证、修改或通知的银行。

f. 如一银行被要求通知信用证或修改但其不能确信信用证、修改或通知的表面真实性，则应毫不延误地通知看似从其处收到指示的银行。如果通知行或第二通知行决定仍然通知信用证或修改，则应告知受益人或第二通知行其不能确信信用证、修改或通知的表面真实性。

第十条 修改

a. 除第三十八条另有规定者外，未经开证行、保兑行（如有的话）及受益人同意，信用证既不得修改，也不得撤销。

b. 开证行自发出修改之时起，即不可撤销地受其约束。保兑行可将其保兑扩展至修改，并自通知该修改之时，即不可撤销地受其约束。但是，保兑行可以选择将修改通知受益人而不对其加具保兑。若然如此，其必须毫不延误地将此告知开证行，并在其给受益人的通知中告知受益人。

c. 在受益人告知通知修改的银行其接受该修改之前，原信用证（或含有先前被接受的修改的信用证）的条款对受益人仍然有效。受益人应提供接受或拒绝修改的通知。如果受益人未能给予通知，当交单与信用证以及尚未表示接受的修改的要求一致时，即视为受益人已作出接受修改的通知，并且从此时起，该信用证被修改。

d. 通知修改的银行应将任何接受或拒绝的通知转告发出修改的银行。

e. 对同一修改的内容不允许部分接受，部分接受将被视为拒绝修改的通知。

f. 修改中关于除非受益人在某一时间内拒绝修改否则修改生效的规定应被不予理会。

第十一条　电讯传输的和预先通知的信用证和修改

a. 以经证实的电讯方式发出的信用证或信用证修改即被视为有效的信用证或修改文据，任何后续的邮寄确认书应被不予理会。

如电讯声明“详情后告”(或类似用语)或声明以邮寄确认书为有效信用证或修改，则该电讯不被视为有效信用证或修改。开证行必须随即不迟延地开立有效信用证或修改，其条款不得与该电讯矛盾。

b. 开证行只有在准备开立有效信用证或作出有效修改时，才可以发出关于开立或修改信用证的初步通知(预先通知)。开证行作出该预先通知，即不可撤销地保证不迟延地开立或修改信用证，且其条款不能与预先通知相矛盾。

第十二条　指定

a. 除非指定银行为保兑行，对于承付或议付的授权并不赋予指定银行承付或议付的义务，除非该指定银行明确表示同意并且告知受益人。

b. 开证行指定一银行承兑汇票或作出延期付款承诺，即为授权该指定银行预付或购买其已承兑的汇票或已作出的延期付款承诺。

c. 非保兑行的指定银行收到或审核并转递单据的行为并不使其承担承付或议付的责任，也不构成其承付或议付的行为。

第十三条　银行之间的偿付安排

a. 如果信用证规定指定银行(索偿行)向另一方(偿付行)获取偿付时，必须同时规定该偿付是否按信用证开立时有效的 ICC 银行间偿付规则进行。

b. 如果信用证没有规定偿付遵守 ICC 银行间偿付规则，则按照以下规定：

ⅰ. 开证行必须给予偿付行有关偿付的授权，授权应符合信用证关于兑用方式的规定，且不应设定截止日。

ⅱ. 开证行不应要求索偿行向偿付行提供与信用证条款相符的证明。

ⅲ. 如果偿付行未按信用证条款见索即偿，开证行将承担利息损失以及产生的任何其他费用。

ⅳ. 偿付行的费用应由开证行承担。然而，如果此项费用由受益人承担，开证行有责任在信用证及偿付授权中注明。如果偿付行的费用由受益人承担，该费用应在偿付时从付给索偿行的金额中扣取。如果偿付未发生，偿付行的费用仍由开证行负担。

c. 如果偿付行未能见索即偿，开证行不能免除偿付责任。

第十四条　单据审核标准

a. 按指定行事的指定银行、保兑行(如果有的话)及开证行须审核交单，并仅基于单据本身确定其是否在表面上构成相符交单。

b. 按指定行事的指定银行、保兑行(如有的话)及开证行各有从交单次日起的至多五个银行工作日用以确定交单是否相符。这一期限不因在交单日当天或之后信用证截止日或最迟交单日届至而受到缩减或影响。

c. 如果单据中包含一份或多份受第十九、二十、二十一、二十二、二十三、二十四或二十五条规制的正本运输单据，则须由受益人或其代表在不迟于本惯例所指的发运日之后的二十一个日历日内交单，但是在任何情况下都不得迟于信用证的截止日。

d. 单据中的数据，在与信用证、单据本身以及国际标准银行实务参照解读时. 无须与该单据本身中的数据、其他要求的单据或信用证中的数据等同一致，但不得矛盾。

e. 除商业发票外，其他单据中的货物、服务或履约行为的描述，如果有的话，可使用与信用证中的描述不矛盾的概括性用语。

f. 如果信用证要求提交运输单据、保险单据或者商业发票之外的单据，却未规定出单人或其数据内容，则只要提交的单据内容看似满足所要求单据的功能，且其他方面符合第十四条 d 款，银行将接受该单据。

g. 提交的非信用证所要求的单据将被不予理会，并可被退还给交单人。

h. 如果信用证含有一项条件，但未规定用以表明该条件得到满足的单据，银行将视为未作规定并不予理会。

i. 单据日期可以早于信用证的开立日期，但不得晚于交单日期。

j. 当受益人和申请人的地址出现在任何规定的单据中时，无须与信用证或其他规定单据中所载相同，但必须与信用证中规定的相应地址同在一国。联络细节（传真、电话、电子邮件及类似细节）作为受益人和申请人地址的一部分时将被不予理会。然而，如果申请人的地址和联络细节为第十九、二十、二十一、二十二、二十三、二十四或二十五条规定的运输单据上的收货人或通知方细节的一部分时，应与信用证规定的相同。

k. 在任何单据中注明的托运人或发货人无须为信用证的受益人。

l. 运输单据可以由任何人出具，无须为承运人、船东、船长或租船人，只要其符合第十九、二十、二十一、二十二、二十三或二十四条的要求。

第十五条　相符交单

a. 当开证行确定交单相符时，必须承付。

b. 当保兑行确定交单相符时，必须承付或者议付并将单据转递给开证行。

c. 当指定银行确定交单相符并承付或议付时，必须将单据转递给保兑行或开证行。

第十六条　不符单据、放弃及通知

a. 当按照指定行事的指定银行、保兑行（如有的话）或者开证行确定交单不符时，可以拒绝承付或议付。

b. 当开证行确定交单不符时，可以自行决定联系申请人放弃不符点。然而这并不能延长第十四条 b 款所指的期限。

c. 当按照指定行事的指定银行、保兑行（如有的话）或开证行决定拒绝承付或议付时，必须给予交单人一份单独的拒付通知。

该通知必须声明：

ⅰ. 银行拒绝承付或议付；及

ⅱ. 银行拒绝承付或者议付所依据的每一个不符点；及

ⅲ. a）银行留存单据听候交单人的进一步指示；或者

b）开证行留存单据直到其从申请人处接到放弃不符点的通知并同意接受该放弃，或者其同意接受对不符点的放弃之前从交单人处收到其进一步指示；或者

c）银行将退回单据；或者

d）银行将按之前从交单人处获得的指示处理。

d. 第十六条 c 款要求的通知必须以电讯方式，如不可能，则以其他快捷方式，在不迟于自交单之翌日起第五个银行工作日结束前发出。

e. 按照指定行事的指定银行、保兑行(如有的话)或开证行在按照第十六条 c 款 iii 项 a)或 b)发出了通知之后,可以在任何时候将单据退还交单人。

f. 如果开证行或保兑行未能按照本条行事,则无权宣称交单不符。

g. 当开证行拒绝承付或保兑行拒绝承付或者议付,并且按照本条发出了拒付通知后,有权要求返还已偿付的款项及利息。

第十七条　正本单据及副本

a. 信用证规定的每一种单据须至少提交一份正本。

b. 银行应将任何带有看似出单人的原始签名、标记、印戳或标签的单据视为正本单据,除非单据本身表明其非正本。

c. 除非单据本身另有说明,在以下情况下,银行也将其视为正本单据:

ⅰ. 单据看似由出单人手写、打字、穿孔或盖章;或者

ⅱ. 单据看似使用出单人的原始信纸出具;或者

ⅲ. 单据声明其为正本单据,除非该声明看似不适用于提交的单据。

d. 如果信用证要求提交单据的副本,提交正本或副本均可。

e. 如果信用证使用诸如"一式两份"(in duplicate)、"两份"(in two fold)、"两套"(in tow copies)等用语要求提交多份单据,则提交至少一份正本,其余使用副本即可满足要求,除非单据本身另有说明。

第十八条　商业发票

a. 商业发票:

ⅰ. 必须看似由受益人出具(第三十八条规定的情形除外);

ⅱ. 必须出具成以申请人为抬头(第三十八条 g 款规定的情形除外);

ⅲ. 必须与信用证的货币相同;且

ⅳ. 无须签名。

b. 按指定行事的指定银行、保兑行(如有的话)或开证行可以接受金额大于信用证允许金额的商业发票,其决定对有关各方均有约束力,只要该银行对超过信用证允许金额的部分未作承付或者议付。

c. 商业发票上的货物、服务或履约行为的描述应该与信用证中的描述一致。

第十九条　涵盖至少两种不同运输方式的运输单据

a. 涵盖至少两种不同运输方式的运输单据(多式或联合运输单据),无论名称如何,必须看似:

ⅰ. 表明承运人名称并由以下人员签署:

* 承运人或其具名代理人,或

* 船长或其具名代理人。

承运人、船长或代理人的任何签字,必须标明其承运人、船长或代理人的身份。

代理人签字必须表明其系代表承运人还是船长签字。

ⅱ. 通过以下方式表明货物已经在信用证规定的地点发送、接管或已装运。

* 事先印就的文字,或者

* 表明货物已经被发送、接管或装运日期的印戳或批注。

运输单据的出具日期将被视为发送、接管或装运的日期,也即发运的日期。然而如单

据以印戳或批注的方式表明了发送、接管或装运日期，该日期将被视为发运日期。

ⅲ. 表明信用证规定的发送、接管或发运地点，以及最终目的地，即使：

a）该运输单据另外还载明了一个不同的发送、接管或发运地点或最终目的地，或者，

b）该运输单据载有“预期的”或类似的关于船只、装货港或卸货港的限定语。

ⅳ. 为唯一的正本运输单据，或者，如果出具为多份正本，则为运输单据中表明的全套单据。

ⅴ. 载有承运条款和条件，或提示承运条款和条件参见别处（简式/背面空白的运输单据），银行将不审核承运条款和条件的内容。

ⅵ. 未表明受租船合同约束。

b. 就本条而言，转运指在从信用证规定的发送、接管或者发运地点至最终目的地的运输过程中从某一运输工具上卸下货物并装上另一运输工具的行为（无论其是否为不同的运输方式）。

c. ⅰ. 运输单据可以表明货物；将要或可能被转运，只要全程运输由同一运输单据涵盖。

ⅱ. 即使信用证禁止转运，注将要或者可能发生转运的运输单据仍可接受。

第二十条 提单

a. 提单，无论名称如何，必须看似：

ⅰ. 表明承运人名称，并由下列人员签署：

* 承运人或其具名代理人，或者

* 船长或其具名代理人。

承运人、船长或代理人的任何签字必须标明其承运人、船长或代理人的身份。

代理人的任何签字必须标明其系代表承运人还是船长签字。

ⅱ. 通过以下方式表明货物已在信用证规定的装货港装上具名船只：

* 预先印就的文字，或

* 已装船批注注明货物的装运日期。

提单的出具日期将被视为发运日期，除非提单载有表明发运日期的已装船批注，此时已装船批注中显示的日期将被视为发运日期。

如果提单载有“预期船只”或类似的关于船名的限定语，则需以已装船批注明确发运日期以及实际船名。

ⅲ. 表明货物从信用证规定的装货港发运至卸货港。

如果提单没有表明信用证规定的装货港为装货港，或者其载有“预期的”或类似的关于装货港的限定语，则需以已装船批注表明信用证规定的装货港、发运日期以及实际船名。即使提单以事先印就的文字表明了货物已装载或装运于具名船只，本规定仍适用。

ⅳ. 为唯一的正本提单，或如果以多份正本出具，为提单中表明的全套正本。

ⅴ. 载有承运条款和条件，或提示承运条款和条件参见别处（简式/背面空白的提单），银行将不审核承运条款和条件的内容。

ⅳ. 未表明受租船合同约束。

b. 就本条而言，转运系指在信用证规定的装货港到卸货港之间的运输过程中，将货物从一船卸下并再装上另一船的行为。

c. ⅰ. 提单可以表明货物将要或可能被转运，只要全程运输由同一提单涵盖。

ⅱ. 即使信用证禁止转运，注明将要或可能发生转运的提单仍可接受，只要其表明货物由集装箱、拖车或子船运输。

d. 提单中声明承运人保留转运权利的条款将被不予理会。

第二十一条　不可转让的海运单

a. 不可转让的海运单，无论名称如何，必须看似：

ⅰ. 表明承运人名称并由下列人员签署：

* 承运人或其具名代理人，或者

* 船长或其具名代理人。

承运人、船长或代理人的任何签字必须标明其承运人、船长或代理人的身份。

代理人签字必须标明其系代表承运人还是船长签字。

ⅱ. 通过以下方式表明货物已在信用证规定的装货港装上具名船只：

* 预先印就的文字，或者

* 已装船批注表明货物的装运日期。

不可转让海运单的出具日期将被视为发运日期，除非其上带有已装船批注注明发运日期，此时已装船批注注明的日期将被视为发运日期。

如果不可转让海运单载有“预期船只”或类似的关于船名的限定语，则需要以已装船批注表明发运日期和实际船名。

ⅲ. 表明货物从信用证规定的装货港发运至卸货港。

如果不可转让海运单未以信用证规定的装货港为装货港，或者如果其载有“预期的”或类似的关于装货港的限定语，则需要以已装船批注表明信用证规定的装货港、发运日期和船名。即使不可转让海运单以预先印就的文字表明货物已由具名船只装载或装运，本规定也适用。

ⅳ. 为唯一的正本不可转让海运单，或如果以多份正本出具，为海运单上注明的全套正本。

ⅴ. 载有承运条款和条件，或提示承运条款和条件参见别处（简式/背面空白的海运单）。银行将不审核承运条款和条件的内容。

ⅵ. 未注明受租船合同约束。

b. 就本条而言，转运系指在信用证规定的装货港到卸货港之间的运输过程中，将货物从一船卸下并装上另一船的行为。

c. ⅰ. 不可转让海运单可以注明货物将要或可能被转运，只要全程运输由同一海运单涵盖。

ⅱ. 即使信用证禁止转运，注明转运将要或可能发生的不可转让的海运单仍可接受，只要其表明货物装于集装箱、拖船或子船中运输。

d. 不可转让的海运单中声明承运人保留转运权利的条款将被不予理会。

第二十二条　租船合同提单

a. 表明其受租船合同约束的提单（租船合同提单），无论名称如何，必须看似：

ⅰ. 由以下人员签署：

* 船长或其具名代理人，或

＊ 船东或其具名代理人，或

＊ 租船人或其具名代理人。

船长、船东、租船人或代理人的任何签字必须标明其船长、船东、租船人或代理人的身份。

代理人签字必须表明其系代表船长、船东还是租船人签字。

代理人代表船东或租船人签字时必须注明船东或租船人的名称。

ⅱ. 通过以下方式表明货物已在信用证规定的装货港装上具名船只：

＊ 预先印就的文字，或者

＊ 已装船批注注明货物的装运日期

租船合同提单的出具日期将被视为发运日期，除非租船合同提单载有已装船批注注明发运日期，此时已装船批注上注明的日期将被视为发运日期。

ⅲ. 表明货物从信用证规定的装货港发运至卸货港。卸货港也可显示为信用证规定的港口范围或地理区域。

ⅳ. 为唯一的正本租船合同提单，或如以多份正本出具，为租船合同提单注明的全套正本。

b. 银行将不审核租船合同，即使信用证要求提交租船合同。

第二十三条　空运单据

a. 空运单据，无论名称如何，必须看似：

ⅰ. 表明承运人名称，并由以下人员签署：

＊ 承运人，或

＊ 承运人的具名代理人。

承运人或其代理人的任何签字必须标明其承运人或代理人的身份。

代理人签字必须表明其系代表承运人签字。

ⅱ. 表明货物已被收妥待运。

ⅲ. 表明出具日期。该日期将被视为发运日期，除非空运单据载有专门批注注明实际发运日期，此时批注中的日期将被视为发运日期。

空运单据中其他与航班号和航班日期相关的信息将不被用来确定发运日期。

ⅳ. 表明信用证规定的起飞机场和目的地机场。

ⅴ. 为开给发货人或托运人的正本，即使信用证规定提交全套正本。

ⅵ. 载有承运条款和条件，或提示条款和条件参见别处。银行将不审核承运条款和条件的内容。

b. 就本条而言，转运是指在信用证规定的起飞机场到目的地机场的运输过程中，将货物从一飞机卸下再装上另一飞机的行为。

c. ⅰ. 空运单据可以注明货物将要或可能转运，只要全程运输由同一空运单据涵盖。

ⅱ. 即使信用证禁止转运，注明将要或可能发生转运的空运单据仍可接受。

第二十四条　公路、铁路或内陆水运单据

a. 公路、铁路或内陆水运单据，无论名称如何，必须看似：

ⅰ. 表明承运人名称，并且

＊ 由承运人或其具名代理人签署，或者

* 由承运人或其具名代理人以签字、印戳或批注表明货物收讫。

承运人或其具名代理人的收货签字、印戳或批注必须标明其承运人或代理人的身份。

代理人的收货签字、印戳或批注必须标明代理人系代表承运人签字或行事。

如果铁路运输单据没有指明承运人，可以接受铁路运输公司的任何签字或印戳作为承运人签署单据的证据。

ⅱ. 表明货物在信用证规定地点的发运日期，或者收讫待运或待发送的日期。运输单据的出具日期将被视为发运日期，除非运输单据上盖有带日期的收货印戳，或注明了收货日期或发运日期。

ⅲ. 表明信用证规定的发运地及目的地。

b. ⅰ. 公路运输单据必须看似为开给发货人或托运人的正本，或没有任何标记表明单据开给何人。

ⅱ. 注明"第二联"的铁路运输单据将被作为正本接受。

ⅲ. 无论是否注明正本字样，铁路或内陆水运单据都被作为正本接受。

c. 如运输单据上未注明出具的正本数量，提交的份数即视为全套正本。

d. 就本条而言，转运是指在信用证规定的发运、发送或运送的地点到目的地之间的运输过程中，在同一运输方式中从一运输工具卸下再装上另一运输工具的行为。

e. ⅰ. 只要全程运输由同一运输单据涵盖，公路、铁路或内陆水运单据可以注明货物将要或可能被转运。

ⅱ. 即使信用证禁止转运，注明将要或可能发生转运的公路、铁路或内陆水运单据仍可接受。

第二十五条　快递收据、邮政收据或投邮证明

a. 证明货物收讫待运的快递收据，无论名称如何，必须看似：

ⅰ. 表明快递机构的名称，并在信用证规定的货物发运地点由该具名快递机构盖章或签字；并且

ⅱ. 表明取件或收件的日期或类似词语。该日期将被视为发运日期。

b. 如果要求显示快递费用付讫或预付，快递机构出具的表明快递费由收货人以外的一方支付的运输单据可以满足该项要求。

c. 证明货物收讫待运的邮政收据或投邮证明，无论名称如何，必须看似在信用证规定的货物发运地点盖章或签署并注明日期。该日期将被视为发运日期。

第二十六条　"货装舱面"、"托运人装载和计数"、"内容据托运人报称"及运费之外的费用

a. 运输单据不得表明货物装于或者将装于舱面。声明货物可能被装于舱面的运输单据条款可以接受。

b. 载有诸如"托运人装载和计数"或"内容据托运人报称"条款的运输单据可以接受。

c. 运输单据上可以以印戳或其他方式提及运费之外的费用。

第二十七条　清洁运输单据

银行只接受清洁运输单据。清洁运输单据指未载有明确宣称货物或包装有缺陷的条款或批注的运输单据。"清洁"一词并不需要在运输单据上出现，即使信用证要求运输单据为"清洁已装船"的。

第二十八条　保险单据及保险范围

a. 保险单据，例如保险单或预约保险项下的保险证明书或者声明书，必须看似由保险公司或承保人或其代理人或代表出具并签署。

代理人或代表的签字必须表明其系代表保险公司或承保人签字。

b. 如果保险单据表明其以多份正本出具，所有正本均须提交。

c. 暂保单将不被接受。

d. 可以接受保险单代替预约保险项下的保险证明书或声明书。

e. 保险单据日期不得晚于发运日期，除非保险单据表明保险责任不迟于发运日生效。

f. ⅰ. 保险单据必须表明投保金额并以与信用证相同的货币表示。

ⅱ. 信用证对于投保金额为货物价值、发票金额或类似金额的某一比例的要求，将被视为对最低保额的要求。

如果信用证对投保金额未做规定，投保金额须至少为货物的 CIF 或 CIP 价格的 110%。

如果从单据中不能确定 CIF 或者 CIP 价格，投保金额必须基于要求承付或议付的金额，或者基于发票上显示的货物总值来计算，两者之中取金额较高者。

ⅲ. 保险单据须表明承保的风险区间至少涵盖从信用证规定的货物接管地或发运地开始到卸货地或最终目的地为止。

g. 信用证应规定所需投保的险别及附加险(如有的话)。如果信用证使用诸如"通常风险"或"惯常风险"等含义不确切的用语，则无论是否有漏保之风险，保险单据将被照样接受。

h. 当信用证规定投保"一切险"时，如保险单据载有任何"一切险"批注或条款，无论是否有"一切险"标题，均将被接受，即使其声明任何风险除外。

i. 保险单据可以援引任何除外条款。

j. 保险单据可以注明受免赔率或免赔额(减除额)约束。

第二十九条　截止日或最迟交单日的顺延

a. 如果信用证的截止日或最迟交单日适逢接受交单的银行非因第三十六条所述原因而歇业，则截止日或最迟交单日，视何者适用，将顺延至其重新开业的第一个银行工作日。

b. 如果在顺延后的第一个银行工作日交单，指定银行必须在其致开证行或保兑行的面函中声明交单是在根据第二十九条 a 款顺延的期限内提交的。

c. 最迟发运日不因第二十九条 a 款规定的原因而顺延。

第三十条　信用证金额、数量与单价的伸缩度

a. "约"或"大约"用于信用证金额或信用证规定的数量或单价时，应解释为允许有关金额或数量或单价有不超过 10%的增减幅度。

b. 在信用证未以包装单位件数或货物自身件数的方式规定货物数量时，货物数量允许有 5%的增减幅度，只要总支取金额不超过信用证金额。

c. 如果信用证规定了货物数量，而该数量已全部发运，及如果信用证规定了单价，而该单价又未降低，或当第三十条 b 款不适用时，则即使不允许部分装运，也允许支取的金额有 5%的减幅。若信用证规定有特定的增减幅度或使用第三十条 a 款提到的用语限定数量，则该减幅不适用。

第三十一条　部分支款或部分发运

a. 允许部分支款或部分发运。

b. 表明使用同一运输工具并经由同次航程运输的数套运输单据在同一次提交时，只要显示相同目的地，将不视为部分发运，即使运输单据上表明的发运日期不同或装货港、接管地或发送地点不同。如果交单由数套运输单据构成，其中最晚的一个发运日将被视为发运日。

含有一套或数套运输单据的交单，如果表明在同一种运输方式下经由数件运输工具运输，即使运输工具在同一天出发运往同一目的地，仍将被视为部分发运。

c. 含有一份以上快递收据、邮政收据或投邮证明的交单，如果单据看似由同一快递或邮政机构在同一地点和日期加盖印戳或签字并且表明同一目的地，将不视为部分发运。

第三十二条　分期支款或分期发运

如信用证规定在指定的时间段内分期支款或分期发运，任何一期未按信用证规定期限支取或发运时，信用证对该期及以后各期均告失效。

第三十三条　交单时间

银行在其营业时间外无接受交单的义务。

第三十四条　关于单据有效性的免责

银行对任何单据的形式、充分性、准确性、内容真实性、虚假性或法律效力，或对单据中规定或添加的一般或特殊条件，概不负责；银行对任何单据所代表的货物、服务或其他履约行为的描述、数量、重量、品质、状况、包装、交付、价值或其存在与否，或对发货人、承运人、货运代理人、收货人、货物的保险人或其他任何人的诚信与否、作为或不作为、清偿能力、履约或资信状况，也概不负责。

第三十五条　关于信息传递和翻译的免责

当报文、信件或单据按照信用证的要求传输或发送时，或当信用证未作指示，银行自行选择传送服务时，银行对报文传输或信件或单据的递送过程中发生的延误、中途遗失、残缺或其他错误产生的后果，概不负责。

如果指定银行确定交单相符并将单据发往开证行或保兑行，无论指定银行是否已经承付或议付，开证行或保兑行必须承付或议付，或偿付指定银行，即使单据在指定银行送往开证行或保兑行的途中，或保兑行送往开证行的途中丢失。

银行对技术术语的翻译或解释上的错误，不负责任，并可不加翻译地传送信用证条款。

第三十六条　不可抗力

银行对由于天灾、暴动、骚乱、叛乱、战争、恐怖主义行为或任何罢工、停工或其无法控制的任何其他原因导致的营业中断的后果，概不负责。

银行恢复营业时，对于在营业中断期间已逾期的信用证，不再进行承付或议付。

第三十七条　关于被指示方行为的免责

a. 为了执行申请人的指示，银行利用其他银行的服务，其费用和风险由申请人承担。

b. 即使银行自行选择了其他银行，如果发出的指示未被执行，开证行或通知行对此亦不负责。

c. 指示另一银行提供服务的银行有责任负担被指示方因执行指示而发生的任何佣金、

手续费、成本或开支（“费用”）。

如果信用证规定费用由受益人负担，而该费用未能收取或从信用证款项中扣除，开证行依然承担支付此费用的责任。

信用证或其修改不应规定向受益人的通知以通知行或第二通知行收到其费用为条件。

d. 外国法律和惯例加诸于银行的一切义务和责任，申请人应受其约束，并就此对银行负补偿之责。

第三十八条　可转让信用证

a. 银行无办理信用证转让的义务，除非其明确同意。

b. 就本条而言：

可转让信用证系指特别注明“可转让”（Transferable）字样的信用证。可转让信用证可应受益人（第一受益人）的要求转为全部或部分由另一受益人（第二受益人）兑用。

转让行系指办理信用证转让的指定银行，或当信用证规定可在任一银行兑用时，指开证行特别如此授权并实际办理转让的银行。开证行也可担任转让行。

已转让信用证指已由转让行转为可由第二受益人兑用的信用证。

c. 除非转让时另有约定，有关转让的所有费用（诸如佣金、手续费、成本或开支）须由第一受益人支付。

d. 只要信用证允许部分支款或部分发运，信用证可以分部分地转让给数名第二受益人。

已转让信用证不得应第二受益人的要求转让给任何其后受益人。第一受益人不视为其后受益人。

e. 任何转让要求须说明是否允许及在何条件下允许将修改通知第二受益人。已转让信用证须明确说明该项条件。

f. 如果信用证转让给数名第二受益人，其中一名或多名第二受益人对信用证修改的拒绝并不影响其他第二受益人接受修改。对接受者而言该已转让信用证即被相应修改，而对拒绝修改的第二受益人而言，该信用证未被修改。

g. 已转让信用证须准确转载原证条款，包括保兑（如果有的话），但下列项目除外：

——信用证金额；

——规定的任何单价；

——截止日；

——交单期限；或

——最迟发运日或发运期间。

以上任何一项或全部均可减少或缩短。

必须投保的保险比例可以增加，以达到原信用证或本惯例规定的保险金额。

可用第一受益人的名称替换原证中的开证申请人名称。

如果原证特别要求开证申请人名称应在除发票以外的任何单据中出现时，已转让信用证必须反映该项要求。

h. 第一受益人有权以自己的发票和汇票（如有的话）替换第二受益人的发票和汇票，其金额不得超过原信用证的金额。经过替换后，第一受益人可在原信用证项下支取自己发票与第二受益人发票间的差价（如有的话）。

i. 如果第一受益人应提交其自己的发票和汇票(如有的话),但未能在第一次要求时照办,或第一受益人提交的发票导致了第二受益人的交单中本不存在的不符点,而其未能在第一次要求时修正,转让行有权将从第二受益人处收到的单据照交开证行,并不再对第一受益人承担责任。

j. 在要求转让时,第一受益人可以要求在信用证转让后的兑用地点,在原信用证的截止日之前(包括截止日),对第二受益人承付或议付。本规定并不损害第一受益人在第三十八条 h 款下的权利。

k. 第二受益人或代表第二受益人的交单必须交给转让行。

第三十九条　款项让渡

信用证未注明可转让,并不影响受益人根据所适用的法律规定,将该信用证项下其可能有权或可能将成为有权获得的款项让渡给他人的权利。本条只涉及款项的让渡,而不涉及在信用证项下进行履行行为的权利让渡。

第 e1 条　eUCP 的范围

a.《跟单信用证统一惯例关于电子交单的附则》(“eUCP”)是对《跟单信用证统一惯例》(2007 年修订本,国际商会出版物 No. 600)(“UCP”)的补充,以适应单独提交或与纸单据混合提交电子记录的情形。

b. 当信用证表明受 eUCP 约束时,eUCP 作为 UCP 的附则适用。

c. 本文本版本号为 1.1。信用证必须表明适用的 eUCP 版本,否则即受开证日的有效版本约束,或如果信用证因受益人接受的修改而受 eUCP 约束,则受在该修改日期有效的版本约束。

第 e2 条　eUCP 与 UCP 的关系

a. 受 eUCP 约束的信用证(“eUCP 信用证”)也适用 UCP,而无须将 UCP 明确纳入信用证。

b. 当 eUCP 适用时,如其与适用 UCP 产生不同结果,应以 eUCP 规定为准。

c. 如果 eUCP 信用证允许受益人在提交纸单据或电子记录两者之间进行选择,而其选择了只提交纸单据,则该笔交单仅适用 UCP。如果 eUCP 信用证只允许提交纸单据,则仅适用 UCP。

第 e3 条　定义

a. UCP 使用的下列词语,为了将 UCP 适用于 eUCP 信用证项下提交的电子记录的目的,解释为:

ⅰ. “表面看似”(Appear on Their Face)以及类似用语适用于审核电子记录的数据内容。

ⅱ. “单据”(Document)应包括电子记录。

ⅲ. 电子记录的“交单地点”(Place for Presentation)意指一电子地址。

ⅳ. “签署”(Sign)及类似用语应包括电子签名。

ⅴ. “添加的”(Superimposed)、“批注”(Notation)或“盖印戳的”(Stamped)意指在电子记录中其增补特征明显的数据内容。

b. 在 eUCP 中使用的下列用语应具有以下含义:

ⅰ. “电子记录”意指

＊ 以电子方法创建的、产生的、发送的、传送的、收到的或储存的数据；

＊ 其发送人的表面身份、其包含的数据的表面来源及其是否保持完整和未被更改，可以被证实；并且

＊ 能够根据 eUcP 信用证条款审核其相符性。

ⅱ．“电子签名”意指附加于或与一份电子记录有逻辑关联的数据过程，被签字人完成或采用以表明签字人身份及其对电子记录的证实。

ⅲ．“格式”意指表达电子记录的数据组织形式或电子记录提到的数据组织形式。

ⅳ．“纸单据”意指传统的纸面形式的单据。

ⅴ．“收到”意指电子记录以系统可接受的形式进入相关收件人信息系统的时间。任何对收到的确认并不意味着在 eUcP 信用证下对该电子记录的接受或拒绝。

第 e4 条　格式

eUCP 信用证必须指定应提交的电子记录的格式。如未指定，则可以任何格式提交。

第 e5 条　格式

a. eUCP 信用证：

ⅰ．允许提交电子记录者，必须注明提交电子记录的地点。

ⅱ．允许提交电子记录和纸单据者，还必须注明提交纸单据的地点。

b. 电子记录可以分别提交，并且不需要在同一时间提交。

c. 如果 eUcP 信用证允许提交一份或多份电子记录，受益人有责任向接受交单的银行提供表明交单结束的通知。该结束通知可以电子记录或纸单据方式作出，必须注明其所关联的 eUCP 信用证。如果未收到受益人的通知，将被认为未曾交单。

d. ⅰ．在 eUCP 信用证下提交的每份电子记录以及提交的纸单据，必须注明据以交单的 eUCP 信用证。

ⅱ．未如此注明的交单可被视为未曾收到。

e. 如果将接收交单的银行在营业中，但在规定的截止日及/或发运日后的最迟交单日(视何种情形适用)，其系统不能接收传来的电子记录，则视其为歇业，最迟交单日及/或截止日应延展至银行能够接收电子记录的下一个银行工作日。如果尚待提交的电子记录只剩下结束通知，则可以用电讯方式或纸单据提交，并被视为及时，只要其在该银行能够接收电子记录之前发出。

f. 不能被证实的电子记录将被视为未曾提交。

第 e6 条　审核

a. 如果电子记录包含一个与外部系统的超级链接，或指明电子记录可参照一外部系统审核，则超级链接中或参照的外部系统中的电子记录应被视为是需要审核的电子记录。在审核时，如指明的系统不能提供所需电子记录的读取条件，则构成不符点。

b. 指定银行按指定转递电子记录的行为表明其已确信电子记录的表面真实性。

c. 开证行或保兑行(如有的话)无法审核 eUcP 信用证所要求格式的电子记录，或当未要求格式时，无法审核提交的电子记录，这一情形不构成拒付的依据。

第 e7 条　拒付通知

a. ⅰ．审单时限自收到受益人的结束通知之银行工作日的下一个银行工作日起算。

ⅱ．如果提交单据或结束通知的时间被延展，审单时限自接收交单的银行能够接收结

束通知的第一个银行工作日起算。

b. 如果开证行、保兑行(如有的话)或按其指定行事的指定银行对包含电子记录的交单发出了拒付通知,在发出拒付通知后30天内未收到被通知方关于电子记录的处理指示,银行应退还交单人以前尚未退还的任何纸单据,但可以其认为合适的任何方式处理电子记录而不承担任何责任。

第 e8 条　正本与副本

UCP 或 eUCP 信用证要求提供一份或多份电子记录正本或副本时,提交一份电子记录即满足此要求。

第 e9 条　出具日期

除非电子记录载有具体的出具日期,则看似出单人发出电子记录的日期即被视为出具日期。如果没有显示其他日期,则电子记录的收到日期将被视为发出日期。

第 e10 条　运输

如果证明运输的电子记录没有表明货物发运或发送日期,电子记录的发出日期将被视为货物发运或发送日期。但如果电子记录载有证明发运或发送日期的批注时,该批注日期将被视为发运或发送日期。显示附加数据内容的批注无需另行签名或以其他方式证实。

第 e11 条　电子记录在提交后变损

a. 如果开证行、保兑行或其他指定银行收到的电子记录看似已经变损,银行可通知交单人,也可要求再次提交电子记录。

b. 如果银行要求再次提交电子记录:

ⅰ. 则审单时限中止,俟交单人再次提交电子记录时恢复;并且

ⅱ. 如果指定银行不是保兑行,则必须将其关于再次交单的要求知会开证行和任何保兑行,并告知时限中止;但是

ⅲ. 如果该电子记录在30天内未被再次提交,该银行可以将该电子记录视为未提交过,并且

ⅳ. 任何限期不得延展。

第 e12 条　根据 eUCP 提交电子记录时的额外免责

除通过使用商业上可接受的用于接收、证实和识别电子记录的数据过程即可发现者外,银行审核电子记录的表面真实性的行为并不使其对发送人身份、信息来源、完整性或未被更改性承担更多责任。

附录五 跟单托收统一规则

（1995 年修订本，国际商会第 522 号出版物）

一、总则和定义

第一款 《托收统一规则》第 522 号的应用

（1）国际商会第 522 号出版物《托收统一规则》1995 年修订本将适用于第二款所限定的并在第四款托收指示中列明适用该项规则的所有托收项目。除非另有明确的约定，或与某一国家、某一政府，或与当地法律和尚在生效的条例有所抵触，本规则对所有的关系人均具有约束力。

（2）银行没有义务必须办理某一托收或任何托收指示或以后的相关指示。

（3）如果银行无论出于何种理由选择了不办理它所收到的托收或任何相关的托收指示，它必须毫不延误地采用电讯，或者如果电讯不可能时采用其他快捷的工具向他收到该项指示的当事人发出通知。

第二款 托收的定义

就本条款而言：

（1）托收是指银行依据所收到的指示处理下述(2)款所限定的单据，以便于：

a. 取得付款和/或承兑；或

b. 凭以付款或承兑交单；或

c. 按照其他条款和条件交单。

（2）单据是指金融单据和/或商业单据。

a. 金融单据是指汇票、本票、支票或其他类似的可用于取得款项支付的凭证；

b. 商业单据是指发票、运输单据、所有权文件或其他类似的文件，或者不属于金融单据的任何其他单据。

（3）光票托收是指不附有商业单据的金融单据项下的托收。

（4）跟单托收是指：

a. 附有商业单据的金融单据项下的托收；

b. 不附有金融单据的商业单据项下的托收。

第三款 托收的关系人

（1）就本条款而言，托收的关系人有：

a. 委托人即委托银行办理托收的有关人；

b. 寄单行即委托人委托办理托收的银行；

c. 代收行即除寄单行以外的任何参与处理托收业务的任何银行；

（2）付款人即根据托收指示向其提示单据的人。

二、托收的形式和结构

第四款　托收指示

(1) a. 所有送往托收的单据必须附有一项托收指示，注明该项托收将遵循《托收统一规则》第 522 号文件并且列出完整和明确的指示。银行只准允根据该托收指示中的命令和本规则行事；

b. 银行将不会为了取得指示而审核单据；

c. 除非托收指示中另有授权，银行将不理会来自除了他所收到托收的有关人/银行以外的任何有关人/银行的任何指令。

(2) 托收指示应当包括下述适宜的各项内容：

a. 收到该项托收的银行详情，包括全称、邮政、SWIFT 地址、电传、电话、传真号码和编号；

b. 委托人的详情，包括全称、邮政地址或者办理提示的场所，以及如果有的话，电传、电话和传真号码；

c. 付款人的详情，包括全称、邮政地址或者办理提示的场所，以及如果有的话，电传、电话和传真号码；

d. 提示银行(如有的话)的详情，包括全称、邮政地址，以及如果有的话，电传和传真号码；

e. 待托收的金额和货币；

f. 所附单据清单和每份单据的份数；

g. ⅰ. 凭以取得付款和/或承兑和条件和条款；

ⅱ. 凭以交付单据的条件付款和/或承兑其他条件和条款。

h. 缮制托收指示的有关方应有责任清楚无误地说明，确保单据交付的条件，否则的话，银行对此所产生的任何后果将不承担责任；待收取的手续费指明是否可以放弃；

i. 待收取的利息，如有的话，指明是否可以放弃，包括利率、计息期、适用的计算期基数(如一年按 360 天还是 365 天)；

j. 付款方法和付款通知的形式；

k. 发生不付款、不承兑和/或与其他批示不相符时的指示。

(3) a. 托收指示应载明付款人或将要办理提示场所的完整地址。如果地址不全或有错误，代收银行可尽力去查明恰当的地址，但其本身并无义务和责任。

b. 代收银行对因所提供地址不全或有误所造成的任何延误将不承担责任或对其负责。

三、提示的形式

第五款　提示

(1) 就本条款而言，提示是表示银行按照指示使单据对付款人发生有效用的程序。

(2) 托收指示应列明付款人将要采取行动的确切期限。诸如首先、迅速、立即和类似的表述不应用于提示，或付款人赎单采取任何其他行动的任何期限。如果采用了该类术语，银行将不予理会。

(3) 单据必须以银行收到时的形态向付款人提示,除非被授权贴附任何必需的印花,除非另有指示费用由向其发出托收的有关方支付以及被授权采取任何必要的背书或加盖橡皮戳记,或其他托收业务惯用的和必要的辨认记号或符号。

(4) 为了使委托人的指示得以实现,寄单行将以委托人所指定的银行作为代收行。在未指定代收行时,寄单行将使用他自身的任何银行或者在付款或承兑的国家中,或在必须遵守其他条件的国家中选择另外的银行。

(5) 单据和托收指示可以由寄单行直接或者通过另一银行作为中间银行寄送给代收行。

(6) 如果寄单行未指定某一特定的提示行,代办行可自行选择提示行。

第六款　即期/承兑

如果是见单即付的单据,提示行必须立即办理提示付款不得延误;如果不是即期而是远期付款单据,提示行必须在不晚于应到期日,如是要承兑立即办理提示承兑、如是付款时立即办理提示付款。

第七款　商业单据的交单(承兑交单 D/A 和付款交单 D/P)

(1) 附有商业单据必须在付款时交出的托收指示,不应包含远期付款的汇票。

(2) 如果托收包含有远期付款的汇票,托收指示应列明商业单据是凭承兑不是凭付款交给付款人。如果未有说明,商业单据只能是付款交单,而代收行对由于交付单据的任何延误所产生的任何后果将不承担责任。

(3) 如果托收包含有远期付款的汇票而且托收指示列明应凭付款交出商业单据时,则单据只能凭该项付款才能交付,而代收行对由于交单的任何延误所产生的任何结果将不承担责任。

第八款　代制单据

在寄单行指示或者是代收行或者是付款人应代制托收中未曾包括的单据(汇票、本票、信托收据、保证书或其他单据)时,这些单据的格式和词句应由寄单行提供,否则的话,代收行对由代收行和/或付款人所提供任何该种单据的格式和词句将不承担责任或对其负责。

四、义务和责任

第九款　善意和合理的谨慎

银行将以善意和合理的谨慎办理业务。

第十款　单据与货物/服务/行为

(1) 未经银行事先同意,货物不得以银行的地址直接发送给该银行或者以该行作为收货人或者以该行为抬头人。然而,如果未经银行事先同意而将货物以银行的地址直接发送给了该银行,或以该行做了收货人或抬头人,并请该行凭付款或承兑或凭其他条款将货物交付给付款人,该行将没有提取货物的义务,其风险和责任仍由发货方承担。

(2) 银行对与跟单托收有关的货物即使接到特别批示也没有义务采取任何行动包括对货物的仓储和保险,银行只有在个案中如果同意这样做时才会采取该类行动。撇开前述第一款(3)的规定,即使对此没有任何特别的通知,代收银行也适用本条款。

(3) 然而,无论银行是否收到指示,它们为保护货物而采取措施时,银行对有关货物的结局和/或状况和/或对受托保管和/或保护的任何第三方的行为和/或疏漏概不承担责任。但是,代收行必须毫不延误地将其所采取的措施通知对其发出托收的银行。

(4) 银行对货物采取任何保护措施所发生的任何费用和/或花销将由向其发出托收的一方承担。

(5) a. 撇开第十款(1)条的规定,如果货物是以代收行作为收货人或抬头人,而且付款人已对该项托收办理了付款、承兑或承诺了其他条件和条款,代收行因此对货物的交付作了安排时,应认为寄单行已授权代收行如此办理。

b. 若代收行按照寄单行的指示按上述第十款(1)条的规定安排交付货物,寄单行应对该代收行所发行的全部损失和花销给予赔偿。

第十一款　对被指示的免责

(1) 为使委托人的指示得以实现,银行使用另一银行或其他银行的服务是代该委托人办理的,因此,其风险由委托人承担。

(2) 即使银行主动地选择了其他银行办理业务,如该行所转递的指示未被执行,该行不承担责任或对其负责。

(3) 一方指示另一方去履行服务,指示方应受到被指示方的法律和惯例所加于的一切义务和责任的制约,并承担赔偿的责任。

第十二款　对收到单据的免责

(1) 银行必须确定它所收到的单据应与托收批示中所列表面相符,如果发现任何单据有短缺或非托收指示所列,银行必须以电讯方式,如电讯不可能时,以其他快捷的方式通知从其收到指示的一方,不得延误,银行对此没有更多的责任。

(2) 如果单据与所列表面不相符,寄单行对代收行收到的单据种类和数量应不得有争议。

(3) 根据第五款(3)条和第十二款(2)条,银行将按所收到的单据办理提示而无需做更多的审核。

第十三款　对单据有效性的免责

银行对任何单据的格式、完整性、准确性、真实性、虚假性或其法律效力,或对在单据中载明或在其上附加的一般性和/或特殊性的条款不承担责任或对其负责;银行也不对任何单据所表示的货物的描述、数量、重量、质量、状况、包装、交货、价值或存在,或对货物的发运人、承运人、运输行、收货人和保险人或其他任何人的诚信或行为和/或疏忽、清偿力、业绩或信誉承担责任或对其负责。

第十四款　对单据在传送中的延误和损坏以及对翻译的免责

(1) 银行对任何信息、信件或单据在传送中所发生的延误和/或损坏,或对任何电讯在传递中所发生的延误,残损或其他错误,或对技术条款的翻译和/或解释的错误不承担责任或对其负责。

(2) 银行对由于收到的任何指示需要澄清而引起的延误将不承担责任或对其负责。

第十五款　不可抗力

银行对由于天灾、暴动、骚乱、战争或银行本身不能控制的任何其他原因、任何罢工或停工而使银行营业中断所产生的后果不承担责任或对其负责。

五、付款

第十六款 立即汇付

(1) 收妥的款项(扣除手续费和/或支出和/或可能的花销)必须按照托收指示中规定的条件和条款不延误地付给从其收到托收指示的一方,不得延误;

(2) 撇开第一款(3)的规定和除非另有指示,代收行仅向寄单行汇付收妥的款项。

第十七款 以当地货币支付

如果单据是以付款地国家的货币(当地货币)付款,除托收指示另有规定外,提示行必须凭当地货币付款,交单给付款人,只要该种货币按托收指示规定的方式能够随时处理。

第十八款 用外汇付款

如果单据是以付款地国家以外的货币(外汇)付款,除托收指示中另有规定外,提示行必须凭指定的外汇付款,交单给付款人,只要该外汇是按托收指示规定能够立即汇出。

第十九款 分期付款

(1) 在光票托收中可以接受分期付款,前提是分批的金额和条件是付款当地的现行法律所允许。只有在全部货款已收妥的情况下,才能将金融单据交付给付款人。

(2) 在跟单托收中,只有在托收指示有特别授权的情况下,才能接受分期付款。然而,除非另有指示,提示行只能在全部货款已收妥后才能将单据交付给付款人。

(3) 在任何情况下,分期付款只有在符合第十七款或第十八款中的相应规定时将会被接受。

如果接受分期付款,将按照第十六款的规定办理。

六、利息、手续费和费用

第二十款 利息

(1) 如果托收指示中规定必须收取利息,但付款人拒付该项利息时,提示行可根据具体情况在不收取利息的情况下凭付款或承兑或其他条款和条件交单,除非适用第二十款(3)条。

(2) 如果要求收取利息,托收指示中应明确规定利率、计息期和计息方法。

(3) 如托收指示中明确地指明利息不得放弃而付款人拒付该利息,提示行将不交单,并对由此所引起的延迟交单所产生的后果将不承担责任。当利息已被拒付时,提示行必须以电讯,当不可能时可用其他便捷的方式通知曾向其发出托收指示的银行,不得延误。

第二十一款 手续费和费用

(1) 如果托收指示中规定必须收取手续费和/或费用须由付款人承担,而后者拒付时,提示行可以根据具体情况在不收取手续费和/或费用的情况下凭付款或承兑或其他条款和条件交单,除非适用第二十一款(2)条。

每当托收手续费和/或费用被这样放弃时,该项费用应由发出托收的一方承担,并可从货款中扣减。

(2) 如果托收指示中明确指明手续费和/或费用不得放弃而付款人又拒付该项费用时,提示行将不交单,并对由此所引起的延误所产生的后果将不承担责任。当该项费用已被拒付时,提示行必须以电讯,当不可能时可用其他便捷的方式通知曾向其发出托收指示的银行，不得延误。

(3) 在任何情况下，若托收指示中清楚地规定或根据本规则，支付款项和/或费用和/或托收手续费应由委托人承担，代收行应有权从向其发出托收指示的银行立即收回所支出的有关支付款、费用和手续费，而寄单行不管该托收结果如何，应有权向委托人立即收回它所付出的任何金额连同它自己的支付款、费用和手续费。

(4) 银行对向其发出托收指示的一方保留要求事先支付手续费和/或费用用以补偿其拟执行任何指示的费用支出的权利，在未收到该项款项期间有保留不执行该项指示的权利。

七、其他条款

第二十二款　承兑

提示行有责任注意汇票承兑形式看来是完整和正确的，但是，对任何签字的真实性或签署承兑的任何签字人的权限不负责任。

第二十三款　本票和其他凭证

提示行对在本票、收据或其他凭证上的任何签字的真实性或签字人的权限不负责任。

第二十四款　拒绝证书

托收指示对当发生不付款或不承兑时的有关拒绝证书应有具体的指示(或代之以其他法律程序)。

银行由于办理拒绝证书或其他法律程序所发生的手续费和/或费用将由向其发出托收指示的一方承担。

第二十五款　预备人(Case of Need)

如果委托人指定一名代表作为在发生不付款和/或不承兑时的预备人，托收指示中应清楚地、详尽地指明该预备人的权限。在无该项指示时，银行将不接受来自预备人的任何指示。

第二十六款　通知

代收行应按下列规则通知托收状况：

(1) 通知格式

代收行对向其发出托收指示的银行给予所有通知和信息必须要有相应的详情，在任何情况下都应包括后者在托收指示中列明的银行业务编号。

(2) 通知的方法

寄单行有责任就通知的方法向代收行给予指示，详见本款(3)a、(3)b 和(3)c 的内容。在无该项指示时，代收行将自行选择通知方法寄送有关的通知，而其费用应由向其发出托收指示的银行承担。

(3) a. 付款通知

代收行必须无延误地对向其发出托收指示的银行寄送付款通知，列明金额或收妥金额、扣减的手续费和/或支付款和/或费用额以及资金的处理方式。

b. 承兑通知

代收行必须无延误地对向其发出托收指示的银行寄送承兑通知。

c. 不付款或不承兑的通知

提示行应尽力查明不付款或不承兑的原因,并据以向对其发出托收指示的银行无延误地寄送通知。

提示行应无延误地对向其发出托收指示的银行寄送不付款通知和/或不承兑通知后60天内未收到该项指示,代收行或提示行可将单据退回给向其发出指示的银行,而提示行方面不承担更多的责任。

1995年修订本,自1996年1月1日生效

参考答案

导　论

一、单选题

1. C　2. D　3. A　4. B　5. C　6. B

二、判断题

1. ×　2. √　3. √　4. ×　5. √　6. ×

第一章　贸易术语

一、单选题

1. C　2. D　3. C　4. D　5. B　6. A　7. B　8. C　9. B　10. C　11. B　12. B　13. B　14. B　15. C　16. D　17. C　18. C　19. D　20. C

二、判断题

1. ×　2. √　3. ×　4. ×　5. √6. ×　7. ×　8. √　9. ×　10. √　11. ×　12. √　13. ×　14. √　15. ×　16. √　17. ×　18. √　19. ×　20. ×

第二章　商品品名、品质、数量与包装

一、单选题

1. A　2. C　3. A　4. C　5. C　6. D　7. C　8. B　9. D　10. B　11. B　12. B　13. A　14. A　15. B　16. B　17. B　18. A　19. B　20. A

二、判断题

1. ×　2. ×　3. ×　4. √　5. ×　6. ×　7. ×　8. ×　9. ×　10. √　11. ×　12. ×　13. ×　14. ×　15. √　16. ×　17. √　18. ×　19. √　20. ×

第三章　国际货物运输

一、单选题

1. C　2. D　3. B　4. C　5. B　6. A　7. B　8. C　9. A　10. C　11. C

二、判断题

1. ×　2. ×　3. ×　4. ×　5. √　6. ×　7. ×　8. ×　9. √　10. ×　11. ×　12. ×

第四章　国际货物运输保险

一、单选题

1. B　2. C　3. A　4. C　5. C　6. D　7. B　8. B　9. B　10. A

二、判断题

1. × 2. × 3. × 4. × 5. × 6. × 7. √ 8. ×

第五章　商品价格与核算

一、单选题

1. B 2. D 3. C 4. A 5. B 6. B 7. A 8. D 9. C 10. D 11. D 12. B 13. A 14. B 15. C

第六章　国际货款的收付

一、单选题

1. C 2. B 3. B 4. B 5. A 6. C 7. A 8. B 9. A 10. C 11. B 12. D 13. C 14. C 15. B 16. B

二、判断题

1. × 2. √ 3. × 4. × 5. × 6. × 7. × 8. √ 9. × 10. × 11. × 12. × 13. × 14. × 15. √

第七章　检验、索赔、不可抗力和仲裁

一、单选题

1. A 2. D 3. C 4. B 5. C 6. B 7. B 8. A 9. D

二、判断题

1. × 2. √ 3. × 4. × 5. √ 6. × 7. √ 8. × 9. √ 10. × 11. √ 12. × 13. × 14. × 15. √

第八章　国际货物买卖合同的商订

一、单选题

1. B 2. C 3. A 4. A 5. C 6. D 7. B 8. A 9. B 10. A 11. B 12. B 13. C 14. A 15. D

二、判断题

1. × 2. × 3. √ 4. × 5. √ 6. × 7. × 8. × 9. √ 10. × 11. × 12. √ 13. √ 14. √ 15. ×

第九章　国际货物买卖合同的履行

一、单选题

1. A 2. B 3. B 4. C 5. C 6. A 7. D 8. A 9. A 10. B

二、判断题

1. × 2. √ 3. × 4. √ 5. × 6. √ 7. × 8. × 9. √ 10. × 11. √ 12. × 13. √ 14. √ 15. ×

参考文献

[1] 宫焕久,许源.进出口业务教程(第2版).上海:上海人民出版社,2007

[2] 吴百福.进出口贸易实务教程(第6版).上海:上海人民出版社,2011

[3] 黎孝先.国际贸易实务(第5版).北京:对外经济贸易大学出版社,2011

[4] 郭建军.国际货物贸易实务教程(第2版).北京:科学出版社,2009

[5] 安徽.国际贸易实务教程(第3版).北京:北京大学出版社,2009

[6] 安徽.国际贸易实务教程案例与习题集(第3版).北京:北京大学出版社,2010

[7] 余世明.国际贸易实务与案例分析(第2版).广州:暨南大学出版社,2010

[8] 余世明.国际贸易实务练习册.广州:暨南大学出版社,2009

[9] 陈胜权.国际贸易实务经典教材习题详解.北京:对外经济贸易大学出版社,2005

[10] 刘德标,罗凤翔.国际贸易实务案例分析.北京:中国商务出版社,2005

[11] 韩常青.新编进出口贸易实务(第2版).北京:电子工业出版社,2009

[12] 刘静华.国际货物贸易实务.北京:对外经济贸易大学出版社,2005

[13] 郑光贵.国际贸易理论与实务.大连:东北财经大学出版社,2004

[14] 辛纬业.进出口贸易操作实务.西安:西北工业大学出版社,2005

[15] 陈国武.新编进出口业务300题.北京:中国商务出版社,2004

[16] 陈岩,于永达.解释贸易术语.北京:清华大学出版社,2005

[17] 徐景霖.国际贸易实务(第9版).大连:东北财经大学出版社,2011

[18] 李勤昌,黄海东.国际贸易实务讲授与学习指导.大连:东北财经大学出版社,2006

[19] 王善论.国际贸易实务解惑500题.北京:对外经济贸易大学出版社,2007

[20] 国际商会(ICC)编写,中国国际商会/国际商会中国国家委员会组织翻译.国际贸易术语解释通则® 2010.北京:中国民主法制出版社,2011

[21] 国际商会(ICC)编写,中国国际商会/国际商会中国国家委员会组织翻译.ICC跟单信用证统一惯例(UCP600)(ICC 600号出版物).北京:中国民主法制出版社,2006